# 图解
# 专利法

## 专利知识12讲

### TUJIE ZHUANLIFA

## （第2版）

王胜利◎著

知识产权出版社

全国百佳图书出版单位

—北京—

**图书在版编目（CIP）数据**

图解专利法：专利知识 12 讲/王胜利著. —2 版.
北京：知识产权出版社，2025.6. —ISBN 978 – 7 –5130 –
9987 –5

Ⅰ. D923. 42 –64

中国国家版本馆 CIP 数据核字第 20258RP301 号

责任编辑：卢海鹰　王瑞璞　　　　责任校对：潘凤越
封面设计：杨杨工作室·张冀　　　　责任印制：刘译文

## 图解专利法——专利知识 12 讲（第 2 版）

王胜利　著

| | |
|---|---|
| 出版发行：知识产权出版社 有限责任公司 | 网　　址：http：//www. ipph. cn |
| 社　　址：北京市海淀区气象路 50 号院 | 邮　　编：100081 |
| 责编电话：010 –82000860 转 8116 | 责编邮箱：wangruipu@ cnipr. com |
| 发行电话：010 –82000860 转 8101/8102 | 发行传真：010 –82000893/82005070/82000270 |
| 印　　刷：三河市国英印务有限公司 | 经　　销：新华书店、各大网上书店及相关专业书店 |
| 开　　本：880mm×1230mm　1/32 | 印　　张：17.25 |
| 版　　次：2025 年 6 月第 2 版 | 印　　次：2025 年 6 月第 1 次印刷 |
| 字　　数：478 千字 | 定　　价：99.00 元 |

ISBN 978 –7 –5130 –9987 –5

# 作者简介

王胜利，男，江苏宿迁人，1953 年出生于江苏省新沂市新安街道。1976 年毕业于南京化工学校（现为南京科技职业学院），毕业后赴西藏自治区日喀则市仁布县德吉林镇德吉农场工作；1978年 2 月至 1982 年 2 月就读于吉林工业大学（现已并入吉林大学），1982 年 2 月毕业，获工学学士学位。1984 年 1 月至1987 年 5 月任辽宁省锦州市太和区人民政府副区长；1987 年 7 月至 1995 年 5

月任辽宁省锦州市专利事务所所长，其间于 1988 年 4 月参加首届全国专利代理人统考，开始走上专利代理之路，是我国最早一批资深专利代理师之一，于 1993 年晋升为专利代理副研究员。1993 年撰写的《如何搞好专利代理服务》在《专利代理》杂志连载。1994 年主编、马秀山校订的《经贸专利知识词典》由中国对外经济贸易出版社出版发行。1995 年 5 月至 2013 年 8 月在辽宁省锦州市科学技术和知识产权局工作，历任专利管理处处长、科技管理处处长、综合计划处处长。曾被中国专利报社聘任为特约记者，被辽宁工学院（现为辽宁工业大学）聘为教授，还曾被清华大学聘任为工业工程专业工程硕士校外导师。2005年被科学技术部中国民营科技促进会评为全国优秀民营科技工作者，授予"民营科技促进奖"；2010 年获得国家知识产权局荣誉

证书。2013 年退休后至今继续从事知识产权教学和专利代理工作，代理专利申请合计 1000 余项；2013 年被批准为中国知识产权研究会高级个人会员；2014 年受聘为辽宁省沈阳市知识产权培训顾问，主编了沈阳市知识产权工作者培训系列教材，包括《知识产权实务与应用》《专利申请策略和挖掘方法》《专利检索与分析应用》；2015 年被评为全国知识产权师资信息平台知识产权讲师；2021 年受聘为沈阳工业大学中德知识产权学院客座教授；2022 年被辽宁省知识产权局评聘为辽宁省知识产权专家库专家。

# 第 2 版序言

　　本书第 1 版自 2010 年 9 月出版发行以来，受到广大专利代理师，专利工程师，知识产权界教学、科研、管理人员，大学生，研究生和科技人员的关注，十几年来多次加印，成为知识产权领域畅销书之一。人民网"好书推荐"栏目在 2014 年称赞本书"为学习和普及《专利法》提供了有益的帮助"。2015 年本书被选为全国专利代理人资格考试推荐用书，受到了很多读者和网友的好评。例如一位网友的书评是："这是一本不错的《专利法》方面的书，以最新修订的《专利法》为基础，同时配合精心设计的图解程序，让很多专利的知识点一目了然。备考专利代理师资格考试的同学不妨一看。"又如一位网友的书评是："这本书虽然很厚，500 多页，但是写得非常浅易，每一个相关概念都叙述得很清楚。对于专利申请文件撰写、专利申请审批程序来讲，如果你之前没有一个清晰的概念，这本书绝对值得推荐。"也有读者和网友对本书提出了中肯的修改建议，本书第 2 版注意到了这些中肯的建议并进行了修订。

　　本书的特点是通过思维导图、概念图、流程图、时间轴图或示意图把《专利法》的知识点图形化表达出来，将《专利法》每一条款中的知识点或难点对应一幅或多幅图表，使读者更容易理解和记忆《专利法》的内容。第 2 版在保留第 1 版基本框架的基础上，根据《专利法》第 4 次修正和《专利法实施细则》第 3 次修订进行了结构性调整完善。较本书第 1 版而言，第 2 版用更简练的语言以及更翔实的案例对《专利法》进行了讲解和图解，将《专利法》所有条款、《专利法实施细则》关联条款以及《专利审查指南2023》的相关规定有机地结合在一起，便于读者理解和适用。在出版过程中，作者与责任编辑通力合作，以对读者负责的态度和打造精品的精神，用心雕琢，相信这种努力会使本书真正成为一本极具使用价值的工具书。

感谢参考文献中各位导师的指引！

感谢北京大学知识产权学院张平教授为本书第1版作序！

感谢国家知识产权局马秀山研究员为促进本书出版所做的工作！

感谢知识产权出版社卢海鹰编辑一直以来给予的支持和指导！

感谢各位读者选择本书！

王胜利

2025年4月于沈阳

# 第1版序言

在科技与经济全球化的今天，专利作为知识产权的重要组成部分，越来越引起各国政府和国际社会的高度重视。《专利法》的宗旨在于保护专利权人的合法权益，鼓励发明创造，推动发明创造的应用，提高创新能力，促进科学技术进步和经济社会发展。因此，全面宣传贯彻《专利法》对于建设创新型国家、提高我国在世界经济发展中的地位和影响有重要意义。

当前，知识产权保护的国际环境还在发生着深刻的变化，机遇与挑战并存，知识产权问题必将会比以往任何时候都重要和急迫。从积极意义上讲，只有拥有自主知识产权的核心技术，才能在市场竞争中享有话语权，把握主动权，才能避免陷入在技术上受制于人的消极被动局面，形成长期竞争优势。

改革开放以来，我国用20多年的时间，完成了西方国家几百年专利制度走过的历程，得到了国际社会的公认。但也应认识到，由于起步较晚，人们的专利意识还很淡薄，企业专利保护的实践还有待深入，全社会运用专利制度的能力还有待提高。《图解专利法——专利知识12讲》一书的出版适逢国务院发布《国家知识产权战略纲要》和《专利法》第三次修改之后，可谓正当其时。

《图解专利法——专利知识12讲》一书是王胜利先生集其20多年专利代理、专利管理和专利教学工作的实践经验，以丰富的图解和案例对《专利法》作了详细的解释和说明，是一本极具使用价值的工具书。本书既全面、透彻，又通俗易懂、深入浅出，充分展现了作者宏观的视角和学习、理解《专利法》的能力，以及在专利法研究领域执着追求、孜孜不倦探索的精神，丰富的实践经验和扎实的理论功底。衷心希望本书能成为专利法研究领域的经典之作。

　　愿本书成为广大专利代理人，专利工程师，知识产权界教学、科研、管理人员，大学生，研究生和科技人员的良师益友。

　　愿本书为全面贯彻科学发展观，推动全社会提高专利意识和运用专利的能力作出贡献！

北京大学知识产权学院

常务副院长

张　平

2010 年 8 月

# 目 录

# 第一讲　专利法绪论

## 第一节　专利的概念

### 一、专利的定义

700 多年前，欧洲大陆就存在对发明人在一定期间内给予专用权的情况。但是，给予这种专用权只不过是名目繁多的各种特权的一种而已，而且是零星出现的。

500 多年前，威尼斯颁布了世界上第一部最接近现代专利制度的威尼斯专利法，自此之后，授予专利权形成了有秩序的做法。

400 多年前，英国颁布了英国垄断法规，规定国家用专利的形式授予发明人特权，奠定了现代专利制度的基础。

200 多年前，美国、法国等相继颁布了专利法，建立了专利制度。

100 多年前，德国、日本等相继颁布了专利法，建立了专利制度。

1984 年 3 月 12 日，我国颁布了《中华人民共和国专利法》（以下简称《专利法》），建立了专利制度。

如今，专利制度已经成为国际上通行的一种利用法律的和经济的手段推动科技进步和经济社会发展的管理制度，是人们在国际经济贸易中必须学会的一种保护知识产权的"游戏规则"。

什么是专利？这是我们学习专利知识首先要弄明白的基本问题。

关于专利的定义，比较有代表性的是以下几种解释。

### 1. 从专利表示的意思进行的解释

1980 年 10 月，时任世界知识产权组织（WIPO）总干事鲍格胥博士在来华举办的专利法讲座上讲到"专利"一词时是这样解释的："专利一词，至少在一些欧洲国家的语言中表示两个意思，一个是表示'专利'或'专利证书'的文件；另一个是专利授予的保护内容（专利权）。"

关于"专利"的第一个意思，鲍格胥博士解释说："如果某人搞出一种他认为是发明的东西，或者他是为某一单位工作的，某人或者那个单位请求政府（向专利局提出申请）发给他或它一种文件，其中说明发明的内容，并且说他或它是这件专利的所有人。这样一种文件由政府主管部门发给，就称为专利证书。"

关于"专利"的第二个意思，即它涉及专利权所授予的保护内容的时候，鲍格胥博士解释说："发明专利所授予的保护意味着任何想要利用发明的人，必须事先得到取得专利的人——称为'专利权人'或'专利权所有人'——的授权才能利用那个发明。任何人没有得到这样的授权而利用别人的专利发明，是违法行为。我们说'保护'，因为这里所涉及的，就是保护专利权人的合法权益，禁止其他人未经专利权人授权而利用他的发明。"❶

### 2. 从专利权授予过程进行的解释

1984 年 3 月 12 日，《专利法》颁布，并自 1985 年 4 月 1 日起施行。为了帮助读者学习和运用专利法，中国专利局（现国家知识产权局）法律政策处编写了《中华人民共和国专利法名词解释》，该书对"专利"一词进行了解释。这个解释在 2004 年 1 月知识产权出版社出版的《知识产权学习读本》中又进行了修正：

---

❶ 中国国际贸易促进会法律事务部. 专利代理讲座资料汇编［M］. 北京：专利文献出版社，1985：3.

"专利是'专利权'的简称，它是指一项发明创造，经申请人向代表国家的专利主管机关提出专利申请，经审查合格后，由该主管机关向专利申请人授予的在规定时间内对该项发明创造享有的专有权。此外，习惯上使用的'专利'一词还有两重含义，一重含义是指受法律保护的技术，具体说来是指受专利法保护的发明、实用新型和外观设计。还有一重含义是指记载专利发明创造内容的专利文献（如专利公报和专利说明书等）。"

### 3. 从专利的含义进行的解释

1990 年 7 月，上海交通大学出版社出版的，由朱雅轩主编、刘激杨主审的《知识产权简明词典》中对"专利"一词的解释是："专利，一般指国家专利主管部门颁发确认专利权人对其发明创造享有实施权的法律证书。在我国专利法和习语中，它还有如下 3 种含义：①专利权人依法取得对发明创造成果享有的专利权；②已取得专利权的发明创造；③全世界卷帙可观的专利文献。"

1993 年 8 月，专利文献出版社出版的，由陈美章主编的《知识产权教程》指出："专利一词，从不同角度叙述，可具有以下 3 层不同的含义：①从法律意义来说，专利就是专利权的简称，指的是一种法律认定的权利。②从技术发明来说，专利就是取得了专利权的发明创造，指的是具有独占权的专利技术。③从其保护的内容来说，专利是指记载着授予专利权的发明（实用新型）说明书及其附图、权利要求书，表示外观设计的图片或者照片等内容的公开文献。"

1999 年 8 月，中国政法大学出版社出版的，由吴汉东主编的《知识产权法》指出："现代意义上的专利具有多种含义。一是指专利权，即专利为专利权的简称，是指专利权人依法获得的一种垄断性权利。这是'专利'一词在法律上最基本的含义。二是指依法获得专利法保护的发明创造本身。通常被称为'专利技术'。三是指记载专利技术的公开的专利文献的总和。"

### 4. 从专利的特征进行的解释

2001 年 8 月，知识产权出版社出版的，由国家知识产权局条法司著，由马连元担任顾问、尹新天主编的《新专利法详解》中对"专利"的解释是："专利是由政府机关或者代表若干国家的地区性机构根据申请所颁发的一种文件，这种文件记载了发明创造的内容，并且在一定的时间内产生这样一种法律状况，即获得专利的发明创造在一般情况下只有经专利权人的许可才可以实施。"这个解释源自1975年9月由WIPO总干事起草的一份关于修订《保护工业产权巴黎公约》（以下简称《巴黎公约》）的准备工作文件中对专利所作的说明，但又结合我国专利法的实践作了一些修正。这个解释比较完整地表达了专利权的公开性、专有性、地域性、时间性和法定授予性等基本特征。

概括地说，现代意义上的"专利"一词具有多种含义，对发明创造既内含"独占（由国家专利行政部门授予专利权）"，又包含着"公开（由申请人在专利说明书中说明发明内容）"，二者不可偏废地同融于"专利"一词之中，如图1-1所示。

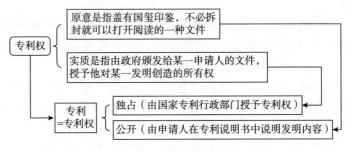

**图1-1　专利的含义**

值得注意的是，随着专利制度的发展和语言的演变，现在"专利"已成为并非只有一种固定含义的法律术语，而是一种多义词的简称。因此，要学习、掌握和运用专利权，必须结合具体的场所和情形来判断其特定的含义。

## 二、专利权的定义

专利权是知识产权权利体系中的一种权利，是指经申请并在满足一定的法律条件前提下由国务院专利行政部门授予的一定期限的排他性权利❶。

专利权人在法定保护期间内，享有禁止他人未经许可为生产经营目的实施其专利的权利。因此，有的专家说，专利权是一种法律"靠山"，有了这种法律"靠山"，就可以对特定项目的市场享有独占权。

所谓特定项目，是指获得专利权并维持专利权有效的发明创造，即受专利法保护的发明、实用新型和外观设计；所谓独占权，主要是指专利权人有权禁止他人未经许可为生产经营目的实施其专利的权利，如图1-2所示。

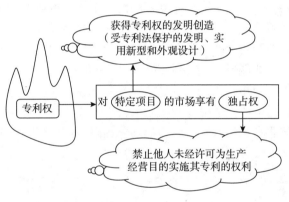

**图1-2 专利权是一种法律"靠山"**

## 三、专利权的特征

专利权具有5个特征，即公开性、专有性、时间性、地域性和法定授予性。

### 1. 公开性

所谓专利权的公开性，是指专利权的客体是向社会公开的。

---

❶ 参见：中华人民共和国国家标准知识产权文献与信息基本词汇（GB/T 21374—2008）。

例如，发明或者实用新型应当通过专利说明书予以充分公开，否则不能授予专利权。如处于保密状态下的技术是不受专利法保护的。各种技术秘密，只能依靠商业秘密保护制度进行保护。

应当指出的是，认为专利是"保密技术"是一种误解，因为专利恰恰是通过专利文献公之于众的技术。

经常听见一些已经获得专利权的发明人说，这是专利技术，应该保密。如果都已经是专利了的话，任何人都可以通过专利检索的手段查到并下载专利说明书及其附图和权利要求书等申请文件，从中可以了解到申请专利的发明创造的全部内容。因此，专利是一种公开的技术。从专利法的规定中可知，向社会公开发明创造的内容是申请人取得专利权的前提条件。申请人要想获得专利权，必须通过专利说明书等申请文件向社会公开其发明创造的内容，其公开明示的范围和程度只有达到了专利法规定的充分公开的要求，才能够获得专利权，这也是专利制度"以公开换保护"的原则对申请人的具体要求。换句话说，向社会公开发明创造的内容是申请人取得专利权必须付出的代价。专利权的这一特征使其与非专利技术有了明确的划分界限。❶ 如图 1−3 所示。

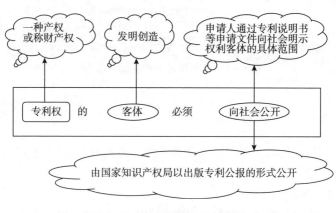

**图 1−3　专利权的公开性示意**

❶　吴汉东. 知识产权法［M］. 北京：中国政法大学出版社，1999：8.

**2. 专有性**

专利权的专有性，也称独占性、排他性或垄断性，即专利权专属权利人所有，专利权人对其权利的客体即发明创造享有占有、使用、收益和处分的权利，未经专利权人许可，其他任何人不得为生产经营目的实施该项专利，否则就构成法律上的侵权行为。

**3. 时间性**

专利权的时间性，是指专利权具有一定的时间限制，也就是专利法规定的专利权期限。应当清楚，专利权并非一种永恒的权利，专利权只在专利法规定的期限内有效，法定期限届满，权利灭失，该技术便进入公有领域，成为全社会的公共财富，任何单位或个人都可以无偿地使用，如图 1-4 所示。

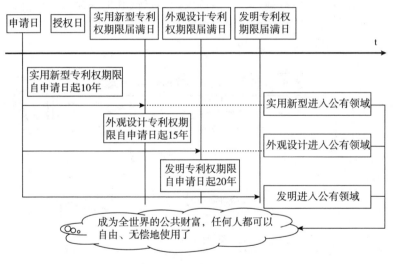

**图 1-4 专利权的时间性示意**

值得注意的是，即便是在法定的有效期限内，法律仍然规定以专利权人应当履行定期缴纳年费维持专利权的义务来作为专利权有效性的保证。专利权一旦超过了法定期限或因故提前失效，即进入公有领域，成为全世界的公共财富。因此，有很多还没有达到专利权期限届满日的专利，由于没有按时缴纳年费而失效，对有些企业来讲，这种教训是深刻的。

专利权以过期或失效的形式进入公有领域，意味着不再受专利法的保护。同样的道理，已经存在于公有领域的产品或者方法就不能再取得专利权了。

### 4. 地域性

专利权的地域性，就是对专利权的空间限制，是指一个国家或一个地区所授予的专利权仅在该国或该地区的范围内有效，对其他国家和地区不发生法律效力。即专利权无"域外效力"。如果专利权人希望在其他国家或地区享有专利权，那么，就应当依照其他国家或地区的法律另行提出申请，并在被授予专利权后才能使其发明创造得到该国家或地区的法律保护。除非加入国际条约及双边协定另有规定，任何国家都不承认其他国家或者国际性知识产权机构所授予的专利权。❶ 这也是专利权区别于有形财产的一个重要法律特征，如图1-5所示。

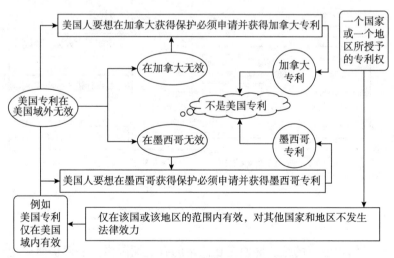

**图1-5 专利权的地域性示意**

---

❶ 陈美章. 知识产权教程［M］. 北京：专利文献出版社，1993：8.

搞清楚专利权的地域性特征，对企业很有意义。企业如果拥有具备国际市场前景的发明创造，不仅应及时申请本国专利，而且还应该在拥有良好市场前景的其他国家或地区及时申请并获得专利，否则国外或某个地区的市场就得不到保护。如我国某工厂从 A 国带回一台灯具，造型新颖，美观大方，该厂对其进行仿制、生产和销售，很受我国用户欢迎，随后该产品进入国际市场，远销 B 国，赚了一大笔钱。尔后该厂又将该产品打入 C 国市场，被 A 国厂商发现，该厂被告侵权，结果因侵权赔了一大笔钱。原来该灯具属 A 国专利产品，由于未在我国及 B 国申请专利保护，因此该工厂在我国及 B 国的生产销售畅通无阻，可是 A 国厂商已在 C 国就该灯具取得外观设计专利权，该厂未经专利权人许可到 C 国销售就属侵权了，如图1-6所示。

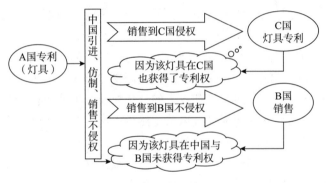

**图1-6 地域性案例（灯具）**

应当注意，专利权只限于在批准的国家或者地区内有效。但是，方法专利的延伸保护却有超越地域的效力。根据专利法规定，方法专利权人具有制止他人未经专利权人许可使用其方法的权利，同时还具有制止他人未经专利权人许可进口依照该专利方法直接获得的产品的权利。虽然方法专利在发明专利有效的地域之外不被保护，但由于方法权利的延伸保护，方法专利的权利人有权阻止在拥有该方法专利的地域内出售利用该专利方法直接获得的产品，因此，在商业上对于这种使用也是有影响的。直接地说，进口在国外依照该专利方法直接获得的产品在国内使用、许诺销售或销售同样属于侵权行为，如图1-7所示。

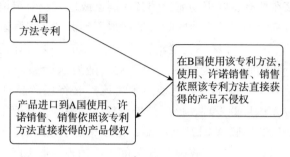

图1-7 方法专利的延伸保护

### 5. 法定授予性

所谓专利权的法定授予性，就是说专利权是国家依法授予的权利。

专利权不是由作出发明创造的人自然拥有的。换句话说，专利权不是也不能基于发明创造的完成而自然形成。因为专利权是一种对世权，不仅涉及专利权人的合法权益，也涉及社会公众的合法权益，因此它必须经过申请，然后由国家专利行政部门（在我国为国家知识产权局）依照法律规定进行审查后决定授予或者不授予。这是专利权的一种重要属性。根据这个属性，一个作出发明创造的发明人或者设计人或他所在的单位并不一定就是该发明创造的专利权人。如果他或它不向国家提出专利申请，则绝无专利权可言。如果他或它的专利申请经国家专利行政部门依法审查认为不符合授予专利权的规定，也不会授予专利权。了解专利权这个属性之后，就不会把作出发明创造与取得专利权当作一回事了。

换句话说，发明创造只有申请专利并被授予专利权，才能成为专利；如果没有申请专利，或者申请了专利但没有被授予专利权，那么还是原来的发明创造而不是专利。因此，认为专利权是自动获得的是一种误解。作为发明人或者设计人或其所在的单位，取得专利权的唯一途径（或者说必经之路）便是依法提出专利申请且经国家专利行政部门授权，别无蹊径，如图1-8所示。

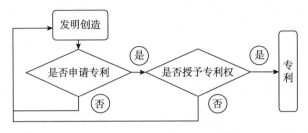

图1-8　专利权的法定授予性示意

## 第二节　专利制度的概念

### 一、专利制度的起源与发展

据资料记载，可查最早授予专利权的事件发生在1236年，英王授予波尔多市一个市民生产多色式样织物15年的特权。

其后，1331年，英王爱德华三世授予佛兰德的工艺师约翰·肯普以纺织、漂洗和染色技术方面的垄断权利。

但是上述这些做法，并不是哪位有先见之明的国王或政治家把它作为一种制度加以采用的。当时国家的行政首脑以犒赏恩赐为手段，出授多种特权，专利只不过是这些名目繁多的各种特权的一种而已。这种专利形式，嗣后不甚引人注目地、自然地逐渐增多并慢慢地发展成熟，最后终于形成了制度。❶

从作为技术、经济、法律三位一体的专利制度的产生和发展来看，专利制度是商品经济发展到一定程度、人类经济和科技发展到一定历史阶段时诞生的。因此，有的专家指出，专利制度赖

❶　吉藤幸朔. 专利法概论［M］. 宋永林，魏启学，译. 北京：专利文献出版社，1990：6.

以生存的土壤是商品和市场经济。专利制度是以科技和经济的发展为前提的，反过来，又为科技和经济发展服务。基于授予专利权而建立起来的专利制度本质上是一种调整商品经济关系的法律制度。

从世界范围来看，专利制度的起源和发展大体上可以分为初始萌芽、发展普及和国际化发展三个阶段。每个阶段都有其代表性的事件，如图 1-9 所示。

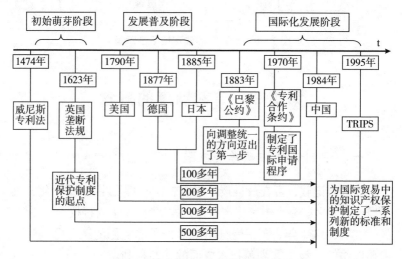

**图 1-9　专利制度发展简史**

### 1. 形成阶段

#### ——威尼斯专利法，君主恩赐特权的初步制度化

专利制度起源于中世纪的欧洲。由于商品经济发展，科学技术成果日益商品化，当时人们已经意识到拥有先进的技术，就可以在市场竞争中取得优势地位。为了鼓励发明的产生和发展经济，封建君主及王室成员以特许的形式给一些作坊的商人或工匠颁发在一定时期内免税经营的特权，或是独家经营某些新产品或新工艺的特权，而不受当地封建行会的干预。为了避免外国的制造作坊将在该国内使用着的先进技术吸引走，这种特权也颁发给外国人，只要他们能发展新手艺、新产品，并将其技术传授给当

地的手艺人。当时英国把授予某些商人或工匠在一定时期享有某种特权的文件称为"Letters patent"，意为"公开文书"，其含义是持有人在一定期限内对其技术享有垄断权，任何人都可以打开来看，但未经该持有人同意不得使用其技术。这就是现在世界上通用的"patent"一词的词源。这种恩赐"特权"可以说是初期的"专利权"。这种形式的"patent"一直持续了两个多世纪，成为专利制度的萌芽。

因此，从历史上看，专利制度是逐渐从实践中发展起来的，而不是先有一个专利法，然后再建立专利制度的。把授予专利权的做法用国家制定的法律以制度化，经历了一个很长的历史过程。

第一件真正意义上的专利产生在意大利。1421 年，意大利城市国家佛罗伦萨对建筑师布鲁内莱斯基发明的"装有吊机的驳船"授予了 3 年的垄断权。

第一个将授予专利权形成一种制度的是地处东西方贸易必由之路、曾在商业上盛极一时的意大利半岛的威尼斯共和国。1474 年 3 月 19 日，威尼斯颁布了世界上第一部最接近现代专利制度的威尼斯专利法（*Venice Patent Law*）。该法规定："任何人在本城市制造了本城市前所未有的、新而精巧的机械装置者，一俟改进趋于完善以及能够使用和应用，即应向市政机关登记。本城市其他任何人在 10 年期限内，未经发明人的同意与许可，不得仿制与该装置相同或者相似的产品。如任何人贸然仿制，上述发明人有权在本城市任何机关告发，该机关可以命令侵权者赔偿专利权人金币百枚，并将仿制品立即销毁。"

威尼斯专利法虽然比较简单，最初只有几百字，但已包括了通常所说的建立专利制度的四个目的：对社会有益、鼓励发明、有利于发明的推广与应用、发明人有权享有其智力成果。这部法律的有关规定为今天的专利制度奠定了基础。在此之前，授予专利这种特权是零星出现的，但自此之后就形成了有秩序的做法。到 1550 年批准的发明专利已超过 500 件。❶ 依据此法律，威尼斯

---

❶ 高卢麟. 专利：企业家手中的矛与盾［M］. 北京：专利文献出版社，1989：9.

共和国曾于 1594 年授予著名科学家伽利略发明的"扬水灌溉机"以 20 年的专利权。

## 2. 发展阶段

### ——英国垄断法规，具有现代意义的世界上第一部专利法

真正具有现代意义的专利法是 1623 年英国国会通过并于 1624 年开始实施的英国垄断法规，也被译为英国独占条例（*The Statute of Monopolies*）。这部法规被认为是世界上第一部正式而完整的专利法，被视为资本主义专利法的始祖。它结束了早期恩赐的时代，明确规定了专利权的主体、客体，可以取得专利权的发明主题，授予专利权的条件，专利权的期限以及在什么情况下专利权将失效等内容。这些规定为后来许多国家的专利立法提供了一个基本框架，其中许多原则一直沿用到现在。

英国垄断法规的制定，孕育、产生和保护了成为产业革命重要推动因素的许多发明，诸如瓦特的蒸汽机（1765 年）、斯蒂芬逊的蒸汽机车（1825 年）等，对引发和深化英国的产业革命及发展生产起到了巨大的推动作用。欧根·狄塞尔在评价实施英国垄断法规的 1624 年时称：这一年是"近代最重要的一年""在古代文明的基础上，极其迅速地建立起一个技术世界。"❶

从历史上看，1474 年的威尼斯专利法是最先颁布的，但作为至今仍在继续实行的专利法来说，最有影响、最早的专利法应该是 1623 年的英国垄断法规，所以，国际上一般承认 1623 年的英国垄断法规是近代专利保护制度的起点。

继英国（1623 年）之后，各国纷纷仿效英国陆续颁布了专利法，建立了专利制度，如美国（1790 年）、法国（1791 年）、俄国（1812 年）、荷兰（1817 年）、瑞典（1819 年）、西班牙（1826 年）、墨西哥（1840 年）、意大利（1864 年）、德国（1877 年）、日本（1885 年）、瑞士（1889 年）等相继制定和颁

---

❶ 吉藤幸朔. 专利法概论［M］. 宋永林，魏启学，译. 北京：专利文献出版社，1990：6.

布了专利法。

据统计，建立专利制度的国家在 1859 年仅有十个，到 1873 年增加到 22 个。

经过 100 年后，到 1973 年有专利制度的国家增加到 120 个。

到 1983 年，据 WIPO 统计，全世界有专利制度的国家已达 140 个。

到 1993 年，世界上已有 160 多个国家和地区建立了专利制度。

据 2006 年统计数据，全世界实行专利制度的国家和地区已达到 184 个。

建立专利制度的国家和地区数量趋势如图 1 - 10 所示。

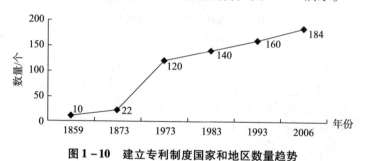

**图 1 - 10    建立专利制度国家和地区数量趋势**

### 3. 专利制度的国际化发展
#### ——《巴黎公约》翻开了专利权国际保护的新篇章

专利制度是各个国家根据本国经济和科技的发展的需要先后建立起来的。虽然各国都采取了大体上一致的做法，但由于各国国情不同，法律的具体规定也有所不同。特别是各国的专利法本质上都是国内法，只在本国范围内有效，而各国专利法规定的申请专利的条件、程序、手续等也有一些区别。这些问题不仅在知识产权贸易上，而且在申请手续上都带来了极大的不利和不便。为了解决这些问题，在 1883 年 3 月 20 日法国巴黎外交会议上，由法国、比利时、巴西、意大利、西班牙、瑞士等 11 个国家发起，签订了《巴黎公约》。

《巴黎公约》是世界上最早签订的有关专利、商标等工业产权保护的国际公约，它确定了各成员国在制定工业产权法时必须遵守的基本原则，提出了对成员国国内工业产权立法的最低要求，翻开了专利权国际保护的新篇章，促进了专利制度的国际化。世界专利制度由于《巴黎公约》的签订，向调整统一的方向迈出了第一步。

我国于 1984 年 12 月 19 日加入《巴黎公约》，3 个月后（1985 年 3 月 19 日）正式成为该公约的成员国。

### ——《专利合作条约》制定了专利国际申请程序

《巴黎公约》只是专利制度国际合作的第一步。当发明人想在几个国家取得专利权时，他必须在优先权期间内，按多个申请国家语言，向多个国家分别提出申请，而各国的专利审查人员则实际上在重复着其他国家同行的工作，即重复检索和审查同一项专利申请。

为了简化在多个国家取得专利保护的手续，并使之更加经济，使公众尽快地获得记载新发明的文件以便进行技术交流，同时解决重复申请带来的重复审查和重复出版问题，1970 年 6 月 19 日，在美国华盛顿召开的外交会议结束时，由美国等 35 个国家签订了《专利合作条约》（*Patent Cooperation Treaty*，PCT）。该条约于 1978 年 1 月 24 日生效。1978 年 6 月 1 日开始受理国际申请。

我国于 1994 年 1 月 1 日加入 PCT，并成为该条约规定的国际申请的受理局、国际检索单位和国际初步审查单位。中文也正式成为 PCT 申请的工作语言之一。

### ——《与贸易有关的知识产权协议》标志着专利保护标准趋向国际一体化

1994 年 4 月正式签订的《与贸易有关的知识产权协议》（TRIPS），在《巴黎公约》《保护表演者、音像制品制作者和广播组织罗马公约》《保护文学和艺术作品伯尔尼公约》等国际公约基础上，为国际贸易中的知识产权保护制定了一系列新的标准和制度。TRIPS 要求其成员均必须给其他成员的国民在知识产权保护上的国民待遇。在司法和行政程序上，可不适用国民待遇，包括司法管辖范围内服务地址的确定和代理人的指定等。同时 TRIPS 还首次将国际贸易中的最惠国待遇原则引入知识产权公约，提出"在知识产权保护方面，一成员给予其他成员的国民的任何利益、优惠、特权或豁免，均应立即无条件地适用于其他全体成员之国民。"❶

## 二、国际专利制度的三个基本原则

《巴黎公约》提出了"国民待遇原则"、"专利独立原则"和"优先权原则"，建立了国际工业产权保护制度的基础。

### 1. 国民待遇原则

国民待遇在《巴黎公约》中有两方面的含义：其一是无条件的国民待遇，即在工业产权的保护方面，公约各成员国必须在法律上给予公约其他成员国的国民以本国国民所享受的同等待遇，不附加任何条件，即不论其他成员国的国民在该国有无永久性住所或者营业所，只要遵守该国的法律，就能享受与该国国民同等的权利，并在权利遭到侵害时，得到与该国国民同样的法律保护。其二是有条件的国民待遇，即在一定的条件下，外国人与本国人享有同样的权利。这个条件很简单，对于非公约成员国的国民，只要他们在公约任何一个成员国内有法律认可的住所或者有实际从事工、商业活动的营业所，那也应当享有同该成员国国民一样的待遇。这实际上将国民待遇原则的应用由成员国之国民延伸到非成员国之国民，如图 1–11 所示。

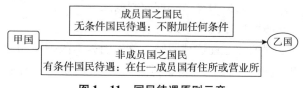

**图 1–11　国民待遇原则示意**

❶　刘春田. 知识产权法学［M］. 北京：高等教育出版社，2019：8.

## 2. 专利独立原则

专利独立原则是指在《巴黎公约》成员国国内享有国民待遇的人，就其同一项发明在不同成员国国内享有的专利权，彼此互相独立、互不影响。这项要求也适用于在成员国享有国民待遇的人在成员国之外获得的专利，❶ 如图 1 – 12 所示。

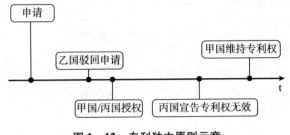

**图 1 – 12　专利独立原则示意**

一般来讲，专利申请后有两种可能：或者授权，或者驳回。

专利批准后也有两种可能：或者维持专利权有效，或者宣告该专利权无效。

因此，专利独立原则包括以下三个方面的含义。

第一，一个成员国根据本国专利法的规定批准了一件专利，并不能决定其他成员国根据本国专利法的规定是否对同一发明也批准为专利；

第二，一个成员国根据本国专利法的规定驳回了一件专利申请，并不妨碍其他成员国根据本国专利法的规定批准同一发明的专利申请为专利；

第三，一个成员国宣布一件专利权无效，并不影响其他成员国就同一发明维持已经批准的专利权继续有效。

提出专利的独立性这项原则，首先因为不同国家的专利制度很不相同。例如，有的国家专利保护期只有 10 年，有的国家则长达 20 年。不能因为同一发明的专利在前一类国家专利权期限

---

❶　郑成思. 知识产权论：修订本 ［M］. 北京：法律出版社，2001：4.

届满，就使它在后一类国家的专利权期限被砍掉一半。又如，如果专利权人在一个国家因未缴纳专利年费而使其专利权被提前终止，但他在另一个国家却缴纳了年费，则不能因为是同一发明，就使其在另一个国家的专利权也跟着被提前终止。❶

### 3. 优先权原则

优先权原则，是指如果有资格享有国民待遇的人，以一件发明首先在任何一个成员国提出了专利申请（或是其他工业产权申请），自该申请提出之日起的一定期限内（发明专利与实用新型专利为 12 个月，商标注册或外观设计专利为 6 个月），如果他后来就同一主题向其他成员国也提出了申请，则其他成员国必须承认该申请在第一个国家第一次提出申请的日期为本国申请日。换言之，申请人提出的在后申请与其他人就同一主题所提出的在先申请相比，由于申请人的在后申请享有优先权，其在后申请的申请日提前到优先权日，从而享有优先的地位，如图 1 - 13 所示。

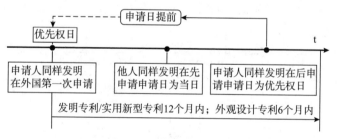

**图 1 - 13　优先权原则示意**

优先权原则为希望在多个国家寻求专利保护的申请人提供了很大的方便和实际利益。申请人在第一次提出申请后，有充裕的时间考虑自己是否还有必要在哪些国家再提出申请。他不必担心在这段时间内有其他人以相同的发明或商标在其他国家抢先申请专利或抢先注册商标，因为他的第一次申请日是"优先"的。

---

❶　郑成思. 知识产权论：修订本［M］. 北京：法律出版社，2001：4.

他也不必在国内和国外同时花时间克服语言障碍经办复杂的手续逐个提出所有的申请，他可以在 6 个月或者 12 个月优先权期限内放心地充分考虑。

举一个例子来理解优先权的规定。

日本某公司于 1988 年 10 月 3 日向原中国专利局提交了 1 件名称为"防眼疲劳镜片"的发明专利申请，该发明专利申请已早在 1988 年 5 月 7 日以相同主题的内容在日本第一次提出专利申请，并在向中国专利局提交该专利申请时提交了要求优先权书面声明和在日本第一次提出专利申请文件的副本。中国某研究所于 1988 年 7 月也研制成功一种用于减轻因长时间观看荧屏所造成眼疲劳的镜片，这种镜片和日本某公司的镜片无论是在具体结构，还是在技术效果上都是相同的。该研究所于 1988 年 9 月 10 日向中国专利局提交名称为"保健镜片"的发明专利申请。按照先申请原则，专利权应当授予中国某研究所；按照优先权原则，尽管中国某光学研究所的申请日早于日本某公司的申请日，但是中国专利局依法批准了日本某公司"防眼疲劳镜片"发明专利权，如图 1 - 14 所示。

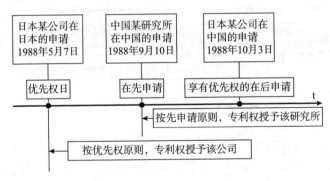

**图 1 - 14　优先权原则的案例**

### 4. 优先权原则的基础

申请人要求优先权有以下两点需要注意。

第一，该申请的权利要求中所要求保护的技术方案，在作为优先权基础的外国或者本国的在先申请的权利要求中已有清楚的记载。

第二，所有的在后申请的申请日都应在第一次提出申请的优先权期限之内。

满足上述两个条件的，在后申请的优先权可以成立。

如果某些权利要求不满足上述条件，但其他权利要求满足上述条件，则不满足上述条件的那些权利要求的优先权不能成立，而满足上述条件的其他权利要求的优先权成立。

值得注意的是，申请人在提交第一次申请之后，在优先权期限之内向其他国家申请专利时，其说明书的内容与首次申请的说明书内容相比，有可能不完全相同。这是十分正常的事情。因为一方面申请人在此期间内可能进一步发展其发明或者实用新型，从而希望在后申请中包括新发展的内容；另一方面，为了节约向外国申请专利的经费，在符合单一性规定的情况下，申请人也可能将几份在先申请的内容合并起来形成一份专利申请。《巴黎公约》规定在上述两种情况下仍然可以要求并获得优先权，这为申请人提供了很大的方便。也就是说，由于一份专利申请所要求保护的各项权利要求的内容是不一样的，有的包含较少的技术特征，有的包含较多的技术特征，因此有可能出现在后申请的一部分权利要求能够享有优先权，另一部分权利要求不能享有优先权的现象。这样，就引入了部分优先权和多项优先权的概念。

（1）部分优先权

当在后申请又补充了新的内容时，能否享有优先权取决于其权利要求的撰写。如果一项权利要求的内容均为首次申请中已经记载的内容，则该项权利要求可以享有优先权；如果一项权利要求中还包括在后申请所新增加的内容，则该项权利要求不能享有优先权，只能以其实际申请日为申请日。因此，在说明书增加了新内容的情况下，申请人通常至少撰写两项以上权利要求。其中一项权利要求中的技术特征是首次申请中已经记载的特征，从而确保该项权利要求能够享有优先权；另一项权利要求中加入新的技术特征，以体现在后申请增加了新的内容。这就是所谓"部分优先权"。❶

例如，2002 年 1 月 8 日提出的首次申请的技术方案为 A，2003 年 1 月 5 日提出的在后申请的技术方案为 A + A′，在后申请可以要求和享有在先申请 A 方案的优先权。在这种情况下，判断在后申请两项权利要求的新颖性和创造性时，分别以 2002 年 1 月 8 日 A 方案的优先权日和 2003 年 1 月 5 日 A + A′方案的实际申请日为基础，如图 1 - 15 所示。

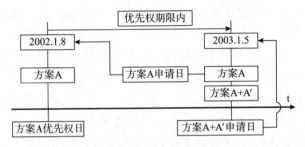

图 1 - 15　部分优先权示例

含有新增加内容的权利要求不能享有优先权，其理由是明显的。各国专利法都有一个相同的原则，即对申请文件的修改不能超出原申请文件记载的范围。如果允许在后申请的含有新增加内容的权利要求也享有优先权，则无异于在超出原申请记载范围的情况下仍然以原申请日为申请日，这显然违背了上述原则。在后申请作为一份单独的申请，应当允许申请人增加新的内容，但是在要求优先权的情况下，则需要根据首次申请的内容，分别判断不同权利要求能否享有优先权。这样，就使优先权原则和修改不得超出原申请记载范围的原则相互统一起来。

在申请提出以后，申请人在优先权期限内作出了改进的情况

---

❶　国家知识产权局条法司. 新专利法详解［M］. 北京：知识产权出版社，2001：8.

下，部分优先权制度非常有用。申请人要求部分优先权，就可以将改进部分与原申请合并作为一份申请提出，不必另行提出申请和缴纳费用。也可以将在不同国家提出的在先申请，如先在法国提出方案 A、后在德国提出方案 B，然后在中国提出与方案 A 和方案 B 都关联的方案 C 合并作为一件申请提出，如图 1 - 16 所示。

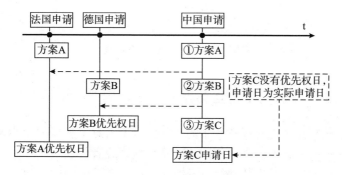

**图 1 - 16　部分优先权示意**

（2）多项优先权

当在后申请将几件在先申请的内容合并起来，即申请人对一件具有单一性的申请要求了多项优先权，这也是允许的。也就是说，当在后申请将几件在先申请的权利要求合并起来时，不同的权利要求可以享有不同在先申请的优先权。如申请人在美国提交了一件有关某种新产品的申请，又在日本提交了一件关于该产品制造方法的申请，随后在中国提交了一件关于该产品及其制造方法的申请。这时，如果在向中国提交的申请中包括两项权利要求，其中一项针对该产品，另一项针对该产品制造方法，则产品权利要求可以享有在美国申请的优先权，方法权利要求可以享有在日本申请的优先权。这就是所谓"多项优先权"，如图 1 - 17 所示。

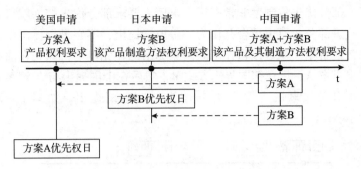

**图1-17　多项优先权示意**

## 三、专利制度的主要内容

从封建帝王对偶然产生的发明凭借个人意志和权力授予发明人一种特权，到现在由不同的国家或地区或者代表若干国家的地区性机构根据各自的法律以及有关的国际条约的规定，每年授予专利申请人数百万件专利权，专利制度本身经历了深刻的发展和变化过程。随着经济全球化的形成和发展，专利制度的国际合作也越来越广泛和深入。专利制度已跨越国界成为促进国际技术交流的最便利的工具。❶

在专利制度的发展和变化之中，有一些制度的建立是具有代表性的，逐渐形成了具有专利制度特征的几个主要内容，这些内容也反映了专利制度的一些基本作用，如图1-18所示。

### 1. 法律保护制度——使技术产权化

法律保护制度，即用法律保护专利权人的合法权益的制度，这是专利制度的核心内容。

为了实施法律保护制度，在现代工业发达国家中，有的国家设置了专业的专利法院或专利法庭。例如美国设有联邦巡回诉讼法院，从1983年10月1日起处理所有的专利侵权诉讼。而在那

---

❶　何润华，马连元．你想得到专利吗?:专利工作便览［M］．天津：南开大学出版社，1985：6.

**图1-18 专利制度的主要内容**

之前，专利侵权诉讼则由分设在各地的地区诉讼法院处理。由于各地的法院对判别专利侵权掌握的尺度不一样，这类的纠纷在不同地区会得到结果很不一样的判决。

德国则设有专利法院，它是地位仅次于最高法院且具有普通司法权的法院。

2014年，为了推动实施国家创新驱动发展战略，加大知识产权司法保护力度和提高知识产权司法审判水平，我国在北京、上海和广州相继设立三大知识产权法院并运行。

2019年1月1日，最高人民法院知识产权法庭在北京揭牌成立，统一审理全国范围内专利等专业技术性较强的民事和行政上诉案件，这是中国知识产权司法保护发展史上的重要里程碑。

2025年4月23日，最高人民检察院知识产权检察厅正式挂牌成立，体现了党中央对知识产权保护工作的重视，标志着我国知识产权司法保护进一步迈入专业化、综合化发展阶段。

2020~2024年的全国两会上，多位代表多次提出在最高人民法院知识产权法庭的基础上设立国家知识产权法院的建议，众望所归之下，知识产权司法保护体制一定会迎来另一个里程碑。

法律保护制度，使技术产权化，即使技术资产化和权利化，是专利制度的一个重要作用。这个作用表现在以下三个方面。

第一，是对发明创造的自身保护。一项发明创造在获得专利之后，无论这项发明创造通过发表论文，还是参加学术会议或展示会，或以其他方式公开，均是在法律保护下的公开，任何人即使通过上述途径学会或掌握了这项发明创造，在未经专利权人许可之前也不能为生产经营目的实施该项专利。

第二，是对市场的占有和控制。一种产品或一种方法的新的技术方案只要被授予专利权，就等于在法定保护期内掌握了控制市场的主动权。任何单位或者个人未经专利权人的许可，都不得为生产经营目的制造、使用、许诺销售、销售和进口其专利产品，或者使用其专利方法以及使用、许诺销售、销售和进口依照该专利方法直接获得的产品。因此，专利有很重要的占有市场和保护市场的作用。这种作用在 TRIPS 生效后更加突出了，它把对专利的保护与国际贸易相挂钩，强化了对专利权的保护力度。

第三，是使技术成为无形资产。一项公开的但没有获得专利的工业技术不能成为工业产权。工业技术只有成为商业秘密或者被授予专利权，才能变成国际公认的无形资产。例如，1996 年，扬子电冰箱总厂与德国西门子、博世公司合资成立"安徽博西扬制冷有限公司"时，其中扬子电冰箱总厂以其 25 件冰箱和冰柜的专利权入股，经评估机构评估作价近 482 万美元，折合人民币4014 万元，得到德国西门子、博世公司的认可。知识产权的资产化，构成了知识经济中的不同于传统意义上的资本——知识资本，而且这种知识资本在知识经济中比传统资本起的作用更大。

### 2. 公开通报制度——使技术公开化

公开通报制度是指，凡是申请专利的发明创造必须以专利公报及专利说明书的形式，将发明创造的内容向世界公开通报，给公众提供获得发明创造的信息和利用发明创造的途径。这与商业秘密中的"技术秘密"形成了鲜明对比。

公开通报制度，使技术公开化，加之信息高速公路和计算机网络技术，极大地促进了知识的共享，为激励科技创新、促进产生新思维创造了条件，有利于把专利技术成果及早转化为现实生产力。

但是，公开通报制度的建立，在世界专利制度发展史中有一个相当长的过程。

尽管英国 1623 年颁布并于 1624 年生效的英国垄断法规被视为世界上第一部现代意义上的专利法，但是，该法在当时并未要求发明人陈述和公开其发明内容。

18 世纪初期，英国着手改进其专利制度，开始要求发明人充分陈述其发明以供公布，以此作为取得专利的对价，以便专利权期限届满时其他人能够实施该项发明。这样，专利就以契约的形式反映出来，成为专利申请人与国家和社会之间的一种默契合同。

专利申请人以专利说明书和说明书附图的形式公开他的新的技术方案，并向国家专利行政部门提出专利申请。如果其申请符合规定要求，国家则授予其专利权，并通过专利公报的形式向社会公众公布他的新的技术方案。按照法律中的这种要求，专利说明书制度便产生了。说明书及其附图的公开可以避免其他人进行简单的低水平的重复劳动，也可以启迪其他人进一步发展该项技术。这标志着具有现代特征的专利制度最终形成。

### 3. 专利审查制度——使技术评价法制化

在专利制度建立之前，我国的科技成果管理制度是对科技成果进行鉴定。这种评价方式是对科技成果的技术水平、技术成熟程度和推广应用的前景进行鉴定，它是由各级科技行政管理部门按照《科学技术成果鉴定办法》规定的程序，组织同行专家或者召开会议评议或者进行书面函审进行的，是科技行政管理部门的一项常规性工作。2016 年 6 月科学技术部废止了《科学技术成果鉴定办法》，以《科学技术评价办法》取而代之。

专利审查制度与科学技术评价办法完全不同。

专利审查制度，是各国根据其专利法规定，设置各自的国家专利行政部门，由国家专利行政部门的审查部门对专利申请进行审查，以保证授予专利权的发明创造符合法律的要求。只有符合法律规定的授权条件，才能授予专利权。

进一步讲，专利审查制度是建立在充分检索现有技术的相关对比文件的基础上的。这种审查制度，要求被授予专利权的发明创造必须符合专利法规定的形式条件和实质性条件的要求，因此，专利审查的实质是将技术的评价法制化了。

专利审查制度与科技成果管理制度的区别如图 1 – 19 所示。

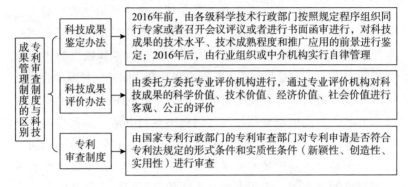

**图 1 – 19　专利审查制度与科技成果管理制度的区别**

在授予专利权前对专利申请进行审查，以保证授予专利权的发明创造符合专利法的要求，这在今天看来是顺理成章的。但是，从专利制度诞生到成立专门机构审批专利，却经历了数百年的时间。❶

美国第一部专利法（1790 年）虽然结束了以封建特权授予专利权的时代，但在开始执行时仍带有某种由统治者授权的色彩。美国第一批专利都是由以时任国务卿杰弗逊、最高法院法官伦道夫和主持国防事务的陆军部长诺克斯三人组成的小组讨论通过，并由时任总统华盛顿签署批准授予的。

但审批专利是一件细致且烦琐的工作。1793 年 2 月，美国国会通过了一部新专利法，将批准专利权的工作交给由国务卿领导下的国务院办理，并且将审批改为由申请人经申请登记之后自然获得专利权。这就是所谓的"登记制"审查制度，又称为"形式审查制"。采用这种审查制度几乎一经登记就差不多可以

---

❶ 何润华，马连元. 你想得到专利吗?:专利工作便览［M］. 天津：南开大学出版社，1985：6.

批准专利，因而，批准专利快，手续简单。但它同时也带来了重复授权和批准的专利质量低下的问题，容易将不符合专利性的申请批准为专利。甚至可以说，这种登记制度给滥竽充数的"发明"取得专利权开了方便之门，随之便引起许多诉讼。

美国在 1793 年专利法施行了 43 年之后，于 1836 年再次修改专利法，健全了主管审批专利的执法机构专利局，同时明确提出了审查标准，建立了实质审查制度。在实质审查制度建立之后，审查的内容和形式也在逐渐增加和完善。在内容上，由只审查新颖性，发展到增加创造性的审查。在审查形式上，由"完全审查制"，到 1964 年荷兰提出的"早期公开，延迟审查制"。实质审查制度避免了对同样的发明重复授予专利权，提高了获得专利权发明的质量和水平。

### 4. 国际交流制度——使技术信息化

国际交流制度是指实行专利制度的国家之间，可以依照共同参加的国际公约或双边往来互惠协定，进行技术、贸易和经济等方面的交往。

在专利制度国际合作方面活动最频繁的是专利文献的交流与合作，其结果是建立了《国际专利分类表》（*International Patent Classification*，IPC），使获得专利的发明在全世界有了一致的分类。在 1962 年，一些采取审查制的专利局建立了专利局间情报检索国际合作委员会。该委员会设立了标准化技术委员会，统一了各国专利局官方出版物的格式。这些工作更给各个国家之间的技术交流架起了桥梁。到后来的 PCT 和 TRIPS，更一步一步地破除障碍，使获得专利的技术国际交流畅通无阻。专利技术已经对并且将继续对整个世界的经济结构变化产生深远的影响。

## 四、专利制度的两大功能

专利制度诞生以后，之所以能够成长壮大，经久不衰，保持旺盛的生命力，主要是专利制度具备两大功能，即保护功能和公开功能。

### 1. 专利制度的保护功能

专利制度的保护功能就是承认并依照法律保护专利权人的合法权益，使之在发明上的投资得到合理补偿，最终有利于整个社会的技术进步和经济发展。

日本曾组织过一次调查，调查中30%的企业认为，专利制度的保护功能为技术革新提供了最有力的刺激。

德国的一次调查表明，如果没有专利制度的保护，21%的专利发明可能做不出来。

在美国的一次调查中，33.3%的大型企业和52.4%的小型企业表示，如无专利保护，它们将大大减少研究开发活动。

上述这些调查资料证明，专利制度的保护功能在促进科学技术进步和经济社会发展中发挥了重要的作用。美国前总统林肯说过这样一句名言："The patent system added the fuel of interest to the fire of genius."（译文是：专利制度给天才之火添加利益之油）。这句名言镌刻在美国专利商标局正门的石头上，可见其用心良苦。专利制度如何通过满足发明人最大而迫切的愿望，强烈地激发研究人员和技术人员进行发明的积极性，林肯的话对此作了绝妙的描述。

### 2. 专利制度的公开功能

日本专利方面的专家竹田和彦在《专利基础知识》一书中形象地画了一个天平，如图1-20所示。

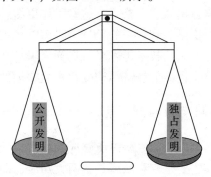

**图1-20　专利制度之天平示意**

他指出，专利制度是在公开发明与授予独占权（保护发明创造）这两者互相平衡的关系上形成的一种法律制度。他说，独占或垄断在任何时代总是遭到人们的严厉批评，可是发明的独占或者说垄断即所述的专利制度却受到人们的承认，并持续至今，这是为什么呢？这是因为：发明是过去所没有的新创的东西，即便是让发明人加以独占，也不会使社会公众失去什么。发明人以取得独占权作为报酬将发明公开反倒能促进新技术的进一步公开，不断刺激新发明问世。这可以说是专利的一种催化作用。进一步讲，专利制度将保护发明与公开发明这两者巧妙地结合起来了。它以公开发明创造为条件，根据法律确认一项发明创造作为财产的产权归属，并根据法律来调整专利权人与社会公众之间的权利与义务关系。

# 第二讲　我国专利法的制定与立法宗旨

## 第一节　《专利法》的制定（1984 年）

1978 年，党的十一届三中全会带来了科学技术发展的春天。

在总结了历史的经验教训后，党的十一届三中全会作出了将工作重心转移到经济建设上来、实行改革开放的历史性决策。专利制度作为知识产权制度的重要组成部分，是维护市场经济公平有序竞争的有效机制，也是推动和保护创新的一种法律制度，是国际通行的体现市场竞争、技术竞争的原则和规则。我国要改革开放、参与国际大循环，只有建立和遵守这种原则和规则，才能与其他国家在知识产权保护方面公平往来。❶ 正是改革开放的基本国策和理论为我国诞生新的专利制度奠定了坚实的基础。

专利法是专利制度的核心，是实行专利制度的法律依据。在现代社会，制定和颁布专利法是实行专利制度的标志和前提。因此，要实行专利制度，必须有一部专利法。

1979 年，我国启动了制定专利法的筹备工作。1979 年 3 月 19 日，原国家科学技术委员会正式组建了专利法起草小组，负责起草专利法工作。起草小组由法律、外贸、科技情报和科技管理界的 8 位专家组成，他们是：中国人民大学原法律系郭寿康、北京大学原法律系段瑞林、原西北政法学院汤宗舜、社会科学院

---

❶ 高卢麟. 专利：企业家手中的矛与盾［M］. 北京：专利文献出版社，1989：9.

法学研究所夏淑华、中国国际贸易促进委员会法律事务部胡明正、原中国科技情报所专利馆朱晋卿以及原国家科学技术委员会成果局宋永林和赵元果。专利法起草小组由宋永林任组长，由国家科学技术委员会副主任武衡直接领导。

1984年3月12日，历时5年，历经24稿草案，经过多次曲折、反复和孕育，第六届全国人民代表大会常务委员会第四次会议表决通过了《专利法》。具有中国特色的一部崭新的现代化的专利法胜利诞生。

1985年4月1日，《专利法》开始施行，它标志着我国从法律程序上完成了专利制度的建立，并且开创了中华民族专利史上的一个新篇章。

1985年1月19日，国务院批准了根据《专利法》制定的《中华人民共和国专利法实施细则》（以下简称《专利法实施细则》），1985年4月1日与《专利法》同时生效。

# 第二节 《专利法》第一次修改（1992年）

《专利法》的施行对推动我国科技进步和经济社会的全面发展发挥了不可替代的作用。

1992年9月4日，在建立中国特色社会主义市场经济体制的时代背景下，同时也是为当时我国恢复关贸总协定缔约国地位谈判创造条件，履行我国在《中美知识产权谅解备忘录》中的承诺，第七届全国人民代表大会常务委员会第二十七次会议通过并颁布了《中华人民共和国专利法修正案》，该修正案自1993年1月1日起施行。

《专利法》第一次修改的主要内容包括以下六个方面。

## 一、扩大了专利保护的技术领域

在专利保护的技术领域上，根据1984年《专利法》第二十五条规定，对食品、饮料、调味品以及药品和用化学方法获得的物质不授予专利权，只是对这些产品的生产方法可以授予专利权。这不利于鼓励发明新产品的积极性。因为对产品的保护是绝对的保护，对产品的生产方法保护是相对的保护，而生产同样的产品可以采用不同的生产方法，若仅对其获得专利的生产方法授予专利权，不对产品本身授予专利权，其他人可能采用不同于专利方法的其他生产方法生产该产品，发明人所发明的新产品就得不到真正的保护。因此，《专利法》第一次修改后，将食品、饮料和调味品以及药品和用化学方法获得的物质本身也纳入专利权保护的范围，从而扩大了专利保护的技术领域，如图2-1所示。

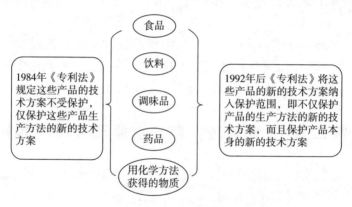

**图2-1 扩大了专利保护的技术领域**

## 二、延长了专利权的保护期限

在专利权的保护期限上，1984年《专利法》第四十五条中规定："发明专利权的期限为十五年，自申请日起计算。实用新型和外观设计专利权的期限为五年，自申请日起计算，期满前专利权人可以申请续展三年。"即发明专利权的期限为15年，实用新型和外观设计专利权的期限最长为5年加3年续展期。

1992年《专利法》第一次修改对专利权的期限重新规定："发明专利权的期限为二十年，实用新型专利权和外观设计专权的期限为十年，均从申请之日起计算。"即发明专利权期限从原来的 15 年改为 20 年，实用新型专利权和外观设计专利权期限从原来的 5 年加 3 年续展期改为 10 年。

### 三、方法专利的效力延及依该方法直接获得的产品

1984 年《专利法》第十一条中规定：任何单位或者个人未经专利权人许可，都不得为生产经营目的使用其专利方法。这就是说，方法专利的效力仅仅保护专利方法本身。

但是对于方法专利，如果仅保护专利方法，而不保护由该方法直接获得的产品，那么这种保护也是不完全的，无法真正地保护专利权人的合法权益。❶ 因为专利权人实施专利方法并获得经济利益必须通过利用专利方法生产相应的产品来实现。如果不将对方法专利的保护延伸至依照该方法直接获得的产品，他人完全可以在无方法专利保护的国家或地区利用专利方法生产相应的产品，然后再输入到方法专利的保护国，专利权人对这种侵权行为毫无补救办法。因此，有必要把专利方法和依照该专利方法直接获得的产品作为一个整体加以保护。❷

1992 年修改后的《专利法》第十一条中规定：任何单位或者个人未经专利权人许可，不得为生产经营目的使用其专利方法以及使用、销售依照该专利方法直接获得的产品。这样，就使方法专利保护的效力进一步延及依照该专利方法直接获得的产品，扩大和加强了对方法专利权保护的范围和力度，如图 2 - 2 所示。

---

❶ 陈美章. 知识产权教程［M］. 北京：专利文献出版社，1993：8.

❷ 汤宗舜. 专利法解说［M］. 北京：专利文献出版社，1994：8.

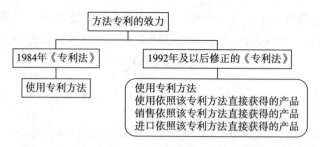

**图2-2　方法专利的效力延及依该方法直接获得的产品**

### 四、增加了专利权人的进口权

专利权人的进口权，是指专利权被授予后，除法律另有规定的以外，专利权人有权禁止他人未经专利权人许可为生产经营目的从国外进口其专利产品或者进口依照其专利方法直接获得的产品。

进口专利产品，是指由专利产品组成或包含专利产品的物件被输入国内，就是将专利产品越过边境运入国内的行为。进口专利产品与该产品是从哪个国家进口无关，那个国家可能是一个邻国，也可能是一个遥远的国家。也不管进口的目的是使用还是销售，与进口的产品在制造或者出口该产品的国家是否享有专利权也无关，有关系的只是进口的专利产品在进口国家是受到专利保护的。任何单位或者个人未经专利权人的许可进口其专利产品，就构成了侵犯专利权的行为，如图2-3所示。

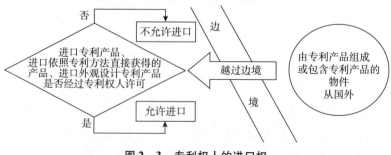

**图2-3　专利权人的进口权**

### 五、增加了专利申请文件修改的依据

1984 年《专利法》规定：申请人可以对其专利申请文件进行修改，但是不得超出原说明书记载的范围。即对专利申请文件的修改只能以原说明书记载的范围为依据。

1992 年修改后的《专利法》对专利申请文件的修改依据重新进行了规定：申请人可以对其专利申请文件进行修改，但是，对发明和实用新型专利申请文件的修改不得超出原说明书和权利要求书记载的范围，对外观设计专利申请文件的修改不得超出原图片或者照片表示的范围。据此，对发明和实用新型专利申请文件的修改不仅可以以说明书记载的范围为依据，也可以以权利要求书记载的范围为依据，申请人可以将在权利要求书有记载的技术方案补充到说明书中，从而做到权利要求书以说明书为依据；对外观设计专利申请文件的修改可以以原图片或者照片表示的范围为修改的依据，如图 2－4 所示。

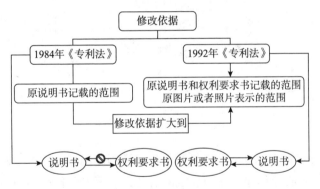

**图 2－4　专利申请文件的修改依据**

### 六、将授权前的异议程序改为授权后的撤销程序

#### 1. 授权前异议程序

1984 年《专利法》第四十一条规定："专利申请自公告之日

起三个月内，任何人都可以依照本法规定向专利局对该申请提出异议。"

第四十二条规定："专利局经审查认为异议成立的，应当作出驳回申请的决定，并通知异议人和申请人。"第四十四条规定："对专利申请无异议或者经审查异议不成立的，专利局应当作出授予专利权的决定，发给专利证书，并将有关事项予以登记和公告。"

按照 1984 年《专利法》的上述规定，我国在 1985 年 4 月 1 日至 1992 年 12 月 31 日实行了近 8 年时间授权前的异议程序，如图 2-5 所示。

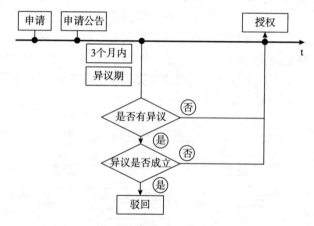

**图 2-5　授权前异议程序**

授权前让社会公众异议是实行异议制度国家在授予专利权之前的一个必要程序。这一规定的目的是保证专利授权的质量，其出发点是好的。但从实践结果来看，1985 年实施《专利法》后发生的异议数量很少，在已公告的实用新型专利申请中比例只有 1%，在已公告的发明专利申请和外观设计专利申请中占的比例更小，经异议程序审查不应当授予专利权的专利申请仅占公告总数的 3‰。这个程序为等待少量的异议使专利申请的审批程序延长了 4~5 个月，其作用和效果并不大，不利于对大多数符合专利法规定的专利的保护。此外，国际专利界一般也不主张设置授权前的异议程序。所以 1992 年《专利法》第一次修改时取消了异议程序，将授权前的异议程序修改为授权后的撤销程序。

**2. 授权后撤销程序**

1992 年修改后的《专利法》第四十一条规定："自专利局公告授予专利权之日起六个月内，任何单位或者个人认为该专利权的授予不符合本法有关规定的，都可以请求专利局撤销该专利权。"

第四十二条规定："专利局对撤销专利权的请求进行审查，作出撤销或者维持专利权的决定，并通知请求人和专利权人。撤销专利权的决定，由专利局登记和公告。"第四十四条规定："被撤销的专利权视为自始即不存在。"如图 2 – 6 所示。

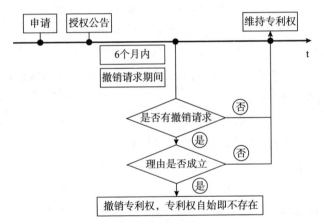

**图 2 – 6 授权后撤销程序**

# 第三节 《专利法》第二次修改（2000 年）

2000 年 8 月 25 日，第九届全国人民代表大会常务委员会第十七次会议通过了《关于修改〈中华人民共和国专利法〉的决定》，这是继 1984 年制定《专利法》和 1992 年第一次修改《专利法》之后，我国专利制度发展史上又一个重要的里程碑。

2000 年《专利法》的第二次修改，主要是为了进一步适应加入 WTO 后我国经济建设和改革开放的形势需要，更有效地发挥专利制度促进科技创新和经济社会发展的作用，同时解决《专利法》在实施中的新问题。《专利法》第二次修改包括新增 4 条、删除 4 条、修改 28 条，占《专利法》总条款的半数以上，其广度超过了对《专利法》的第一次修改。❶

《专利法》第二次修改的主要内容包括以下九个方面。

## 一、取消全民所有制单位对专利权"持有"的规定

1984 年《专利法》第六条规定："执行本单位的任务或者主要是利用本单位的物质条件所完成的职务发明创造，申请专利的权利属于该单位"；"申请被批准后，全民所有制单位申请的，专利权归该单位持有；集体所有制单位或者个人申请的，专利权归该单位或者个人所有"。1992 年第一次修改《专利法》时，对该条规定未作修改。

随着经济体制改革的不断深入，上述规定中关于国有单位专利权归属的表述与国有企业改革的精神已经不相适应。根据党的十四届三中全会《关于建立社会主义市场经济体制若干问题的决定》和党的十五届四中全会《关于国有企业改革和发展若干重大问题的决定》，国有企业实行出资者所有权与企业法人财产权相分离，国有企业以其全部法人财产，依法自主经营，自负盈亏，照章纳税，对出资者承担资产增值、保值的责任，对外独立承担民事责任。因此，没有必要再按不同的所有制，规定全民所有制单位对其专利权只是"持有人"，集体所有制单位对其专利权才是"所有人"，而只需要明确谁是"专利权人"就可以了。

为了体现经济体制改革的精神，2000 年《专利法》第二次修改时取消了专利权依据单位的性质分为持有和所有的规定，体现了调动一切积极因素进行科技创新的原则。

## 二、对职务发明的界定引入合同约定原则

1984 年和 1992 年《专利法》第六条对界定职务发明均规定了两个标准：一是"执行本单位的任务所完成的发明创造"，二是"主要是利用本单位的物质条件所完成的职务发明创造"。这里没有直接规定构成职务发明的要素，而是以列举方式表达了职务发明创造的含义。

另外，在实践中将"主要是利用本单位的物质条件所完成的发明创造"不加区别地一概认定为职务发明创造，不利于充分调动广大科研人员的积极性。

还有，单位的条件不仅限于物质条件，还包括技术条件，而且技术条件，尤其是单位的技术秘密，对完成发明创造来说更为重要。随着市场经济的发展，一般的物质条件，诸如水电、设备、原材料和零部件等在市场上通过买卖完全可以得到的物质条件，不再适宜作为确定职务发明创造的主要标准，所以应当作适当调整。

在上述背景下，2000 年第二次修改后的《专利法》第六条第一款规定："执行本单位的任务或者主要是利用本单位的物质技术条件所完成的发明创造为职务发明创造。"因此，职务发明创造的本质在于，它是执行本单位的任务或者主要是利用本单位的物质条件和/或技术条件所完成的。

同时增加《专利法》第六条第三款，即："利用本单位的物质技术条件所完成的发明创造，单位与发明人或者设计人订有合同，对申请专利的权利和专利权的归属作出约定的，从其约定。"这样就在《专利法》中引入了合同约定原则，允许科技人员和单位通过合同约定利用本单位的物质技术条件所完成的发明创造的归属。

注意合同约定原则约定利用本单位的物质技术条件所完成的发明创造的归属，在"利用"二字前没有"主要是"三个字。因此，"主要是利用本单位的物质技术条件所完成的发明创造"依然属于职务发明创造，不在合同约定原则范围之内。

对职务发明的界定引入合同约定原则，表明对利用本单位的物质技术条件所完成的发明创造，发明人或设计人按照事先与单位签订的合同的约定，比如向单位返还资金或缴纳物质技术条件使用费的，可不作为职务发明创造。这样，有利于调动科研人员的积极性，面向市场，自筹资金，按照市场需求选择课题，并有利于使单位闲置的设备等物质技术条件得到充分利用，如图2-7所示。

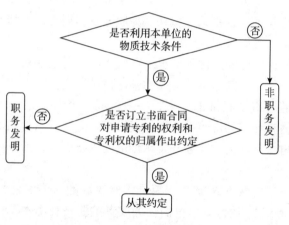

**图2-7　合同约定原则**

## 三、取消全民所有制单位转让专利申请权或者专利权的限制性规定

1984年和1992年《专利法》第十条第二款均规定："全民所有制单位转让专利申请权或者专利权的，必须经上级主管机关批准。"

第十条第四款规定："转让专利申请权或者专利权的，当事人必须订立书面合同，经专利局登记和公告后生效。"

2000 年《专利法》取消了上述第十条第二款规定，在第十条第三款中规定："转让专利申请权或者专利权的，当事人应当订立书面合同，并向国务院专利行政部门登记，由国务院专利行政部门予以公告。专利申请权或者专利权的转让自登记之日起生效。"即转让行为登记后即生效，公告不再是合同生效的条件，如图 2 - 8 所示。

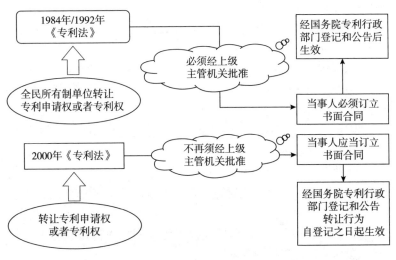

**图 2 - 8　专利申请权和专利权转让的规定**

## 四、增加许诺销售权的规定

1984 年《专利法》第十一条第一款规定："发明和实用新型专利权被授予后，除本法第十四条规定的以外，任何单位或者个人未经专利权人许可，都不得实施其专利，即不得为生产经营目的制造、使用或者销售其专利产品，或者使用其专利方法。"第二款规定："外观设计专利权被授予后，任何单位或者个人未经专利权人许可，都不得实施其专利，即不得为生产经营目的制造或者销售其外观设计专利产品。"

1992 年第一次修改后的《专利法》第十一条第一款规定："发明和实用新型专利权被授予后，除法律另有规定的以外，任何单位或者个人未经专利权人许可，不得为生产经营目的制造、使用、销售其专利产品，或者使用其专利方法以及使用、销售依照该专利方法直接获得的产品。"第二款规定："外观设计专利权被授予后，任何单位或者个人未经专利权人许可，不得为生产经营目的制造、销售其外观设计专利产品。"第三款规定："专利权被授予后，除法律另有规定的以外，专利权人有权阻止他人未经专利权人许可，为上两款所述用途进口其专利产品或者进口依照其专利方法直接获得的产品。"

比较 1984 年《专利法》，1992 年《专利法》增加了 4 项权利，包括进口专利产品以及使用、销售、进口依照该专利方法直接获得的产品。

但是，对比 TRIPS 的有关规定，上述规定中还缺少有关"许诺销售权"的规定。

所谓"许诺销售"（offering for sale），是指以做广告、在商店橱窗中陈列、在网络或者在展销会上展出等方式作出的销售商品的许诺。

TRIPS 明确规定，专利权包括未经专利权人许可，他人不得许诺销售其专利产品的内容。

为了与 TRIPS 的规定相一致，2000 年第二次修改后的《专利法》在第十一条第一款增加了有关禁止"许诺销售"行为的规定，即："发明和实用新型专利权被授予后，除本法另有规定的以外，任何单位或者个人未经专利权人许可，都不得实施其专利，即不得为生产经营目的制造、使用、许诺销售、销售、进口其专利产品，或者使用其专利方法以及使用、许诺销售、销售、进口依照该专利方法直接获得的产品。"第二款规定："外观设计专利权被授予后，任何单位或者个人未经专利权人许可，都不得实施其专利，即不得为生产经营目的制造、销售、进口其外观设计专利产品。"

根据 2000 年《专利法》的规定，发明专利权被授予后，专利权人有 10 项权利；实用新型专利权被授予后，专利权人有 5 项权利；外观设计专利权被授予后，专利权人有 3 项权利。

专利权效力的演变过程如图 2-9 所示。

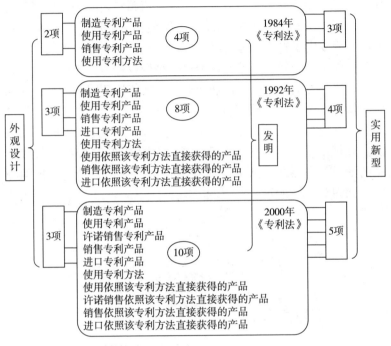

**图 2-9　专利权效力的演变过程**

## 五、增加善意侵权行为免除赔偿责任的规定

1984 年和 1992 年《专利法》第六十二条第二项均规定：使用或者销售不知道是未经专利权人许可而制造并售出的专利产品的不视为侵犯专利权。这一规定显然是对任何单位或者个人未经专利权人许可不得为生产经营目的使用或者销售专利产品原则的一种摆脱，容易给专利产品的非法制造者提供可乘之机，为制造专利产品的侵权行为人寻求其非法产品的使用或销售渠道提供了便利，对专利权的保护不利。

2000年第二次修改后的《专利法》取消了1984年和1992年《专利法》第六十二条第二项规定，同时在第六十三条增加第二款规定："为生产经营目的的使用或者销售不知道是未经专利权人许可而制造并售出的专利产品或者依照专利方法直接获得的产品，能证明其产品合法来源的，不承担赔偿责任。"该规定一方面明确规定了在不知道情况下使用或者销售未经专利权人许可而制造并售出的侵权产品的行为仍然是侵权行为，应当承担侵权责任；另一方面，也通情达理地规定，在能够证明其产品合法来源的情况下不承担赔偿责任。这样，既保留了原规定中的合理成分，又克服了其不足之处，同时还有利于追查非法产品的来源。该规定使任何人在已知或有充分理由应知某产品是侵权产品的情况下不得继续从事任何经营行为，强化了专利保护的力度，如图2-10所示。

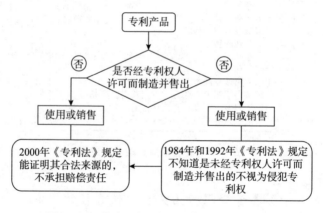

**图2-10　善意侵权行为免除赔偿责任的规定**

### 六、增加关于实用新型专利检索报告的规定

实用新型专利申请未经实质审查即授予专利权，缺乏足够的法律确定性。为了维护公共利益，防止实用新型专利权人过于轻率地提起侵权诉讼，尤其是防止某些人利用恶意申请获得的实用

新型专利妨碍他人正常的生产与经营活动，2000 年《专利法》第五十七条第二款增加了实用新型专利检索报告的规定，即："专利侵权纠纷涉及实用新型专利的，人民法院或者管理专利工作的部门可以要求专利权人出具由国务院专利行政部门作出的检索报告。"如图 2–11 所示。

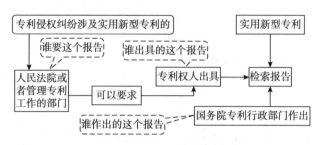

**图 2–11　实用新型专利检索报告**

实用新型专利检索报告的作用在于既可以供实用新型专利权人作为自律的参考，帮助他们认识其专利权的实际状况，避免盲目提起侵权诉讼；又可以为人民法院和管理专利工作的部门提供有价值的信息，帮助法官和行政执法人员判断是否需要中止侵权案件的审理，同时有助于在侵权案件审理中依据检索报告的结果更为适当地适用公知技术抗辩原则。

## 七、取消授权后撤销程序（仅保留无效宣告程序）

1992 年修改《专利法》时，为了简化授权之前的审批程序，取消了授权前的异议程序，改为授权后的撤销程序，这一修改加快了专利审批的速度，产生了积极效果。

然而，又经过几年的实践表明：撤销程序的设立也存在着一定的问题，其主要体现为撤销程序和无效宣告程序的性质基本上相同，撤销程序的目标实质上可以通过无效宣告程序来实现，因此设置两个类似的程序，使程序重复并复杂化。

为了进一步简化程序，避免程序的重复设置导致专利权长期处于不确定状态，并消除撤销程序对无效宣告程序的干扰，2000

年《专利法》又取消了授权后撤销程序，仅保留无效宣告程序。授权后撤销程序与取消授权后撤销程序的区别如图2－12所示。

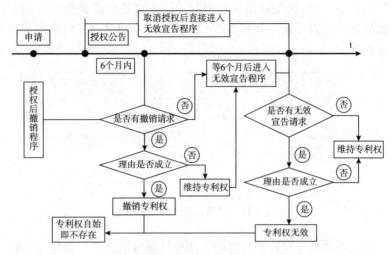

**图2－12　授权后撤销程序与取消授权后撤销程序的区别**

## 八、规定实用新型专利和外观设计专利的复审和无效由法院终审

1984年和1992年《专利法》第四十九条第三款均规定："专利复审委员会对宣告实用新型和外观设计专利权无效的请求所作出的决定为终局决定。"但是，实用新型专利权和外观设计专利权的权利内容和法律效力与发明专利权是同等的，为了维护专利权人的合法权益，在对实用新型专利权和外观设计专利权无效宣告请求进行审查的过程中，当事人对专利复审委员会❶的无效宣告请求审查决定不服的，也应当与涉及发明专利权的情况一样，享有向人民法院提起诉讼的权利。基于上述原因，2000年《专利法》第四十六条第二款对专利权无效的终审重新进行了规

❶　2019年，知识产权机构改革，更名为国家知识产权局专利局复审和无效审理部，为国家知识产权局专利局内设机构。

定："对专利复审委员会宣告专利权无效或者维持专利权的决定不服的，可以自收到通知之日起三个月内向人民法院起诉。"

上述规定中包含了发明专利、实用新型专利和外观设计专利，也就是说，对实用新型专利权和外观设计专利权无效宣告请求的审查同对发明专利权无效宣告请求的审查一样由法院终审，如图 2 - 13 所示。

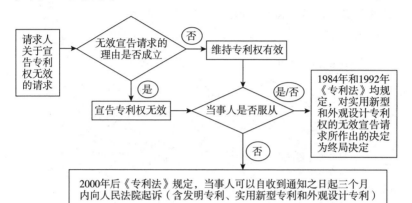

**图 2 - 13　专利权无效宣告请求的终审**

## 九、完善授予从属专利实施强制许可的条件

1984 年和 1992 年《专利法》第五十三条均规定："一项取得专利权的发明或者实用新型比以前已经取得专利权的发明或者实用新型在技术上先进，其实施又有赖于前一发明或者实用新型的实施的，专利局根据后一专利权人的申请，可以给予实施前一发明或者实用新型的强制许可。"对这种从属专利的强制许可，TRIPS 规定的条件是后一发明或者实用新型比以前已经取得专利权的发明或者实用新型"具有显著经济效益的重大技术进步"。这一条件比我国 1984 年和 1992 年《专利法》规定的条件更为严格，且更透明和便于操作。

为了与 TRIPS 相一致，2000 年《专利法》第五十条规定：

"一项取得专利权的发明或者实用新型比以前已经取得专利权的发明或者实用新型具有显著经济意义的重大技术进步，其实施又有赖于前一发明或者实用新型的实施的，国务院专利行政部门根据后一专利权人的申请，可以给予实施前一发明或者实用新型的强制许可。在依照前款规定给予实施强制许可的情形下，国务院专利行政部门根据前一专利权人的申请，也可以给予实施后一发明或者实用新型的强制许可。"如图 2－14 所示。

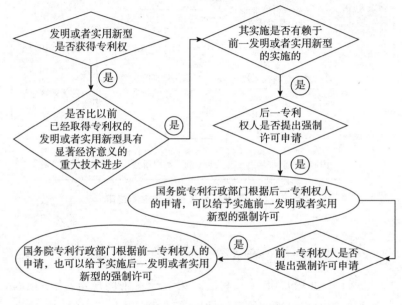

图 2－14　从属专利的强制许可

# 第四节　《专利法》第三次修改（2008 年）

2008 年 12 月 27 日，第十一届全国人民代表大会常务委员会第六次会议表决通过了《全国人民代表大会常务委员会关于修改〈中华人民共和国专利法〉的决定》，这是我国第三次修改《专利法》。

《专利法》的第三次修改是在全国科技大会提出"增强自主创新能力、建设创新型国家"这样一个发展战略的背景下进行的，是为了切实地推动我国提高自主创新能力，加强知识产权保护，服务于创新型国家建设，推动我国经济社会的全面发展。

第三次修改的条文总的来看并不太多，但修改难度比前两次要大很多。

《专利法》第三次修改的主要内容包括以下六个方面。

## 一、从法律上确定了三种专利的定义

发明、实用新型和外观设计的定义是专利法的基本内容，直接涉及能够被授予专利权的主题范围，这是授予专利权的条件之一，也是专利法律制度的基本概念和重要基础，因此，《专利法》第三次修改将 2001 年《专利法实施细则》第二条对发明、实用新型和外观设计的定义移入《专利法》，从法律上确定了三种专利的定义，不仅从国家立法的高度确立了其权威性，也提高了社会公众的共知度。❶

## 二、提高专利授权的标准

《专利法》第三次修改将专利授权的新颖性标准由"混合新颖性标准"改为"绝对新颖性"标准，将出版公开和非出版公开的标准调为一致，提高了专利授权的标准。

## 三、强化对专利权保护的措施

在强化对专利权保护方面，一是增加了外观设计专利权人的"许诺销售权"，使三种专利权保护达到均衡，更好地维护了外观设计专利权人的权益。二是提高了行政处罚力度，一方面整合了对假冒他人专利行为和冒充专利行为的处罚，并提高了行政处

---

❶　国家知识产权局条法司.《专利法》第三次修改导读［M］.北京：知识产权出版社，2009：3.

罚标准；另一方面是赋予了专利行政部门查处假冒专利行为的行政职权，旨在通过赋予专利行政部门查处假冒专利行为的行政职权，强化专利行政执法力度，进一步加强对专利权的保护。❶

## 四、提出建设服务型政府的措施

一是取消对涉外专利代理机构的指定，即取消了"内外"代理机构的区别，只要是依法设立的专利代理机构，均可以代理涉外案件。二是取消中国单位或者个人向外国申请专利必须委托我国专利代理机构的规定，即不作规定，由申请人自行选择。三是增加专利行政部门传播专利信息的职责，明确国家知识产权局应当将有关专利的文件和信息公开发布，包括将专利申请人提交的非保密的原始信息免费提供给公众阅览。

## 五、增加现有技术和现有设计抗辩规则

2008 年《专利法》第六十二条规定："在专利侵权纠纷中，被控侵权人有证据证明其实施的技术或者设计属于现有技术或者现有设计的，不构成侵犯专利权。"根据该条款，在专利侵权诉讼过程中，如果被告能够证明其技术是现有技术或者是现有设计，人民法院可以直接认定它的行为不构成侵权，从而节约了时间和程序，也降低了权利人维权的成本。

## 六、明确专利平行进口行为的合法性

允许平行进口行为，即对权利用尽的范围作出了调整，明确规定依照专利方法直接获得的产品，由专利权人或者经其许可的单位、个人售出后，使用、许诺销售、销售、进口该产品的行为，不构成侵犯专利权。

❶ 国家知识产权局条法司.《专利法》第三次修改导读［M］. 北京：知识产权出版社，2009：3.

# 第五节 《专利法》第四次修改（2020年）

## 一、《专利法》第四次修改的背景

2011年，我国专利申请量快速增长，全年达到163.3万件，其中发明专利申请52.6万件，● 成为全球第一大专利申请国。❷ 我国专利申请量趋势如图2-15所示。

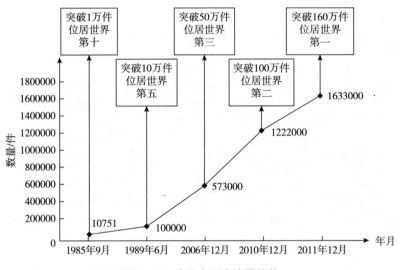

图2-15 我国专利申请量趋势

实践证明，《专利法》的制定和实施对鼓励和保护发明创造，促进科技进步和创新，推动我国经济社会全面、协调和可持续发展发挥了重要作用。

但是，正如有的专家指出的那样，每个国家建立的专利制度

---

● 参见：《二〇一一年中国知识产权保护状况》白皮书。
❷ 我国成全球第一大专利国 去年受理超52万件［EB/OL］.（2012-12-13）［2024-11-26］. http：//ip. people. com. cn/n/2012/12/13/c136655_19882718. html.

并不是一成不变的。第一，它们必须随着科学技术的发展所提出的新问题而变化；第二，它们必须与国际或国内市场的变化相适应，与本国的经济发展水平相适应；第三，它们还必须与本国所参加的有关国际公约或者地区性条约不相冲突。因此，不论哪一个国家的专利法，总是处在不断变化之中。我国《专利法》也不例外。

2020年10月17日，第十三届全国人民代表大会常务委员会第二十二次会议通过了《全国人民代表大会常务委员会关于修改〈中华人民共和国专利法〉的决定》。修改后的《专利法》条款自2021年6月1日起实施。

《专利法》的制定与四次修改的进程如图2-16所示。

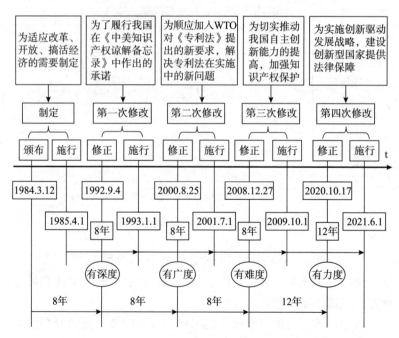

图2-16　中国专利法的制定与修改进程示意

## 二、《专利法》第四次修改的主要内容

从历次修改回顾上看，《专利法》第四次修改无论是涉及的内容还是相关问题的力度都明显高于前三次修改，修改主要包括以下三个方面的重点内容。

一是加强对专利权人合法权益的保护，包括：加大对侵犯专利权的赔偿力度，对故意侵权行为规定 1～5 倍的惩罚性赔偿，将法定赔偿额上限提高到 500 万元；完善举证责任；完善专利行政保护；新增诚实信用原则；新增专利权期限补偿制度和药品专利纠纷早期解决程序有关条款等。

二是促进专利实施和运用，包括：完善职务发明制度，新增专利开放许可制度，加强专利转化服务等。

三是完善专利授权制度，包括：进一步完善外观设计专利权保护相关制度，增加新颖性宽限期的适用情形，完善专利权评价报告制度等。

2023 年 12 月 11 日，中华人民共和国国务院令第 769 号公布了《国务院关于修改〈中华人民共和国专利法实施细则〉的决定》。

# 第六节  《专利法》的立法宗旨

《专利法》第一条明确了专利法的立法宗旨，规定："为了保护专利权人的合法权益，鼓励发明创造，推动发明创造的应用，提高创新能力，促进科学技术进步和经济社会发展，制定本法。"这一条可以分为两个层次，第一层次提出了两个手段，第二层次提出了三个目标。两个层次分别用保护、鼓励、推动、提高和促进五个平等的动词形成并列结构开头，如图 2－17 所示。

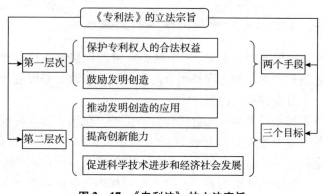

**图2-17 《专利法》的立法宗旨**

## 一、保护专利权人的合法权益

保护专利权人的合法权益是《专利法》的核心。但是，由于1984年制定的《专利法》和1992年及2000年两次修改的《专利法》关于这项规定一直都是"保护发明创造专利权"，因此人们简单地把"保护发明创造专利权"看成是立法目的，并没有体现《专利法》立法的根本宗旨。制定《专利法》，就是要通过建立专利制度，使依法授予专利权的发明创造在一定期间内成为专利权人特有的财产权，并在这段时间内保护专利权人的合法权益不被其他人任意侵犯。因此，"保护专利权人的合法权益"才提到了《专利法》立法的根本宗旨，并突出强调了专利法的核心价值在于鼓励和保护创新，在于"以人为本"。

根据《专利法》的规定，专利权人享有的合法权益共有6项：一是《专利法》第十一条规定的专有权；二是《专利法》第十条规定的转让权；三是《专利法》第十二条规定的许可实施权；四是《专利法》第十六条规定的标识权；五是《专利法》规定的请求保护权；六是《专利法实施细则》规定的质押权。

专利权人享有的6项合法权益获得的过程如图2-18所示。

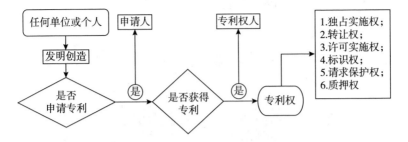

**图 2−18　专利权人的合法权益及其获得过程示意**

　　保护专利权人的合法权益对专利权人来说是有重要意义的。因为发明创造专利权被授予后，专利权人对其享有合法的专有权，这种合法的专有权并不只是限定其发明创造只能由专利权人自己使用，而是作为一种财产权，可以转让，也可以许可他人使用，但是不允许任何单位或者个人未经专利权人的许可为生产经营目的的实施该项专利。也就是说，专利法规定发明创造专利权是发明人或者设计人（或者是他们所在的单位）的合法财产，对他们授予专利权，并在一定期间内给予保护，使专利权不被其他人任意侵犯。进一步讲，发明创造获得了专利权，就被置于专利权人的控制之下，专利权人就可以在专利保护范围内最大限度地运用其专利权，用专利权控制市场和禁止他人的侵权行为，这样就可以保障专利权人独占由于实施发明创造所得到的合法权益。

　　但是，正如任何财产权的内容、范围以及财产所有人的权利、义务要受到某些限制一样，专利权人的合法权益也不是一种绝对的权利。例如，当一项在后专利要利用他人在先专利时，在后专利的专利权人未经在先专利的专利权人的同意，就不能实施自己的发明创造，否则就构成侵犯在先专利的行为。也就是说，专利并不附带制造专利产品而不侵权的权利。❶ 原专利文献出版社 1983 年出版的《工程师须知专利知识》介绍的一个凳子与椅

　　❶　国家知识产权局条法司．新专利法详解 ［M］．北京：知识产权出版社，2001：8．

子相互依存的专利的例子可以说明这个问题，如图 2 - 19 所示。

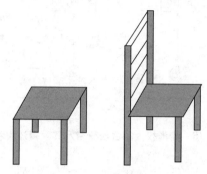

图 2 - 19　相互依存的专利（凳子与椅子例子）

假设阿杰克斯凳子公司（甲公司）已对一种有 4 只脚、1 个座位的四脚凳获得了凳子专利。该项结构被认为是一种新的专利。2 年以后，阿克米椅子公司（乙公司）对这项发明作了改进，在四脚凳上安装了靠背，乙公司对一种有 1 个座位、支以 4 只脚并且在座位上伸出 1 个靠背的椅子申请专利。假使批准乙公司申请的专利，就等于给予乙公司禁止他人制造、使用、许诺销售、销售和进口带靠背椅子的权利。但是，由于椅子专利采用了凳子专利的全部必要技术特征，在甲公司的凳子专利仍然有效的期间内，乙公司不可能因制造、使用和销售这种椅子而不构成对甲公司凳子专利的侵权，因此乙公司要生产销售椅子必须经过甲公司凳子专利的许可。在甲公司专利权有效期间内，未经甲公司的同意，乙公司就不能实施椅子的生产、制造和销售，否则，就构成对甲公司凳子专利侵权的行为；甲公司能够制造这种凳子而不侵权，因为在它之前并无凳子专利。反过来，甲公司未经乙公司的同意，也不能在凳子上装配靠背，制造和销售椅子，否则就会侵犯乙公司椅子专利的专利权。这里，在甲公司的凳子专利仍然有效的期间内，凳子专利与椅子专利构成了相互依存的专利，甲乙两个公司可以通过交叉实施许可来实施对方的专利。当然，这里说的是假设。如今谁再拿凳子或者椅子去申请专利，还会授予专利权吗？当然不能。因为凳子或者椅子现在早已是社会公知技术，专利法对社会公知技术是不授予专利权的。

## 二、鼓励发明创造

鼓励发明创造，是《专利法》的又一项重要的立法宗旨。

发明创造不是天上掉下来的，它是人的智力劳动的成果。只有经过科技人员的艰苦劳动，特别是创造性的脑力劳动，才有可能创造出发明创造，所以说发明创造是劳动创造的，是有价值的。把发明创造应用到生产中去，可以转化为生产力，产生经济上和社会上的效益，所以它还具有使用价值，是生产力。为了建设创新型国家，应当大力发展这种技术商品的生产和交换，这就应当鼓励发明创造。

鼓励发明创造的手段有很多，除了建立专利制度，还有表彰、授予荣誉、减免税金、发放奖金等。但是上述这些手段，不论哪一个，都不能同给予合法垄断权这个保护手段的专利制度相媲美，它们只不过是对专利制度的一种辅助作用。

取得专利权后，发明创造的实施在一定时间内被置于专利权人的控制之下，未经专利权人许可，任何单位或者个人不得以生产经营为目的实施其专利，因而，专利权可以保障专利权人独占由于实施其发明创造所得到的利益。其他手段达不到这样的效果。如在改革开放之前，我国长期依靠奖励制度鼓励发明创造，1963 年制定，1978 年和 1984 年两次修订的《发明奖励条例》均规定，发明属于国家所有，任何单位都可以无偿地予以使用，发明人获得的回报只是获得奖状、奖章、奖金等奖励。在这种制度下，仿制现象特别严重。据有关资料报道，药品牛黄解毒片在全国就有 150 余家企业生产，牛黄安宫丸有 100 余家单位生产，复方丹参片有 140 余家单位生产，人参蜂王浆有 80 余家单位生产。❶

───────────

❶ 百姓关注：牛黄解毒片 150 家谁正宗 ［EB/OL］. (2002 – 01 – 24) ［2024 – 11 – 22］. http：//finance. sina. com. cn/x/2002/24/167458. html.

专利制度改变了这种状况。

如前所述,《专利法》规定,专利权授予后,专利权人可以通过自己实施专利取得收益,也可以通过许可他人实施专利取得许可使用费,还可以用专利权作为投资取得股权,当然也可以通过转让其专利权而获得转让费。《专利法》所确立的这些制度,使得那些具有实用意义和经济价值、被依法授予专利权的发明创造成为专利权人的财产,专利权人有权依此在经济上得到利益。如果有人侵权,专利权人可以请求执法机关予以制止。这是鼓励发明创造的极其重要的手段,对于鼓励发明创造起到了极其重要的作用。这一点,已被国外实行专利制度 400 多年的历史所证实,也为我国《专利法》实施以来在鼓励发明创造方面所产生的重大作用所证实。例如,海尔集团迅速崛起,产品已出口欧、美、日等 100 多个国家和地区,连德国人也承认自己"培养了一个强劲的竞争对手"。而海尔集团进行全球专利布局,截至 2022 年,海尔在全球累计申请专利 9.2 万余件,其中发明专利累计申请 5.9 万余件,海外发明专利累计申请 1.6 万余件,覆盖全球 30 多个国家,❶ 是其发展的强大推动力之一。

## 三、推动发明创造的应用

制定《专利法》,实行专利制度,不仅着眼于保护专利权人的合法权益,鼓励发明创造,而且着眼于推动发明创造的应用,这样才能使保护专利权人的合法权益和鼓励发明创造具有真正的意义,进而达到专利制度促进产业发展、促进社会进步与繁荣的最终目的。如果一项发明创造仅停留在技术方案上,完成之后就束之高阁,再好的发明创造也没有实际意义。我国决定建立专利制度来保护发明创造,其重要原因之一还在于专利制度有利于发

---

❶ 海尔知识产权布局"有道":高价值专利助力高质量发展 [EB/OL]. (2023 – 04 – 26)[2024 – 11 – 23]. https://www.haier.com/press – events/news/20230427_209216.shtm.

明创造的推广应用。❶

为了推动发明创造的应用，《专利法》中制定了一系列促进专利实施的规定，如图2-20所示。

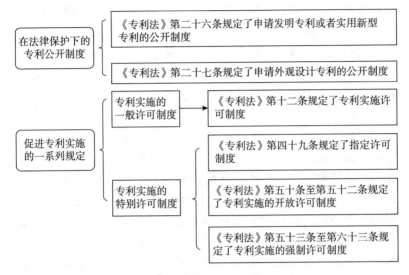

图2-20 《专利法》关于推动发明创造的应用的规定

总结一下，推动发明创造的应用，主要体现在以下三个方面。

首先，专利法有利于发明创造的推广应用是通过专利制度的公开功能实现的。如前所述，专利制度的重要特点之一是它的公开性。按照专利法的规定，意欲获得专利权的人必须承担将其发明创造内容公开的义务，如申请发明或者实用新型，应当提交符合清楚、完整、以所属技术领域的技术人员能够实现的要求撰写的权利要求书、说明书和必要的说明书附图，经国家专利行政部门审查合格后依法予以公布。由于这项法定的公开制度，可以实现有关发明创造信息的全社会共享，因此任何单位和个人可以通

———————
❶ 国家知识产权局条法司. 新专利法详解 [M]. 北京：知识产权出版社，2001：8.

过现代信息手段查找到所需要的技术及其专利权人，便于通过技术交易，使发明创造获得推广应用。据 WIPO 统计表明，世界上每年发明创造成果的90%—95%能在专利文献中检索到。❶ 这无疑对发明创造的推广应用起到重要的推动作用。可以这样说，按照专利法建立起来的专利制度将保护发明创造与公开发明创造这两者有效地结合起来。以专利的保护促进发明内容的公开，公开是为了获得专利保护。这样不仅是公平合理的，而且为社会各方选择合适的发明创造提供了有利的条件。

其次，通过推动专利实施来推动发明创造的应用。专利实施，包括专利权人自己实施和专利权人许可他人实施。专利权人通过自己实施或许可他人实施，从而可以获得一定的经济利益。专利制度是利用经济杠杆，而不是靠行政命令来促进发明创造的推广利用的。一般来说，专利权人得到的经济利益与取得的专利权的发明创造的推广应用程度成正比，专利推广应用的范围越广，专利权人能够得到的收益也就越多，这显然有利于调动单位和发明人进行发明创造并努力使发明创造得以推广应用的积极性。另外，为了有利于发明创造的推广应用，防止专利权人对具有国家利益的专利技术或者对公共利益有重大意义的专利技术的不实施，国家专利行政部门可以依照法定条件和程序，给予实施该项专利的"特别许可"。这既保护了专利权人的合法权益，又可避免专利权人对其专利技术的不适当垄断，有利于促进发明创造的推广应用。

最后，专利法推动发明创造的应用还可以通过专利制度有利于国际技术交流来实现。我国建立了专利制度，外国人、外国企业或者外国其他组织也可以在我国申请专利，这样会带来两个好处：其一，外国人、外国企业或者外国其他组织的技术在我国取得专利后，可以享受专利法所规定的一切保护，对把技术转移给

---

❶ 黄迎燕. 专利信息在申请中的应用［EB/OL］.［2024-11-19］. https：//www. cnipa. gov. cn/transfer/pub/old/wxfw/zlwxxxggtw/gyjz/gyjzkj/201406/p020140624547407846022. pdf.

我国企业感到放心；其二，关于技术的详细情况，在专利说明书中已有记载，有利于我们在引进相关技术时事先对其进行技术摸底。而对于没有获得我国专利的技术，在我国得不到专利保护不是由于制度造成的，而是由于他们没有在我国申请专利，或不符合我国专利保护的条件，因此可以作为一般技术进行谈判，无论在价格上，还是在时间上，我们都可以争取主动权。

### 四、提高创新能力

关于这项立法宗旨，1984 年和 1992 年《专利法》均规定的是"促进科学技术的发展"。

与 1984 年和 1992 年的《专利法》相比，2000 年《专利法》将"促进科学技术的发展"修改为"促进科学技术进步和创新"突出了"促进科学技术进步和创新"的重要意义和作用。而且在 2000 年修改《专利法》的时候，"促进科学技术进步和创新"早已成为 1999 年召开的全国科技大会确定的一个目标，将"促进科学技术进步和创新"写入《专利法》，体现了国家关于促进科学技术进步和创新以及国家将专利工作纳入国家创新体系的基本思想。

2000 年《专利法》第二次修改以后，我国经济社会发生了显著变化。随着时间的推移和经验的积累，我国对知识产权制度本质特点和运行规律的认识也在不断深化，将知识产权的重要性提到了前所未有的高度。

2008 年 6 月，国务院颁布了《国家知识产权战略纲要》，指出："实施国家知识产权战略，大力提升知识产权创造、运用、保护和管理能力，有利于增强我国自主创新能力，建设创新型国家；有利于完善社会主义市场经济体制，规范市场秩序和建立诚信社会；有利于增强我国企业市场竞争力和提高国家核心竞争力；有利于扩大对外开放，实现互利共赢。必须把知识产权战略作为国家重要战略，切实加强知识产权工作。"这对我国专利制度的发展提出了新的更高要求。❶ 在这个背景下，2008 年《专利法》第三次修改后，将"提高创新能力"单独提出，这就提高了"创新"在《专利法》中的地位。2020 年《专利法》第四次修改延续了这项规定，如图 2 - 21 所示。

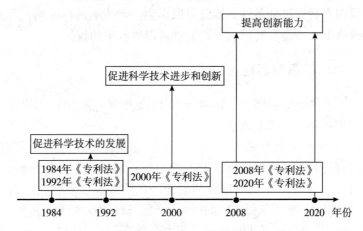

图 2 - 21　提高创新能力（创新地位逐步提高）

将"提高创新能力"写入《专利法》，并单独作为《专利法》的立法宗旨之一，表明了《专利法》的立法宗旨不仅要鼓励发明创造，推动发明创造的应用，更重要的是要促进创新能力的提高，同时表明了我国提高创新能力，在全社会大力弘扬创造精神、创新精神、创业精神，增强自主创新能力，加快建设创新型国家的决心，体现了国家把发展科学技术置于优先发展的战略地位和用科技推动经济发展的基本思想。

## 五、促进科学技术进步和经济社会发展

根据《专利法》规定，对同样的发明创造禁止重复授权，并且只对最先申请人授予专利权，即同样的发明创造只授予一项

---

❶　国家知识产权局条法司. 专利法第三次修改导读 [M]. 北京：知识产权出版社，2009：3.

专利权。从这个意义上说，专利制度可以促使人们自动地并尽可能地避免重复研究，这使过去长期存在的科研工作的低水平重复研究现象首先在专利制度中被纠正，即便是高水平的重复研究在这里也一样通不过。

应当清楚，通过申请专利取得专利权仅是专利创新的第一步，必须通过专利产品的后续研发、小试、中试、工业化、商品化和产业化等环节才能实现专利技术转化，从而完成专利的创新过程。具体讲，专利创新是技术创新的重要组成部分，专利创新与一般技术创新的区别在于专利创新必须完成专利申请、审批和授权过程，并在专利保护条件下从事专利技术工业化、商品化和产业化。正是通过这样一些环节，专利制度起到了促进科技进步和经济社会发展的作用，如图 2－22 所示。

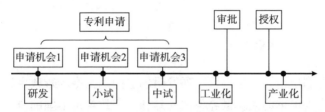

**图 2－22  促进科技进步和经济社会发展（专利的创新过程）**

# 第三讲　专利权的主体

专利权的主体，即专利权的关系人，是指依法享有专利权，并承担与此相关义务的民事主体。

## 第一节　专利申请权与专利权

### 一、专利申请人

专利申请人，是指就一项发明创造向国家专利行政主管部门提出专利申请的人。世界各国的专利法一致规定本国的自然人或法人均可申请并取得专利权；根据国民待遇原则，也给予外国自然人和法人在本国申请专利并获得专利的权利。

专利法中自然人可以是发明人或者设计人，也可以是发明人或者设计人的权利继承人；专利法中法人是指能参加民事活动的单位。

### 二、申请权

#### 1. 申请专利的权利

申请专利的权利，是指发明创造完成以后，相关主体对该发明创造享有的提出专利申请的权利，如《专利法》第六条所称的"申请专利的权利"。

**2. 专利申请的权利**

专利申请的权利，是指从发明创造向国务院专利行政部门提出专利申请之后到被授予专利权之前，专利申请人对其专利申请所享有的处置权利，包括修改申请文件、决定是否继续进行申请程序等权利，是提出专利申请以后才享有的权利，一般称为专利申请权，或者简称为申请权，例如，《专利法》第十条所称的"专利申请权"。

显然，对于一项发明创造，必须首先享有申请专利的权利，然后依法提出专利申请，提出专利申请后才享有专利申请权，如图 3-1 所示。

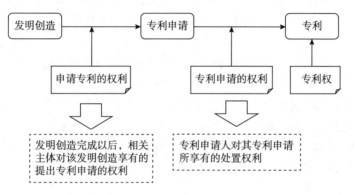

**图 3-1　专利申请权的概念**

## 三、专利权

**1. 专利权与申请权的关系**

对于一项发明创造，必须首先提出专利申请，然后经过国务院专利行政部门审查授予专利后才享有专利权。因此，申请专利的权利、专利申请的权利和专利权这三种权利之间的关系是递进关系，如图 3-2 所示。

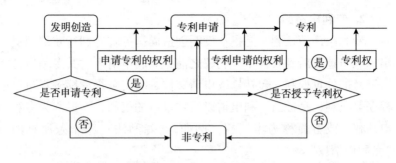

**图 3 - 2　专利申请权与专利权的关系（递进关系）**

### 2. 专利权的继受主体

专利权的继受主体，是指通过转让、继承或者赠与方式依法获得专利权的人。由于专利申请权和专利权均为民法上的财产权，因此它们同样可以由权利主体依法进行转让，也可以依法继承。但是应当注意，申请专利的权利的转让与专利申请权转让和专利权的转让不同。前者发生在专利申请前，由当事人约定即可生效，无须向任何机关办理登记手续；后者发生在专利申请后或者专利授权后，根据《专利法》规定，当事人应当订立书面合同，并向国家知识产权局登记，由国家知识产权局予以公告，专利申请权和专利权的转让自登记之日起生效，如图 3 - 3 所示。

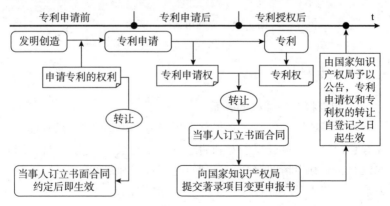

**图 3 - 3　申请专利的权利、专利申请的权利与专利权的转让**

### 3. 专利权人

专利权人是专利权所有人的简称，指依法获得专利权的人。

当专利申请人申请的专利授权之后，专利申请人就变成了专利权人。由于专利申请是否能获得专利权，要受多种因素制约，因此专利申请人未必就能成为专利权人。另外，如专利申请提出后，专利申请人将专利申请权进行转让，专利申请获得授权后，原享有专利申请权的申请人就不是专利权人，而是专利申请权的权利受让人。发明人、申请人和专利权人的关系如图3-4所示。

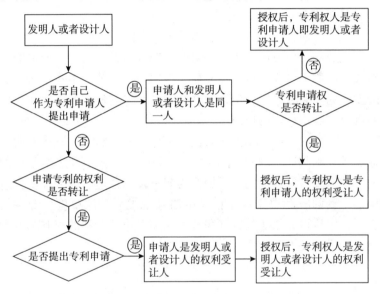

图3-4 发明人或设计人与申请人和专利权人的关系

# 第二节 职务发明创造

## 一、职务发明创造的界定

### 1. 职务发明创造问题的提出

本来，一件发明创造的专利权应该属于发明人或者设计人。

但是，在现代化大生产的条件下，发明内容越来越复杂，现在完成一项发明创造，尤其是重大的发明创造，一般需要耗费相当多的研发经费，要投入大量的人力资源，要有各种现代化的实验手段。因此，单凭个人的力量已难以完成重大的发明创造。❶ 还有，发明创造所涉及的技术领域也日渐增多，有时一个新的技术方案涉及多个技术领域和学科，需要不同行业的专家相互配合才能完成。因此，在实践中以单位为核心，特别是以企业为主体、产学研相结合完成的发明创造占相当大的比例。

### 2. 职务发明创造的类型

职务发明创造在国外也称为雇员发明❷，以区别于独立发明人所完成的自由发明。不少国家的法律规定，公司、企业的雇员在履行其职务过程中或者完成雇主专门分派给他的工作中所完成的发明属于职务发明，申请专利的权利和专利权归属于雇主，发明者只能获得一定的报酬。

《专利法》第六条第一款结合我国的实际规定了职务发明创造及其权利归属："执行本单位的任务或者主要是利用本单位的物质技术条件所完成的发明创造为职务发明创造。职务发明创造申请专利的权利属于该单位，申请被批准后，该单位为专利权人。该单位可以依法处置其职务发明创造申请专利的权利和专利权，促进相关发明创造的实施和运用。"

根据上述规定可见，职务发明创造的情况主要有以下两个类型。

第一个类型，执行本单位的任务所完成的发明创造。

第二个类型，主要是利用本单位的物质技术条件所完成的发明创造。

---

❶ 何润华，马连元. 你想得到专利吗?:专利工作便览 [M]. 天津：南开大学出版社，1985：6.

❷ 吴汉东. 知识产权法 [M]. 北京：中国政法大学出版社，1999：8.

## 二、执行本单位的任务完成的职务发明创造

《专利法实施细则》第十三条第一款规定："专利法第六条所称执行本单位的任务所完成的职务发明创造，是指：（一）在本职工作中作出的发明创造；（二）履行本单位交付的本职工作之外的任务所作出的发明创造；（三）退休、调离原单位后或者劳动、人事关系终止后1年内作出的，与其在原单位承担的本职工作或者原单位分配的任务有关的发明创造。"如图3-5所示。

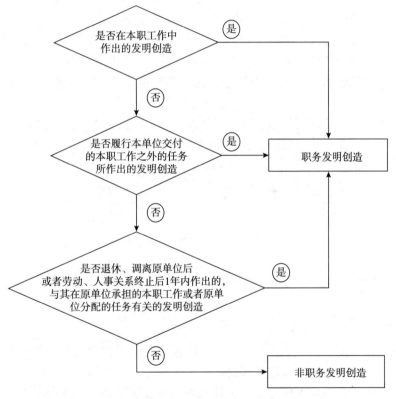

**图3-5 执行本单位的任务所完成的发明创造的三种情况**

### 1. 在本职工作中作出的发明创造

"在本职工作中作出的发明创造"，关键是对"本职工作"的理解，如果对"本职工作"理解有误，则在判断是否属于本职工作，以及对于判断是否属于职务发明创造都会产生错误的导向。

"本职工作"是指单位分配给工作人员的职务范围，承担单位分配给其业务范围内的工作职责和任务。这里有以下两点需要注意。

第一，"本职工作"不是指工作人员所学的专业的范围。

第二，"本职工作"也不是指单位的全部业务范围。

进一步讲，本职工作是指发明人或设计人的职务范围，即工作职责的范围。例如，工作人员所学的专业是机械设计，但单位分配给他的工作是人力资源管理，那他的本职工作就不是机械设计。

有一点需要注意，每个工作人员都有本职工作，但是并非所有本职工作执行的结果都有可能产生发明创造，如图3-6所示。

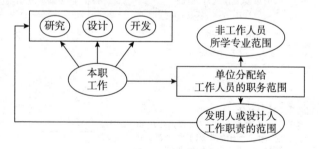

图3-6 发明创造中的本职工作

《专利法》所说的本职工作是指研究、设计和开发的工作。汽车司机的本职工作是驾驶汽车，研究汽车零部件的工作显然不属于他的本职工作。如果单位没有明确委派给他这项工作任务，那么他所设计的"车用节油阀"不能认为是职务发明创造。某企业总工程师办公室的工作人员，按照总工程师办公室工作标准的规定，是负责组织解决产品设计、制造、工艺管理等方面的技术疑难问题，负责组织全厂的技术革新及技术管理归口工作的人员，如果是该工作人员所提出的"车用节油阀"技术方案，则应当认为是职务发明创造。

**2. 履行本单位交付的本职工作之外的任务所作出的发明创造**

《专利法实施细则》第十三条第二款规定，"专利法第六条所称本单位，包括临时工作单位"。因此，"本单位"一词应作广义的理解。

本单位一般是指以下三种情况，如图3-7所示。

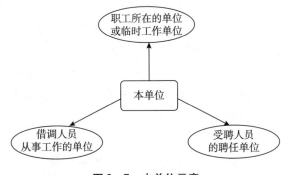

**图3-7　本单位示意**

第一，职工所在的单位或临时工作单位为本单位。如人员工资关系所在单位是职工的本单位。

第二，借调人员从事工作的单位应视为本单位，例如从其他单位借调来的人员。

第三，受聘人员的聘任单位应视为本单位。

履行本单位交付的本职工作之外的任务是指工作人员根据本单位的要求，接受所在单位的安排，承担本职工作之外的研究开发任务。也就是说，工作人员的本职工作虽然不是研究、设计和开发工作，但是经单位分配参加研究、设计或开发的工作，从而作出发明创造的，也应认为是职务发明创造。或者这样说，虽然与发明人或设计人的本职工作无关，但是属于在执行本单位分配的研究、设计或开发任务时完成的发明创造。例如发明人的本职工作是搞机床设计，单位临时派他去进行一项新型绘图桌椅设计，他作出的有关发明创造也是职务发明创造。不过这种短期的、临时的任务要有明确的和具体的根据。如果仅是领导的一般性号召或者是口头的赞同，还不能认为分配了临时任务。判断是不是在本职工作之外另行分配了研究、设计、开发的任务，应当有可以证明的材料，说明参加的人员和具体时间以及任务，以免日后发生纠纷。❶

### 3. 员工离职1年内作出的、与原单位本职工作或者分配之任务有关的发明创造

为了平衡与发明创造相关的各方利益，更是为了防止一些工作人员利用离开原单位的机会而不正当地利用原单位的物质技术条件，《专利法实施细则》第十三条第一款第（三）项规定"退休、调离原单位后或者劳动、人事关系终止后1年内作出的，与其在原单位承担的本职工作或者原单位分配的任务有关的发明创造"为职务发明创造。

认为这种发明创造是职务发明创造，是因为这种发明创造与发明人或设计人在原单位承担的本职工作或者原单位分配的任务有密切关系，有的发明创造在在职期间已经开始研究或者设计，有的甚至已经完成或者接近完成，所以应当认为是职务发明创造。

仔细分析这项规定可见，并非任何在退休、调离原单位后或者劳动、人事关系终止后1年内作出的发明创造都是职务发明创造，在退休、调离原单位后或者劳动、人事关系终止后所作出的发明创造必须同时具备以下两个认定要点，才构成职务发明创造。

一是时间要点，即该发明创造是发明人或设计人退休、调离原单位后或者劳动、人事关系终止后1年内作出的。

二是相关性要点，即该发明创造与发明人或设计人在原单位承担的本职工作或者原单位分配的任务有关。

---

❶ 汤宗舜. 专利法解说［M］. 北京：专利文献出版社，1994：8.

如果发明人或设计人的发明创造是在退休、调离原单位后或者与原单位终止劳动人事关系后1年后作出的，或者发明人或设计人的发明创造与其在原单位承担的本职工作或者单位分配的任务无关，则都不属于职务发明创造，如图3-8所示。

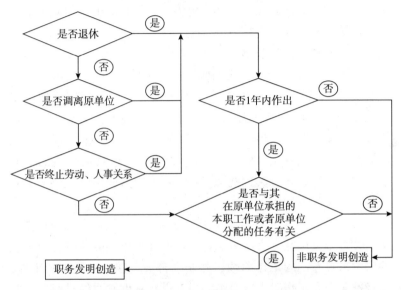

**图3-8 职务发明创造与非职务发明创造的判断**

特别要注意，"1年之内"与"1年之后"，一字之差，权利归属发生了变化。日本有个案例说明了这项规定显得有多么重要。

案件的原告是以制造、销售混合机、强化塑料成型机为业的A制作所，被告B是某个人。被告B的个人简历是：1967年1月进入A制作所任设计员，同年7月31日退职；1968年1月26日再度进入A制作所所属一个工厂任副厂长，1970年9月调任A制作所设计科长，1973年3月升任设计部部长，而后于1974年6月22日应本人要求退职，退职后于同年7月1日以自己的名义提出了名为"连续混合机"的专利申请。

看到日本特许厅公报中的这件专利申请后，A制作所为之瞠目，遂向日本大阪地方法院起诉，理由是：被告 B 所完成的"连续混合机"发明属被告 B 在职时的职务范围，因此是职务发明。这种混合机是制造橡胶、合成树脂、涂料、巧克力等混合黏稠材料用的机械。由于以前的混合机是将材料倒入混合槽内，由槽内叶片的转动使其混合，然后再将混合材料取出，因此不能大量地连续生产。为了克服这种缺点，A 制作所经理曾于 1971 年底指示当时的设计科长 B 进行连续混合机的研制。原告 A 制作所从 1972 年 3 月正式开始这项研制工作，被告 B 是这项工作的主要负责人。1973 年，原告将这项研制工作列为制作所的主要工作之一，在 1973 年 1 月 13 日召开的全所会议上决定试制"连续混合机 1 号"，并指定负责人为 B 和设计员 C。1974 年 2 月完成样机，前后共耗资 2000 万日元。而且，在连续混合机的研制过程中，该所购入了大批技术资料，还多次为被告 B 提供了去其他公司参观学习的机会。

被告 B 认为这项发明不是职务发明，由于被告在原告制作所中工作多年来虽然一直从事混合机的设计工作，但是该发明思想的启示来自石臼的工作原理，并非来自被告在制作所中的工作，而且被告在职工作时十分繁忙，根本没有从事发明的时间，因此该发明是在被告退职以后完成的。

很显然，被告 B 要在退职后 10 天之内完成这样一件复杂的发明，并且写成专利说明书提出专利申请是不可能的。被告 B 的专利申请中不仅有发明思想，而且有具体的实施例，这足以证明被告 B 是在在职期间完成本发明的。发明思想是人的精神活动，不能以发明思想的启示来自何处为依据来判断发明的性质。在判断某项发明是否为职务发明时，无须判断发明的思想等行为是在工作时间以内，还是在工作之外。因此，日本大阪地方法院认为就该案而言，有充足的证据说明该发明在相当大的程度上是在工作时间以内完成的，因此该发明应属职务发明。这样，发明的专

利权应授予 A 制作所。❶

我国也有类似的案例。陈某于 1962 年自学校毕业后，被分配至中船公司某研究所工作，先后参加过"饮水净化浓缩滤器""饮水滤器""净水器""净水滤器""仿矿泉水装置"（后改名为 JSK 型饮水净化矿化装置）等研制工作，后 2 个项目均被列入该所 1982 年和 1983 年科研任务计划，其中"JSK 型饮水净化矿化装置"作为该所的科技成果，已于 1983 年 7 月 9 日进行了鉴定。事后，陈某带走有关图纸、资料，并独自在"JSK 型"的基础上设计了"JSK – Ⅱ型"。

上海某矿泉设备厂根据有关的协议，按陈某的图纸和技术要求，于 1983 年 11 月试制成功"JSK – Ⅱ型"样机后少量投入试生产。陈某自 1984 年 4 月起不再去该研究所工作，到当年 10 月成立的某矿泉设备厂生产出"JSK – Ⅱ型饮水净化矿化装置"后，立即于当年 11 月将该产品作为自己的研究成果，召开了技术鉴定会。陈某在某矿泉水公司任职后，正式向其所在的研究所提出辞职，后经批准辞职，明确自 1985 年 1 月 1 日起陈某不再是该研究所职工。在此之后，陈某于 1985 年 6 月 29 日向原中国专利局提交了"矿泉水制造方法及其装置"的发明专利申请。该专利申请公告后，陈某原所在单位研究所、上海某矿泉设备厂对陈某是否有权申请提出了异议。

原中国专利局受理异议后，转请异议人请求地方专利管理机关调处专利申请权纠纷。

原上海市专利管理局受理该案。认定的事实和理由如下：①陈某在某研究所长期从事与饮水处理技术及其设备有关的研制工作。②"JSK 型"是该研究所的科研成果，"JSK – Ⅱ型"是在"JSK 型"基础上设计成功的，根据鉴定会资料，"JSK – Ⅱ型"的完成日期在 1984 年 4 月，此时陈某还是该研究所的职工。③陈某上述专利申请的技术方案取自"JSK – Ⅱ型饮水净化矿化

❶ 郝庆芬. 专利法例话 ［M］. 北京：法律出版社，1985：6.

装置"。④陈某在该研究所在职时间应算至 1984 年 12 月 31 日，申请专利的时间离退职不到 1 年。⑤上海某矿泉设备厂按试制协议承担的义务是，按提供的图纸和技术要求组织生产，该厂没有对上述专利申请技术方案的形成作出创造性贡献。如图 3 - 9 所示。

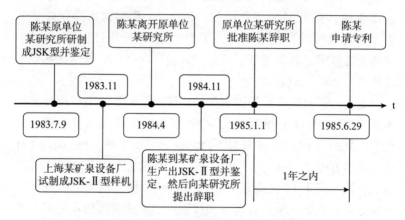

图 3 - 9　职务发明案例（矿泉水制造方法及其装置申请权分析）

根据《专利法》第六条及其实施细则第十一条之规定，原上海市专利管理局对该案作出如下处理决定："矿泉水制造方法及其装置"发明专利申请权属中船公司某研究所所有，案件受理费由陈某承担。❶

### 三、主要是利用本单位的物质技术条件完成的发明创造

#### 1. 主要是利用

主要是利用，是指工作人员完成的发明创造不是根据他的本职工作，也不是单位临时分配的任务，而是他自选课题、自动进行的，不过他的发明创造的完成主要是利用了本单位的物质技术

❶　中国专利局专利管理部，最高人民法院经济庭. 中国专利纠纷案例选编[M]. 北京：专利文献出版社，1991：9.

条件，没有这种帮助，发明创造就不可能完成。至于利用本单位的物质技术条件达到什么程度才算是对发明创造的完成起了"主要是利用"的作用，则要根据具体情况才能作出恰当的判断。

按照最高人民法院的解释，"主要是利用"，是指职工在完成技术成果的研究开发过程中，全部或者大部利用了单位的资金、设备、器材或者原材料，或者该项技术成果的实质性内容是在本单位尚未公开的技术成果、阶段性成果或者关键技术基础上完成的。少量的利用或者对发明创造的完成没有实质帮助的利用，应不予考虑。

### 2. 本单位的物质技术条件

《专利法实施细则》第十三条第二款规定："专利法第六条所称本单位的物质技术条件，是指本单位的资金、设备、零部件、原材料或者不对外公开的技术信息和资料等。"

资金、设备、零部件、原材料比较好理解，而且都是有形的，可见的。不对外公开的技术资料应当属于单位的技术秘密，泛指各种载有技术内容的信息载体，包括单位拥有的内部情报或资料，如技术刊物、技术档案、设计图纸、技术数据和技术信息等。但是单位图书馆或资料室对外公开的情报和资料不包括在内。

四、合同约定原则

### 1. 合同约定原则的规定

《专利法》第六条第三款规定："利用本单位的物质技术条件所完成的发明创造，单位与发明人或者设计人订有合同，对申请专利的权利和专利权的归属作出约定的，从其约定。"如图 3 - 10 所示。

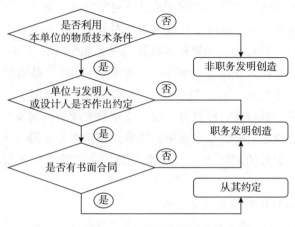

**图 3 – 10　合同约定原则**

　　根据该条款规定，允许发明人或者设计人与单位通过合同的形式来约定利用本单位的物质技术条件所完成的发明创造的归属。对利用本单位的除技术秘密之外的物质技术条件完成的发明创造，发明人或者设计人履行事先订立的合同所规定的义务的，如发明人或设计人按照事先与单位签订的合同约定，向单位返还资金或支付物质技术条件的使用费的，可以不作为职务发明创造。这一规定的目的是充分尊重单位和发明人或设计人双方意思自治，提高单位除技术秘密之外的物质技术资源利用率，达到智力资源和物质资源的优化组合，充分调动发明人或设计人的积极性，按照市场需求开展科研活动，而且事先的合同约定也避免了日后权属纠纷的发生。

**2. 合同约定原则的应用条件**

　　合同约定原则的应用是有条件的，要从保证单位知识产权不流失的角度来重视这个问题，不能随意适用约定原则。具体讲，应当注意以下两点。第一，单位与发明人或者设计人之间订立的合同应当限于利用本单位除技术秘密之外的物质技术条件所完成的发明创造，对于执行本单位的任务所完成的发明创造和主要是利用本单位物质技术条件，尤其是利用本单位技术秘密完成的发明创造不适用。第二，这种约定应当有书面的合同。因为是"利用"，还是"主要是利用"的界限不十分清楚，如果没有书面合同，很容易界定为职务发明创造。

### 五、单位对职务发明创造的处置权

为促进专利实施和运用，《专利法》第六条第一款在规定"职务发明创造申请专利的权利属于该单位，申请被批准后，该单位为专利权人"后，又接着规定："该单位可以依法处置其职务发明创造申请专利的权利和专利权，促进相关发明创造的实施和运用"。该规定主要是强调单位对职务发明创造所享有的权利可以"依法处置"。例如对于职务发明创造，单位可以"依法处置"，使发明人或者设计人取得专利权共有人的地位并行使共有权利；单位还可以在职务发明创造专利申请被批准后，依法转让其专利权，并优先转让给发明人或者设计人。此外，《专利法》第十五条第二款规定："国家鼓励被授予专利权的单位实行产权激励，采取股权、期权、分红等方式，使发明人或者设计人合理分享创新收益。"这些办法可以打消单位在依法处置职务发明创造权利上的顾虑，鼓励单位根据实践需要，充分利用好法律赋予的权利，通过约定、转让、产权激励等方式积极地促进专利的实施和运用。

## 第三节　非职务发明创造

《专利法》第六条第二款规定："非职务发明创造，申请专利的权利属于发明人或者设计人；申请被批准后，该发明人或者设计人为专利权人。"

### 一、发明人或设计人

#### 1. 发明人或设计人的定义

发明人或设计人在专利法中是一个严格的科技与法律相统一

的概念。

《专利法实施细则》第十四条规定："专利法所称发明人或者设计人，是指对发明创造的实质性特点作出创造性贡献的人。在完成发明创造过程中，只负责组织工作的人、为物质技术条件的利用提供方便的人或者从事其他辅助工作的人，不是发明人或者设计人。"如图3-11所示。

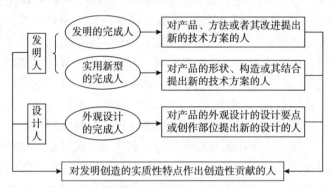

**图3-11 发明人或设计人的概念**

发明人或设计人都是对发明创造的实质性特点作出创造性贡献的人。

发明人是指对发明或实用新型的实质性特点作出创造性贡献的人，即对产品、方法或者其改进提出新的技术方案的人，或者对产品的形状、构造或其结合提出新的技术方案的人。

设计人是指对于外观设计的实质性特点作出创造性贡献的人，即对产品的外观设计的设计要点或创作部位提出新的设计的人。

**2. 发明人或设计人的特征**

发明人或设计人具备以下两个特征。

第一，发明人或设计人是自然人且不受行为能力的限制。由于发明创造是一种智力活动，是人们在认识自然规律的前提下，运用自己的智慧和技能作出的创造性的劳动，无论这种成果表现为何种形式，均是知识产品，是人的脑力劳动的智慧结晶。没有生物意义上的大脑就无法完成发明创造，也就不能成为发明人或者设计人。因此，发明人或者设计人只能是自然人，而不能是单位或者单位内的某一课题组、研发中心、技术部或其他组织。

第二，所谓发明人或设计人，最本质的属性是他们对于发明创造的实质性特点作出了创造性贡献。❶ 因此，判断发明人或设计人的标准就是看其是否为发明创造的完成作出了创造性贡献，而且只有这一个标准。

### 3. 相同发明人或相同设计人

两个人或者几个人，在不通信息的情况下各自独立完成了相同的发明创造，对某项发明创造的实质性特点都作出了创造性贡献，这种情况也是常有的，所以也经常出现两个以上不同的申请人提出同样发明创造申请的情况。对此，《专利法》规定了先申请原则。在这种情况下，对某项发明创造的实质性特征都作出了创造性贡献的人，都是发明人或设计人。对这些人可以称为相同发明人或相同设计人。但是注意，按照《专利法》的规定，如果该相同的发明创造都符合《专利法》关于授予专利权的条件，只对其中最先申请人授予专利权。如果相同发明人或相同设计人同一天提出专利申请，则要根据协商原则来确定专利申请人，然后将专利权授予协商确定的专利申请人。

### 4. 共同发明人或共同设计人

共同发明人或者共同设计人是指两个或两个以上的单位或者个人合作对同一发明创造的实质性特点共同作出了创造性贡献的人。

需要注意的是，出现共同发明人或共同设计人的前提是他们为了完成共同的任务进行了合作，即共同发明人之间必须存在共同完成发明创造的共识或者合意，比如签订了合同或达成了某种书面或口头协议，为完成同一个研究项目而分头工作。反过来

---

❶ 陈美章. 知识产权教程［M］. 北京：知识产权出版社，1993：8.

说，几个人在没有作出共同的决定或者没有制订共同研制计划的情况下从事同一研究项目的工作，即使其中一个人的研制工作是建立在另外一个人或几个人原有的研究工作的基础上而完成的，也不能视为共同发明人或者共同设计人，而是相同发明人或相同设计人。

共同发明人或者共同设计人的确认，必须注意以下两点。

第一，要以发明创造的事实和技术档案的真实记载为依据，确定每个发明人或设计人在整个发明创造过程中所作的贡献。例如，从项目选择到初步方案制定以至完善技术方案的整个过程，能够客观地反映出每个发明人或设计人是否作出了贡献。

第二，要坚持以是否作出了创造性贡献为标准。仅提出设想、意图或启发性意见，或仅从事组织领导工作或其他辅助性工作，包括出资人、提供场所及设备者或仅予以指导但没有作出创造性贡献的人，不构成共同发明人或者共同设计人。

可见，共同发明人或共同设计人并不是人数上的简单相加，而是基于共同的发明创造。❶

### 5. 发明人或者设计人的判断

判断一个人是不是发明人或者设计人，可以采用以下两个辅助方法。

一是看他是否能够详细地对该发明创造加以描述。

二是看他在发明创造实施时是否能够给予技术上的指导。

如果某人不能按上述两点行事，说明该发明创造不是他的智力劳动成果，那他就没有作为发明人或者设计人的资格。

### 6. 发明人或者设计人的合法继受人

专利申请权和专利权是民法意义上的财产权，是可以转让和继受的。因此，发明人或者设计人的合法继受人可以通过继承或受让取得发明创造的专利申请权或专利权成为发明创造的专利申请人或专利权人。

❶ 吴汉东. 知识产权法 ［M］. 北京：中国政法大学出版社，1999：8.

## 7. 发明人或者设计人与专利申请人和专利权人的关系

当发明人或者设计人自己作为专利申请人提出专利申请时，发明人或者设计人和专利申请人是同一人，申请被批准后，专利权属于发明人或者设计人。

但是，发明人或者设计人可将因发明创造而产生的专利申请权或专利权转让给其他人。如果全部转让了，发明人或者设计人和专利申请人或专利权人就不是同一个人了，发明人或者设计人不变，而专利申请人或专利权人是发明人或者设计人的合法受让人。这是因为，当专利申请被批准为专利时，获得专利权的人只能是专利申请人，而不是发明人或者设计人。

所以，当职务发明创造申请专利时，专利申请人是单位，申请被批准后，专利权属于单位；专利证书上写着的发明人或者设计人的姓名，对发明人或者设计人来说，只是一种署名权，是发明人或者设计人荣誉和工作成绩的证明，发明人并不享有专利的所有权。

### 二、非职务发明创造的含义

将《专利法》第六条第二款规定与该条第一款规定相比可见，《专利法》规定了职务发明创造的含义，未对非职务发明创造进行直接定义，但可以从职务发明创造的含义推导出非职务发明创造的含义：非职务发明创造应当是指与执行本单位的任务无关以及与主要是利用本单位的物质技术条件无关的发明创造。❶

同时，根据合同约定原则，单位与发明人或者设计人订有书面合同，对申请专利的权利和专利权的归属作出约定的，从其约定，如图 3-12 所示。

---

❶ 刘春田. 知识产权法学 [M]. 北京：高等教育出版社，2019：8.

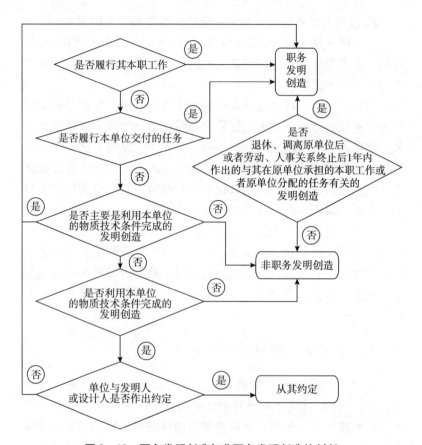

**图3－12 职务发明创造与非职务发明创造的判断**

## 三、发明人或设计人的署名权

《专利法》第十六条第一款规定："发明人或者设计人有权在专利文件中写明自己是发明人或者设计人。"根据此规定，发明人或者设计人的署名权即发明人或者设计人有在专利文件中写明自己是发明人或者设计人的权利。

署名权是发明人或者设计人的一项重要的人身权利，同其他

权利相比，它具有专有性、不可让与性和法律赋予性等特征。❶

专有性，是指署名权只能由发明人或者设计人享有。不可让与性，即署名权是与发明人或者设计人本身不可分离的，与专利申请权和专利权归属的变化无关，即使专利申请权和专利权转让了，受让人也不享有署名权。此外，署名权也是不能继承的。法律赋予性，即署名权是法律赋予发明人或者设计人的权利。

要鼓励发明创造，首先应当承认发明创造是发明人或者设计人的智力创造成果。发明人或者设计人有权在专利文件中写明自己是发明人或者设计人，并且通过专利公报予以公布，让社会了解谁是该项发明创造的发明人或者设计人。这体现了对发明人或者设计人智力创造成果的肯定和尊重，是对他们完成发明创造的应有的精神上的奖励。

## 四、不得压制非职务发明创造专利申请

一项新的发明创造的价值和作用并不因为它是职务发明创造或非职务发明创造而有所不同。而在职务发明创造和非职务发明创造之间，非职务发明创造更易受到冷漠与忽视。为了保障发明人或设计人非职务发明创造专利申请的权利，《专利法》第七条规定："对发明人或者设计人的非职务发明创造专利申请，任何单位或者个人不得压制。"所谓压制，包括如图 3 - 13 所示的一些行为。

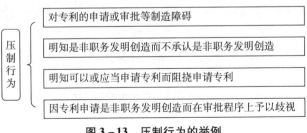

压制行为

- 对专利的申请或审批等制造障碍
- 明知是非职务发明创造而不承认是非职务发明创造
- 明知可以或应当申请专利而阻挠申请专利
- 因专利申请是非职务发明创造而在审批程序上予以歧视

图 3 - 13　压制行为的举例

❶　安建. 中华人民共和国专利法释义［M］. 北京：法律出版社，2009：3.

应当明确，构成压制发明创造专利申请的对象是非职务发明创造。因此所说的压制是指单位对非职务发明创造专利申请的压制，不涉及职务发明创造专利申请的问题。从专利制度的宗旨和国家与单位的利益出发，应当鼓励单位职务发明创造的专利申请。但是，单位综合考虑各方面的因素，例如其经营方向、经济核算、保护策略、市场前景等，有权决定对哪些职务发明创造申请专利，对此，不存在"压制"一说。❶

# 第四节　合作或委托完成的发明创造

## 一、权利归属

《专利法》第八条规定："两个以上单位或者个人合作完成的发明创造、一个单位或者个人接受其他单位或者个人委托所完成的发明创造，除另有协议的以外，申请专利的权利属于完成或者共同完成的单位或者个人；申请被批准后，申请的单位或者个人为专利权人。"如图 3-14 所示。

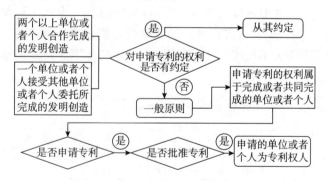

**图 3-14　合作或委托完成的发明创造的权利归属**

❶ 国家知识产权局条法司. 新专利法详解 [M]. 北京：知识产权出版社，2001：8.

### 1. 合作完成的发明创造

合作完成的发明创造，简称为合作发明，是指两个或两个以上的单位或者个人互相配合，共同进行研究和开发形成的发明创造。《中华人民共和国法典》（以下简称《民法典》）第八百五十五条规定："合作开发合同的当事人应当按照约定进行投资，包括以技术进行投资，分工参与研究开发工作，协作配合研究开发工作。"合作开发合同当事人的权利与义务既是相对的，又是平行的。即当事人都承担相类似的义务，又都有权利请求和监督另一方履行相应的义务。根据《民法典》的规定，合作完成的发明创造各方当事人的权利与义务有以下三个方面。

一是按照合同约定进行投资，包括以技术进行投资。当事人可以采取不同方式对研究开发课题作出投资，可以用资金作为投资，也可以用设备、材料、场地、试验条件等物质条件作为投资，还可以以知识产权进行投资，包括用专利、技术秘密等技术条件作为投资，如图 3 - 15 所示。

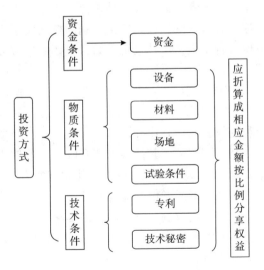

图 3 - 15　合作开发合同投资方式

其中，采取资金以外的方式，即以实物或技术进行投资的，应当折算成相应的金额，在合同中明确当事人在投资中所占的比例。当事人的投资比例是其分享权益的依据之一。

二是按照合同的约定，分工参与研究开发工作。合作开发合同的当事人必须共同参与研究开发工作，这是当事人履行合同的基本义务。参与研究开发工作，包括按照约定的计划和分工共同进行或者分别承担设计、工艺、试验、试制等研究开发工作。

三是协作配合研究开发工作。合作开发是以双方的共同投资和共同劳动为基础的，各方在合作研究中的配合是取得研究开发成果的关键。因此，合作各方可以在合同中约定成立由各方代表组成的指导机构，对研究开发工作中的重大问题进行决策、协调和组织研究，保证研究开发工作的顺利进行。

合作完成的发明创造的申请专利的权利的归属如何处理？《专利法》第八条规定："两个以上单位或者个人合作完成的发明创造、一个单位或者个人接受其他单位或者个人委托所完成的发明创造，除另有协议的以外，申请专利的权利属于完成或者共同完成的单位或者个人；申请被批准后，申请的单位或者个人为专利权人。"

《民法典》对此作了更为明确的规定。《民法典》第八百六十条规定："合作开发完成的发明创造，除当事人另有约定的以外，申请专利的权利属于合作开发的当事人共有；当事人一方转让其共有的专利申请权的，其他各方享有以同等条件优先受让的权利。合作开发的当事人一方声明放弃其共有的专利申请权的，可以由另一方单独申请或者由其他各方共同申请。申请人取得专利权的，放弃专利申请权的一方可以免费实施该专利。合作开发的当事人一方不同意申请专利的，另一方或者其他各方不得申请专利。"如图3-16所示。

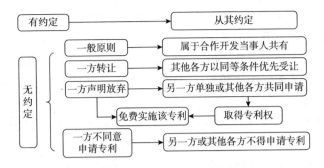

图 3 – 16　合作开发完成的发明创造的申请专利的权利的归属

## 2. 委托完成的发明创造

委托完成的发明创造，简称委托发明，是指一方提供经费和报酬，委托另一方进行研究开发所完成的发明创造。

《民法典》第八百五十二条规定，委托发明委托人的责任是："委托开发合同的委托人应当按照约定支付研究开发经费和报酬；提供技术资料、原始数据；提出研究开发要求；完成协作事项；接受研究开发成果。"

《民法典》第八百五十三条规定，委托发明研究开发人的责任是："委托开发合同的研究开发人应当按照约定制定和实施研究开发计划；合理使用研究开发经费；按期完成研究开发工作，交付研究开发成果，提供有关的技术资料和必要的技术指导，帮助委托人掌握研究开发成果。"如图 3 – 17 所示。

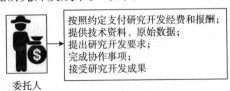

委托人

按照约定支付研究开发经费和报酬；
提供技术资料、原始数据；
提出研究开发要求；
完成协作事项；
接受研究开发成果

按照约定制定和实施研究开发计划；
合理使用研究开发经费；
按期完成研究开发工作，交付研究开发成果；
提供有关的技术资料和必要的技术指导；
帮助委托人掌握研究开发成果

研究开发人

图 3 – 17　委托开发合同各方责任

### 3. 委托开发完成的发明创造申请专利的权利归属

委托开发完成的发明创造申请专利的权利属于谁？

在许多国家，委托研究和开发过程中完成的发明创造申请专利的权利通常属于委托方。但我国则侧重于保护完成发明创造一方的利益。

我国《专利法》和《民法典》对委托发明的专利权归属均采取了合同优先的原则，即完全依照合同约定来确定委托发明的权利归属。如果合同约定不明或合同未对权利归属予以约定时，法律作了对受托方即发明人更为有利的规定，即权利归完成发明创造的一方。❶

《民法典》第八百五十九条规定："委托开发完成的发明创造，除法律另有规定或者当事人另有约定的以外，申请专利的权利属于研究开发人。研究开发人取得专利权的，委托人可以依法实施该专利。研究开发人转让专利申请权的，委托人享有以同等条件优先受让的权利。"因此，如果委托方也希望享有申请专利的权利，应当事先在合同中约定，如图 3-18 所示。

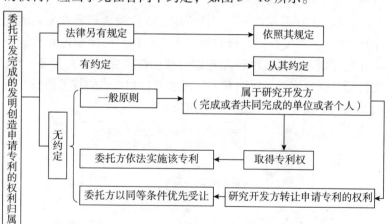

图 3-18 委托开发完成的发明创造申请专利的权利归属

---

❶ 黄坤益. 和企业领导谈专利［M］. 北京：专利文献出版社，1988：6.

## 二、共有权利的行使

### 1. 共有专利权

共有专利权，也叫专利权共有，是指一项获得专利权的发明创造由两个以上的单位或者个人共同所有。在专利申请中，存在以下专利申请权共有的情况：一是共同发明创造的共同发明人或者共同设计人共同申请专利；二是合作发明创造或者委托发明创造的合作各方共同申请专利；三是两个单位或者个人分别就相同的发明创造在同一天申请专利的，由双方协商确定双方成为共同申请人。当有专利申请权共有的情况，在专利申请被批准后，专利权由两个以上的单位或者个人共同所有。

### 2. 共有权利的行使及收取的费用的分配

《专利法》第十四条第一款规定："专利申请权或者专利权的共有人对权利的行使有约定的，从其约定。没有约定的，共有人可以单独实施或者以普通许可方式许可他人实施该专利；许可他人实施该专利的，收取的使用费应当在共有人之间分配。"

《专利法》这一款规定了共有人对权利行使的三种方式。

第一，共有人对权利的行使有约定的，从其约定，即约定优先。

第二，共有人对权利的行使没有约定的，共有人可以"以普通许可方式许可他人实施"，"许可他人实施该专利的，收取的使用费应当在共有人之间分配"。这些规定是为了有效促进专利技术的传播，同时避免对专利权共有人的利益产生不必要的限制，以平衡各方的利益。

第三，共有人对权利的行使没有约定的，共有人可以单独实施该专利，获得的利益不进行分配。这样规定的目的在于有效促进专利实施。

### 3. 共有权利行使的限制

《专利法》第十四条第二款规定："除前款规定的情形外，行使共有的专利申请权或者专利权应当取得全体共有人的同意。"

这是指当专利申请权或者专利权共有的情况下，在专利申请和审查程序中，凡办理涉及共有权利的手续如提出专利申请、委托专利代理、转让申请权或专利权、撤回专利申请和放弃专利权等时，均应当由全体共有人在文件上签字和盖章，并由全体共有人的代表或者共同委托的专利代理机构办理。需要注意的是，"均应当由全体共有人在文件上签字和盖章"，这种看起来很容易的手续有时会因为某种原因做不到，比如某人不在场由另外的人代签，而被代签的人却不知晓，就没有做到取得全体共有人的同意，如图 3－19 所示。

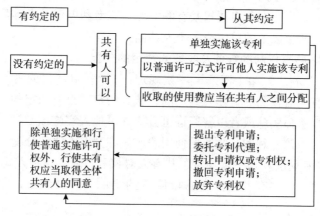

**图 3－19　共有权利行使的限制**

# 第五节　外国人在中国申请专利的条件及手续

## 一、外国人在中国申请专利的条件

各国专利法关于外国人可否在本国申请专利的问题经历了一个从不允许到允许、由限制到不限制的过程。目前，凡是建立了专利制度的国家一般都根据相关国际条约给予外国自然人和法人在本国申请专利并获得专利权的权利。当然，许多国家要求外国人所属国提供对等或者互惠的保护，我国也不例外。

我国《专利法》遵守国民待遇原则，在第十七条规定："在中国没有经常居所或者营业所的外国人、外国企业或者外国其他组织在中国申请专利的，依照其所属国同中国签订的协议或者共同参加的国际条约，或者依照互惠原则，根据本法办理。"如图 3 - 20 所示。

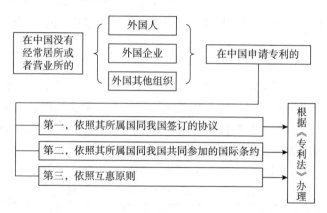

**图 3 - 20　外国人发明创造在中国申请专利的条件**

根据上述规定，申请人是外国人时，申请人国籍或者总部所在地符合下列三个条件之一的可以依照《专利法》的规定在我国申请专利。

第一，依照其所属国同我国签订的协议。如 1992 年我国同美国达成《中美政府关于保护知识产权的谅解备忘录》，根据该备忘录，我国对在中国申请专利的美国人给予专利保护。

第二，依照其所属国同我国共同参加的国际条约。如我国 1985 年加入了《巴黎公约》，依照该公约制定的国民待遇原则，各成员国的国民可以在其他任何成员国申请专利，并享有国民待遇。因此，《巴黎公约》成员国的国民可以依照《巴黎公约》在我国申请专利。

第三，依照互惠原则。如果其所属国和我国既没有签订双边协议，也没有共同加入的国际条约，但对方在专利法中规定在实践中给我国国民以专利保护的，即该外国国民所属国对中国人给予专利申请和专利保护的待遇，则我国也相应地对该外国国民予以专利申请和专利保护。

## 二、外国人在中国申请专利的手续

《专利法》第十八条第一款规定："在中国没有经常居所或者营业所的外国人、外国企业或者外国其他组织在中国申请专利和办理其他专利事务的，应当委托依法设立的专利代理机构办理。"

如果外国申请人因国籍或者居所无权在我国申请专利或者因为应当委托依法设立的专利代理机构办理而未委托的，对其申请不予受理。那些与我国既无协议或条约关系，又无专利互惠的国家所属的国民或单位，向我国提出的申请不予受理。

专利申请权和专利权的归属归纳如表 3 - 1 所示。

表 3 - 1　专利申请权和专利权的归属

| 发明创造类型 | 专利申请权归属 | 专利权归属 |
| --- | --- | --- |
| 职务发明创造 | 发明人或设计人所属单位 | 发明人或设计人所属单位 |
| 非职务发明创造 | 发明人或设计人 | 发明人或设计人 |
| 合作发明创造 | 合作开发的当事人 | 申请人或共同申请人 |
| 委托发明创造 | 研究开发人 | 专利申请人 |
| 合同约定发明创造 | 从其约定 | 专利申请人 |
| 外国人发明创造 | 依照《专利法》规定 | 专利申请人 |

# 第六节　奖励与报酬

职务发明创造，申请专利的权利属于发明人或设计人所在的单位，专利申请被批准后，专利权也属于发明人或设计人所在的单位，而发明人或设计人为完成发明创造作出了创造性贡献，他们应当得到什么呢？

《专利法》第十五条第一款规定："被授予专利权的单位应当对职务发明创造的发明人或者设计人给予奖励；发明创造专利实施后，根据其推广应用的范围和取得的经济效益，对发明人或者设计人给予合理的报酬。"第二款规定："国家鼓励被授予专利权的单位实行产权激励，采取股权、期权、分红等方式，使发明人或者设计人合理分享创新收益。"

上述规定有两层含义：第一，在职务发明创造被授予专利权后，不论发明创造是否已经实施，被授予专利权的单位都应当对该发明创造的发明人或者设计人给予奖励；第二，职务发明创造专利实施后，被授予专利权的单位应当根据其推广应用的范围和取得的经济效益，对发明人或者设计人给予合理的报酬，如图 3 - 21 所示。

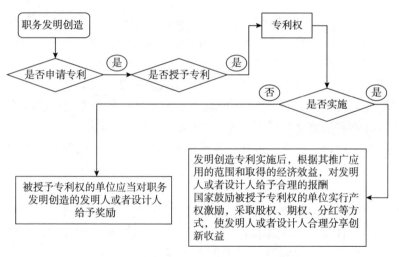

**图 3 - 21　奖励与报酬的规定**

根据《专利法实施细则》的规定，报酬有两种。将一种奖励和两种报酬结合在一起，通常就称为"一奖两酬"。在建立以企业为主体的技术创新体系的今天，可以说"一奖两酬"是完善和建立企业技术创新机制、激励发明创造的重要手段，也是企业尊重知识、尊重人才、尊重技术价值和尊重专利发明人或者设计人合法权益的具体表现。为了落实对发明人或者设计人的奖励和报酬，《专利法实施细则》对"一奖两酬"作出了具体的规定。

《专利法实施细则》第九十二条第一款规定："被授予专利权的单位可以与发明人、设计人约定或者在其依法制定的规章制度中规定专利法第十五条规定的奖励、报酬的方式和数额。鼓励被授予专利权的单位实行产权激励，采取股权、期权、分红等方式，使发明人或者设计人合理分享创新收益。"第二款规定："企业、事业单位给予发明人或者设计人的奖励、报酬，按照国家有关财务、会计制度的规定进行处理。"

## 一、奖金的规定

《专利法实施细则》第九十三条第一款规定："被授予专利权的单位未与发明人、设计人约定也未在其依法制定的规章制度中规定专利法第十五条规定的奖励的方式和数额的，应当自公告授予专利权之日起 3 个月内发给发明人或者设计人奖金。一项发明专利的奖金最低不少于 4000 元；一项实用新型专利或者外观设计专利的奖金最低不少于 1500 元。"第二款规定："由于发明人或者设计人的建议被其所属单位采纳而完成的发明创造，被授予专利权的单位应当从优发给奖金。"该规定明确了以下两个问题。

一是奖金发放的时间。被授予专利权的单位都应当自专利权公告之日起 3 个月内给予发明人或者设计人奖金。实践中，会出现被授予专利权的单位对发明人或者设计人没有给予奖金的情况。在这种情况下，发明人或者设计人可以要求单位发给其奖金。如果单位坚持不发给，发明人或者设计人可以请求地方专利行政部门进行处理。

二是奖金的额度。一项发明专利的奖金最低不少于 4000 元，一项实用新型专利或者外观设计专利的奖金最低不少于 1500 元。

其中，最低不少于的含义是：一项发明专利的奖金最低不少于 4000 元；一项实用新型专利或者外观设计专利的奖金最低不少于 1500 元；但最高额度没有限制，由被授予专利权的单位按照发明创造的价值和重要性确定。如果是由于发明人或者设计人的建议被其所属单位采纳而完成的发明创造，被授予专利权的单位应当从优发给奖金，以鼓励他们的主动创造精神。

## 二、报酬的规定

《专利法实施细则》第九十四条规定："被授予专利权的单位未与发明人、设计人约定也未在其依法制定的规章制度中规定专利法第十五条规定的报酬的方式和数额的，应当依照《中华人民共和国促进科技成果转化法》的规定，给予发明人或者设计人合理的报酬。"这里应当注意以下五个问题。

第一，落实对发明人或者设计人的奖励和报酬，被授予专利权是前提条件。

第二，将转化实施后的法定报酬标准调整为依照《中华人民共和国促进科技成果转化法》的规定给予合理报酬。

第三，在专利权有效期限内给予报酬的期间，应当从申请日起计算；因为专利权的期限是自申请日起计算的。

第四，不低于是指大于或者等于，也就是说，给予或者支付"一奖两酬"是"上不封顶下保底"的。

第五，报酬应当从营业利润中或者收取的使用费中提取。

实践中，有些企业没有很好落实对发明人或者设计人的奖励和报酬，影响了发明人或者设计人发明创造的积极性。这是应当引起注意的问题。此外，如果被授予专利权的单位与发明人、设计人约定或者在其依法制定的规章制度中规定《专利法》第十五条规定的报酬的方式和数额的，应当按其约定或按照在其依法制定的规章制度中的规定给发明人或者设计人报酬；或者依照《中华人民共和国促进科技成果转化法》的规定，给予发明人或者设计人合理的报酬。

# 第四讲　专利权的客体

## 第一节　专利保护的方式

### 一、专利权客体的定义

专利权的客体，是指专利法保护的对象，也就是依照专利法授予专利权的发明创造。

从国际专利制度来看，各国在规定专利权的客体时，既要考虑本国的经济基础和技术水平，又要考虑通过专利制度对本国的科学技术进步和经济社会发展的促进作用。因世界各国关于专利权客体的内涵和外延上认识不一，反映在立法上，对发明创造给予保护的范围和方式也不尽相同，大体上有三种情况，如图4-1所示。

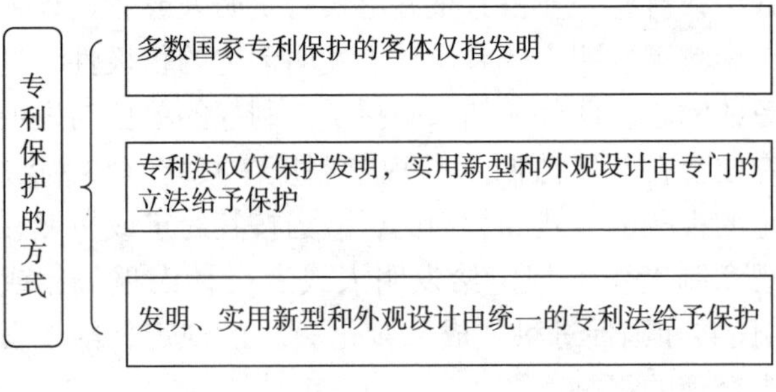

专利保护的方式

多数国家专利保护的客体仅指发明

专利法仅仅保护发明，实用新型和外观设计由专门的立法给予保护

发明、实用新型和外观设计由统一的专利法给予保护

图4-1　国际专利制度专利保护的方式

一是多数国家仅把发明作为专利保护的客体，而且"专利"一词主要是指发明专利，专利与发明几乎是同义词。所以，在我国专利制度建立之初，许多外国人对我国专利法中规定的"发明创造"一词很不理解。

二是对发明、实用新型和外观设计均给予专利保护，但专利法仅保护发明，实用新型和外观设计由专门的立法给予保护。

三是以发明、实用新型和外观设计作为专利保护的客体，由统一的专利法给予保护。我国是采用这种专利法制度的国家之一。

## 二、发明创造的定义

《专利法》第二条第一款规定："本法所称的发明创造是指发明、实用新型和外观设计。"由此可知，"发明创造"一词在专利领域特指发明、实用新型和外观设计；❶ 因此，我国专利法所保护的专利有 3 种，即发明专利、实用新型专利和外观设计专利。

应当注意，以一部专利法保护 3 种不同客体是我国《专利法》的特点之一。因此，在学习我国《专利法》时，要注意《专利法》中"发明创造"一词的特定含义。

"发明创造"一词是发明、实用新型和外观设计三者的合称。在《专利法》的条文中：

① 凡是对发明、实用新型和外观设计三者都适用的，才称为"发明创造"；

② 仅对发明适用，称为"发明"；

③ 仅对实用新型适用，称为"实用新型"；

④ 仅对外观设计适用，称为"外观设计"；

⑤ 对发明和实用新型二者适用的，称为"发明和实用新型"；

⑥ 对实用新型和外观设计二者适用的，称为"实用新型和外观设计"。

---

❶ 国家知识产权局. 知识产权文献与信息基本词汇：GB/T 21374—2008 ［S］. 北京：中国标准出版社，2008：1

# 第二节　发　明

## 一、发明的定义

发明是专利法保护的主要对象。凡是有专利制度的国家，没有不以专利保护发明的。❶

需要指出的是，专利法所说的发明，与人们日常所说的发明的概念并不完全相同。一般人们所说的发明，泛指人们通过智力劳动揭示或者创造了前所未有的东西。如当今世界最先制造出来的电灯、电话、电视、汽车、轮船、飞机等就是发明。我国古代也有火药、指南针、造纸术、活字印刷"四大发明"。它们都是前所未有的发明。但是，至于在什么范围内前所未有，以什么时候为界，没有明确的概念。而专利法意义所说的发明则有严格的时间界限和明确的保护范围，比人们通常说的发明的含义要窄得多，这个概念在学习专利法的时候必须建立起来。

目前国际上对发明没有一个统一的定义。有专家认为，用简练的文字给发明下一个全面确切的定义并非易事。❷不过，有些国家和世界知识产权组织对发明的定义可以帮我们理解发明的概念。举例如下。

日本专利法对发明的定义是："在本法范围内，发明是指利用自然规律作出的高水平的技术创造。"

美国专利法对发明的定义是："任何新颖而适用的制法、机器、制造品、物质的组合，或者任何新颖而适用的改进方案。"

世界知识产权组织对发明的定义（WIPO 于 1979 年出版的《发展中国家发明示范法》中给发明下过这样一个定义）是："发明是发明人的一项思想，这种思想可以在实践中解决技术领

---

❶　汤宗舜. 专利法解说［M］. 北京：专利文献出版社，1994：8.
❷　胡佐超. 专利基础知识［M］. 北京：知识产权出版社，2004：4.

域里某一特定问题。"

上述定义集中体现了发明是一种利用了自然规律解决某一技术问题的技术方案。根据这样一个思路,《专利法》第二条第二款规定了我国专利法对发明的定义:"发明,是指对产品、方法或者其改进所提出的新的技术方案。"

根据上述定义,可以看到专利法所说的发明有以下两个特点。

### 1. 发明是一种新的技术方案

发明必须是一种新的技术方案,这是专利法概念上发明的本质。

"新的"指明了专利法所称发明的内涵。简单地说,不是任何对产品、方法或者其改进所提出的技术方案都可以称为专利法意义上的"发明",如已经进入公有领域的技术方案,包括已经公开销售的产品或者已为人们公知的产品的生产方法都不能成为专利法所说的发明。

"技术方案"是指对要解决的技术问题所采取的利用自然规律的技术手段的集合,而技术手段通常是由技术特征来体现的。这里,有以下三点必须注意,如图4-2所示:

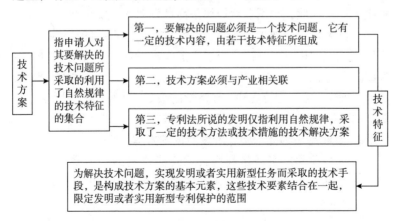

**图4-2 技术方案和技术特征**

第一，要解决的问题必须是一个技术问题，它有一定的技术内容，由若干技术特征所组成。所谓技术特征，是指为解决技术问题而采取的构成技术方案的基本元素，或者说是能够相对独立地执行一定功能、产生相对独立的技术效果的最小技术单元。这些技术要素或技术单元结合在一起，限定发明或者实用新型专利保护的范围。

第二，技术方案必须与产业相关联。一般来讲，只要是为了达到一定目的而采用的手段或者方法都叫技术。在文艺界、体育界以及其他领域中也存在着技术，如演奏技术、投球技术等，但是这些技术一般与产业毫无关系，不能工业化生产。因此，专利法不把它们作为保护对象。专利法中讲到技术时，是特指那些与发明有关的、能够在产业上应用的，并且在工业产权方面得到承认的，采取了一定的技术方法或技术手段的技术解决方案。比如，士兵在紧急情况下如何尽快穿好衣服？这就是一个具体的技术问题，于是，有人发明了拉链。再如，食品在高温下容易变质，如何让食品保存比较长的时间？有人发明了冰箱。❶

第三，发明是正确利用自然规律的结果。❷专利法所说的发明仅指利用自然规律、采取了一定的技术方法或技术措施的技术解决方案。因此，利用自然规律是衡量发明或者实用新型实用性的一个技术标准。如果某人对于自然规律没有正确的认识，或者不能正确地利用自然规律，当然不能作出专利法所说的发明。而那些没有利用自然规律，纯粹由人的智力活动而导出的法则、推理，如科学理论、数学运算方法、经济学的法则、体育比赛规则或方法等，都不是专利法意义上的发明，因此被排除在专利法保护之外。

**2. 发明是一种处于构思阶段的技术方案**

技术和技术方案都是利用自然规律作出的，本质上是一致的。技术和技术方案的区别在于二者处于不同的发展阶段，如图4-3所示。

---

❶ 姜丹明. 知识产权损害赔偿［M］. 北京：人民法院出版社，2000：1.

❷ 刘春田. 知识产权法学［M］. 北京：高等教育出版社，2019：8.

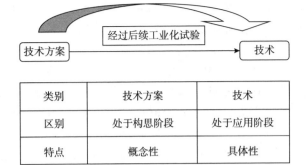

| 类别 | 技术方案 | 技术 |
|------|---------|------|
| 区别 | 处于构思阶段 | 处于应用阶段 |
| 特点 | 概念性 | 具体性 |

**图 4 – 3　技术方案与技术的区别与联系**

　　技术方案是处于技术构思的阶段，还没有经过生产制造❶，要使技术方案能在工业上应用，还需要后续工业化试验。与技术方案相比，技术是比较具体的、能够直接应用在工业之中，处于可以应用的阶段。

　　因此，许多人以为发明创造一定要生产制造出样机或者样品才能申请专利，这是一种误解。

　　发明的本质是存在于形态之中的无形的观念。例如，假定一个具有共底边的高度一定的三角形是一种构思（方案），在这一构思（方案）的基础上，可以画出很多个不同形状的三角形，所有这些三角形都可以说是该构思（方案）的形态，如图 4 – 4 所示。

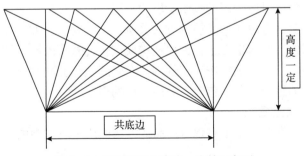

高度一定

共底边

**图 4 – 4　具有共底边高度一定的三角形**

---

❶　刘春田. 知识产权法学［M］. 北京：高等教育出版社，2019：8.

有的发明因为极其具体（例如三角形的铅笔）而被误认为不是一种技术方案而是具体形态。不过即使是三角形铅笔，也是一种技术方案，而不是作为有形物体（产品）的三角形铅笔。因为不管色彩和尺寸如何，其形状形成三角形的铅笔的技术方案就是该发明。这是专利法对发明的解释方法。❶ 因此应当清楚，申请专利不要求提供样品或者样机，在新的技术方案完成时，就可以提出专利申请了。提交的说明书附图也只是一种关于产品的形状、构造或其结合的示意图，也不要求标注尺寸和公差配合以及技术要求等。

## 二、发明的种类

专利法上最常见、最重要的一种分类是将发明分为产品发明和方法发明，❷ 改进发明是对产品或方法进行改进而作出的发明，如图 4-5 所示。

### 1. 产品发明

产品发明，是指经过人工制造的各种新制品，其结果表现为有一定形态的物品或者物质的发明，包括有一定形状、构造或其结合的物品以及固体、液体、气体之类的物质。

### 2. 方法发明

方法发明，是指把一个物品或一种物质改变成为另一种新的物品或物质时所采用的技术手段的发明，例如对加工方法、制造工艺、测试方法或产品使用方法等所作出的发明。方法发明和产品发明的主要区别在于：方法在构成上包含时间因素，即方法通常是多个行为或现象按一定规则，在时间坐标上同时或分别展开所形成的组合，其中包含着时间延续的因素。❸

### 3. 改进发明

改进发明，是指对现有产品或方法的改进所提出的新的技术

---

❶ 吉藤幸朔. 专利法概论［M］. 宋永林，魏启学，译. 北京：专利文献出版社，1990：6.

❷❸ 刘春田. 知识产权法学［M］. 北京：高等教育出版社，2019：8.

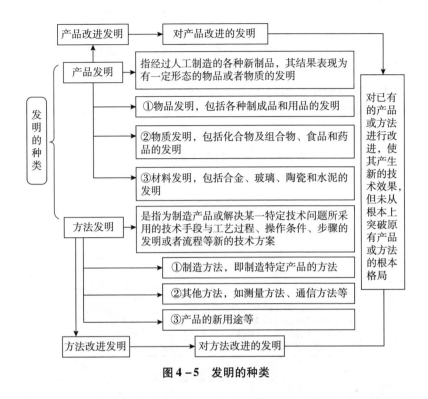

图 4 – 5　发明的种类

方案。改进发明与产品发明、方法发明的根本区别在于，它不是新的产品的创制或新方法的创造，而是对已有的产品或方法带来了新的特性、新的部分质变，但未从根本上突破原有产品或方法的根本格局。例如，1879 年爱迪生发明了白炽灯，但在质量上和使用寿命上都还存在一定的技术问题，美国通用电器公司发明了给白炽灯充惰性气体的生产方法，这样就改进了白炽灯生产的方法，从而使白炽灯的质量得到改进，使用寿命大大提高。

# 第三节　实用新型

## 一、实用新型的定义

《专利法》第二条第三款规定："实用新型，是指对产品的形状、构造或其结合所提出的适于实用的新的技术方案。"

与发明一样，实用新型也是利用自然规律解决具体技术问题的新的技术方案，由于专利法对实用新型的保护有一定的限制性要求，所以实用新型实质上是发明的一部分，俗称"小发明"。根据此定义，实用新型保护的范围没有发明那样广泛，实用新型专利只保护对产品的形状、构造或其结合所提出的适于实用的新的技术方案，一切方法以及未经人工制造的自然存在的物品不属于实用新型专利保护的客体，如图 4 - 6 所示。

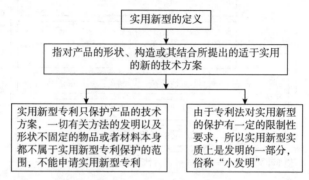

**图 4 - 6　实用新型的定义**

## 二、实用新型的必要因素

### 1. 产品的形状

产品的形状是指产品所具有的、可以从外部观察到的确定的空间形状，不管其形状是立体的（例如六角形铅笔），还是平面的（例如云形制图规）。实用新型产品的形状主要不是装饰的外表，而应是能使产品在使用中具有特定的技术功能或技术效果的确定的形状。因此，那些无确定形状的产品，例如气态、液态、粉末状、颗粒状的物质或材料，其形状不能作为实用新型产品的形状特征，如图 4 - 7 所示。

### 2. 产品的构造

产品的构造，是指产品的各个组成部分的安排、组织和相

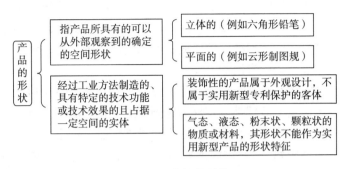

图 4 - 7　产品的形状

互联系。也就是说，实用新型产品的各个组成部分具有确定的空间位置关系，它们以特定的方式相互联系而构成一个整体，如图 4 - 8 所示。

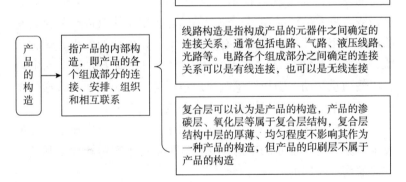

图 4 - 8　产品的构造

机械构造是指构成产品的零部件及其相对位置关系、连接关系和必要的机械配合关系等。

线路构造通常包括电路、气路、液压线路、光路等。电路各个组成部分之间确定的连接关系可以是有线连接，也可以是无线连接。

复合层可以认为是产品的构造，产品的渗碳层、氧化层等属于复合层结构。复合层结构中层的厚薄、均匀程度不影响其作为一种产品的构造。但产品的印刷层不属于产品的构造，例如，印制在袋体表面的广告层。

产品的构造往往表现出产品部件或产品零件之间在功能上的相互关系，是产品部件或零件为达到一定的技术功能或技术效果而形成的有机连接或组合，如由多个零件按照一定位置装配在一起的"车床卡盘"，它的功能取得有赖于卡盘上这一整体中各个零件之间的相互位置关系和各零件间的机械配合。

又如"油气两用节能燃烧器"，采用套管式结构，在送油管外加装蒸汽套管，可以通过蒸汽套管通入蒸汽加热送油管内的油而加速其雾化性。

### 3. 适于实用的新的技术方案

适于实用包含着这样的意思：产品本身在原理上并不是前所未有的发明，而是现有技术，但是对产品的形状、构造作了改进，或者将一种产品和另一种产品结合，结果使改进产品比原有的产品使用方便或者使之具有新的功能，产生新的效果，这种形状、构造或其结合是"适于实用"的。如在椅子的腿上加上脚轮以便随意转动；圆形铅笔改成六角形可以防止滚动；普通的伞改成折叠伞，可以便于携带，这就叫做"适于实用"。

实用新型还必须是一种新的、利用自然规律解决技术问题的技术方案。有一份专利申请，就是因为不属于实用新型专利的保护对象而被驳回的。

该申请是一种娱乐用的棋，名称叫做"国际色棋"，它包括1个棋盘和32个棋子，分对弈双方，每方各16个棋子；每方棋子的表面分别画有矩形和三角形图案，表面分别涂有红、黄、蓝、绿、紫、橙、黑7种颜色，即用颜色代替棋子表面的文字，以便为不识字的人所接受，如图4-9所示。

这样一份实用新型专利申请，只具备产品这样一个条件，但它不是一种技术方案。该申请的实质内容是形状与色彩的平面设

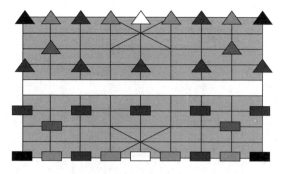

**图 4 - 9　实用新型专利不保护的对象（国际色棋）**

计，而设计人在赋予每个棋子以不同颜色或不同图案的时候，仅涉及个人的主观决定。由于这种棋子本身不具有特定的技术功能，没有解决技术问题，它属于一种外观设计，不是一种实用新型，不属于实用新型专利保护的客体，因此被驳回。

### 三、实用新型的特殊作用

《专利法》第九条第一款规定了禁止重复授权原则："同样的发明创造只能授予一项专利权。但是，同一申请人同日对同样的发明创造既申请实用新型专利又申请发明专利，先获得的实用新型专利权尚未终止，且申请人声明放弃该实用新型专利权的，可以授予发明专利权。"

《专利法实施细则》第四十七条第四款规定："发明专利申请经审查没有发现驳回理由，国务院专利行政部门应当通知申请人在规定期限内声明放弃实用新型专利权。申请人声明放弃的，国务院专利行政部门应当作出授予发明专利权的决定，并在公告授予发明专利权时一并公告申请人放弃实用新型专利权声明。申请人不同意放弃的，国务院专利行政部门应当驳回该发明专利申请；申请人期满未答复的，视为撤回该发明专利申请。"第五款规定："实用新型专利权自公告授予发明专利权之日起终止。"如图 4 - 10 所示。

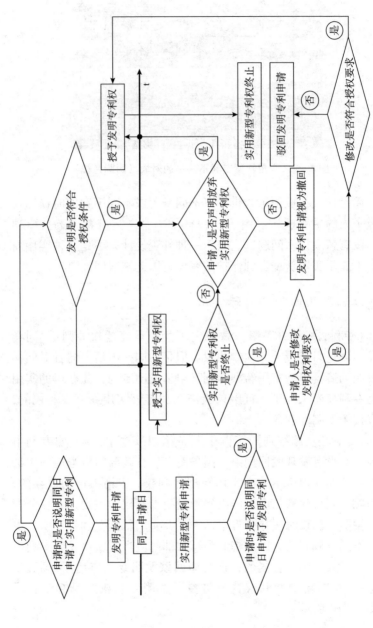

图4-10 禁止重复授权原则

上述规定隐含着实用新型 2 个特殊作用。

**1. 可以起到对于发明专利补充保护的作用**

如图 4 - 11 所示，允许同一申请人在申请发明专利的同一申请日也申请实用新型专利，这对于专利申请人是很有利的。因为，发明专利从申请公布到被授予专利权的这一段时间，申请人只能得到临时保护，而不能制止侵权行为。如果专利申请人同一申请日也申请了实用新型专利，只需要几个月就能获得实用新型专利权。因此，在发明专利申请公布之后、授权之前，他就可以凭借已经授权的实用新型专利，有效地制止任何单位或者个人未经许可为生产经营目的实施其专利的行为，从而起到对于发明专利补充保护的作用。

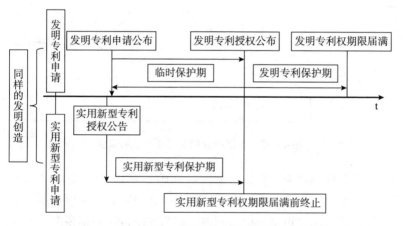

**图 4 - 11  对发明专利补充保护**

**2. 可以从辅助申请变成独立申请的作用**

根据《专利法》第九条第一款规定的禁止重复授权的原则，同一申请人同一申请日对同样的发明创造既申请实用新型专利又申请发明专利，由于实用新型在授权前仅进行初步审查，审批程序快，因此实用新型必然先获得专利权。如果发明专利申请后来经实质审查也符合授予专利权的条件，先获得的实用新型专利权尚未终止，且申请人声明放弃该实用新型专利权的，则可以授予发明专利权。也就是说，申请人可以放弃先获得的实用新型专利权，用后获得的发明专利权来获得更长时间的保护。

如果发明专利申请因创造性水平不高而视为撤回或被驳回，由于实用新型的创造性水平要求相对较低，因此申请人可指望实用新型专利享受独立的实用新型专利保护，如图4－12所示。

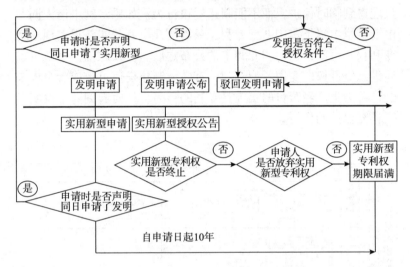

图4－12　享受独立的实用新型专利保护

但是应当注意，《专利法实施细则》第四十七条第二款规定："同一申请人在同日（指申请日）对同样的发明创造既申请实用新型专利又申请发明专利的，应当在申请时分别说明对同样的发明创造已申请了另一专利；未作说明的，依照专利法第九条第一款关于同样的发明创造只能授予一项专利权的规定处理。"

# 第四节　外观设计

## 一、外观设计的定义

《专利法》第二条第四款规定："外观设计，是指对产品的整体或者局部的形状、图案或者其结合以及色彩与形状、图案的结合作出的富有美感并适于工业应用的新设计。"

从外观设计的定义可见，外观设计与发明和实用新型的区别有以下两点。

第一，发明和实用新型都是技术解决方案，或者涉及产品本身，或者涉及方法。而外观设计则是产品的装饰性或者艺术性的外表，是艺术创作，与技术无关。❶

第二，外观设计与实用新型都可以涉及产品的形状。不同的是，实用新型是一种新的技术方案，它所涉及的形状是从产品的技术效果和技术功能的角度出发的；而外观设计是一种设计方案，它所涉及的形状是从产品富有美感的角度出发的。❷

## 二、外观设计的要素

### 1. 外观设计产品的形状

外观设计产品的形状，是指对产品整体或者局部的造型的设计，也就是指产品整体或者局部的外部轮廓，一般是由点、线、面的移动、变化、组合而呈现的外表。这里所说的形状包括平面形状和立体形状。

平面形状产品如布料、纺织品、手帕这类物品，虽然有一定的厚度，但是作为外观设计，厚度不是设计的要件，可按平面处理，但对于玻璃板、组合板、相册等应视为立体产品。

立体形状产品，是指具有三维空间的产品造型，也就是产品或者部件外表的装饰性形状，比如电视机、汽车、台灯和茶杯的造型设计等。

外观设计的形状可以各式各样，如风扇有台式、吊式、立式等。

---

❶ 汤宗舜. 专利法解说［M］. 北京：专利文献出版社，1994：8.

❷ 国家知识产权局条法司. 新专利法详解［M］. 北京：知识产权出版社，2001：8.

## 2. 外观设计产品的图案

外观设计产品的图案，是指通过各种手段设计出的线条（直线的或曲线的）、文字、符号、色块的各种排列或其组合。

所谓图案，一般指在一定形状的表面上表现的线条的排列或组合、变形文字的排列或组合以及用色彩或明暗变化表现的图形，不能狭义理解图案仅是一般的绘画、纹样。

图案可以通过绘图或其他能够体现设计者的图案设计构思的手段制作。

产品的图案应当是固定、可见的，而不应是时有时无的，或者需要在特定的条件下才能看见的。图案一般是二维的平面设计，如床单的花样、地毯的图案等。

## 3. 外观设计产品的色彩

外观设计产品的色彩，是指用于产品上整体或者局部的装饰性的颜色或颜色的组合，包括黑白灰系列和彩色系列。色彩也可以是构成外观设计的一个要素，但由于色彩都是依附于形状的或图案的，因此单纯的色彩不能独立构成外观设计，除非产品色彩变化的本身已形成一种图案。确切地说，色彩只是构成外观设计的一个成分，单纯的色彩设计不能作为外观设计而获得外观设计专利权。换句话说，色彩必须与形状、图案结合才能受到外观设计专利保护。

## 4. 外观设计要素的结合

外观设计要素的结合指外观设计产品的形状和图案的结合以及色彩与形状、图案的结合。

外观设计可以是立体的造型，也可以是平面的图案，还可以辅以适当的色彩，有时是这三者或其中两者的有机结合或称为组合。举一个浅显的例子：如"红面伞"，就是一个"形状＋色彩"，特点在红色色彩上；"花面伞"，就是一种"形状＋图案＋色彩"，特点在花面图案上；而"帽形伞"也是一种"形状＋图案＋色彩"，但特点在帽形的形状上，如图 4 - 13 所示。

红面伞          花面伞          帽形伞

**图 4 – 13   外观设计要素的结合（关于伞的外观设计）**

### 5. 局部外观设计

作为法律层面的定义，产品的局部外观设计，是指对产品上某一部分的形状、图案或者其结合以及色彩与形状、图案的结合所作出的富有美感并适于工业应用的新设计，比如玻璃杯的杯口、微波炉的旋钮、用于钻头的手柄以及带手把的杯子等。

应当注意，"局部"与"整体"是相对的，通常情况下，"局部"指的是整体中不可分割的部分，而不是指对组成该产品的零部件的设计。

局部外观设计保护是对整体保护的一种拓展，但不是任何设计的任何一部分都可以作为局部外观设计的保护客体。除了整体外观设计保护客体的要件外，纳入专利法保护的"局部外观设计"至少应当注意以下两种情形。

第一，如果设计不能占据一定的实体空间，则不能构成"局部外观设计"，例如产品表面的一条非封闭的轮廓线。

第二，请求保护的"局部"应当相对完整和独立。此外，零部件作为完整产品中可以分离的部件，可以通过整体产品的获得保护，也可以通过局部外观设计的方式获得保护。

《专利法实施细则》第三十一条第三款规定："申请局部外观设计专利的，应当在简要说明中写明请求保护的部分，已在整体产品的视图中用虚线与实线相结合方式表明的除外。"

### 三、外观设计的特点

外观设计作为专利权的客体具有以下四个特点。

### 1. 必须以工业产品为载体

外观设计是对工业产品的外表所作的美学设计，外观设计的载体是产品，离开了具体工业产品，它最多只能算作一种受著作权法保护的单纯的美术作品。如一幅风景画，与工业产品没有关系，就不能算作外观设计。但是，风景画如果被应用到暖水瓶、脸盆、窗帘等产品之上，成为这些产品的图案装饰，那么，该风景画就成为这些产品的外观设计。所以申请外观设计专利，必须说明使用该外观设计的工业产品。

《专利法实施细则》第五十三条规定："申请人写明使用外观设计的产品及其所属类别的，应当使用国务院专利行政部门公布的外观设计产品分类表。未写明使用外观设计的产品所属类别或者所写的类别不确切的，国务院专利行政部门可以予以补充或者修改。"但是，如果补充或者修改这种变更行为对公众造成了影响，则不能进行修改。

下面是一个说明外观设计是同使用该外观设计的工业产品结合在一起的典型案例，如图4－14所示。

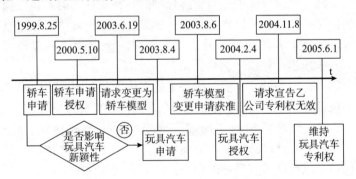

**图4－14　"车模"外观设计申请案例**

外国某汽车股份公司（甲公司）在1999年8月25日向我国国家知识产权局提交了一款玩具汽车的外观设计专利申请书，申请名称为"轿车"。

国知局审查通过后，授予甲公司"轿车"在轿车"12－08"

类的外观设计专利权，专利号为 CN99312494.1，授权公告日为 2000 年 5 月 10 日。

因发现申请有误，甲公司代理人于 2003 年 6 月 19 日向国家知识产权提交著录项目变更请求，表示其想申请的是轿车模型类的外观设计专利权。2003 年 8 月 6 日，国家知识产权局发布公告同意甲公司的变更申请，把其享有的外观设计专利权变更为玩具汽车"21-01"类。

但在甲公司获准变更的前 2 天，也就是 2003 年 8 月 4 日，我国某玩具实业有限公司（乙公司）申请了玩具汽车外观设计专利，并在 2004 年 2 月 4 日被授予专利权。

甲公司认为，乙公司玩具汽车丧失了新颖性，因此向国家知识产权局原专利复审委员会提出无效宣告请求，请求宣告乙公司的外观设计专利权无效。

原专利复审委员会经复审后作出第 7203 号决定，认为乙公司的专利名称为"玩具汽车"，而甲公司的专利名称为"轿车"，二者在用途上存在明显差别。"玩具汽车"与"轿车"不属于相同或相近种类的产品，因此不用比对乙公司"玩具汽车"和甲公司"轿车"是否构成近似。此外，甲公司专利权的变更对公众有实质性的影响，一开始申请的专利名称是"轿车"，突然变更成"轿车模型"，使公众不能确定究竟在哪个领域侵犯了甲公司的专利权。由于甲公司自身的失误，造成乙公司"玩具汽车"申请专利在先，乙公司的专利应为有效。遂作出维持乙公司专利权有效的决定。

**2. 必须适于工业上应用**

适于工业应用，是对外观设计的实用性方面的要求，具体是指外观设计能应用于产业上并能达到批量生产的要求，也包括通过手工业大量地复制生产。如果一项外观设计不能用于产品上并能形成批量生产，就不算适于工业应用。

但是应当注意，外观设计不涉及产品的技术功能。在世界知识产权组织编写的《知识产权法教程》中有这样的论述："工业品外观设计属于美学领域，但是同时是作为工业或手工业制造产品的式样的。一般说来工业品外观设计是有用物品的装饰和/或美学的外表。"这段论述阐明了外观设计立法的本意和外观设计专利保护客体的要求。外观设计关注的是产品给人的视觉感受，而不是该产品的功能特性或者技术效果，这是外观设计专利与发明专利或实用新型专利之间的本质区别。

### 3. 必须是新设计

所谓新设计，是指外观设计专利申请在申请日之前不属于现有设计。简单地说，不是任何适于工业应用的设计都可以称为专利法所说的"外观设计"，如果外观设计专利申请与申请日之前已有的外观设计相同，或者已有同样的外观设计的实物在国内外公开使用或者销售，或者该外观设计专利申请的内容在其申请日之前已在国内外出版物上公开发表过，都不算新设计。

### 4. 必须"富有美感"

外观设计必须富有美感。也就是说，外观设计所使用的形状、图案或其结合以及色彩与形状、图案的结合是美观的，是装饰性或者艺术性的设计，使人看了有赏心悦目之感，以满足人们对产品在视觉和感官等精神方面的要求，丰富消费者的生活，陶冶消费者的情趣，从而增强产品在市场上的竞争力。外观设计属于一种装饰性设计，由于它是工业品外表的一种装饰性式样，重点是外观，因此就必须富有美感，这一点很重要。但是，"富有美感"是一种带有主观色彩的条件，怎样才算富有美感并没有一条明确的标准。❶ 它因每个人的生活背景、文化修养、个性特征和习惯的不同而异，❷ 有人可能认为很美，有人可能认为不美，因而可能导致判断结论因人而异。而且，工业品的美感还区别于艺术品的美感，不能相提并论。艺术品的美感可以泼墨挥毫，工业品的美感则要适应材料的要求和生产工艺的要求，以适于工业上应用。因此，"富有美感"一词应当作广泛理解，不受具体个

---

❶ 胡佐超. 专利基础知识［M］. 北京：知识产权出版社，2004：4.

❷ 刘桂荣. 外观设计专利申请审查指导［M］. 2版. 北京：专利文献出版社，1998：12.

人的感受是"美"还是"不美"的影响。实际上，只要不是极端丑陋的、不违反社会公共道德的、能为大家所接受的就认为符合"富有美感"的条件。❶

规定外观设计"富有美感"的意义在于：第一，它表明了一种制度性追求。实行外观设计专利制度，旨在鼓励人们创造出更多更美的新设计。第二，它表明了一种提示性要求。对于外观设计专利申请人而言，新设计应当朝着"富有美感"的方面去创新。第三，它表明了一种区别性要件。作为专利权的客体之一，外观设计专利区别于发明专利和实用新型专利在于其审美性。也就是说，可获得专利权的外观设计必须是装饰性的，即"富有美感"的。对于获得专利权的外观设计要求具有装饰性，实际上就是意味着对功能性的排除。因此，当确定某一项具体的外观设计专利的保护范围时，应当注意区别哪些是能够对该产品的外表的美感效果作出贡献的部分，哪些则是完全由产品的功能性决定的部分。对于由功能性决定的形状则不应确定在该外观设计专利的保护范围之内。

# 第五节 《专利法》不保护的客体

从各国专利法的规定以及专利法施行的情况来看，并不是任何发明创造都可以获得专利权的。这是因为专利权是国家依法授予专利权人实施其发明创造的独占权，这种独占权的产生体现了国家的意志。因此，从法律、公共利益、社会道德规范等角度出发，专利法对专利保护的范围作了某些限制性规定。

## 一、不授予专利权的发明创造

《专利法》第五条第一款规定："对违反法律、社会公德或者妨害公共利益的发明创造，不授予专利权。"如图 4 – 15 所示。

---

❶ 刘桂荣. 外观设计专利申请审查指导 [M]. 北京：专利文献出版社，1998：2.

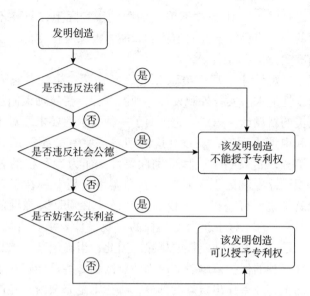

**图 4 – 15　不授予专利权的发明创造**

### 1. 违反法律的发明创造

违反法律的发明创造，是指一项发明创造的目的本身为法律明文禁止或者与法律相违背的。例如，由于赌博、吸毒、伪造公文是我国刑法禁止的，因此专门用于赌博的设备、机器或工具，吸毒的器具，伪造国家货币、票据、公文、证件、印章、文物及其设备的发明创造都属于违反法律的发明创造，不能被授予专利权。

但《巴黎公约》第四条之四规定："不得以本国法律禁止或限制出售某项专利制品或以某项专利方法制成的产品为理由，拒绝核准专利或使专利权失效。"

如果发明创造的目的本身并没有违反法律，而是由于被滥用而违反法律的，不属于违反法律的发明创造。例如，以国防为目的的各种武器、以医疗为目的的各种毒药、麻醉品、镇静剂、兴奋剂以及以娱乐为目的的棋牌等。❶ 因此,《专利法实施细则》第十条规定:"专利法第五条所称违反法律的发明创造,不包括仅其实施为法律所禁止的发明创造。"

日本有一个关于冰高(bingo)的案例可以说明这一问题。冰高是一种游戏玩具,可用于赌博。审查员以"有害社会公德和良好风俗"为理由驳回这件专利申请。申请人不服,官司一直打到最高法院,最后以日本特许厅的败北而结束。日本最高法院的判决认为:"本器具本来纯属于以娱乐为目的,并无供赌博行为以及其它不正当行为使用的目的。这在说明书记载内容中早已写明,而且对照发明的内容来看,也可以看出上述装置纯属供娱乐之用,因此,不能以前述装置可以用于不正当行为为理由,而说上述发明有害于公共秩序和善良风俗。"❷ 也就是说,以该发明能够用于赌博而有害社会公德和良好风俗为理由将其驳回,是不对的,如图 4 − 16 所示。

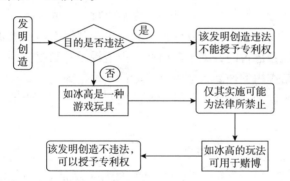

**图 4 − 16  违反法律的发明创造(发明创造是否违法的判断)**

### 2. 违反社会公德的发明创造

违反社会公德的发明创造,是指虽然未违反法律,但对于树立社会的道德风尚不仅不能产生任何积极作用,而且会产生一定

❶  安建. 中华人民共和国专利法释义[M]. 北京:法律出版社,2009:3.
❷  吉藤幸朔. 专利法概论[M]. 宋永林,魏启学,译. 北京:专利文献出版社,1990:6.

程度的破坏作用的发明创造。因此，如果一项发明创造在客观上与社会公德相违背，不能被授予专利权。例如，含有不健康内容或带有暴力、凶杀或者淫秽内容的外观设计或者偷盗用的工具等违反道德风俗的发明或实用新型，不能被授予专权。又如，为了防备小偷撬门而入，发明了一种电麻门锁装置，使任何碰到该门的人都有被电击昏的可能，这种发明就被认为违反社会公德，不能被授予专利权。

### 3. 妨害公共利益的发明创造

妨害公共利益的发明创造，是指发明创造本身虽有这样或那样的益处，但从总体上讲，其实施或使用会给公众或社会造成危害，或者会使国家和社会的正常秩序受到影响，如严重污染环境、严重浪费能源或资源、破坏生态平衡、危害公众健康的发明创造不能被授予专利权。例如，一种用以防止汽车被盗的装置采用释放催眠气体的办法，使盗车者在开车时失去控制，从而便于抓获偷盗者，但是由于这种装置也会给行人造成危害，故不能被授予专利权。如果一项发明创造只是由于利用不当或者被滥用可能造成社会危害的，就不能因此而拒绝授予专利权。例如对人体有一定副作用的药品，放射性诊断治疗设备等。

发明创造是否妨害公共利益的判断如图 4 - 17 所示。

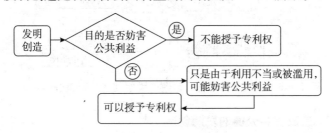

**图 4 - 17　妨害公共利益的发明创造**
**（发明创造是否妨害公共利益的判断）**

### 4. 申请内容部分违法的处理

一件专利申请中部分含有违反法律、社会公德或者妨害公共利益的内容，而其他部分的内容是合法的，则该申请称为部分违法申请。对于这样的申请，在没有克服部分违法的问题之前也不能授予其专利权。

如一件名称为"自行车多功能电子防盗装置"的专利申请就很有代表性。在该案申请前的咨询阶段，申请人向代理师进行了技术交底，表明该技术方案是根据自行车被移动时会产生振动的机理，设计一种将振动转为电信号的装置。它根据自行车停放的不同场所和不同需要，选择不同的工作状态，设计一种既可以防拆，又可以报警，同时还可以起到车铃和车锁的作用，以取代传统的车铃和车锁，保证停放时防盗、行车时安全的自行车多功能电子防盗装置。根据这样一个目的，申请人提供了如图4-18所示技术方案。它是一种由防盗报警部分A与自行车连接部分B以及链式车锁C 3个部分构成的多功能电子防盗装置，通过自行车连接部分B将该装置与自行车车把和自行车前叉连接为一体，通过链式车锁部分C将前车轮锁住，以限制车轮转动，通过防盗报警部分A起到防盗报警作用。所说的防盗报警部分A中含有能使人短时间流泪的催泪剂的容器和用来击发催泪剂的电击发器，当自行车停放在无人看管场所时，可将该装置置于音响报警和释放催泪剂的状态，在自行车被盗窃时，该装置即进行音响报警并同时释放催泪剂。

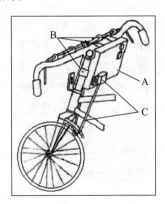

**图4-18 自行车多功能电子防盗装置案例**

代理师向申请人解释了《专利法》第五条的规定，指出，这种催泪剂如果对人体有害，特别是对眼睛有害，那是《专利法》所不允许的。因此，这种含催泪剂的装置也就是不允许的。但是申请人强调装在这种装置内的催泪剂对人体无害，只能使人短时间流泪。在这种情况下，代理师代办了该项申请。在1989年4月16日提交的权利要求中有这样一段："……在盒式外壳（1）和后盖板（19）构成的全封闭的空间中的左部装有一种对人体无害、但能使人眼短时间流泪的催泪剂（7）和用来击发催泪剂（7）的电击发器（8），所述的电击发器与线路板（10）上的催泪剂投放控制电路（29）相连接，在外壳（1）的前面和左面开有催泪剂散发孔（6）……"在说明书中，对权利要求中这部分内容解释道："使用电击发器（8）可将催泪剂（7）通过催泪剂散发孔（6）释放出去……当自行车停放在无人看管场所时，可将本装置置于释放催泪剂状态，当自行车被盗时，本装置即可释放催泪剂。"

审查员在审查该专利申请后，发出了"补正通知书"。通知指出："根据中国专利法第五条规定，对违反社会公德、妨害公共利益的发明创造，不授予专利权。也就是说，本防盗装置中，能使人短时间流泪的催泪剂和用来击发催泪剂的电击发器是不能给予专利保护的，应删除此内容。"进一步说，假如加入的催泪剂是一种对人的眼睛有伤害的液体，就构成了违反法律或者妨害公共利益。

接到这样的通知书，只有按审查员的要求进行补正。包括删除有关内容，对原权利要求书和说明书进行了相应的修改，提交补正书和替换页，使之成为一个单纯的既可以防拆又可以报警，同时还能起到车铃和车锁作用的多功能自行车防盗装置，以使原申请成为在专利法保护范围的可以授予专利权的申请。在作了这些的修改之后，该申请被授予专利权。

从这个案例可以看到，一件专利申请中只要含有哪怕是部分地含有《专利法》第五条所规定的违反法律、社会公德或者妨害公共利益的内容都是不允许的。如果全部内容违反法律、社会公德或者妨害公共利益，那就只有驳回该申请。如果只是部分内容违反法律、社会公德或者妨害公共利益，而其他部分是合法的，那就要把违反规定的这一部分删除，使其余部分符合专利法的规定而获得批准，当然，这其余部分应当构成一个完整的技术方案，如图4-19所示。

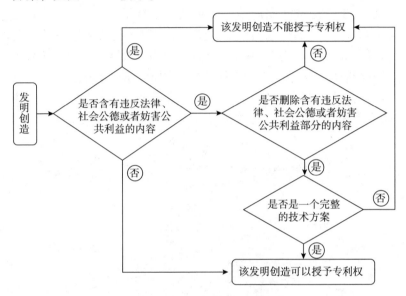

图4-19  申请内部部分违法的处理

## 二、依赖遗传资源完成的发明创造

随着生物技术的发展，遗传资源已成为一个国家可持续发展的重要战略资源。对遗传资源的保护，国际上已经形成了一定的国际规则，其中最主要的是《生物多样性公约》（CBD）。CBD确立了三项重要原则，即国家主权原则、知情同意原则和惠益分享原则。CBD第十六条第五款规定："缔约方认识到专利和其他知识产权可能影响到本公约的实施，因此应当在国家立法和国际立法方面进行合作，以确保此种权力有助于而不违反本公约的目标。"

我国是世界上遗传资源最为丰富的国家之一，也是最早批准加入 CBD 的国家之一，保护遗传资源对我国具有特别重要的意义。为使专利制度与遗传资源保护制度相配套和衔接，确保专利权的授予有助于实现 CBD 的目标，在《专利法》第五条第二款规定："对违反法律、行政法规的规定获取或者利用遗传资源，并依赖该遗传资源完成的发明创造，不授予专利权。"同时在《专利法》第二十六条第五款规定："依赖遗传资源完成的发明创造，申请人应当在专利申请文件中说明该遗传资源的直接来源和原始来源；申请人无法说明原始来源的，应当陈述理由。"对发明创造的完成是否依赖遗传资源，是否利用了遗传资源的遗传功能及其专利性的判断，如图 4 – 20 所示。

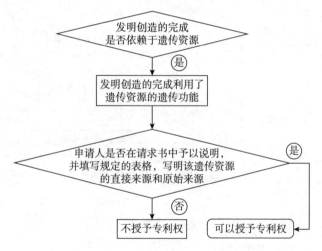

**图 4 – 20　发明创造的完成依赖于遗传资源专利性的判断**

也就是说，依赖遗传资源完成的发明创造本身可能满足授予专利权的条件，但是如果依赖遗传资源完成的发明创造所依赖的遗传资源的获取或利用是违反法律、行政法规的，即依赖以违法方式获取或者利用遗传资源完成的发明创造不授予专利权。如果申请人不能说明该遗传资源的直接来源和原始来源的，不符合 CBD 有关知情同意和惠益分享的要求，则仍然不能获得专利保护。

《专利法实施细则》第二十九条对遗传资源进行了解释："专利法所称遗传资源，是指取自人体、动物、植物或者微生物等含有遗传功能单位并具有实际或者潜在价值的材料和利用此类材料产生的遗传信息；专利法所称依赖遗传资源完成的发明创造，是指利用了遗传资源的遗传功能完成的发明创造。就依赖遗传资源完成的发明创造申请专利的，申请人应当在请求书中予以说明，并填写国务院专利行政部门制定的表格。"

## 三、不授予专利权的内容

《专利法》第二十五条规定："对下列各项，不授予专利权：（一）科学发现；（二）智力活动的规则和方法；（三）疾病的诊断和治疗方法；（四）动物和植物品种；（五）原子核变换方法以及用原子核变换方法获得的物质；（六）对平面印刷品的图案、色彩或者二者的结合作出的主要起标识作用的设计。对前款第（四）项所列产品的生产方法，可以依照本法规定授予专利权。"

根据上述规定，不授予专利权的内容包括以下 6 个方面。

### 1. 科学发现

所谓科学发现，是指对自然界客观存在的但尚未认识的物质、现象、变化过程及其特性和规律的揭示，是人们认识世界的过程。科学理论是对自然界认识的总结，是更为广义的发现。它们都属于人们认识的延伸。这些被认识的物质、现象、过程、特性和规律不同于改造客观世界的技术方案，不是专利法意义上的发明创造，因此不能被授予专利权。

对科学发现不授予专利权是世界各国共同的做法。因为一个科学发现可能导致一系列发明，如果垄断了发现，就阻塞了科技进步的道路，所以不授予专利权。

也就是说，发现不是发明。假定某人找到了一座人所未知的山峰，此时我们说他"发现"了山峰，而不能说他"发明"了山峰。

但是应当指出的是，许多发明往往是建立在发现的基础之上的。如果人们发现了一种已知材料或物品的新性质，这仅仅是发现，是没有专利性的。但是，如果人们将该材料或该物品的新性质应用于实际，那么，他们可能做出一项有专利性的发明。例如，发现卤化银在光照下有感光特性的科学发现不能被授予专利权，但是根据这种发现造出感光的材料以及制造方法则可以被授予专利权。因此，有这样一句话："发现是发明之母。"从某种意义上说，发现，再向前一步，就可创造发明，在这个时候，它就具有专利性。

### 2. 智力活动的规则和方法

智力活动，是指人的思维运动，它源于人的思维，经过推理、分析和判断产生出抽象的结果，或者必须经过人的思维运动作为媒介，间接地作用于自然产生结果。智力活动的规则和方法，是指导人们进行思维、推理、分析、表述、判断和记忆的规则和方法，它同样具有智力和抽象的特点，由于它没有采用技术手段或者利用自然规律，也未解决技术问题和产生技术效果，因此不构成技术方案，不能被授予专利权。

举一个实际的例子，高尔夫球比赛是依照规则从发球区开始经一次击球或连续击球，直至球被入洞为止，比赛为最低杆数为佳。据说高尔夫球比赛规则的产生源于某一个牧童出于无聊，用棍子将石头朝老鼠洞里打，他的同伴看见了，感到很有兴趣，就走过去和他比赛，看谁打进洞的次数多。经过演变，就逐渐形成了现在的高尔夫球比赛规则。这种规则是不能得到专利保护的。❶

智力活动的规则和方法的可专利性判断的原则有以下两点。

第一，如果一项权利要求仅涉及智力活动的规则和方法，包括智力活动的规则和方法本身，则不应当被授予专利权。例如交

---

❶ 沈尧曾，王静安. 工业产权浅论［M］. 北京：专利文献出版社，1986：8.

通行车规则、时间调度表、比赛规则；日历的编排规则和方法；计算机语言及计算规则和计算机程序本身等都不应当被授予专利权。

第二，除了上述所描述的情形，如果一项权利要求在对其进行限定的全部内容中既包含智力活动的规则和方法的内容，又包含技术特征，则该权利要求就整体而言不是一种智力活动的规则和方法，应当进一步审查其是否具备创造性，如图4-21所示。

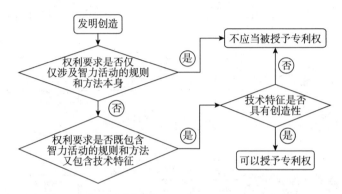

**图4-21　智力活动的规则和方法的可专利性判断**

因此，利用计算机和/或网络技术实现的，涉及金融、保险、证券、租赁、拍卖、投资、广告、经营管理等商业内容的发明专利申请，如果其权利要求含有技术特征，不排除其获得专利权的可能性。

### 3. 疾病的诊断和治疗方法

疾病的诊断和治疗方法包括疾病的诊断方法和疾病的治疗方法。

所谓"疾病的诊断方法"，是指为识别、研究和确定有生命的人体或者动物体病因或病灶状态的全过程；例如西医的超声、核磁共振，中医的望闻问切等诊断方法。

所谓"疾病的治疗方法"，是指为使有生命的人体或动物恢复或获得健康，进行阻断、缓解或消除病因或病灶的过程；例如针灸、按摩麻醉、外科手术方法等治疗方法。

出于人道主义的考虑和社会伦理的原因，医生在疾病诊断和治疗过程中应当有选择各种诊断和治疗方法的自由，不宜垄断。

另外，疾病的诊断和治疗方法直接以有生命的人体或动物体为实施对象，无法在产业上利用，不属于专利法意义上的发明创造，因此不能被授予专利权。

但是，应当注意，不对疾病诊断和治疗方法授予专利权是指这些方法本身，至于为疾病的诊断和治疗而发明的各种仪器、设备、装置以及化学物质和组合物等仍属于专利法上所说的发明，可以被授予专利权，如图4-22所示。

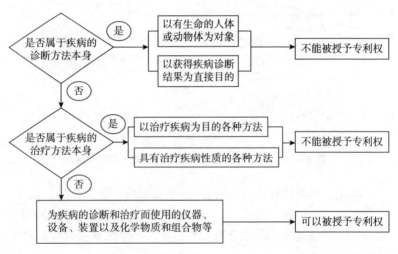

**图4-22　疾病的诊断和治疗方法与诊断和医疗器械的区别**

### 4. 动物和植物品种

动物和植物是有生命的物体，一般是依生物学的方法繁殖的，不能以工业方法生产出来，因而不具备专利法意义上的创造性和实用性，不能授予专利权。但根据《专利法》第二十五条第二款的规定，对动物和植物品种的生产方法（但不包括主要是生物学方法）可以授予专利权。如"SOD苹果栽培方法"就是微生物方法被授予专利权的实例。

## 5. 原子核变换方法以及用原子核变换方法获得的物质

原子核变换方法以及用该方法所获得的物质关系到国家的经济、国防、科研和公共生活的重大利益，关系国家安全，不宜公开，也不宜为单位或私人垄断，因此不能被授予专利权。

用原子核变换方法所获得的物质，主要是指用加速器、反应堆以及其他核反应装置通过核裂变或者核聚变等方法生产、制造的各种放射性同位素，这些同位素不能被授予发明专利权。但是为实现核变换方法的各种设备、仪器及其零部件等，均属于可被授予专利权的客体。

## 6. 主要起标识作用的平面印刷品的外观设计

平面印刷品，主要是指瓶贴、标贴和平面包装袋。所谓瓶贴，就是粘贴在各种酒类、饮料类等瓶体表面，印有图案或/和文字的贴纸。由于其通常呈平面状态，并附在产品或产品包装物上，故被称为平面印刷品。很显然，瓶贴的功能在于将特定产品从同类产品中区分出来，对产品本身的外观设计并无改进，且瓶贴本身并不是单独的产品，不能单独作为产品出现，必须依附于某一产品，否则就没有存在的意义。如脱离了酒瓶的瓶贴的作用就无从体现。

主要起标识作用的平面印刷品的外观设计，不是对产品外观所作的改进。如果这样的设计数量过多，不利于促进国内设计人对工业品外观设计水平的提高，因此在《专利法》中作了一些限制。《专利法》第二十五条第一款第（六）项规定："对平面印刷品的图案、色彩或者二者的结合作出的主要起标识作用的设计"不授予专利权。该条款的规定，缩小了授予外观设计专利权的范围，提高了外观设计专利的授权门槛。

但是，不是所有的平面印刷品都不授予外观设计专利权，如壁纸、纺织品虽然属于平面印刷品，但不属于主要起标识作用，而是起装饰作用，属于可以授予专利权的平面印刷品。

将上面不授予专利权的发明创造情况汇总成一览表，便于记忆，如表 4-1 所示。

**表4-1 不授予专利权的发明创造汇总**

| 类型一：不授予专利权的发明创造 | | 类型二：不授予专利权的内容 | |
|---|---|---|---|
| 1. 违反法律的发明创造 | | 1. 科学发现 | |
| 2. 违反社会公德的发明创造 | | 2. 智力活动的规则和方法 | |
| | | 3. 疾病的诊断和治疗方法 | |
| 3. 妨害公共利益的发明创造 | | 4. 动物和植物品种 | |
| 4. 依赖以违法方式获取或者利用的遗传资源完成的发明创造 | | 5. 原子核变换方法以及用原子核变换方法获得的物质 | |
| | | 6. 主要起标识作用的平面印刷品的外观设计 | |

如表4-1可见，不授予专利权的发明创造有两种类型，第一种类型有4种情况，第二种类型有6种情况，一共有10种情况，这一点是应当注意的。不能将上述10种情况中任何一种拿去申请专利，否则必将受到驳回的处理。但是，是否属于这10种情况，要根据具体情况具体分析。

# 第六节 计算机程序与专利

## 一、计算机程序的概念

所谓计算机程序（即计算机程序本身），是指为了能够得到某种结果而可以由计算机等具有信息处理能力的装置执行的代码化指令序列，或者可被自动转换成代码化指令序列的符号化指令序列或者符号化语句序列，包括源程序和目标程序。

有关计算机硬件的发明创造能够申请专利是不言而喻的。

有关计算机软件的发明中有一类是与硬件甚至与计算机控制的生产设备相结合的软件。如果从整体考虑，软件的应用是达到整体设备技术效果必不可少的，那么这种软件作为权利要求的一部分可以得到发明专利的保护。目前很多国家都采取这种做法。

欧洲专利局 1985 年 3 月修改了审查基准，规定如果申请发明的主题将其硬件系统与软件系统作为整体考虑，能够对现有技术作出贡献，并有技术效果，那么就不应该认为该发明因包括有软件而不能授予专利。我国在审查实践中亦采取类似标准。

## 二、可授予专利权的涉及计算机程序的发明

### 1. 用于工业过程控制的涉及计算机程序的发明

如果发明是把一个计算机程序输入给公知的计算机，从而形成一种计算机控制的装置或者计算机控制的生产方法，在这种情况下，将计算机程序与计算机硬件作为一个整体来考虑，则该公知计算机与该计算机程序一起构成了用于工业过程控制的生产装置或生产方法。例如，发明专利申请涉及一种利用计算机程序对橡胶模压成型工艺进行控制的方法，该计算机程序可以精确、实时地控制该成型工艺中的橡胶硫化时间，克服了现有技术的橡胶模压成型工艺过程中经常出现的过硫化或欠硫化的缺陷，使橡胶产品的质量大为提高。由于该发明所解决的是技术问题，利用了计算机实施的技术手段，并获得了有益效果，因此属于专利保护的客体。

### 2. 涉及计算机内部运行性能改善的发明

如果发明的主题涉及利用一个计算机程序改善公知计算机系统内部运行性能的方法，由于这种发明要解决的是技术问题，并且改善了公知计算机系统的内部运行性能而取得了技术效果，因此这种发明属于专利保护的客体。例如，现有移动计算设备如便携式计算机、手机等，由于其体积以及便携性的要求，通常使用存储容量较小的闪存卡作为存储介质，使得移动计算设备受到存储容量的限制而不能处理需要大存储容量的多媒体数据，因此在移动计算设备上无法应用多媒体技术。发明专利申请提供了一种利用虚拟设备文件系统来扩充移动计算设备的存储容量的方法，该方法通过执行计算机程序实现对移动计算设备内部运行性能的改进，反映的是利用虚拟设备文件系统模块在本地计算机上建立

虚拟存储空间，将对本地存储设备的访问转换为对服务器上的存储设备的访问，获得了移动计算设备对数据的存储不受其本身存储容量限制的技术效果。因此，该发明专利申请是一种通过执行计算机程序实现计算机系统内部性能改进的解决方案，属于专利保护的客体。

**3. 用于测量或测试过程控制的涉及计算机程序的发明**

如果发明的主题是利用计算机程序来控制和/或执行某种测量或测试过程，由于这种发明要解决的是技术问题，并能够获得技术效果，因此这种发明属于专利保护的客体。

**4. 用于外部数据处理的涉及计算机程序的发明**

如果发明的主题是利用在公知计算机上运行的计算机程序对外部数据进行处理，以解决某个具体的技术问题。那么，由于它所处理的是技术问题，利用了技术手段，并能够获得技术效果，因此这种发明属于专利保护的客体。

**5. 涉及汉字编码方法及计算机汉字输入方法的发明**

汉字编码方法属于一种信息表述方法，它与声音信号、语言信号、可视显示信号或者交通指示信号等各种信息表述方式一样，解决的问题仅取决于人的表达意愿，采用的解决手段仅是人为规定的编码规则，实施该编码方法的结果仅仅是一个符号/字母数字串，解决的问题、采用的解决手段和获得的效果也未遵循自然规律。因此，仅涉及汉字编码方法的发明属于智力活动的规则和方法，不属于专利保护的客体。但是，如果把汉字编码方法与该编码方法可使用的特定键盘相结合，构成计算机系统处理汉字的一种计算机汉字输入方法或者计算机汉字信息处理方法，使计算机系统能够以汉字信息为指令运行程序，从而控制或处理外部对象或者内部对象，则这种计算机汉字输入方法或者计算机汉字信息处理方法构成《专利法》第二条第二款所说的技术方案，不再属于智力活动的规则和方法，而属于专利保护的客体。

## 三、涉及计算机程序发明的专利性的判断

涉及计算机程序发明的专利性的判断可采用两步测试法，如

图 4 - 23 所示。

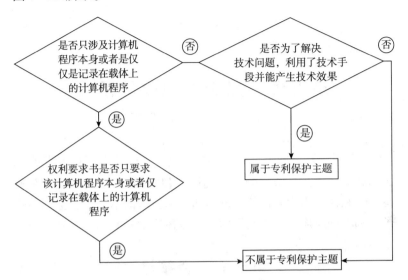

**图 4 - 23　涉及计算机程序的发明专利性的判断示意图**

第一步：看是否只涉及计算机程序本身或者仅是记录在载体上的计算机程序本身。如果是，并且在权利要求书中也只要求该计算机程序本身或者仅是记录在载体上的计算机程序，就不属于专利保护主题。

第二步：如果不是只涉及计算机程序本身，也不仅是记录在载体上的计算机程序，就要看其是否为了解决技术问题，利用技术手段，并产生技术效果。如果是，就属于专利保护主题，可以申请专利。如果不是为了解决技术问题，没有利用技术手段，不产生技术效果，就不属于专利保护主题。

# 第五讲　授予专利权的条件

《专利法》第二十二条第一款规定："授予专利权的发明和实用新型，应当具备新颖性、创造性和实用性。"这就是通常所说的专利性，因为它们涉及发明和实用新型的本质，也被称为授予专利权的实质性条件。下面分别叙述这"三性"。

## 第一节　新颖性

### 一、新颖性的定义

申请专利的发明或者实用新型应当具有新颖性才能被授予专利权，这是由专利制度的性质所决定的。国家之所以对一项发明创造授予专利权，为专利权人提供一定时期独占权的保护，目的就是让发明人或他们所在的单位将发明内容或者实用新型内容公开出来。如果是已经公开的或者已经进入公有领域的发明或者实用新型，公众有自由使用的权利，就不能授予专利权。否则，就构成对社会公众的不公平。所以，新颖性是发明和实用新型被授予专利权的一个最基本的条件和必要的条件。没有新颖性，其他条件就不用考虑了。[1] 所以专利法把新颖性放在第一位，是专利性的第一个条件。

《专利法》第二十二条第二款规定："新颖性，是指该发明

---

[1]　汤宗舜. 专利法解说［M］. 北京：专利文献出版社，1994：8.

或者实用新型不属于现有技术；也没有任何单位或者个人就同样的发明或者实用新型在申请日以前向国务院专利行政部门提出过申请，并记载在申请日以后公布的专利申请文件或者公告的专利文件中。"如图5-1所示。

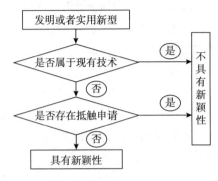

**图5-1　新颖性的定义与判断**

## 二、现有技术的定义

《专利法》第二十二条第五款规定："本法所称现有技术，是指申请日以前在国内外为公众所知的技术。"这一规定表明我国现行专利法采用的是绝对新颖性标准。

"为公众所知"，即所谓"能够为公众所知晓"，是指以人为媒介事实上已被"非特定人"所知晓。在理解这个概念时应当注意，"能够为公众所知晓"，不是指有关技术内容实际上已经为公众中所有的人得知，而是指有关技术内容已经处于向公众公开的状态，使想要了解其技术内容的任何人都有可能通过正当的途径了解到，而不仅仅是为某些特定人所能了解。这种向公众公开的状态只要客观存在，有关技术就被认为"能够为公众所知晓"，至于有没有人了解或者有多少人实际上已经了解该技术是无关紧要的。

还有一点应当注意，所谓"知晓"，是指发明或者实用新型的技术方案能够让公众中的任何人都清楚地看到发明或者实用新型的全部细节，才会使有关技术内容成为现有技术。例如一种新型变压器具有经过改进的内部绕组结构，那么仅将该种变压器在公开场合下安装使用就不足以使之成为现有技术，因为公众不可能仅仅通过外部观察就能得知该变压器的内部绕组结构。❶

但是销售或者提供采用发明或者实用新型的产品，在一般情况下都会构成现有技术，因为购买者或者获得者有权对其产品进行观察研究，甚至进行破坏性拆卸，以"反向工程"了解其全部技术细节。仍以上述变压器为例，如果公开出售这种变压器，则构成了现有技术，因为该变压器已经完全公开地进入公有领域，明显不具备新颖性。在公开销售后，可能实际上并没有任何人拆开该变压器以了解其内部结构，但是这一点并不重要，因为"能够为公众所知晓"的状态已经实际存在。

### 三、判断新颖性的标准

虽然各国立法对新颖性的判断多以现有技术为标准，但在具体理解和操作中仍存有差异。根据各国的立法情况，在具体认定新颖性时，可以归纳以下 3 个方面的标准，即公开标准、时间标准和地域标准。

#### 1. 公开标准

公开标准是判断新颖性的首要标准。根据惯例，公开的方式有 3 种，如表 5-1 所示。

**表 5-1　公开的方式**

| 公开方式 | 基本含义 |
| --- | --- |
| 公开发表 | 公开发表，是指以出版物方式公开。进一步讲，是指载有发明创造的内容的出版物不是保密的，公众有可能得到这些出版物，并且从出版物记载的内容里能够得知发明创造的内容 |

❶ 尹新天. 中国专利法详解 ［M］. 北京：知识产权出版社，2012：9.

| 公开方式 | 基本含义 |
|---|---|
| 公开使用 | 使用而导致技术方案的公开，或者导致技术方案处于公众可以得知的状态 |
| 其他方式的公开 | 主要是指口头公开（以谈话的方式描述技术方案），使公众了解了有关的技术内容 |

（1）公开发表

公开发表是指以出版物方式公开。这是最为普遍的一种公开方式。❶ 进一步讲，公开发表，是指载有发明创造的内容的出版物不是保密的，公众能够得到这些出版物，并且从出版物记载的内容里能够得知发明创造的内容。❷

"能够得到"仅指一种可能性，并不一定实际得到。比如说，在一般图书馆内有一本书，尽管实际上从来没有人借阅过，但该书所记载的内容就属于出版物的公开。例如，申请日前美国一本科技杂志中公开过同申请专利的发明相同的技术内容，那么这项发明便失去了新颖性，即使在发明的研制过程中发明人根本不知道有这么一回事，甚至在申请时国内还得不到这份杂志。

（2）公开使用

使用而导致技术方案的公开，或者导致技术方案处于公众可以得知的状态，这种公开方式称为公开使用，也可称为使用公开。具体来讲，一些产品或技术方法虽然没有在任何出版物上发表过，但未必不是现有技术的一部分。在专利法上，公开使用包括为商业目的的制造、使用和销售，以及为使用或销售而进行的展示。❸

例如美国有位服装设计师设计了一种新颖的妇女胸衣，在申

---

❶❸ 刘春田. 知识产权法学［M］. 北京：高等教育出版社，2019：8.

❷ 何润华，马连元. 你想得到专利吗?：专利工作便览［M］. 天津：南开大学出版社，1985：6.

请专利之前，他让妻子在公开场合下试穿过。因为胸衣的外观和结构是一望而尽知的，所以这件发明因此丧失了新颖性。❶

展出公开可以导致技术内容的公开。因为在这种会上展出或展示，一定会结合该产品的结构说明该产品的用途、性能和技术效果等，或结合该方法的内容说明该方法的使用过程和使用效果等。否则是不会起到展览或展示作用的，技术同行可以通过展出公开看产品展示和资料介绍获得相关信息。因此，展览、展销、展示、交易的展出公开也可以归为使用公开。

至于在工厂内部制造、使用包含发明或实用新型的产品，则不能认为是使用公开，因为工厂一般是不对外公开的，公众是不能自由进去参观的。❷ 所以，处于保密状态下的使用不构成公开使用。

有一种使用叫做试验性使用，简称"试用"。试验性使用的含义，从立法的宗旨上看，是指发明人或其权利受让人在申请专利之前，仅为试验或检验发明的实际效能能否产生预期的效果而对发明进行的试验，是为了研究或试验目的对某一项发明所进行的使用。

由于试用或检验不属于生产经营行为，而只是有限范围的内部试用，因此不算公开使用。实践中，发明人为完成一项发明，有时需要进行反复的试制和改进，在完成发明的过程中，有时也需要外单位的协作，这在我国的科研工作中是常有的事。协作的方式之一是发明人制作一项新产品的样品，委托一些用户单位试用，并要求这些试用单位对该产品提出试用报告。这种试用的目的是进一步完善该产品，而不是一种公开的使用行为。接受委托的单位比较少而且是经过选择的。委托单位和受托单位之间存在着信任关系（最好签订一个试用合同，约定保密义务，则更能说明试用的性质）。这种试用不会使有关的技术处于为公众所知的状态，所以不算公开使用。而且，这种试验性使用，是完成一项

❶ 郝庆芬. 专利法例话［M］. 北京：法律出版社，1985：6.

❷ 汤宗舜. 专利法解说［M］. 北京：专利文献出版社，1994：8.

发明的必要环节，特别是对那些重要发明更是如此。

但是，那种以试探销路的好坏为目的的试验性销售和为了获得宣传效果而进行的公开的试验，都不属于这里所说的试用。

特别应当注意，销售行为是最大的使用公开，可以导致技术内容的完全公开，一旦产品销售出去，技术内容就完全处于被任何人都可以使用的情形。因此，销售产品会加速发明内容为公众所知的进程。先销售产品，等获得较好市场预期后再提出专利申请的做法会延误专利申请的时机，甚至使申请专利的发明或者实用新型丧失新颖性。这一现象应当引起注意。例如有的申请人在专利说明书中写道："该产品经用户使用，反映良好。"这就是说明该产品已经销售了，因为担心产品被别人仿制才申请专利；但是这样就明显丧失了新颖性，不能获得专利权。

（3）其他方式的公开

其他方式的公开主要是口头公开，是以谈话的方式描述技术方案，这些谈话是讲给公众听的。例如，在公开的集会上讲演、报告，在有线或无线广播电台演说，在课堂或成果交流会上讲解，在讨论会上发言等，以及向不负有保密义务的公众传播了有关的技术内容。

应当注意，处于保密状态的技术内容由于不能为公众所知，因此不属于现有技术。然而，负有保密义务的人违反保密协议泄露秘密，导致技术内容的公开，使得技术内容为公众所知，这些技术也就构成了现有技术的一部分。

**2. 时间标准**

由于现有技术的知识是在不断发展的，因此新颖性总是和一定的日期相联系。以什么时候为判断的标准，是新颖性的一个关键问题。

目前世界各国判断新颖性有3种时间标准：发明日标准、申请日标准和申请时标准。

（1）发明日标准

发明日标准是以完成发明创造的时间作为判断标准。即只要发明的实质内容在发明完成日之前未被公知公用，就确认该发明创造具有新颖性，而不论该发明创造在申请专利时是否已经公开。

从理论上说，发明人的任何公开行为都不会早于他完成发明创造的日期。但是，为了有个可比较的日期，美国专利法有一个"宽限期"的规定，即在申请日之前1年之内公开的任何技术都不影响一件专利申请的新颖性，包括申请人自己公开的技术，也包括他人公开的技术，如图5-2所示。

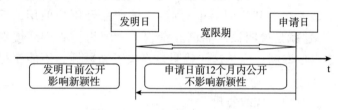

图5-2 判断新颖性的发明日标准

将它与我国影响新颖性的宽限期比较后可知，这是一个较宽松的新颖性宽限期。

以完成发明时间为准，将专利权授予最先完成发明的申请人（先发明原则），只要在完成发明的日期是新颖的，尽管到申请时已经公开，仍认为其发明具有新颖性。这种做法实际上等于承认发明在一年时间内可以处于保密状态，推迟了发明公开的时间，会影响技术进步的；同时要证明谁是最先完成发明的人，举证困难，不易操作。

（2）申请日标准

依照申请日标准，凡是发明的实质性内容在申请日以前未被公知公用，就被认为其具备新颖性的条件。这一标准强调的是申请日以前是新的，并不包含申请日在内，即使是在申请日公开的，也不构成对新颖性的影响。申请日以前的追溯日期，法律上没有限制，这是指申请没有要求优先权的情形而言。如果有关的申请要求另外一个在本国或者外国提出的在先申请的优先权的，则以优先权日（在先申请的申请日）而不以申请日为判断的标准。如果被要求优先权的在先申请有两个或者两个以上，那么在考虑发明或者实用新型的各个权利要求的新颖性时，还要以不同的优先权日为判断的标准，如图5－3所示。

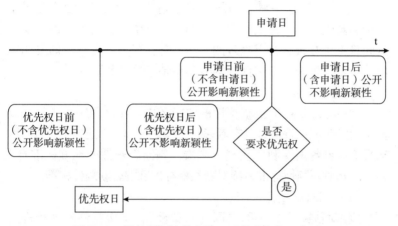

图5－3　判断新颖性的申请日（优先权日）标准

　　因此，一件发明在专利申请日以前在出版物上公开发表或者公开使用，就会丧失新颖性。这并不只包括他人公开使用或公开发表，对于申请人自己，由于处理不当也会使其发明申请丧失新颖性。例如1959年12月10日，美国新泽西州华尔德曼父子公司向日本特许厅提出了名为"改良的防水发条手柄"的专利申请。这件申请经审查后被驳回。理由是：日本特许厅资料馆已于1959年11月12日收到的第1186414号法国专利说明书，完全包括了该件申请的内容，因而该件申请没有新颖性。申请人对此不服，要求复审，但仍被驳回。

　　在一个国家就一项发明申请了专利之后再去另外一些国家申请专利，如果可以享有优先权，那么根据《巴黎公约》的规定，应在第一次提出专利申请之日起12个月内提出专利申请。如果超过12个月的优先权期限，当先接受申请的国家一旦将该发明内容公开，则所进行的在其他国家的专利申请均要付之东流。像美国新泽西州华尔德曼父子公司这样不紧不慢地拖延2年之久再去其他国家申请专利，不能不说是个极大过失。

（3）申请时标准

有的国家（如日本）专利法规定以申请时为标准。

"申请时"这一概念不同于"申请日"，而是要细化到提出申请的具体时刻，例如对同一发明，甲是中午提出申请的，而乙是同日上午在报告会上报告的，在这种情况下，由于甲的发明在申请前就已被公知，因此甲的专利申请不具有新颖性。

### 3. 地域标准

地域标准是指确定新颖性的空间范围。在该范围内未被公知公用的发明创造就认为具有新颖性；反之则认为其已丧失新颖性。从目前世界各国专利立法规定来看，判断新颖性的地域标准有3种，即相对新颖性标准、绝对新颖性标准和混合新颖性标准。

（1）相对新颖性

"相对新颖性"又称"国内新颖性"，是指在判断新颖性的时候，只要求发明创造在本国范围内没有被公开过，不考虑在其他任何国家公开的技术。一项发明创造如果在本国内没有在出版物上公开发表过，没有公开使用过，也没有以其他方式为公众所知，就认为该发明创造具有新颖性。至于是否在国外出版物上公开发表过，是否在国外公开使用过，都不影响国内该发明创造申请专利的新颖性。如果国外出版物公开了该项发明创造，只有当该出版物进入国内，并且从进入之日起才使该发明创造成为现有技术。因此，相对新颖性是确定新颖性的一种最低标准，因为在这之前，国外出版物上可能已经发表过，在国外也可能已经公开使用过，只要采取"拿来主义"，就可以在国内申请专利了，如图5-4所示。

相对新颖性的概念在专利制度建立初期被各国专利法所采用。随着技术的发展，地球显得越来越小，任何一项技术只要在一国公开，其他国家很快便可以知晓。这种相对标准已不再被使

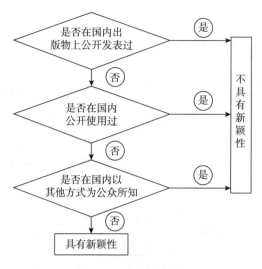

图5-4 相对新颖性

用，因而不少国家已经将其淘汰。❶

（2）绝对新颖性

"绝对新颖性"又称"世界新颖性"，是指在判断新颖性的时候，不考虑现有技术的地域范围，只要在全世界范围内即国内外任何地方已经公开的技术都属于现有技术。这种标准要求发明创造新的技术方案或新的设计在申请日以前，在国内外出版物上都没有公开发表过，没有公开使用过，也没有以其他方式为公众所知，才认为该发明创造具有新颖性。因此，绝对新颖性是要求最严格的一种新颖性标准，如图5-5所示。

绝对新颖性来源于这种思想：已经在世界某些地区为人们所知晓又传到另一地区的发明构思不能得到专利保护。因为借助于现代通信技术和手段，各种发明构思可以迅速传遍整个世界，所以受到保护的专利应具有全世界的新颖性。如果对在国内外没有公开发表过，但在国外已经公开使用过的或公开销售过的产品或

---

❶ 黄坤益. 和企业领导谈专利［M］. 北京：专利文献出版社，1988：6.

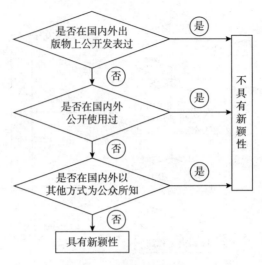

**图5-5　绝对新颖性**

方法，只要在国内没有公开使用或者公开销售，就可以用来申请国内专利，并被授予专利权，这不利于鼓励真正的发明创造，不利于提高授权专利的质量与水平，也会损害社会公众的合法利益。人类的技术进步应视为一个整体，如果世界上有一个地方已经公开过这项技术，那么这项技术就失去了新颖性。随着经济全球化趋势的日益明显和科学技术的迅猛发展，尤其是网络技术的突飞猛进，出版物公开与非出版物公开之间的界限已经越来越模糊，将非出版物公开的现有技术限制在一国地域之内已经逐渐变得没有实际意义，且缺乏可操作性。随着世界经济的一体化进程，及世界经济交往的日渐频繁，世界新颖性标准已经为越来越多的国家所采纳。❶ 我国《专利法》2008年第三次修改后也采用

❶ 韩晓春. 判断新颖性的三种标准（专利知识讲座97）［EB/OL］.［2024-12-08］. https：//wenku. baidu. com/view/02c6047b3f1ec5da50e2524de518964bcf84d2 ab. html? _wkts_ = 1733825446638&bdQuery = % E5%88% A4% E6%96% AD% E6%96% B0% E9% A2% 96% E6% 80% A7% E7% 9A% 84% E4% B8% 89% E7% A7% 8D% E6% A0%87% E5%87%86 + % E9%9F% A9% E6%99%93% E6%98% A5.

了这种标准。

（3）混合新颖性

"混合新颖性"又称为"有限的世界新颖性"，是指兼顾绝对新颖性与相对新颖性的标准。这种标准规定，在出版物方面采用世界范围内的出版物上是否公开为标准，而在实际活动方面则在一国范围内分析是否公开使用或者以其他方式为公众所知。采用这种规定的理由是：第一，对发生在国外的使用、销售或者口头公开行为进行取证较为困难；第二，对那些仅在国外以非出版方式公开，在国内尚未公开使用、销售过的技术或者设计提供专利保护，可以鼓励将这些技术、设计引入国内，促进其实施，有利于国内经济和科学技术的发展。因此，在出版物方面规定采用"绝对新颖性"标准；而对于使用或者以其他方式公开的技术则采用"相对新颖性"标准。我国 1984 年、1992 年和 2000 年《专利法》均采用这种标准，如图 5-6 所示。

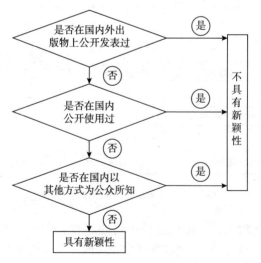

**图 5-6　混合新颖性**

## 四、抵触申请

抵触申请是根据《专利法》第二十二条第二款规定，在判断新颖性时的一种较为特殊的情况，是为了防止同样的发明或实用新型被重复授权而专门规定的。❶

简单地说，把任何单位或者个人在申请日之前向国家知识产权局提出过的那件同样的发明或者实用新型申请称为"在先申请"，在该"在先申请"之后提出的其他申请称为"在后申请"，如果"在先申请"后来记载在申请日以后（含申请日）公布的专利申请文件（对发明申请而言）或者公告的专利文件（对实用新型申请而言）中，就被称作"在后申请"的抵触申请，如图 5 - 7 所示。

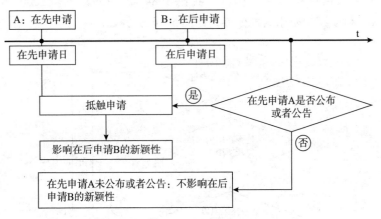

**图 5 - 7　抵触申请对新颖性的影响**

值得注意的是，构成抵触申请的"在先申请"不仅包括他人的"在先申请"，也包括同一申请人的"在先申请"。

还应当注意，在判断在后申请的新颖性时，可以用于比较的在先申请的内容是该申请的全部内容，包括说明书（及其附图）

---

❶ 刘春田. 知识产权法学［M］. 北京：高等教育出版社，2019：8.

和权利要求书，但不包括摘要，也不包括优先权文件。如果在后申请的权利要求所要求保护的技术方案已经记载在在先申请的说明书和权利要求书中，应当以缺乏新颖性为理由驳回在后申请。换句话说，判断是否存在抵触申请，应当以说明书（及其附图）和权利要求书全文内容为准，即使在先申请的权利要求没有涵盖在后申请的权利要求，但其说明书及其附图对在后申请的权利要求的内容进行了说明，也构成抵触申请，从而破坏在后申请的新颖性。

例如，在先申请和在后申请的说明书都披露了一种新产品和制造该产品的专用设备，但在先申请仅要求保护该新产品，而在后申请要求保护该专用设备。由于在后申请要求保护的专用设备已经在在先申请的说明书中记载，因此在在先申请进行了公布或者授权公告的情况下，构成了在后申请的抵触申请，使在后申请不能获得专利权。对于这样的规定，申请人或其代理师一定要给予充分的重视。否则，公开了却得不到专利保护，其损失是不可估量的！为了使公开得到专利保护，申请人可以在在先申请中，按照单一性原则合案申请这种产品和制造该产品的专用设备，或者同日分别提出 2 件专利申请。

## 第二节　创造性

### 一、创造性的定义

新颖性仅仅意味着在申请日（或优先权日）以前没有公开，也就是在现有技术（以及抵触申请）中没有同样的发明或者实用新型存在。但是，仅凭这一点是不够的。一件发明或者实用新型即使具有新颖性，如果与现有技术相比其变化很小，是所属技术领域的技术人员很容易想到的，没有产生意料不到的技术效果，则仍然不能授予专利权。假如对这样的发明或者实用新型授予专利权，势必使专利申请门槛过低，从而对公众应用已有技术产生不适当的限制作用。所以《专利法》规定，授予专利权的发明或实用新型除必须具备新颖性以外，还必须具备创造性。

《专利法》第二十二条第三款规定："创造性，是指与现有技术相比，该发明具有突出的实质性特点和显著的进步，该实用新型具有实质性特点和进步。"

比较上述定义可知，一项实用新型，同现有技术相比具有实质性特点和进步即可；一项发明，同现有技术相比要具有突出的实质性特点和显著的进步。

所谓"实质性特点和进步"，是指申请专利的实用新型同现有技术相比在技术方案的构成上具有实质性的区别，是必须经过创造性思维才能获得的结果，而不是在现有技术基础上通过简单地逻辑分析、推理或者简单地试验就能自然而然得出的结果。

所谓"显著的进步"，是指发明与最接近的现有技术相比能够产生有益的技术效果。比如，发明克服了现有技术存在的缺点和不足，取得了预料不到的技术效果，或者为解决某一技术问题提供了一种不同技术构思的技术方案，或者代表某种新的技术发展趋势。

所谓"突出的实质性特点"，是指发明相对于现有技术，对所属技术领域的技术人员来说是非显而易见的。这种变化不是表面的、形式上的简单变化，而是具有技术实质内容的变化。这种变化恰恰是使本发明推动技术进步产生阶跃式变化的根本原因。❶ 这种变化，使本来按照常规发展变化在 $t_3$ 时才能达到的技术水平在 $t_2$ 时就提前达到了，缩短了技术进步的时间或者说推动了技术进步，使技术快速达到一个新的高度，如图 5 - 8 所示。

---

❶ 中国专利局培训中心. 专利知识介绍［M］. 北京：专利文献出版社，1987：3.

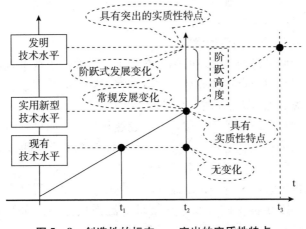

图 5 − 8　创造性的标志——突出的实质性特点

## 二、创造性辅助性审查基准

一般认为，具有以下情况之一的，具有创造性。

### 1. 解决技术难题的发明

创造性条件被引入专利法的目的就是防止那些为所属技术领域技术人员所显而易见的或者在理论上或实践上都很容易想到的发明创造被授予专利。因此，发明创造本身构成的难度应是判断创造性的一个参考标准。❶ 如果某个科学技术领域中人们长久渴望解决的技术难题，但始终未能获得成功，经发明者的努力予以解决了，则这种解决了技术难题的发明具有突出的实质性特点和显著的进步，具备创造性。例如，在农场牲畜（如奶牛）身上打上永久性标记，长期以来都是采用热烙方法，这种方法既使牲畜感到疼痛，又使其表皮受到损害。第一个提出采用冷冻方法进行打印的发明（基于冷冻能使牲畜表皮着色这一发现而发明的一项"冷冻烙印"的方法），就是解决了长期渴望解决的但始终未

---

❶　黄坤益. 和企业领导谈专利［M］. 北京：专利文献出版社，1988：6.

能获得成功的技术难题，使农场牲畜在无痛而且不损坏牲畜表皮的情况下产生永久性标记的发明。❶

## 2. 克服技术偏见的发明

技术偏见是指在某段时间内在某个技术领域中技术人员对某个技术问题普遍存在的成见，它偏离客观事实的认识，引导人们不去考虑其他方面的可能性，阻碍人们对该技术领域的研究和开发，在客观上阻碍了该领域技术的发展和进步。如果发明克服了这种技术偏见，则这种发明具有突出的实质性特点和显著的进步，具备创造性。例如，对于电动机的换向器与电刷间界面，通常认为越光滑接触越好，电流损耗也越小。一项发明将换向器表面制出一定粗糙度的细纹，其结果电流损耗更小，优于光滑表面。该发明克服了技术偏见，具备创造性。

## 3. 发明取得了预料不到的技术效果

发明取得了预料不到的技术效果，是指发明同现有技术相比，其技术效果产生"质"的变化，具有新的性能；或者产生"量"的变化，超出人们预期的想象。这种"质"的或者"量"的变化，对所属技术领域的技术人员来说，事先无法预测或者推理出来。当发明产生了预料不到的技术效果时，说明发明具有显著的进步，同时反映出发明的技术方案是非显而易见的，具有突出的实质性特点，具备创造性，并被作为具有创造性的标志。因为它既有新的技术特征，又有突出的技术优点。

例如，通常在制备电真空陶瓷管的工艺中，一般采用 $900 \sim 1100℃$ 的高温排蜡，一次意外停电，使本来采用 $900 \sim 1100℃$ 的高温排蜡在 $100℃$ 时意外停止加热，发明人在此基础上进行了后续试验，将排蜡温度控制在 $100 \sim 200℃$。试验证明，由于排蜡温度低，排蜡时间短，因此更节能。此外，低温排蜡过程中温度控制在石蜡燃点以下，石蜡不燃烧，从而解决了造成环境污染的问题。由于低温排蜡在管壳坯体外表面形成蜡膜外壳保护层，使

❶ 黄敏. 专利申请文件的撰写与审查要点：修订版 ［M］. 北京：知识产权出版社，2002：3.

空气中的杂质无法进入管壳坯体，因此保证了管壳坯体的表面质量和内部质量。经过高温烧结成型后，电真空陶瓷管壳杂极少，提高了产品的品质，且该发明低温排蜡后，坯体不需要修坯，即可直接进入高温烧结环节。因此，取消了修坯工序，效率更高，这些预料不到的技术效果使该发明具备创造性。2011 年申请人提出的"一种电真空陶瓷管壳的制备方法"的发明专利申请获得了专利权。

### 三、发明的创造性判断

判断发明的创造性是一个复杂的分析过程，涉及的因素很多，虽然需要与现有技术客观的技术载体相比较，但受判断人员的主观性判断的影响，很难达到统一的标准。所以在审查创造性时，往往采用在实践中形成的判断标准。下面介绍一些判断标准的例子。

**1. 首创性发明**

首创性发明又称开拓性发明或者开创性发明，是指一种全新的技术解决方案，在技术史上未曾有过先例。它的出现为人类科学技术在某个时期的发展开创了新的里程碑，被认为是发明具有创造性最明显的标志。例如在某一时期首先问世的白炽灯、蒸汽机、收音机、雷达、半导体器件、激光器等就属于首创性发明。这些发明毫无疑问地被认为具有创造性。

**2. 组合发明**

组合发明，是指将某些技术方案进行组合，构成一项新的技术方案，以解决现有技术客观存在的技术问题的发明。在进行组合发明创造性的判断时，通常需要考虑组合的各技术特征在功能上是否彼此相互支持、组合的难易程度、现有技术中是否存在组合的技术启示以及组合后的技术效果等。如果组合的各技术特征在功能上彼此相互支持，并取得了预料不到的技术效果，或者说组合后的技术效果比每个技术特征效果的总和更优越，这种组合发明被称为"非显而易见的组合"。这种组合发明目的和效果具有不可预测性，具有突出的实质性特点和显著的进步，具备创造性。而且，这种组合与每个技术特征本身是否完全公知或者部分公知无关。例如，第一辆汽车是由发动机、离合器和传动机构等组合而成，结果是制成一种前所未有的交通工具，是该发明所属技术领域的技术人员意想不到的，所以具有创造性。<sup>●</sup>

注意有一个词组叫"拼合发明"，指由多个公知发明拼合而构成的发明。几乎所有的组合发明最终都可以称为拼合发明。在拼合发明中无创造性的发明称为"单纯拼合"或"简单拼凑"。而具有创造性的发明才可称为组合发明。因此，如果组合的各技术特征只继续完成其已知的功能，而且总的技术效果是各组合部分效果之总和，各组合的技术特征无功能上相互作用关系，仅是一种简单的叠加，或称为"拼凑"，这种"单纯拼合"或"拼凑的发明"不具备创造性，如图 5-9 所示。

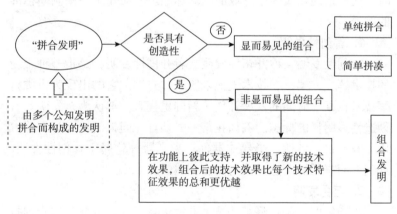

**图 5-9　组合发明的判断**

例如，发明是一台生产香肠的机器，该机器由一台公知的绞肉机和一台公知的灌肠机对接在一起构成，各自以其常规的方式工作，且在作业上无任何非显而易见的相互关系，该发明不具备

---

● 汤宗舜. 专利法解说［M］. 北京：专利文献出版社，1994：8.

创造性。❶ 又如一项带有电子表的圆珠笔的发明，发明是将公知的电子表安装在圆珠笔的笔身上。将电子表同圆珠笔组合后，两者仍各自以其常规的方式工作，在功能上没有相互支持，只是一种简单的叠加，该发明不具备创造性。❷

### 3. 选择发明

选择发明是指从许多公知的技术解决方案中进行挑选的发明，或者说是从现有技术公开的较大范围中有目的地选出现有技术中未提到的小范围或个体的发明。如果选出的范围或个体与公知的较大范围相比能够取得预想不到的技术效果，则具有突出的实质性特点和显著的进步，具有创造性。

化合物只要稍微改变一部分分子结构，就会使其作用、效果显著不同，所以选择发明是化学领域中常见的一种发明类型，其创造性的判断主要参考发明的显著作用和技术效果。如果选择的技术解决方案能够取得预料不到的技术效果，则具有突出的实质性特点和显著的进步，具备创造性。

例如某发明在一份制备硫代氯甲酸的对比文件中披露，催化剂羧酸酰胺和/或尿素相对于每1mol 的原料硫醇，其用量为（0 ~ 100）mol%。其中给出的例子中，催化剂用量为（2 ~ 13）mol%，并且指出催化剂用量从2mol%起，产率开始提高。此外，一般专业人员为提高产率，也总是采用提高催化剂用量的办法。一项制备硫代氯甲酸的方法的选择发明，采用了较少的催化剂用（0.02 ~ 0.2）mol%，从技术效果上看，采用该发明所述的催化剂用量，可以提高产率11.6% ~ 35.7%，大大超出了预料的产率范围，并且还简化了对反应物的处理工艺。这说明，该发明选择的技术解决方案，产生了预料不到的技术效果，因而具备创造性。

❶ 中国工业产权研究会. 专利审查基准学术报告汇编 ［M］. 北京：专利文献出版社，1986：6.

❷ 何润华，马连元. 你想得到专利吗?:专利工作便览 ［M］. 天津：南开大学出版社，1985：6.

#### 4. 转用发明

转用发明，是指将某一技术领域的现有技术转用到其他技术领域中的发明。如果这种转用能够产生预料不到的技术效果，或者克服了原技术领域中未遇到的困难，则这种转用发明具有突出的实质性特点和显著的进步，具备创造性。

例如一项潜艇副翼的发明，现有技术中潜艇在潜入水中时是靠自重和水的比重相同的原理使之停留在任意点上，上升时靠操纵水平舱产生浮力，而飞机在航行中完全是靠主翼产生的浮力浮在空中。发明借鉴了飞机中的技术手段，将飞机的主翼用于潜艇，使潜艇在起副翼作用的可动板作用下产生升浮力或沉降力，从而极大地改善了潜艇的升降性能。由于将空中技术用到水中需克服许多技术上的困难，且该发明取得了很好的效果，因此该发明具备创造性。

#### 5. 要素关系变更的发明

现在发明创造绝大部分是对已有技术的改良。这种改良除了组合、选择或者转用外，更多的是将现有技术的某些构成要素加以变更而完成的，如要素的置换、排除、重新安排、参数的改变等。

一般讲，要素变更的发明，包括要素关系改变的发明、要素替代的发明和要素省略的发明，如图 5 - 10 所示。

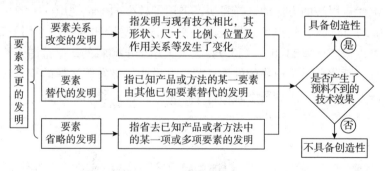

**图 5 - 10  要素变更的发明**

在进行要素关系变更的发明的创造性判断时，通常需要考虑要素关系的变更是否存在技术启示、其技术效果是否可以预料等。一个基本要点是，对现有技术所作的各种变更只有当其不仅有量的变化，而且产生了质的变化，即产生了预料不到的新效果，形成了技术上的进步时，才能被认为具有创造性。❶ 例如，有一件申请专利的发明是一种新型的剪草机，它同已有的剪草机相比，特点是刀片斜角不同，这种新的斜角可以保证刀片的不拆卸自动研磨，过去所用刀片采用的角度都没有这种自动研磨效果，这样的发明就具有创造性。因为其刀片的自动研磨效果是现有技术不能达到的。该发明通过改变要素关系，产生了预料不到的技术效果，因此具备创造性。❷

## 第三节　实用性

《专利法》第二十二条第四款规定："实用性，是指该发明或者实用新型能够制造或者使用，并且能够产生积极效果。"如图 5－11 所示。

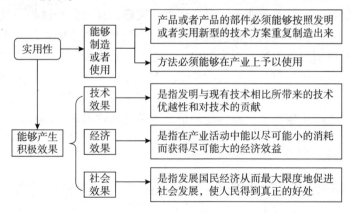

图 5－11　实用性

❶❷　何润华，马连元. 你想得到专利吗?:专利工作便览［M］. 天津：南开大学出版社，1985：6.

## 一、能够制造或者使用

授予专利权的发明或实用新型，必须是能够解决技术问题，并且能够应用的发明或实用新型。如果申请专利的是一种产品或者说是一种产品的部件，那么这一产品或者产品的部件就必须能够按照发明或者实用新型的技术方案重复制造出来，并且能够解决技术问题。如果申请专利的是一种方法，则这种方法必须能够在产业上予以使用，并且能够解决技术问题。

应当强调的是，专利法要求的只是"能够"制造或者使用。也就是说，并不要求发明或实用新型已在产业上制造或者使用，或者立即能在产业上制造或使用，而是根据其技术特点，预计能够在产业上制造或使用就可以了。许多发明被创造时，受当时的种种条件限制，并不能立即制造或使用，按其符合专利法规定的授权条件，也同样被授予专利权。例如喷气发动机飞行器早在1917～1927年就已获得专利，但直到1947年以后才在航空工业中得到广泛应用。可见，申请并批准为专利的发明或实用新型，特别是一些基本发明不一定立即得到实施，有时要经过相当长的时间才在生产实践中得到应用。不要以当时不能立即在产业上制造或使用为由拒绝授予专利权。反过来，已经授予专利权的发明或者实用新型只是一种新的技术方案，也可能存在着不能立即在产业上制造或使用的诸多技术问题，需要进一步研发、中试才能进入工业化生产。因此，专利证书不是生产许可证。

## 二、能够产生积极效果

积极效果是一个综合概念，它包括技术、经济和社会等方面所带来的有益效果。

能够产生积极效果，是指发明或者实用新型专利申请在提出申请之日，其产生的经济、技术和社会的效果是所属技术领域的技术人员可以预料到的，并且这些效果应当是积极的和有益的。

有益性的侧重点是指发明对社会和经济等方面产生的良好效

果，只有那些能够扩大人类有益活动、满足社会需要的，才被认为对社会有益，才能够产生积极的效果。以下五种发明就不具备实用性。

第一，脱离社会需要的发明。例如一件脱帽机的发明申请。通常对进入客厅的宾客来说，脱帽这一动作很容易完成，社会对这样一种机器并未提出要求，这种发明就是多此一举，脱离社会的需要，因而不具有实用性。

第二，严重污染环境的发明。例如采用聚乙烯咔唑作为电容器的固体浸渍剂，尽管它具有良好的介电特性，可以缩小电容器的体积和提高工作温度，但是由于没有给出防护措施，而使制造者在真空浸渍和装配工艺中严重中毒，因此也是不可取的，不具有实用性。

第三，严重浪费能源或资源的发明。例如发明人声称发明了一种新型锅炉，但效率很低，消耗能源大且与现有技术相比无其他性能的改善，虽然发明构思是新的，但无积极效果，不具有实用性。

第四，明显无益的发明。在功能相同的情况下，如果发明或者实用新型使产品结构复杂化，如增加了重量、增加了体积或者在特性不变的情况下却需多消耗材料，或需添加新的组成，包括成分和含量，均不是有益的发明，没有带来积极效果，不具有实用性。

第五，变劣的发明。例如发明人声称仅仅将电容器的介质由原来的 $3 \times 10\mu$ 减少到 $2 \times 10\mu$，从而既节省了原材料又大大减小体积，但是这样的措施虽然增大了单位体积容量，却导致击穿电压值的显著下降，并使电容器在较高的场强下工作，在原来额定电压下工作的可靠性大大降低，这样的发明是建立在降低产品性能和可靠性的基础上的，因而属于变劣的发明，是不可取的，不具备实用性。❶

---

❶ 中国工业产权研究会. 专利审查基准学术报告汇编［M］. 北京：专利文献出版社. 1996：6.

# 第四节　外观设计授予专利权的实质性条件

## 一、外观设计的新颖性

《专利法》第二十三条第一款规定："授予专利权的外观设计，应当不属于现有设计，也没有任何单位或者个人就同样的外观设计在申请日以前向国务院专利行政部门提出过申请，并记载在申请日以后公告的专利文件中。"如图 5 – 12 所示。

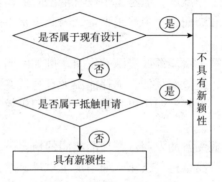

**图 5 – 12　外观设计的新颖性**

这里，首先引入了"现有设计"的概念，然后又引入了"抵触申请"的概念，这与发明或者实用新型授予专利权的新颖性条件表述是一致的，因此可以说，授予专利权的外观设计应当具有新颖性，其判断标准与发明或者实用新型的新颖性判断相同。也就是说，无论是外观设计专利还是发明专利或实用新型专利，作为取得专利权条件的新颖性在含义上是完全相同的。❶

"不属于现有设计"是指在现有设计中，没有与之相同或者实质相同的外观设计。这个规定排除了与现有设计整体视觉效果

❶ 刘春田. 知识产权法学 ［M］. 北京：高等教育出版社，2019：8.

上实质性相同的外观设计，既包括与该外观设计完全相同的外观设计，又包括仅在非设计要点上与现有设计相比有局部细小区别的外观设计。

《专利法》第二十三条第四款规定："本法所称现有设计，是指申请日以前在国内外为公众所知的设计。"

"为公众所知的设计"，实践中具体是指申请日以前在国内外通过出版物上公开发表、公开使用或者其他方式为公众所知的设计。

因为外观设计不能单独存在，申请专利的外观设计在同现有设计进行对比以确定两者是否相同时，是以产品是否相同为前提的。如果产品不同，申请专利的外观设计与现有设计不属于同一种类，尽管外观设计相同，也不应认为是相同的外观设计。只有产品相同，与现有设计属于同一种类，且外观设计也相同，即外观设计与对比设计是相同种类产品的外观设计，才应认为外观设计相同，如图5-13所示。

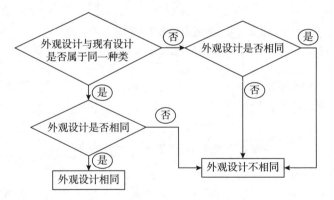

**图5-13 现有设计（同样的外观设计的判断）**

但是应当注意，外观设计同发明和实用新型不一样，外观设计是应用在产品的外表上的，产品是外观设计的载体，两者是结合在一起的。外观设计必须和产品结合起来，体现外观设计的只能是具体的实物。

例如某蜡烛制造厂商把好多个蜡烛像链条的环节一样串在烛芯上，然后把它们安装在一个特殊的烛台上，其外形很新颖也很美观。如果该厂商提出对这种产品的外观设计的专利申请，能得到保护的只能是把好多个长蜡烛串在一起的具体式样，如图5-14中的（b）和（c）所示，如果该厂商要寻求更广泛的保护，就必须设计出各种不同的式样，并为每种式样都提出一份专利申请，因为外观设计专利不保护如图5-14中（a）所示的将好多个长蜡烛串在一根长的烛芯上的一般设计思想。❶

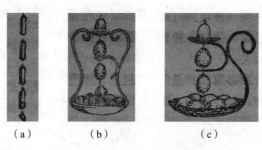

（a）　　　　（b）　　　　（c）

图5-14　外观设计必须和产品结合起来
（长串蜡烛烛台上的外观设计）

所谓产品相同，是指产品的用途和功能完全相同，仅仅用途相同而功能不相同的产品，还不能说是产品相同。例如，以钟表而言，手表和座钟的用途都是计时的，但功能不同：手表可以系于手腕上，随身携带，座钟则只能放置在桌台上，二者不能认为是相同产品。❷

此外，判断申请专利的外观设计是否具有新颖性，应当从整体上来考虑，而不能把外观设计的各部分割裂开来、孤立地去看。如果对外观设计的造型的某些部分或所有的部分与已有的造型单独进行比较时是已公知的，但只要当其各部分组合成整体时

---

❶ 沈尧曾，王静安. 工业产权浅论［M］. 北京：专利文献出版社，1986：8.
❷ 汤宗舜. 专利法解说［M］. 北京：专利文献出版社，1994：8.

能产生一种特异的美感作用，仍应视为具有新颖性。例如，一张壁毯的图案同已公知的同类产品的图案相比，壁毯若干处的形状、条纹或色彩相同，但整个图案则有明显的区别，新的图案给人以美的感觉，就应视为具有新颖性。如果一种式样已经被公开，例如，采用该式样的产品已被投放市场上，或该式样在书籍、杂志、广告中已刊登，或者在博物馆或其他公开的地方已经被展出，就算是已经公知公用。但是，当草图、略图和模型没有离开设计人的工作室，不能为公众所接触到，或者只是在企业内部的有限范围内，在要求保密的情况下被传阅，就不算已充分公开，而无损于新颖性。❶

## 二、外观设计的创造性

《专利法》第二十三条第二款规定："授予专利权的外观设计与现有设计或者现有设计特征的组合相比，应当具有明显区别。"这就是说，授予专利权的外观设计，也应当具有创造性。这一规定包含以下两层含义。

一是授予专利权的外观设计与每一项现有设计单独对比，应当具有明显区别。

二是授予专利权的外观设计与现有设计特征组合相比，应当具有明显区别。

可见，"应当具有明显区别"的要求不仅是相对于现有设计而言的，还包括现有设计特征的组合。这一要求已经超越了"单独对比"的原则，引入了创造性的理念。❷ 如图5-15所示。

判断外观设计的创造性与判断发明和实用新型的创造性是不同的。因为提出一项外观设计专利申请不需要提交说明书和权利要求书，而是提交显示该外观设计的图片或照片和简要说明，所以只能依据该图片或照片和简要说明进行比较，并严格地限定在

---

❶ 沈尧曾，王静安. 工业产权浅论［M］. 北京：专利文献出版社，1986：8.

❷ 刘春田. 知识产权法学［M］. 北京：高等教育出版社，2019：8.

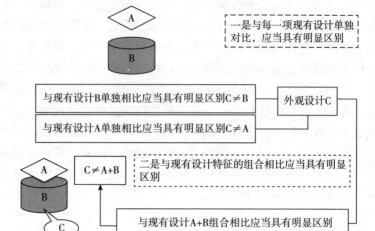

**图 5 – 15　外观设计的创造性**

该产品所属的产品分类范围内。另外，判断外观设计的创造性，主要是看申请专利的外观设计与现有设计或者与现有设计特征的组合相比，它们之间差别有多大。如果这种差别很明显或者很突出，说明它们是有明显区别的。

### 三、外观设计的实用性

外观设计的实用性，简单地讲，是指外观设计应当适于工业应用。"适于工业应用"，意思是外观设计是应用于工业产品之上的，而这种产品是可以用工业方法（包括手工业方法）批量生产的。所以，外观设计有时也称为工业品外观设计。

### 四、尊重既有权利

《专利法》第二十三条第三款规定："授予专利权的外观设计不得与他人在申请日前已经取得的合法权利相冲突。"

在申请日前已取得的合法权利，是指外观设计的申请人在申请专利以前，他人已经取得的合法权利。这种在先取得的合法权利主要是指商标权、著作权、肖像权、知名商品特有包装或者装潢使用权等。如果他人在申请日前已经取得了上述合法权利，外观设计专利申请人便不得以这些商标、美术作品等作为产品的外观设计取得专利权。例如，某保健品包装盒上的外观设计未经许可使用了画家戴某《嫁妹》图中的主要内容，该外观设计不符合授权条件。❶ 该专利申请在初审后被授予专利权，但经无效宣告请求人向国家专利行政部门提出无效宣告请求，国家专利行政部门根据《专利法》第二十三条的规定，对该外观设计专利作出了宣告其专利权无效的审查决定。国家专利行政部门作出的无效宣告请求审查决定的要点指出：专利权的获得，应当符合《专利法》授权条件的规定，不得侵害他人的在先权利。

应当明确，所谓"在先取得"，是指该权利的产生之日早于外观设计专利的申请日或者优先权日。如果商标权、著作权等权利的产生之日早于该外观设计专利的申请日，应当驳回该外观设计的专利申请。如果商标权、著作权等权利的取得之日晚于外观设计的专利申请日，则不影响该外观设计专利权的授予，如图 5 - 16 所示。

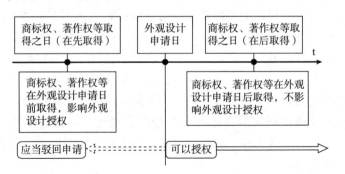

**图 5 - 16　外观设计不得与他人合法权利相冲突**
**（他人合法权利对外观设计专利性的影响）**

---

❶　王迁. 知识产权法教程［M］. 5 版. 北京：中国人民大学出版社，2016：8.

外观设计授予专利权的实质性条件归纳如图 5 – 17 所示。

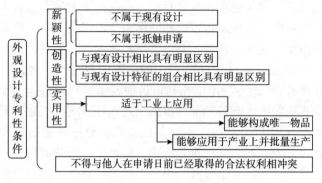

图 5 – 17　外观设计授予专利权的实质性条件

# 第五节　不丧失新颖性的公开

## 一、宽限期的概念

按照专利法规定，凡是在申请日以前已经公开的发明创造，就构成了现有技术或现有设计的一部分，则该项发明创造不具有新颖性或者说丧失了新颖性，不能取得专利权。这是专利法中的一个基本原则。但是申请人可能会由于某些正当原因，不得不在申请日之前将其发明创造公开。为了保证某些社会活动的正常进行或者保障申请人的合法利益，专利法提出了申请宽限期的概念，即允许申请人在申请前一定期限内公开其发明创造，其新颖性并不受影响。

## 二、不丧失新颖性的情形

《专利法》第二十四条规定："申请专利的发明创造在申请日以前6个月内，有下列情形之一的，不丧失新颖性：

"（一）在国家出现紧急状态或者非常情况时，为公共利益目的首次公开的；

"（二）在中国政府主办或者承认的国际展览会上首次展出的；

"（三）在规定的学术会议或者技术会议上首次发表的；

（四）他人未经申请人同意而泄露其内容的。"

根据上述规定，不丧失新颖性的公开有 4 种情形，如图 5 - 18 所示。

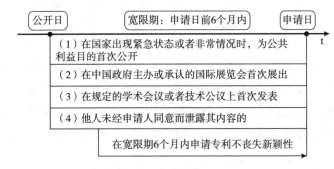

图 5 - 18　不丧失新颖性的公开

### 1. 紧急状态或者非常情况时为公共利益目的首次公开

紧急状态，是指发生或者即将发生特别重大突发事件，需要国家机关行使紧急权力予以控制、消除其社会危害和威胁时，有关国家机关按照宪法、法律规定的权限决定并宣布局部地区或者全国实行的一种临时性的严重危急状态。

重大突发事件不仅包括传统的自然灾害和内乱，而且包括各类事故灾难、公共卫生事件、经济危机等。

### 2. 在中国政府主办或者承认的国际展览会上首次展出

"中国政府主办的国际展览会"，包括由国务院、各部委主办或经由国务院批准由其他机关或者地方政府主办的国际展览会。

"中国政府承认的国际展览会"，根据《专利法实施细则》第三十三条第一款规定，"专利法第二十四条第（二）项所称中国政府承认的国际展览会，是指国际展览会公约规定的在国际展览局注册或者由其认可的国际展览会"。

所谓"国际展览会"，是指展出的展品除了举办国的展品以外，还必须有来自外国的展品。

"首次展出"，是指第一次在中国政府主办或者承认的国际展览会上首次展出的发明创造。如果在申请日前 6 个月内又发生了第二次展出，尽管也是在中国政府主办或者承认的国际展览会上，但已不符合该条的规定。6 个月宽限期只能从第一次在中国政府主办或者承认的国际展览会上首次展出的时间起算，第二次在中国政府主办或者承认的国际展览会上展出不再享有宽限期，否则会无限期延长其宽限期。需要特别注意的是，如果"首次展出"不是在中国政府主办或者承认的国际展览会上，而是在国内一般展览会或行业内的专业展览会议"首次展出"，后来才在中国政府主办或者承认的国际展览会上展出，那就不能享有宽限期的待遇。

### 3. 在规定的学术会议或者技术会议上首次发表

"规定的学术会议或者技术会议"，根据《专利法实施细则》第三十三条第二款规定，"专利法第二十四条第（三）项所称学术会议或者技术会议，是指国务院有关主管部门或者全国性学术团体组织召开的学术会议或者技术会议，以及国务院有关主管部门认可的由国际组织召开的学术会议或者技术会议"。

"首次发表"，是指第一次在规定的学术会议或者技术会议上宣读论文或作报告，包括口头报告和书面论文在内。发表必须是首次，如果在申请日前 6 个月内又发生了第二次发表，尽管也是在规定的学术会议或者技术会议上，但已不符合该条的规定。因此，第二次发表也不再享有宽限期，否则也会无限期延长其宽限期。

### 4. 他人未经申请人同意而泄露其内容

发明创造的公开有时是未经申请人同意而泄露其内容的，如他人未遵守明示或者默示的保密信约而将发明创造的内容公开，这种公开是违背申请人本意的公开。为了保护申请人的利益，专利法规定，如果他人未经申请人同意而泄露其发明创造的内容，申请人可以在泄露之日起 6 个月内申请专利，则该发明创造不因他人泄露其内容而丧失新颖性。

### 三、主张适用宽限期的条件

主张适用宽限期是有条件的。

第一，首次公开、首次展出、首次发表和他人泄露 4 种情况应该符合法定要求并在首次发生后 6 个月优惠期内提出专利申请。

第二，在任何一种情况首次发生后、申请专利前，申请人要注意不应将载有新的技术方案的技术内容的文章公开发表或者出售其制成的同样主题的产品，因为专利法仅对首次公开给予了宽限期的待遇，对后来的再次公开发表和公开使用泄露并没有给予宽限期的待遇。

第三，《专利法实施细则》第三十三条第三款规定："申请专利的发明创造有专利法第二十四条第（二）项或者第（三）项所列情形的，申请人应当在提出专利申请时声明，并自申请日起 2 个月内提交有关发明创造已经展出或者发表，以及展出或者发表日期的证明文件。"

第四，《专利法实施细则》第三十三条第四款规定："申请专利的发明创造有专利法第二十四条第（一）项或者第（四）项所列情形的，国务院专利行政部门认为必要时，可以要求申请人在指定期限内提交证明文件。"

第五，应当注意，《专利法实施细则》第三十三条第五款规定："申请人未依照本条第三款的规定提出声明和提交证明文件的，或者未依照本条第四款的规定在指定期限内提交证明文件的，其申请不适用专利法第二十四条的规定。"

## 四、宽限期效力与优先权效力的区别

宽限期的效力是申请专利的发明创造在国家出现紧急状态或者非常情况时为公共利益目的首次公开、在国际展览会上首次展出、在规定的学术会议或者技术会议上首次发表或者第三人未经申请人同意而泄露其内容的,本来已经丧失新颖性,宽限期对在该期限内提出的专利申请给予一种优惠,认为该发明创造没有丧失新颖性。但是宽限期并不能使该申请的申请日追溯至发明创造的展出日、发表日或者泄露日。在申请人提出申请以前,如果第三人另外提出同样主题的专利申请,可以使申请人的申请失去效力。第三人在宽限期内公开同样的发明创造,可以使申请人的申请失去新颖性。第三人在宽限期内开始使用同样的发明创造或者为之做好必要准备,则可以获得先用权。因此,所谓"宽限期"只是在某些特殊情况下对专利申请人的一种"优惠",是对在不可避免或者无意识地公开发明创造的情况下的一个补救措施,其保护是有限的,不可过分依赖,如图5-19所示。

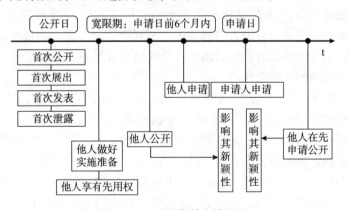

**图5-19 宽限期效力的限制**

与宽限期的效力相比,优先权的效力在于申请日可以提前,所以在优先权期间内不论是申请人自己所为还是他人所为,就同样内容的申请或者公开都不构成享有优先权专利申请的现有技术，不影响享有优先权专利申请的新颖性，如图 5 – 20 所示。

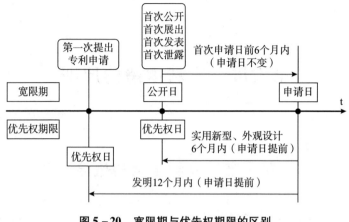

**图 5 – 20　宽限期与优先权期限的区别**

# 第六讲　专利申请的原则

## 第一节　专利申请的概念

### 一、专利申请的定义与含义

**1. 专利申请的定义**

专利申请，是指享有专利申请权的专利申请人，以书面形式请求国务院专利行政部门（国家知识产权局）对其专利申请授予专利权的行为。这种行为是启动专利申请与审查程序的基础，没有这种行为，就没有专利申请，也就没有后来的专利。

**2. 专利申请的含义**

专利申请通常有如下两种含义：一是指获得专利权的必经程序。专利申请的目的是获得专利权，而提出专利申请和经国家知识产权局依照法定程序审查批准授予专利权，直到申请人办理了专利权登记手续获得了专利证书是获得专利权的必由之路。二是指已经申请了专利但尚未获得专利的状态。专利申请在获得专利前，只能称为专利申请，如果能最终获得专利（公告授权和获得专利证书），才可以称为专利，如图6-1所示。

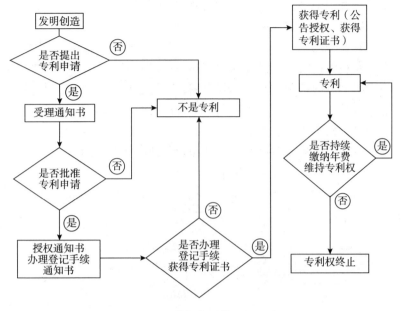

**图 6 – 1　获得专利的必经之路**

## 二、专利申请的特点

专利申请具有相对性、暂时性和相关性的特点。

### 1. 相对性

特定主体关于特定的发明创造的专利申请不能排斥其他人同样主题的发明创造申请专利的权利。也就是说，专利申请权没有排他的性质，只是一种相对的权利。同样的发明创造，甲可以申请专利，乙也可以申请专利。但是获得专利权只能是其中一个主体，这将按照先申请原则或者优先权原则来确定。

### 2. 暂时性

专利申请程序仅存在于一定的阶段，专利申请一旦被批准，获得专利权，专利申请程序即宣告结束。如甲的申请后来被授予专利权，其专利申请权被专利权接替；乙的申请后来撤回或视为撤回，表明他终止了该专利申请的审查程序。从这个意义上讲，专利申请具有暂时性的特点。

### 3. 相关性

专利申请实质上是请求国家知识产权局依法确认其独占特定的发明创造的权利。有了专利申请，才可能获得专利权，专利申请被批准并公告授权后，专利申请就成为专利。因此，专利申请权和专利权是相互联系的。

专利申请的相对性、暂时性和相关性的特点如图 6 - 2 所示。

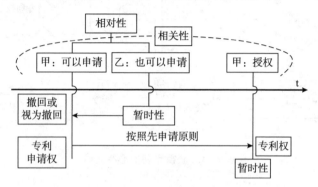

图 6 - 2    专利申请的特点

## 第二节    专利申请应遵守的原则

发明人或者设计人完成了一项或多项发明创造，只是产生了可以获得专利权的客体，该客体能否获得专利权，还有很多工作要做，其中最基本的工作是必须履行专利法所规定的专利申请手续，向国家知识产权局提出专利申请，并接受审查，经国家知识产权局审查合格后，才能被授予专利权。

在履行《专利法》所规定的专利申请手续过程中，有许多原则是必须遵守的。关于专利申请应遵守的原则，理论界有不同的总结和归纳。总的思路是，为了获得有效的专利保护，在申请前必须做好充分的准备，尽量把问题考虑得周全一些。根据专利法的规定，从专利申请的角度看，可以总结出以下 10 项原则。

## 一、请求原则

请求原则，是指专利法规定的各种程序都必须在专利申请人的主动请求下才能启动。因此可以说，请求是启动各种程序的"开关"。如《专利法》规定，向国家知识产权局提出专利申请，必须提交包括请求书在内的专利申请文件，才能启动受理程序，如图 6 - 3 所示。

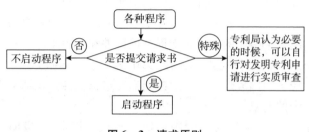

**图 6 - 3　请求原则**

请求原则不仅在启动申请和审查程序时是十分关键的，而且对于使审查程序的继续进行也同样十分重要。例如，提出实质审查请求、要求提前公布、复审程序和无效宣告程序均应当基于当事人的请求启动，当事人需要提交相应的请求书或在专利申请请求书中作出相应的标记。

## 二、书面原则

《专利法实施细则》第二条规定："专利法和本细则规定的各种手续，应当以书面形式或者国务院专利行政部门规定的其他形式办理。以电子数据交换等方式能够有形地表现所载内容，并可以随时调取查用的数据电文（以下统称'电子形式'），视为书面形式。"这就是书面原则，即申请人应当以书面形式或者电子形式提交专利申请。

书面原则是在专利申请和专利申请的过程中办理各种手续都

必须遵守的原则。不能以口头说明或提交实物来代替书面申请，或者以口头说明代替对申请文件的修改或补正。

根据书面原则，应注意以下四个问题。

第一，《专利法实施细则》第三条第一款规定："依照专利法和本细则规定提交的各种文件应当使用中文；国家有统一规定的科技术语的，应当采用规范词；外国人名、地名和科技术语没有统一中文译文的，应当注明原文。"

第二，《专利法实施细则》第三条第二款规定："依照专利法和本细则规定提交的各种证件和证明文件是外文的，国务院专利行政部门认为必要时，可以要求当事人在指定期限内附送中文译文；期满未附送的，视为未提交该证件和证明文件。"

第三，《专利法实施细则》第十七条第一款规定："申请专利的，应当向国务院专利行政部门提交申请文件。申请文件应当符合规定的要求。"

第四，《专利法实施细则》第五十八条规定："发明或者实用新型专利申请的说明书或者权利要求书的修改部分，除个别文字修改或者增删外，应当按照规定格式提交替换页。外观设计专利申请的图片或者照片的修改，应当按照规定提交替换页。"

应当注意，向国务院专利行政部门（国家知识产权局）提交的各种文件申请人都应当留存底稿，以保证申请审批过程中文件填写或修改的一致性。书面原则如图6-4所示。

### 三、专利性原则

申请专利的直接目的在于获得专利权，因此，提出专利申请的发明创造应当具有专利性，这一点是毫无疑问的。[1] 而且，只有申请专利的发明创造具有专利性才能够获得专利权，这就是专利性原则。

---

❶　高卢麟. 专利，企业家手中的矛与盾［M］. 北京：专利文献出版社，1989：9.

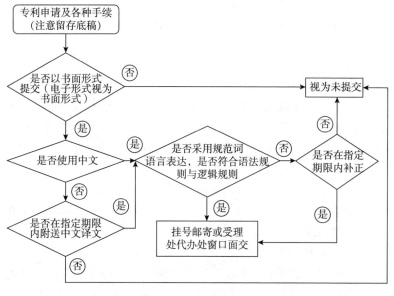

图6－4　书面原则

应当清楚，专利制度鼓励发明创造，保护专利权人合法权益，所以也鼓励发明创造申请专利。但为了确保实现专利法保护创新的立法宗旨，绝对不鼓励盲目提出专利申请，并且只对符合专利性条件的专利申请才会授予专利权。因此，盲目提出专利申请是不可取的。为了避免盲目申请专利，申请人在申请专利前一定要通过查新检索的手段，检索现有技术中与其发明创造最接近的现有技术或者现有设计，认真分析和判断，在初步判断具有专利性时再提出专利申请才是明智的选择。

**1. 新颖性原则**

专利性原则，首先是新颖性原则，如果一件专利申请不具备新颖性，当然就不具备创造性，因此新颖性是专利性中的第一性，是申请专利第一应当注意的问题。

基于新颖性原则，发明人或者发明人所在的单位，在课题确定前和申请专利前应当通过查新检索、研究分析的手段来综合判断是否具备新颖性。不具备新颖性的不要申请专利，也不要立项，以避免无意义的重复研究。国务院专利行政部门在审查程序中对不具备新颖性的专利申请应当不授予专利权。

新颖性的判断应当注意以下六个问题。

（1）单独对比原则

单独对比原则，即判断新颖性时，应当将发明或者实用新型专利申请的各项权利要求，分别与每一项现有技术或者抵触申请的相关技术内容进行单独比较，不得将其与几项现有技术或者抵触申请的发明、实用新型内容的组合，或者与一份对比文件中的多项技术方案的组合进行对比。

根据单独对比原则，如果能有一篇相关的文献资料（特别是专利文献）中相关技术内容与申请专利的相关权利要求实质上相同，那该项权利要求就失去了新颖性。

（2）同样的发明或者实用新型

如果发明或者实用新型专利申请请求保护的主题与对比文件公开的相关内容相比，其技术领域、所解决的技术问题、技术方案和预期效果实质上相同，则认为两者为同样的发明或者实用新型，可以确定该发明或者实用新型专利申请不具备新颖性。例如，一项发明专利申请的权利要求是用橡胶或聚氯乙烯树脂等柔软材料制作的有许多独立的小气泡的板状浮盖。在其说明书中也提到：将该盖板漂浮在澡盆水面上，将适当的一端卷起即可入浴，因气泡独立地构成，就不会吸上热水，这样就有助于加热和保温。而一份已公布的专利申请的权利要求提到：用橡胶或聚氯乙烯树脂等柔软材料制作的有许多独立的小气泡的澡盆盖板……将申请发明专利的权利要求与已有技术比较可见，两者是用同种材料制成，且具有同样保温功能，起同样作用的产品，因此该申请专利的发明不具备新颖性。❶

（3）上位概念与下位概念

为了体现不同内涵和范围，经常需要把同一个技术主题限定

❶ 何润华，马连元. 你想得到专利吗?:专利工作便览［M］. 天津：南开大学出版社，1985：6.

到不同层次的技术特征，这样就需要使用上位概念和下位概念。

所谓"下位概念"，它表达的是具体事物的特点，反映个别对象的个性。所谓"上位概念"，它表达的是抽象事物的特点，反映一组具体形象的共性。例如，就"铝合金、钛合金、铜合金"和"金属"这两类概念而言，"铝合金、钛合金、铜合金"这些具体材料就是下位概念；而"金属"则是上位概念，如图 6-5 所示。

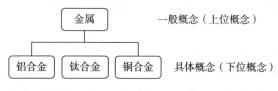

图 6-5 具体（下位）概念与一般（上位）概念

如果发明或者实用新型专利申请请求保护的主题与现有技术或抵触申请的发明或者实用新型相比，其区别仅在于前者采用上位概念，而后者采用下位概念限定同类性质的技术特征，则下位概念的公开使采用上位概念限定的发明或者实用新型专利申请丧失新颖性。例如，一件专利申请请求保护的是"用金属制成的散热器"，而对比文件公开了"用铜制成的散热器"。两者相比，表面上看该申请在使用材料上与对比文件似乎有所差异。但是，通过对两者采取的限定概念的分析，可以看出，该申请对使用材料的限定仅涉及金属材料的共同特性，并没有涉及任何具体金属材料的特性。而对比文件使用的铜本身显然就具备金属材料的共同特性，可以确定该对比文件公开了与该申请同样的内容。结果，对比文件公开的"用铜制成的散热器"就使"用金属制成的散热器"的专利申请丧失新颖性。反之则不成立，一般（上位）概念的公开并不影响采用具体（下位）概念限定的发明或者实用新型专利申请的新颖性。例如，对比文件公开的某产品是"用金属制成的"，并不能使"用铜制成的"同一产品的发明或者实用新型专利申请丧失新颖性。然而，下位概念与上位概念之间的关系是相对而言的。例如，"电冰箱"相对于"制冷设备"来说是下位概念，但相对于"直冷式电冰箱"和"风冷式电冰箱"来说又是上位概念。

（4）惯用手段的直接置换

如果要求保护的发明或者实用新型与对比文件的区别仅是所属技术领域的惯用手段的直接置换，则该发明或者实用新型不具备新颖性。例如，对比文件公开了采用螺钉固定的装置，而要求保护的发明或者实用新型仅将该装置的螺钉固定方式改换为螺栓固定方式，则该发明或者实用新型不具备新颖性。

"惯用手段"是指申请日之前就已经成为所属技术领域的技术人员为解决某个技术问题通常采用的技术手段，而不能把申请日之后、审查日之前在本领域中得到广泛应用的技术手段认为是惯用技术手段。

"直接置换"，即这种置换是直接的而非间接的，这种置换不会影响整体技术方案中的其他组成部分的功能或结构，无需对整体技术方案中的其他组成部分作以改变就可以进行，且置换前后的技术方案所实现的整体技术效果也是相同的。

（5）直接推论

所属技术领域的技术人员能直接明确地从对比文件中推论出来的发明或者实用新型专利申请，属于公知技术，不具有新颖性。例如，对比文件说明了在几种防震装置中采用橡胶材料，尽管描述中没有指明在这些装置中是明显利用了橡胶的弹性性质，但这种公开使在同样装置中利用弹性材料的发明创造丧失新颖性。

（6）数值和数值范围对新颖性的影响

如果要求在保护的发明或者实用新型的权利要求中存在以数值或者连续变化的数值范围限定的技术特征，例如部件的尺寸、温度、压力以及组合物的组分含量，而其余技术特征与对比文件相同，则其新颖性的判断应当依照以下三项规定。

其一，对比文件公开的数值或者数值范围落在限定的技术特征的数值范围内，将破坏要求保护的发明或者实用新型的新颖性。例如，专利申请的权利要求为一种铜基形状记忆合金，包含10%～35%（重量）的锌和2%～8%（重量）的铝，余量为铜。如果对比文件公开了包含20%（重量）锌和5%（重量）铝的铜基形状记忆合金，则上述对比文件破坏该专利申请的权利要求的新颖性，如图6-6所示。

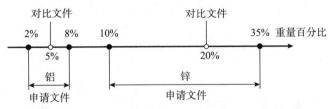

**图6-6　对比文件数值落在发明数值范围中间，发明不具有新颖性**

其二，对比文件公开的数值范围与限定的技术特征的数值范围部分重叠或者有一个共同的端点，将破坏要求保护的发明或者实用新型的新颖性。例如，专利申请的权利要求为一种氮化硅陶瓷的生产方法，其烧成时间为1～10小时。如果对比文件公开的氮化硅陶瓷的生产方法中的烧成时间为4～12小时，由于烧成时间在4～10小时的范围内重叠，则该对比文件破坏该权利要求的新颖性，如图6-7所示。

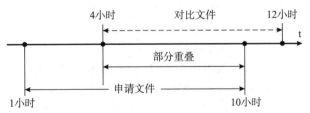

**图6-7　与对比文件数值部分重叠，发明不具有新颖性**

又如，专利申请的权利要求为一种等离子喷涂方法，喷涂时的喷枪功率为20～50kW。如果对比文件公开了喷枪功率为50～80kW的等离子喷涂方法，由于具有共同的端点50kW，因此该对比文件破坏该权利要求的新颖性，如图6-8所示。

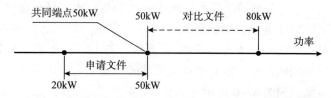

**图6-8　与对比文件数值有共同端点，发明不具有新颖性**

其三，发明数值离散落在对比文件数值中间，两端点发明不具有新颖性。但不破坏限定的技术特征为该两端点之间任一数值的发明或者实用新型的新颖性。例如，专利申请的权利要求为一种二氧化钛光催化剂的制备方法，其干燥温度为40℃、58℃、75℃或者100℃。如果对比文件公开了干燥温度为40~100℃的二氧化钛光催化剂的制备方法，则该对比文件破坏干燥温度分别为40℃和100℃时权利要求的新颖性，但不破坏干燥温度为58℃和75℃时权利要求的新颖性，如图6-9所示。如果限定的技术特征的数值或者数值范围落在对比文件公开的数值范围内，并且与对比文件公开的数值范围没有共同的端点，则对比文件不破坏要求保护的发明或者实用新型的新颖性。

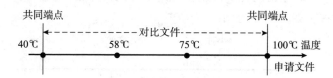

**图6-9　发明数值离散落在对比文件数值中间，
两端点发明不具有新颖性**

又如专利申请的权利要求为一种乙烯-丙烯共聚物，其聚合度为100~200，如果对比文件公开了聚合度为50~400的乙烯-丙烯共聚物，则该对比文件不破坏该权利要求的新颖性，如图6-10所示。

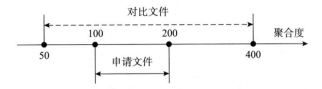

**图 6-10　发明数值落在对比文件数值中间，无共同两端点，发明具有新颖性**

### 2. 创造性原则

新颖性判断的是发明或者实用新型是否与单独一份对比文件相同，因此其判断是较为客观的。针对特定的发明、实用新型和特定的现有技术，无论谁来判断，其结论一般来说都会保持一致。创造性的判断则不同，是否具有"实质性特点"和"进步"，以及是否具有"突出的实质性特点"和"显著的进步"，不同水平的人来判断，其结论会有所不同。

（1）所属技术领域的技术人员

为了使创造性的判断有一个尽可能统一的标准，尽量避免主观因素的影响，不致因人而异，按照国际上普遍采用的概念，专利法建立了一个统一的"参照系"，这就是所谓"所属技术领域的技术人员"的概念。

所谓所属技术领域的技术人员，不是指具体的哪一个人，而是为了统一判断标准而虚拟的"人"；或者说是一个设想的或者叫假设的"人"。"他"知晓申请日或优先权日之前发明或实用新型所属领域所有的普通技术知识；"他"能够获知该技术领域中所有的现有技术，并且能够理解有关的现有技术文件，尤其是查新检索报告中的文件，具有独立进行基本分析和实验的一般手段和能力；但是"他"不具有创造能力，如图 6-11 所示。

如果一项发明或者实用新型的完成对于这样的人来说是十分困难的，那么这项发明或者实用新型具备创造性；相反，如果对所属技术领域的技术人员是显而易见的，那么它就不具备创造性。因此，在判断创造性时，应当把自己放在所属技术领域的技术人

**图6-11 所属领域的技术人员**

员的地位上，而不能以自己的知识水平和创造能力来衡量。❶

正如世界知识产权组织工业产权司司长巴厄末尔说的那样：如果他的知识非常渊博，是一个天才，是世界上伟大的专家，那么，对于他来说，几乎没有什么发明是非显而易见的。如果他不是一个专家（更不用说是一个无知的孩子了），那么对于他来说，多数技术方案似乎都是非显而易见的。因此，根据大多数国家的专利法，需要作出判断的那个人并不属于这两种极端的人。需要作出判断的这个人是一个有点不可思议的人，一个具有本行业一般专业技术的人，他是一个想象中的人，他是专利法产生出来的人；这个人必须懂技术，也就是说必须有知识、有经验、有理解力，尤其是有技术专长。

随着技术的发展，涉及多领域的发明创造越来越多，当要解决一个技术问题时，对发明人来说，在本领域或其他领域寻找技术解决手段是自然的事。例如要解决锁的报警问题，即便是机械领域的发明人，也会自然地到电子领域寻找电子报警电路。因此，所属技术领域的技术人员，除具有本领域的知识和能力之外，还

❶ 沈尧曾，王静安. 工业产权浅论［M］. 北京：专利文献出版社，1986：8.

被认为应具有从其他有关技术领域中获知该申请日或优先权日之前的相关现有技术、普通技术知识和常规实验手段的能力。❶

（2）创造性判断的步骤

对创造性的判断，是将发明、实用新型专利申请或者专利的权利要求的技术方案与申请日（或者优先权日）以前的现有技术作比较的基础上进行的。应当注意的是，判断的基础是权利要求所要求保护的技术方案，而不是说明书中记载的内容。判断时，应当将每一项权利要求的内容作为一个整体来看待，并需要对每一项权利要求分别进行判断。因此，创造性的判断比新颖性的判断更为困难。为了能够将创造性判断的主观因素限制到一个最小的范围，《专利审查指南2023》提出了创造性判断的"三步法"，如图6-12所示。

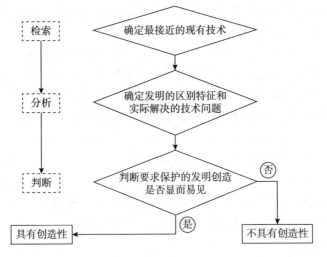

**图 6-12　创造性判断的步骤**

第一步，确定最接近的现有技术，以此作为判断创造性的基础。

---

❶　张清奎. 专利审查概说［M］. 北京：知识产权出版社，2002：10.

最接近的现有技术，是指现有技术中与要求保护的发明最密切相关的技术方案，它是判断发明是否具有突出的实质性特点的基础。

最接近的现有技术，通常与要求保护的发明技术领域相同，所要解决的技术问题、技术效果或者用途最接近和/或公开了发明的技术特征最多，或者虽然与要求保护的发明技术领域不同，但能够实现发明的功能，并且公开发明的技术特征最多。

第二步，确定发明的区别特征和发明实际解决的问题。发明所要解决的问题，是指发明在最接近的现有技术基础上客观解决的技术问题。

第三步，判断要求保护的发明对所属技术领域的技术人员来说是否显而易见。在该步骤中，要从最接近的现有技术和发明实际解决的技术问题出发，判断要求保护的发明对所属技术领域的技术人员来说是否显而易见。

通过上述三步法判断后，要求保护的发明或者实用新型的技术方案与现有技术对比，如果其技术方案相对于现有技术是非显而易见的，具有突出的实质性特点，则具有创造性；如果是显而易见的，无突出的实质性特点，则不具有创造性。

上述三个步骤中，前两个步骤取决于检索和分析的工作，工作量较大，但是其判断是比较客观的，受主观因素的影响很小。判断的难点在于第三个步骤，需要考虑的因素包括：①被组合的现有技术是来自相邻的技术领域，还是来自较远的技术领域；②被组合的现有技术的相关程度；③需要组合的现有技术的数量是少还是多等。

创造性的判断不可避免地会有主观判断的因素，"三步法"并不是判断创造性的唯一方法和必然步骤，"三步法"判断模式的好处在于能够理顺创造性判断的思路，从而将主观因素限制到一个最小的范围。

（3）创造性判断的时间界限

判断创造性有一个时间标准，这个标准和判断新颖性时是一样的, 即与申请日以前的现有技术相比, 而不能与审查员审查时的已有技术进行比较。

具体而言, 要作出这种判断必须把申请专利的发明创造与在确切的申请日前已经存在的现有技术进行比较。要考虑的现有技术不能是作出判断之日所存在的现有技术水平, 因为作出上述判断的日期常常比提出该申请的日期晚几年。

采用延迟审查制度的国家, 申请日与实审日这两个日期之间的间隔通常达 2~5 年, 在特殊情况下还会更长。在此期间, 各技术领域里的知识很有可能已经取得重大发展, 对非显而易见性作出判断之日的技术会在很大程度上不同于在提出申请之日的技术。具有本行业一般专业技能的人的知识也会发生重大变化。在这 2~5 年或更长的时期内, 他的知识无疑会变得更加广泛, 经验会变得更加丰富, 当他在作出判断时, 他必须不顾他在上述期间所学到的一切。他必须依靠过去在提出专利申请之日时的知识和当时的技术水平为基准, 不能以审查日的知识和技术水平作为判断已有技术的时间, 这一点在判断新颖性和创造性时都是应当注意的, 如图 6-13 所示。

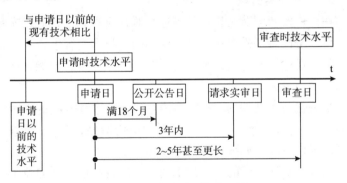

图 6-13 创造性判断的时间界限

(4) 创造性判断应注意的问题

创造性判断至少要注意以下两个问题。

其一, 创立发明的途径。应该讲, 绝大多数发明是发明人创造性活动的结晶。但是，也有一部分发明是偶然做出的。不管发明者在创立发明过程中是历尽艰险，还是唾手可得，都不应当影响对该发明创造性的评价。例如，公知的汽车轮胎具有很好的强度和耐磨性能，但它曾是由于一名工匠准备黑色橡胶配料时，把决定加入3%的炭黑错用为30%而造成的。事实证明，加入30%的炭黑生产出的橡胶具有原先不曾预料的高强度和耐磨性能，尽管它是由于操作者偶然的疏忽造成的，但不影响该发明产生了预料不到的技术效果，所以具备创造性。

其二，避免"事后诸葛亮"。判断一项发明创造的创造性时，由于审查员或者公众是在了解了发明内容之后才作出判断的，因而容易对发明的创造性估计偏低，从而犯"事后诸葛亮"的错误。

有这样一种说法：由于审查员或者公众因为同时看到了问题和答案，恰似观看了亮了底的魔术，根本不感到新奇，因此往往会否定发明创造的创造性。这句话一针见血地指出了某些审查员或者公众容易出现的一种倾向。

### 3. 专利前景分析

在评价发明创造是否具备创造性时，应当先进行对比文献检索，将一份或者多份对比文件中的不同的技术内容组合在一起进行评定，通过综合对比，可以进行专利前景分析，即能否被授予专利权的前景分析。

当一份对比文件的现有技术内容将准备申请专利的技术特征全部覆盖了，证明没有新颖性，更没有创造性，没有授权前景，不可以申请专利，如图6-14（a）所示。

当两份对比文件的现有技术内容将准备申请专利的技术特征部分覆盖了（即没有全面覆盖），证明有新颖性，但创造性需要评价，如图6-14（b）所示。

当两份（含两份）以上多篇对比文件的现有技术内容的组合都没有将准备申请专利的技术特征全部覆盖，应当认为具有新颖性，又有创造性，有被授予专利权前景，应当积极申请专利，如图 6 - 14（c）所示。

概括发明创造的技术特点所需要引用的对比文献篇数也在一定程度上反映了发明创造水平或高度。被引用的对比文献越多，该发明具备创造性的可能性越大。❶

两份（含两份）以上对比文件，可以是两份不同的对比文件的结合，或者是 1 份对比文件与 1 项公知技术常识的结合，也可以是 1 份对比文件与 1 份通过参考文件获得的技术的结合。

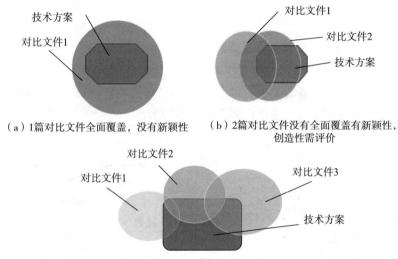

（a）1篇对比文件全面覆盖，没有新颖性　　（b）2篇对比文件没有全面覆盖有新颖性，创造性需评价

（c）多篇对比文件都没有将准备申请专利的技术特征全部覆盖，具有创造性

**图 6 - 14　专利前景分析**

### 4. 专利性审查的出发点

专利性是一个统一的整体，包括新颖性、创造性和实用性。

新颖性是从发明创造同社会的关系进行审查，如果属于现有技术，就失掉了作为专有财富保护的必要，这是无形财富和有形财富不同的地方。

创造性则是从发明创造的历史关系进行审查，即申请保护的

---

❶ 刘春田. 知识产权法学［M］. 北京：高等教育出版社，2019：8.

发明创造同现有技术或者现有设计相比，如果没有作出创造性贡献，就降低甚至丧失了作为财富保护的使用价值。

实用性则是从发明创造同生产的关系进行审查，如果不能转化为生产力，也就失掉了作为财富保护的必要性。

能不能取得专利权，最根本原因还在于专利申请是否符合专利性的要求。在申请前对专利性作出正确判断才能避免申请的盲目性。❶

### 四、保密性原则

#### 1. 保密专利申请的规定

《专利法》第四条规定："申请专利的发明创造涉及国家安全或者重大利益需要保密的，按照国家有关规定办理。"这是有关保密专利申请的规定，如图 6 – 15 所示。

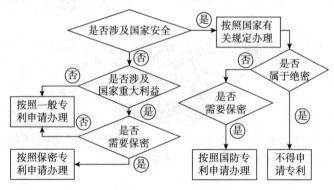

**图 6 – 15　保密专利申请的规定**

"涉及国家安全的发明"，主要是指国防专用或者对国防有重大价值的发明，例如武器或者用于武器上的新式部件和控制武器的电子计算机等，但也不排除其他涉及国家安全的发明。

"涉及国家重大利益的发明"，是指涉及国家安全以外的其

---

❶ 李家浩. 中华人民共和国专利法介绍［M］. 北京：专利文献出版社，1984：12.

他重大利益的发明，例如会影响国家经济、科技实力的发明。某些发明虽然不是国防专用或者在国家安全上有重大价值，但在公布后可能会影响国家的防御能力，损害国家的政治、经济利益或削弱国家的经济、科技实力，也应当予以保密。

"需要保密"，是指保密范围不宜过宽。对于军民两用的发明创造，有关的发明也可以民用，申请人如果希望其发明能够推广应用，就可以按照一般申请办理。

"国家有关保密的规定"包括《保守国家秘密法》《科学技术进步法》的规定，也包括《专利法实施细则》和《国防专利条例》等有关行政法规中的规定。

### 2. 保密专利申请的处理

《专利法实施细则》第七条第一款规定："专利申请涉及国防利益需要保密的，由国防专利机构受理并进行审查；国务院专利行政部门受理的专利申请涉及国防利益需要保密的，应当及时移交国防专利机构进行审查。经国防专利机构审查没有发现驳回理由的，由国务院专利行政部门作出授予国防专利权的决定。"

国防专利，是指涉及国防利益以及对国防建设具有潜在作用需要保密的发明专利。

国防专利申请审查方式，是指由国防专利机构受理并进行审查；国务院专利行政部门受理的专利申请涉及国防利益需要保密的，应当及时移交国防专利机构审查，经国防专利机构审查没有发现驳回理由的，由国务院专利行政部门作出授予国防专利权的决定。也就是说，专利申请涉及国防利益需要保密的，采取单独的国防专利的做法，如图 6-16 所示。

《专利法实施细则》第七条第二款规定："国务院专利行政部门认为其受理的发明或者实用新型专利申请涉及国防利益以外的国家安全或者重大利益需要保密的，应当及时作出按照保密专利申请处理的决定，并通知申请人。保密专利申请的审查、复审以及保密专利权无效宣告的特殊程序，由国务院专利行政部门规定。"

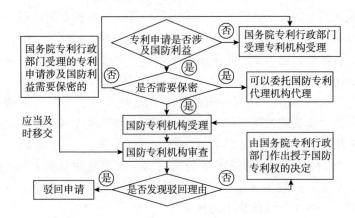

**图 6 – 16　国防专利申请与审查方式**

《专利法实施细则》第六十一条规定："保密专利申请经审查没有发现驳回理由的，国务院专利行政部门应当作出授予保密专利权的决定，颁发保密专利证书，登记保密专利权的有关事项。"

涉及国防利益以外的保密专利审查与国防专利审查不一样，对于涉及国防利益以外的国家安全或者重大利益需要保密的全部审查程序都在国务院专利行政部门内部进行，不通过国防专利机构审查。

专利保密是暂时的，到适当时候会解除保密的限制。保密专利解密后，在专利权的剩余期限内，仍受到法律保护，任何人不得侵犯。

**3. 向外国申请专利保密审查的规定**

《专利法》第十九条第一款规定："任何单位或者个人将在中国完成的发明或者实用新型向外国申请专利的，应当事先报经国务院专利行政部门进行保密审查。保密审查的程序、期限等按照国务院的规定执行。"

《专利法实施细则》第八条第一款规定："专利法第十九条所称在中国完成的发明或者实用新型，是指技术方案的实质性内容在中国境内完成的发明或者实用新型。"

《专利法实施细则》第八条第二款规定："任何单位或者个

人将在中国完成的发明或者实用新型向外国申请专利的，应当按照下列方式之一请求国务院专利行政部门进行保密审查：

"（一）直接向外国申请专利或者向有关国外机构提交专利国际申请的，应当事先向国务院专利行政部门提出请求，并详细说明其技术方案；

"（二）向国务院专利行政部门申请专利后拟向外国申请专利或者向有关国外机构提交专利国际申请的，应当在向外国申请专利或者向有关国外机构提交专利国际申请前向国务院专利行政部门提出请求。"

《专利法实施细则》第八条第三款规定："向国务院专利行政部门提交专利国际申请的，视为同时提出了保密审查请求。"

《专利法实施细则》第九条第一款规定："国务院专利行政部门收到依照本细则第八条规定递交的请求后，经过审查认为该发明或者实用新型可能涉及国家安全或者重大利益需要保密的，应当在请求递交日起2个月内向申请人发出保密审查通知；情况复杂的，可以延长2个月。"

《专利法实施细则》第九条第二款规定："国务院专利行政部门依照前款规定通知进行保密审查的，应当在请求递交日起4个月内作出是否需要保密的决定，并通知申请人；情况复杂的，可以延长2个月。"

理解上述规定，应当注意以下四个问题。

第一，为了鼓励向外国申请专利，提高我国国际竞争力，任何单位或者个人可以将在中国完成的发明或者实用新型"直接向外国申请专利或者向有关国外机构提交专利国际申请"。

但是，直接向外国申请专利或者向有关国外机构提交专利国际申请的，应当事先向国务院专利行政部门提出请求，并详细说明其技术方案。

第二，首先向国务院专利行政部门申请专利后向外国申请专利或者向有关国外机构提交专利国际申请的，也是一种选择。

第三，向国务院专利行政部门提交专利国际申请的，视为同时提出了保密审查请求。

第四，任何单位包括在我国的外商投资企业，此项规定是为了防止一些外国母公司出于对其利益的考虑，以委托或者合作的名义，通过合同约定这些发明创造的权利属于母公司，首先以母公司名义在外国申请专利，从而规避原《专利法》规定的应首先在我国申请专利的规定。如果这些发明创造中有涉及国家安全或者重大利益的情况，将会泄露国家秘密。

《专利法》第十九条第四款规定："对违反本条第一款规定向外国申请专利的发明或者实用新型，在中国申请专利的，不授予专利权。"即任何单位或者个人将在中国境内完成的发明或者实用新型向外国申请专利而没有向国务院专利行政部门提出保密审查请求，该发明或者实用新型在中国申请专利的，不授予专利权。

《专利法》第七十八条规定："违反本法第十九条规定向外国申请专利，泄露国家秘密的，由所在单位或者上级主管机关给予行政处分；构成犯罪的，依法追究刑事责任。"

上述一系列规定如图6-17所示。

## 五、诚实信用原则

诚实信用原则是民法的基本原则，简称诚信原则，要求人们在民事活动中应当诚实、守信用，正当行使权利和履行义务。

### 1. 诚实信用原则在专利法中的规定

《专利法》第二十条第一款规定："申请专利和行使专利权应当遵循诚实信用原则。不得滥用专利权损害公共利益或者他人合法权益。"将诚实信用原则引入专利法，目的在于强化诚实信用原则对权利人申请专利和行使专利权的指导作用，规制专利申请人、专利权人滥用其专利申请或专利权妨害正常的市场竞争秩序或者损害公共利益和他人的合法权益。

对诚实信用原则，《专利法实施细则》作出了更具体的规定，如图6-18所示。

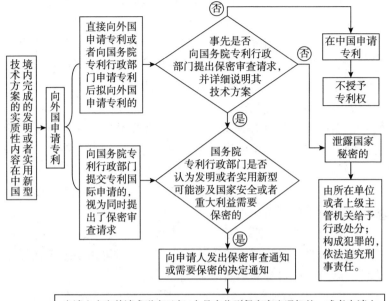

图 6 – 17　关于向外国申请专利保密的规定

《专利法》第二十条第一款规定："申请专利和
行使专利权应当遵循诚实信用原则。不得滥用
专利权损害公共利益或者他人合法权益。"

《专利法实施细则》第十一条规定："申请专利应当遵
循诚实信用原则。提出各类专利申请应当以真实发明
创造活动为基础，不得弄虚作假。"

《专利法实施细则》
第五十条初步
审查事项

《专利法实施细则》
第六十九条无效
宣告请求的理由

《专利法实施细则》
第一百条违反诚
信原则行政责任

《专利法实施细则》
第五十九条实质
审查驳回的理由

《专利法实施细则》
第八十八条开放
许可的诚信原则

图 6 – 18　诚实信用原则

根据《专利法实施细则》第五十条规定，在初步审查中要审查发明专利申请、实用新型专利申请、外观设计专利申请是否符合《专利法实施细则》第十一条的规定，提出各类专利申请应当以真实发明创造活动为基础，不得弄虚作假，提出各类专利申请明显属于不是以真实发明创造活动为基础，或者明显属于弄虚作假的，不授予专利权。

根据《专利法实施细则》第五十九条规定，专利申请不符合细则第十一条的规定应当予以驳回。

根据《专利法实施细则》第六十九条规定，被授予专利的发明创造不符合《专利法实施细则》第十一条规定的可以作为无效宣告请求的理由。

《专利法实施细则》第八十八条规定："专利权人不得通过提供虚假材料、隐瞒事实等手段，作出开放许可声明或者在开放许可实施期间获得专利年费减免"。

《专利法实施细则》第一百条规定："申请人或者专利权人违反本细则第十一条、第八十八条规定的，由县级以上负责专利执法的部门予以警告，可以处10万元以下的罚款。"也就是说，违反诚实信用原则的还可能承担警告、罚款等行政责任。

**2. 滥用知识产权构成垄断的行为**

《专利法》第二十条第二款规定："滥用专利权，排除或者限制竞争，构成垄断行为的，依照《中华人民共和国反垄断法》（以下简称《反垄断法》）处理。"该条款厘清了《专利法》和《反垄断法》之间的关系，可以防止专利权人滥用专利权妨碍市场竞争。

所谓"滥用知识产权，构成垄断行为"，是指经营者违反《反垄断法》的规定行使知识产权，实施垄断协议、滥用市场支配地位等垄断行为。

## 六、禁止重复授权原则

《专利法》第九条第一款规定："同样的发明创造只能被授予

一项专利权。但是，同一申请人同日对同样的发明创造既申请实用新型专利又申请发明专利，先获得的实用新型专利权尚未终止，且申请人声明放弃该实用新型专利权的，可以授予发明专利权。"

"同样的发明创造只能被授予一项专利权"，被称为"禁止重复授权原则"，其含义是，两个或两个以上的申请人分别就同样的发明创造申请专利，即使申请都符合《专利法》的要求，都符合授予专利权的条件，也只能对其中一个申请人授予专利权，不能由数个申请人同时或先后就同样的发明创造获得相同的专利权。

"禁止重复授权原则"，也称为"一发明一专利原则"，其含义是，为了保证受专利法保护的专利权不发生冲突，即使对同一申请人同日对同样的发明创造既申请实用新型专利又申请发明专利的，也只能被授予一项专利权。在实际操作中，同一申请人可以就同一发明创造同日提出发明专利申请和实用新型专利申请，因为对实用新型专利申请不进行实质审查，申请人可以较快地获得专利保护。当发明专利申请进入授权程序时，申请人可以通过放弃尚未终止的实用新型专利权，获得保护期限更长的发明专利权，如图 6 - 19 所示。

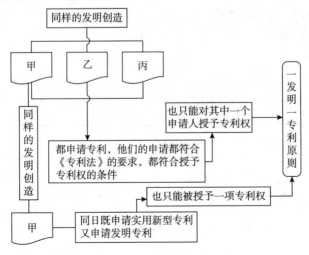

**图 6 - 19 禁止重复授权原则的含义**

## 七、先申请原则

《专利法》第九条第二款规定："两个以上的申请人分别就同样的发明创造申请专利的，专利权授予最先申请的人。"这就是通常所说的"先申请原则"。

小西六公司是众所周知的一家日本照相机公司。该公司于1957年12月5日召开了该公司第三十一届研究工作会议，会上宣布了一项8mm摄影机驱动电机的电池消耗量表示法的研制计划。因为使用这类摄影机，如果不了解电池的消耗量，可能会招致摄影的失败。担任这项研制工作的第三设计科，研究确定了如下方案：在电池与电机之间装上电阻，与电路进行转换，利用摄影机上已有的指针来指示电池消耗量。于是，根据这个方案进行了设计，1958年1月中旬完成，1月31日制图，2月3日图纸全部完成，至此，可以认为该发明已经完成。可惜的是，小西六公司却在繁忙中忘记了去申请专利。

说来也巧，完全相同的发明构思在另一家日本照相机公司雅西卡也产生了，雅西卡公司提交专利申请之日正好是小西六公司完成设计图的1958年2月3日，该申请经过审查，于1960年4月3日被批准为专利，如图6-20所示。

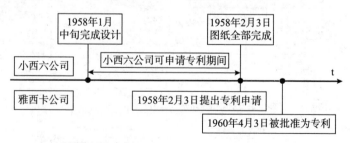

**图6-20　先申请原则案例（小西六公司失去申请机会）**

看到日本专利公报，小西六公司慌了手脚，再提出申请已为时晚矣（因为日本也实行先申请原则）！就这样，小西六公司因为没有及时申请专利而失去了本来可以获得专利的机会（而且，

如不经过雅西卡公司的许可，小西六公司就不能生产带有这种发明的摄影机），该是多么遗憾！❶

有这样一段话应当作为专利申请者的座右铭：专利申请，刻不容缓，必须先发制人，唯有如此，才能成为该项发明创造的"主人"，控制产品市场争夺的"制高点"。

因此，当一项发明创造具备它的潜在市场时，应尽快抢先申请专利。因为同一个项目，往往有一个或多个竞争对手在进行研究。如果没有抢先意识，本来是先发明者，却被后发明者抢先申请了专利，反而会被对方指控为侵害了他的专利权。

如果能证明自己有先用权，这样还可以自我保护，否则会被后发明者抢先取得专利权，自己反而会受到禁止制造和销售该产品的限制。而一旦失去了对拥有的技术申请专利的机会，技术就可能变得一文不值！

例如，美国的一位工程师在一家石油设备公司工作，经过多年的辛勤钻研，他研制出了一种新型钻机，经现场试验，不仅比已有的钻机性能更好，而且造价低廉。在公司经理史密斯的鼓励下，这位工程师就这项发明向公司递交了专利申请报告。但是，当时专门负责公司专利申请事务的工作人员忽略了这项发明，认为这个钻机只不过是在工艺制作方面进行了一般性的改进，不值得花钱去申请专利。鉴于它有一定的实用价值，公司可将其作为商业秘密予以使用和保护。然而不久，另外一家石油设备公司研制出了同该钻机相同的钻机，该公司立即将此钻机申请并获得了专利。在获得专利的同时，该公司宣称他们愿以每生产一台新钻机收取一万美元的专利提成费的条件转让该专利。毫无疑问，这件事给了史密斯经理领导的公司极大的震动。亡羊补牢，未为晚矣，史密斯立刻在公司内作出决策：日后只要其公司搞出了新的发明或研究成果，不管费用多少，都要立即申请专利。

应当明确，"最先申请"是指申请符合专利法规定，取得了

❶ 郝庆芬. 专利法例话［M］. 北京：法律出版社，1985：6.

申请日和申请号的有效申请。没有获得申请日和申请号的申请，或者已失去效力的申请，即使申请在先，也不能作为"最先申请"获得专利权。例如申请人提出申请后又撤回申请的，或者其申请按照专利法的规定被视为撤回或者被驳回的，就不能依照"先申请原则"授予专利权，而应当由在后有效申请的申请人获得专利权。应当注意，如果在先申请是在依法公布后撤回或者被驳回的，那么在后申请虽然按照先申请原则可以被授予专利权，但因为根据《专利法》第二十二条第二款的规定丧失了新颖性，所以仍不能被授予专利权。

先申请原则是以申请日作为判断申请先后的标准。但如果两个以上的申请人分别就同样的发明创造在同一日提出专利申请，怎么办？

《专利法实施细则》第四十七条第一款规定："两个以上的申请人同日（指申请日；有优先权的，指优先权日）分别就同样的发明创造申请专利的，应当在收到国务院专利行政部门的通知后自行协商确定申请人。"这就是所谓的协商原则。这项规定的意思是，国务院专利行政部门只对协商确定的申请人授予专利权。如果协商不一致，或者一方拒绝协商，则对双方都不授予专利权，如图6-21所示。

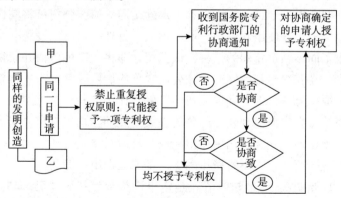

图6-21 协商原则示意

这样做看起来似乎对申请人有些苛刻，不过因为两个以上的申请人同日提出同样的发明创造专利申请并不是普遍问题，而且，即使出现这种情况，两个以上的申请人都希望获得专利权，他们为自己的利益应该会通过协商达成协议，如共同申请等。

## 八、优先权原则

### 1. 外国优先权

《专利法》第二十九条第一款规定："申请人自发明或者实用新型在外国第一次提出专利申请之日起十二个月内，或者自外观设计在外国第一次提出专利申请之日起六个月内，又在中国就相同主题提出专利申请的，依照该外国同中国签订的协议或者共同参加的国际条约，或者依照相互承认优先权的原则，可以享有优先权。"这种优先权称为外国优先权。

### 2. 外国优先权的效力

由于优先权的规定，享有优先权的专利申请会使得第三人在优先权期间内提出同样内容的专利申请不能获得专利权。例如，甲 1 月 1 日在 A 国就一项发明第一次提出了专利申请，则甲在 12 个月内（如同年 9 月 30 日）可以就同一发明在全体其他缔约国（如 B 国）申请专利保护。而在此优先权期间，其他人完成的任何行为都不能成为第三人的权利。再如，甲于某年 9 月 30 日在 B 国就同一发明申请专利，而乙于同年 5 月 30 日在 B 国就同一发明申请专利，尽管乙所提出的申请在 B 国是先提出来的，但甲在 B 国后来的申请由于享有优先权，申请日提前到优先权日，在与乙在 B 国较早提出的申请关系上，甲在 B 国后来的专利申请已经享有优先权了。乙在 B 国是先提出来的专利申请应当予以驳回，如图 6-22 所示。

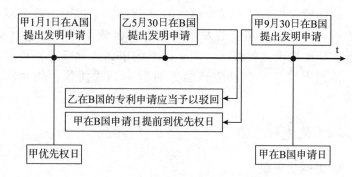

图6-22　外国优先权的效力示意

### 3. 外国优先权的期限

应当注意，外国优先权只在法律规定的期限内享有，即自发明或实用新型在外国第一次向某缔约国提出专利申请之日起12个月内，或者自外观设计在外国第一次提出专利申请之日起6个月内，超过这个期限，不享有优先权。

《专利法实施细则》第三十五条第一款规定："申请人在一件专利申请中，可以要求一项或者多项优先权；要求多项优先权的，该申请的优先权期限从最早的优先权日起计算。"

### 4. 本国优先权

《专利法》第二十九条第二款规定："申请人自发明或者实用新型在中国第一次提出专利申请之日起十二个月内，或者自外观设计在中国第一次提出专利申请之日起六个月内，又向国务院专利行政部门就相同主题提出专利申请的，可以享有优先权。"这就是本国优先权，也称国内优先权。

### 5. 本国优先权的条件

取得本国优先权的条件如下。

第一，申请人就发明或者实用新型或者外观设计已在中国提出过一次申请，并且该申请符合条件，已被国家知识产权局受理并确定申请日。

第二，优先权的期限为自发明或者实用新型在中国第一次提出申请之日起的12个月内，自外观设计在中国第一次提出专利申请之日起 6 个月内。发明或者实用新型超过在中国第一次提出申请之日起 12 个月或者外观设计超过在中国第一次提出专利申请之日起 6 个月再提出申请，则不能享有国内优先权。

第三，自第一次提出申请之后，又向国家知识产权局就相同主题再次提出申请的。

### 6. 本国优先权的基础

《专利法实施细则》第三十五条第二款规定："发明或者实用新型专利申请人要求本国优先权，在先申请是发明专利申请的，可以就相同主题提出发明或者实用新型专利申请；在先申请是实用新型专利申请的，可以就相同主题提出实用新型或者发明专利申请。外观设计专利申请人要求本国优先权，在先申请是发明或者实用新型专利申请的，可以就附图显示的设计提出相同主题的外观设计专利申请；在先申请是外观设计专利申请的，可以就相同主题提出外观设计专利申请。但是，提出后一申请时，在先申请的主题有下列情形之一的，不得作为要求本国优先权的基础：

"（一）已经要求外国优先权或者本国优先权的；

"（二）已经被授予专利权的；

"（三）属于按照规定提出的分案申请的。"

根据该项规定，在要求本国优先权时，作为优先权基础的在先申请应当是一件确实存在并且尚未结案的专利申请，如果已经被授予专利权的专利申请已经结案，不得作为要求本国优先权的基础。已经要求外国优先权或者本国优先权的，不得作为要求本国优先权的基础，言下之意，本国优先权只能要求一次，不能多次要求本国优先权。

为了避免由于要求本国优先权而使同一发明或者实用新型专利申请被重复授权，《专利法实施细则》第三十五条第三款规定："申请人要求本国优先权的，其在先申请自后一申请提出之日起即视为撤回，但外观设计专利申请人要求以发明或者实用新型专利申请作为本国优先权基础的除外。"如图 6–23 所示。

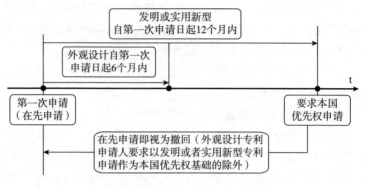

**图6-23　本国优先权示意**

### 7. 本国优先权的作用

本国优先权的作用表现在以下四个方面。

第一，提出合案申请。依照本国优先权制度，申请人可以通过要求优先权提出合案申请，即在优先权期间，在符合单一性原则的条件下将若干在先申请合并在一份在后申请中要求多项优先权。

第二，保留申请日，节约费用。依照本国优先权制度，在后申请一经提出，在先申请即被视为撤回，申请人只需支付在后申请的各项费用，而作为优先权基础的在先申请，除了已支付的费用，其他各项费用都将省去，而达到同样效果的保护。

第三，有机会补充完善在先申请。依照本国优先权制度，申请人有机会完善在先申请，即在优先权期间，申请人可以对在先申请补充具体实施方式或者增加新的要素，以完善在先申请。在没有本国优先权的时候，对专利申请文件的修改是不能超出原始申请范围的。有了本国优先权，申请人可以通过要求本国优先权，对申请文件进行修改，通过写入新的内容以补充完善首次申请。但是注意新增加的内容应该是与在中国第一次提出的专利申请为相同主题的技术方案。如果在某项权利要求中写入新增加的技术特征，则新增技术特征的权利要求不能享有优先权，只能以实际申请日为准。

第四，实现三种类型专利申请的转换。

**8. 要求优先权的手续**

《专利法》第三十条第一款规定："申请人要求发明、实用新型专利优先权的，应当在申请的时候提出书面声明，并且在第一次提出申请之日起十六个月内，提交第一次提出的专利申请文件的副本。"第二款规定："申请人要求外观设计专利优先权的，应当在申请的时候提出书面声明，并且在三个月内提交第一次提出的专利申请文件的副本。"第三款规定："申请人未提出书面声明或者逾期未提交专利申请文件副本的，视为未要求优先权。"

在具体提交专利申请文件的副本方面，《专利法实施细则》提出了更为明确的要求。

《专利法实施细则》第三十四条第一款规定："申请人依照专利法第三十条的规定要求外国优先权的，申请人提交的在先申请文件副本应当经原受理机构证明。依照国务院专利行政部门与该受理机构签订的协议，国务院专利行政部门通过电子交换等途径获得在先申请文件副本的，视为申请人提交了经该受理机构证明的在先申请文件副本。要求本国优先权，申请人在请求书中写明在先申请的申请日和申请号的，视为提交了在先申请文件副本。"第二款规定："要求优先权，但请求书中漏写或者错写在先申请的申请日、申请号和原受理机构名称中的一项或者两项内容的，国务院专利行政部门应当通知申请人在指定期限内补正；期满未补正的，视为未要求优先权。"第三款规定："要求优先权的申请人的姓名或者名称与在先申请文件副本中记载的申请人姓名或者名称不一致的，应当提交优先权转让证明材料，未提交该证明材料的，视为未要求优先权。"第四款规定："外观设计专利申请人要求外国优先权，其在先申请未包括对外观设计的简要说明，申请人按照本细则第三十一条规定提交的简要说明未超出在先申请文件的图片或者照片表示的范围的，不影响其享有优先权。"

《专利法实施细则》第三十六条规定："申请人超出专利法第二十九条规定的期限，向国务院专利行政部门就相同主题提出发明或者实用新型专利申请，有正当理由的，可以在期限届满之日起 2 个月内请求恢复优先权。"

在上述规定中，有 4 种视为未要求优先权的情况、两种视为提交了在先申请文件副本的情况，应加以注意，如图 6 – 24 所示。

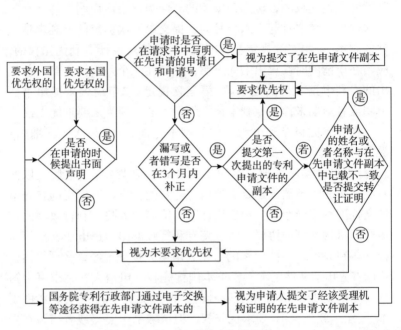

**图 6 – 24　要求优先权的手续**

## 九、单一性原则

《专利法》第三十一条第一款规定："一件发明或者实用新型专利申请应当限于一项发明或者实用新型。属于一个总的发明构思的两项以上的发明或者实用新型，可以作为一件申请提出。"第二款规定："一件外观设计专利申请应当限于一项外观设计。同一产品的两项以上的相似外观设计，或者用于同一类别并且成套出售或者使用的产品的两项以上外观设计，可以作为一件申请提出。"但是，应当注意，同一产品的整体设计与其任何局部设计，不能作为一件申请提出。

归纳起来一句话，一件专利申请应当限于一项发明创造，属于一个总的发明构思的两项以上的发明或者实用新型，可以作为一件申请提出。一件外观设计专利申请应当限于一种产品所使用的一项外观设计。用于同一类别并且成套出售或者使用的产品的两项以上的外观设计，可以作为一件申请提出。这就是专利法所规定的单一性原则。

**1. 单一性原则的实质**

《专利法实施细则》第三十九条规定："依照专利法第三十一条第一款规定，可以作为一件专利申请提出的属于一个总的发明构思的两项以上的发明或者实用新型，应当在技术上相互关联，包含一个或者多个相同或者相应的特定技术特征，其中特定技术特征是指每一项发明或者实用新型作为整体，对现有技术作出贡献的技术特征。"例如锁与钥匙、插头与插座、药品与其制造方法等。

因此，单一性原则的实质是，一项发明或者实用新型申请只应要求保护一项发明或者一项实用新型，或者与一个总的发明构思有关联的发明或实用新型。当一件申请包括几项发明或者实用新型时，只有在所有这几项发明或者实用新型之间有一个总的发明构思，使之相互关联的情况下才被允许。《专利法实施细则》第四十八条第二款规定："国务院专利行政部门认为一件专利申请不符合专利法第三十一条和本细则第三十九条或者第四十条的规定的，应当通知申请人在指定期限内对其申请进行修改；申请人期满未答复的，该申请视为撤回。"

**2. 属于一个总的发明构思的方式**

属于一个总的发明构思的两项以上发明或者实用新型，可以作为一件申请提出。属于一个总的发明构思的方式包括以下6种：

① 产品＋产品，或方法＋方法；

② 产品＋制造该产品的方法；

③ 产品＋该产品的用途；

④ 产品＋制造该产品的方法＋该产品的用途；

⑤ 产品＋制造该产品的方法＋实施该制造方法的专用设备；

⑥ 方法＋实施该方法的专用设备。

在属于一个总的发明构思的前提下，除上述排列组合方式外，还允许有其他的方式；也就是说，以上所列 6 种方式并非穷举。

反之，凡是不属于一个总的发明构思的两项以上独立权利要求，即使按照所列举的 6 种方式中的某一方式撰写，也不能允许在一件申请中提出。

### 3. 分案申请

分案申请是从原专利申请文件中分离出不符合单一性原则的专利申请，目的是给予把原申请中不符合单一性原则的包含两个以上的发明创造的申请的一部分作为新的申请再次提出申请的机会，是对违反单一性原则的补救，也是申请案修改的一种特殊形式。也就是说，一件申请如果有不符合单一性情况的，应当对申请文件进行分案处理，使其符合单一性要求。

### 4. 分案申请的情况

分案申请通常有以下三种情况。

第一种情况：原权利要求书中包含不符合单一性规定的两项以上发明或者实用新型。例如提出申请时，权利要求中写着"A 或者 B"，但由于任择其一的 A 或者 B 在技术上不具有同样功能，相互也没有关联，因此不符合单一性的条件，有必要予以分案申请。在此种情况下，应将该申请的权利要求限制至其中一项发明或者实用新型，对于其余的发明或者实用新型申请人可以提交分案申请，如图 6 – 25 所示。

第二种情况：在修改的申请文件中所增加或替换的独立权利要求与原权利要求书中的发明之间不符合单一性。例如，在申请和审批过程中，申请人在修改权利要求时，将原来仅在说明书中描述的发明 C 或 D 作为独立权利要求增加到原权利要求中或替换原独立权利要求，而 C 或 D 与原权利要求 A 和/或 B 的发明之间缺乏单一性。在此情况下，应将后增加的 C 或替换的 D 从权利要求书中删除，对该删除的发明提交分案申请，如图 6 - 26 所示。

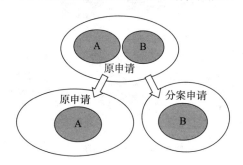

图 6 - 25　分案申请（1）

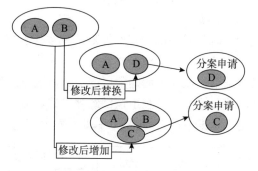

图 6 - 26　分案申请（2）

第三种情况：独立权利要求之一缺乏新颖性或创造性，其余的权利要求之间缺乏单一性。例如，某一独立权利要求（通常是权利要求1）由于缺乏新颖性或创造性，与其并列的其余独立权利要求之间，甚至其从属权利要求之间失去相同或者相应的特定技术特征，即缺乏单一性，因此需要对申请作分案处理。又如，一件包括产品、制造方法及生产设备的申请，经检索和审查发现，产品是已知的，其余的该产品制造方法独立权利要求与该产品生产设备独立权利要求之间显然不可能有相同或者相应的特定技术特征，因此它们需要分案申请，如图 6 - 27 所示。

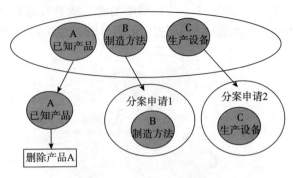

图 6 - 27 分案申请 (3)

应当注意，《专利法实施细则》第四十八条第三款规定："分案的申请不得改变原申请的类别。"

**5. 分案申请的时间**

《专利法实施细则》第四十八条第一款规定："一件专利申请包括两项以上发明、实用新型或者外观设计的，申请人可以在本细则第六十条第一款规定的期限届满前，向国务院专利行政部门提出分案申请；但是，专利申请已经被驳回、撤回或者视为撤回的，不能提出分案申请。"如图 6 - 28 所示。

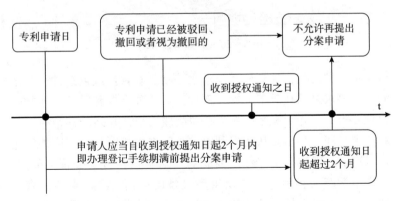

图 6 - 28 提出分案申请的时限

《专利法实施细则》第四十九条第一款规定："依照本细则

第四十八条规定提出的分案申请，可以保留原申请日，享有优先权的，可以保留优先权日，但是不得超出原申请记载的范围。"

**6. 分案申请的手续**

《专利法实施细则》第四十九条第二款规定："分案申请应当依照专利法及本细则的规定办理有关手续。"第三款规定："分案申请的请求书中应当写明原申请的申请号和申请日。"若请求书中没有正确填写原申请的申请号，审查员会发出补正通知书，通知申请人补正。期满未补正的，审查员应当发出视为撤回通知书。

十、修改原则

专利申请向国家知识产权局提出后，申请人对其申请的内容一般是不能改动的。但如遇有误写、用词不够严谨、表达不够准确或申请文件中存在明显错误，对这类缺陷如果不修改，就有可能影响专利权保护范围的确切性，影响公众对专利技术信息的利用。因此，按照《专利法》第三十三条规定，允许申请人进行符合修改原则的改动，并将申请人的这种改动称为修改。

申请人可以对其专利申请文件进行修改，但是有一个基本原则，这个原则是指导各个阶段对专利申请文件进行修改的基本规定，即《专利法》第三十三条的规定："申请人可以对其专利申请文件进行修改，但是，对发明和实用新型专利申请文件的修改不得超出原说明书和权利要求书记载的范围，对外观设计专利申请文件的修改不得超出原图片或者照片表示的范围。"

**1. 原说明书和权利要求书记载的范围**

所谓原说明书和权利要求书记载的范围，是指在申请日所提交的说明书（包括附图）和权利要求书所表达的内容，以及本领域技术人员从说明书和权利要求书所表达的内容中能够直接推导的内容。修改不得超出原说明书和权利要求书记载的范围，是指不得以增添、删节或者替换等修改方式，导致修改后的申请文件中增加了原说明书和权利要求书没有记载并且又不能从其中直接推导的内容。

举例来说，有一个申请是关于几种配料所组成的橡胶成分，申请人如果通过增加一种新添加剂来说明技术内容，如果引进这种添加剂带来一些原申请中没有说明过的特殊效果，那么这种修改应当认为超出了原始公开的范围，是不能允许的。

替换原文或者删节原文，与在原文中增加新内容一样，可以引进新的技术内容。例如，如果有一件要求保护的发明是关于多层层压镶板的，说明书中包括几层材料配置不同的例子，其中之一是聚乙烯的表层。修改时，无论是把这个表层改成聚丙烯的表层还是不要这个表层，都是不允许的。无论哪一种情况，修改过的例子所说明的镶板与原来的镶板都不相同。因此，这种修改被认为增加了新内容，是不能允许的。

附图是说明书的组成部分。原附图中所记载的对于本领域技术人员来说能够清楚、无歧义地看出的技术内容，应认为是原说明书公开的技术内容，如果这些技术内容在原说明书的文字部分没有记载，应当允许补写进去，并作为支持权利要求的依据。

## 2. 修改方式

《专利法实施细则》第五十七条第一款规定："发明专利申请人在提出实质审查请求时以及在收到国务院专利行政部门发出的发明专利申请进入实质审查阶段通知书之日起的 3 个月内，可以对发明专利申请主动提出修改。"第二款规定："实用新型或者外观设计专利申请人自申请日起 2 个月内，可以对实用新型或者外观设计专利申请主动提出修改。"第三款规定："申请人在收到国务院专利行政部门发出的审查意见通知书后对专利申请文件进行修改的，应当针对通知书指出的缺陷进行修改。"第四款规定："国务院专利行政部门可以自行修改专利申请文件中文字和符号的明显错误。国务院专利行政部门自行修改的，应当通知申请人。"

根据上述规定可见，申请人对其申请文件的修改方式包括主动修改和被动修改。申请人自行提出的修改称为主动修改。例如在申请文件递交后，申请人发现申请文件中的明显错误以及有明显的缺陷，或者希望缩小请求专利保护范围，则可主动修改。但是，主动修改只能在规定的时间内进行，以免对审查工作的正常进行产生不利影响。应国家知识产权局要求所做的修改（补正或意见陈述）称为被动修改。

主动修改和被动修改的时限如图 6 - 29 所示。

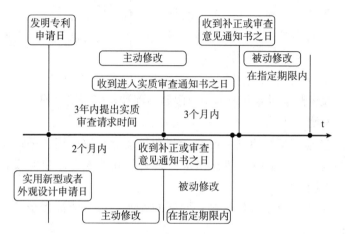

图 6 - 29　主动修改和被动修改的时限

应当注意补正与意见陈述的区别。

补正是在初步审查程序或实质审查程序中，专利局认为申请属于可授予专利权，但申请文件出现可以克服的缺陷，这时会给申请人发出一个"补正通知书"。在"补正通知书"中，审查员根据申请文件的缺陷所在，提出补正建议并限定答复期限。申请人应当在规定期限内对要求补正的内容作出正面答复并以补正书的形式进行补正。

意见陈述是在初步审查中，特别是实质审查中，审查员认为申请中出现了一些实质性错误和缺陷，例如说明书或权利要求书记载的内容不合法、说明书撰写得不清楚或未充分公开等，或者不具备新颖性或创造性而不可能授予专利权，或者存在较严重的缺陷，目前文本不可能授予专利权，审查员会发出一个"审查意见通知书"，要求申请人在指定的期限内陈述意见，或者对其申请文件进行修改，克服缺陷。申请人应当在审查员指定的期限内以"意见陈述书"的形式进行意见陈述，审查员将对申请重新进行审查。

将专利申请十项原则归纳如下。

① 请求原则：启动各种程序的"开关"；

② 书面原则：各种手续以中文书面形式办理；

③ 专利性原则：申请专利的发明创造具有新颖性、创造性和实用性才能够获得专利权；

④ 保密性原则：基于国防利益、国家安全或者重大利益，采用保密制度对专利申请予以限制，即涉及国家安全或者重大利益的发明创造，需要按照有关规定申请保密专利；

⑤ 诚实信用原则：申请专利和行使专利权应当遵循诚实信用原则，不得滥用专利权损害公共利益和他人合法权益或者排除、限制竞争；

⑥ 禁止重复授权原则：同样的发明创造只能被授予一项专利权；

⑦ 先申请原则：专利权授予最先申请的人；

⑧ 优先权原则：外国优先权，自发明或实用新型在外国第一次提出专利申请之日起 12 个月内，或者自外观设计在外国第一次提出专利申请之日起 6 个月内；本国优先权，自发明或者实用新型在中国第一次提出专利申请之日起 12 个月内，或者自外观设计在中国第一次提出专利申请之日起 6 个月内；

⑨ 单一性原则：一件专利申请应当限于一项发明创造；

⑩ 修改原则：对发明和实用新型专利申请文件的修改不得超出原说明书和权利要求书记载的范围，对外观设计专利申请文件的修改不得超出原始图片或者照片表示的范围。

上述十项原则是申请专利过程中必须注意的。从中可以体会到，从完成一项发明创造，到提出专利申请，到获得专利权，需要办理许多手续，经过许多环节，每一个手续和环节都有相应的原则。遵守这些原则是获得专利权的最基本要求。违反这些原则中任何一项，都不能获得专利权。因此，必须遵守这些原则。在上述十项原则之外，申请专利还有一些特别规定，例如说明书的撰写、说明书附图的绘制、权利要求书的撰写、外观设计图片或照片的制作，以及专利审批程序等，在申请专利的过程中都是必须注意的。

# 第七讲　专利申请的手续

　　申请人将发明创造以专利申请文件的形式向国家知识产权局提出专利申请，以及在专利审批程序中，申请人须办理的各种与专利申请有关的手续统称为专利申请手续。

## 第一节　专利申请文件

### 一、专利申请文件的概念

#### 1. 专利申请文件的定义

　　专利申请文件，是专利申请人为取得专利权向国家知识产权局提交的有关专利申请的一系列文件的总称，也是专利申请人向社会公开其发明创造内容的信息载体，如图7-1所示。

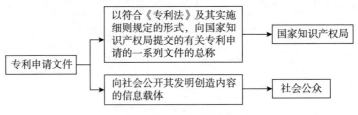

**图7-1　专利申请文件的定义**

#### 2. 专利申请文件的性质

　　专利申请文件不只是法律文件，也不只是技术文件，而是一种技术加法律的综合性文件，兼具技术和法律双重属性。

## 二、专利申请文件的组成

《专利法》第二十六条第一款规定："申请发明或者实用新型专利的，应当提交请求书、说明书及其摘要和权利要求书等申请文件。"

《专利法实施细则》第二十六条第二款中规定："有附图的专利申请，还应当在请求书中指定一幅最能说明该发明或者实用新型技术特征的说明书附图作为摘要附图。"

《专利法》第二十七条第一款规定："申请外观设计专利的，应当提交请求书、该外观设计的图片或者照片以及对该外观设计的简要说明等文件。"

根据上述规定，专利申请文件由两类文件组成：一是必要文件；二是附件。专利申请缺少任何一个必要文件将不予受理；缺少附件的应当予以补正，如表7-1所示。

表7-1　专利申请文件的组成

| | 发明 | 实用新型 | 外观设计 |
|---|---|---|---|
| 必要文件 | 请求书<br>说明书（必要时应当有附图）<br>权利要求书<br>摘要<br>有附图的专利申请在请求书中指定一幅附图作为摘要附图 | 请求书<br>说明书<br>说明书附图<br>权利要求书<br>摘要<br>在请求书中指定一幅附图作为摘要附图 | 请求书<br>图片<br>或照片<br>简要说明 |
| 附件 | 如专利代理委托书、实质审查请求书等 | | 如专利代理委托书 |

# 第二节　请求书

## 一、请求书的概念

### 1. 请求书的定义

请求书是申请人向国家知识产权局表示请求授予专利权愿望的一种书面文件。❶ 这种请求在有些国家要以明示的语言予以表达，而在我国这种请求是默示的，申请人只要按国家知识产权局统一印制的表格填写了"发明专利请求书""实用新型专利请求书"或者"外观设计专利请求书"，并且提交到国家知识产权局，就认为表示了请求授予发明专利、实用新型专利或者外观设计专利的愿望。

### 2. 请求书的法律效力

请求书是用以表达申请人希望对其申请专利的发明创造授予专利权的法律文件。请求书还是国家知识产权局通信、公布出版、授权等工作的依据，它与权利要求书和说明书是确定专利申请的三大重要文件。❷

应当注意，请求书一旦提交并缴纳了申请费，就由其启动专利申请审批程序。除非申请人撤回申请，否则审查将继续，直到作出审查决定。

## 二、请求书的内容及其应当满足的要求

《专利法》第二十六条第二款规定："请求书应当写明发明或者实用新型的名称，发明人的姓名，申请人姓名或者名称、地

---

❶　国家知识产权局条法司. 新专利法详解［M］. 北京：知识产权出版社，2001：8.

❷　何润华，马连元. 你想得到专利吗?：专利工作便览［M］. 天津：南开大学出版社，1985：6.

址，以及其他事项。"

《专利法实施细则》第十九条规定："发明、实用新型或者外观设计专利申请的请求书应当写明下列事项：

"（一）发明、实用新型或者外观设计的名称；

"（二）申请人是中国单位或者个人的，其名称或者姓名、地址、邮政编码、统一社会信用代码或者身份证件号码，申请人是外国人、外国企业或者外国其他组织的，其姓名或者名称、国籍或者注册的国家或者地区；

"（三）发明人或者设计人的姓名；

"（四）申请人委托专利代理机构的，受托机构的名称、机构代码以及该机构指定的专利代理师的姓名、专利代理师资格证号码、联系电话；

"（五）要求优先权的，在先申请的申请日、申请号以及原受理机构的名称；

"（六）申请人或者专利代理机构的签字或者盖章；

"（七）申请文件清单；

"（八）附加文件清单；

"（九）其他需要写明的有关事项。"

专利申请的书面原则，使请求书的填写成为十分重要的事情。下面以发明专利请求书为例说明请求书各栏的填写要求和注意事项。

**1. 由国家知识产权局专利局填写的内容**

表中（1）代表申请号，（2）代表分案提交日，（3）代表申请日，（4）代表费用审批，（5）代表向外申请审批，（6）代表挂号号码，（28）代表国家知识产权局审核意见等，这7项栏目由专利局填写，申请人不要填写。

**2. 名称的填写**

表中第7栏发明名称应当简短、准确，一般不超过25个字，并注意以下六点基本要求。

第一，名称要体现发明的主题。例如"测温传感器""数控机床"，就能很清楚地表明是产品发明。又如"氯化氢提纯法""曲轴加工方法"，能够很清楚地表明是方法发明。

第二，名称应明确表示发明的具体内容，不可使用概念过宽的词汇，如仅写"方法""装置"等。

第三，名称不能使用概念含糊的替代词，例如"钢管等物品的制造装置""半导体及其类似物的制造方法"，其中的"等物品"和"及其类似物"都属于概念模糊不清、含义不清的词汇。

第四，名称不要使用自己排列或认可的编号或加带姓氏或功能性语言，如人名、地名、公司名称以及商标、代号、型号等；又如"北京Ⅰ型椭圆仪"，直接称为"椭圆仪"，前面的"北京Ⅰ型"是不允许使用的。

第五，名称不要直接使用化学式，而应将化学式改用汉语名称来书写或定义，例如"制冷式$CO_2$激光器"，应写成"制冷式二氧化碳激光器"。

第六，如果委托了专利代理机构，名称还应与委托书上的名称一致。如一件申请，委托书上的名称为"单臂刨床时控进给装置"，而请求书上的名称为"刨床时控进给装置"，而说明书又与委托书一致，审查员指出了这样的问题，要求按照委托书上的名称进行修改。专利代理师按照委托书上的名称进行了修改，获得批准。

### 3. 发明人的填写

表中第8栏是发明人的填写，应当注意以下六点内容。

第一，发明人应当是个人。发明人可以请求国家知识产权局不公布其姓名。

发明人可以是一个人，也可以是多个人，但不能是"××研究室""××协作组"之类的组织机构，如"××科研小组"等。

第二，发明人姓名要用规范汉字，如一件名称为"耙矿绞车"的专利申请，发明人姓"顾"，但在填写的时候将"顾"写成了"单人旁加上一个户口的户"，审查员在审查后指出"请求书第 8 栏的×××在字典中查无此字，不知是否写错，请重新提交一份请求书及补正书"。申请人补正后才获得通过。

第三，发明人在有多个人的情况下，在请求书第 8 栏发明人的内容填写不下时，应当使用规定格式的附页续写。

第四，发明人可以请求国家知识产权局不公布其姓名。要求不公布姓名的，应当在本栏"不公布姓名"方格内做标记。

请求不公布姓名的，在《专利公报》、《专利申请单行本》以及《专利证书》上均不公布其姓名，发明人也不得再要求重新公布姓名。

第五，外国发明人中文译名中可以使用外文缩写字母，姓和名之间用圆点分开，圆点置于中间位置，例如 M·琼斯。

第六，表中第 9 栏应当填写第一发明人国籍，第一发明人为中国内地居民的，应当同时填写居民身份证件号码。港澳台或外国人不用填写身份证件号码，可根据请求上传护照扫码件（非必须）。

### 4. 申请人的填写

表中第 10 栏是申请人一栏，包括申请人的姓名或者名称、单位的统一社会信用代码或者个人的居民身份证件号、国籍或居所地国家或地区及通信地址、联系电话等。应当注意以下五点内容。

第一，申请人是单位的，应当填写单位正式全称，并与所使用公章上的单位名称一致，并且要同时填写单位名称和加盖单位公章。如有一份请求书上仅加盖了单位公章而没有填写单位名称，审查意见指出缺少申请人名称，补正后才获得通过。

第二，申请人是个人的，应当填写发明人本人真实姓名，不能用笔名或者其他非正式姓名。

第三，申请人是中国单位或者个人的，应当填写其名称或者姓名、地址、邮政编码、统一社会信用代码或者居民身份证件号码。申请人是外国人、外国企业或者外国其他组织的，应当填写其姓名或者名称、国籍或者注册的国家或者地区、经常居所地或者营业所所在地。

第四，第10栏中申请人类型可从下列类型中选择填写：个人、企业、事业单位、机关团体、大专院校、科研单位。

第五，申请人请求费用减缴且已完成费用减缴资格备案的，应当在方格内作标记，并在该栏填写证件号码处填写费用减缴资格备案时使用的证件号码。

**5. 联系人的填写**

表中第11栏是联系人的填写。申请人为单位时，除了写明单位名称，申请人是单位且未委托专利代理机构的，应当填写联系人。委托专利代理机构的，可以不指定联系人。

《专利法实施细则》第四条第三款规定："国务院专利行政部门的各种文件，可以通过电子形式、邮寄、直接送交或者其他方式送达当事人。当事人委托专利代理机构的，文件送交专利代理机构；未委托专利代理机构的，文件送交请求书中指明的联系人。"

**6. 代表人的填写**

表中第12栏是代表人的填写。申请人指定非第一署名申请人为代表人时，应当在此栏指明被确定的代表人。

《专利法实施细则》第十七条第三款规定："申请人有2人以上且未委托专利代理机构的，除请求书中另有声明的外，以请求书中指明的第一申请人为代表人。"

在专利审批程序中，国家知识产权局一般只与代表人联系，代表人有义务将国家知识产权局的文件或其抄件转送其他申请人。除了涉及共同权利的事项（例如撤回申请、放弃专利权、变更权利人等），代表人可以代表全体申请人办理各项手续。

**7. 请求书中地址的填写**

地址应当符合邮件能够迅速、准确投递的要求，要写明省、市、区、街道、门牌号码，以及邮件可以迅速送达的详细地址（包括邮政编码）。一般不能用单位名称代替地名。一个地址内有多个单位的，除写明地址外还应写明单位名称。有邮政信箱的，可以按规定使用邮政信箱。外国的地址应当注明国别，并附具外文详细地址。

### 8. 专利代理机构的填写

表中第 13 栏是委托专利代理机构应当填写的栏目。

《专利法实施细则》第十七条第二款规定："申请人委托专利代理机构向国务院专利行政部门申请专利和办理其他专利事务的，应当同时提交委托书，写明委托权限。"

在专利申请确定申请号后提交委托书的，还应当注明专利申请号。

在请求书填写专利代理机构时应当注意以下七点内容。

第一，《专利法》第十八条第二款规定："中国单位或者个人在国内申请专利和办理其他专利事务的，可以委托依法设立的专利代理机构办理。"也就是说，中国单位或者个人在国内申请专利和办理其他专利事务的有 2 种选择：一是自己办理；二是委托专利代理机构办理。只有委托专利代理机构办理手续的需要填写该栏目。

尽管委托专利代理机构是非强制性的，但是考虑到精心撰写专利申请文件的重要性，以及审批程序的法律严谨性，对经验不多的申请人来说，委托专利代理机构是值得提倡的。

第二，申请人未委托专利代理机构办理，不得自行填写本栏目，否则不但构成对专利代理机构的严重侵权行为，而且还可能会造成对申请人严重不利的法律后果。

第三，我国实行专利代理机构负责制，申请人委托专利代理时，应当与专利代理机构订立委托合同，然后由专利代理机构指定该机构的专利代理师为申请人办理申请手续。1 件申请最多可以指定 2 名专利代理师办理。

第四，申请人委托的专利代理机构应当是依法设立的，即应当是在国家知识产权局正式注册的。专利代理机构指定的该机构的专利代理师应当是获得专利代理师资格证书的专利代理师。在请求书中，专利代理师应当使用其真实姓名，同时填写专利代理师资格证书号码和联系电话。

第五，申请人在同一申请内只允许委托一家专利代理机构。有多个申请人的应当由全体申请人共同委托一家专利代理机构。在委托共同的专利代理机构以后，如果同时推举有代表人的，这时相当于经全体申请人同意由代表人同专利代理机构联系。

专利代理机构接受委托以后，其在委托权限内采取的行为与委托人采取的相同行为有同等效力，由此产生的后果对委托人具有约束力。但是，按照规定，专利代理机构办理转委托手续，办理转让申请权或专利权的手续，办理撤回专利申请和放弃专利权的手续时，应当得到全体委托人的同意。

第六，申请人有权撤销对专利代理机构的委托。专利代理机构也可以辞去对其的委托。有上述情况的，都应当通知对方并向专利局提出声明和办理相应的著录项目变更手续。

第七，在中国内地没有经常居所或营业所的香港、澳门或者台湾地区的单位或个人以及中国在国外工作和学习的人员申请专利时，应当委托专利代理机构办理申请手续。

另外，《专利法实施细则》第十八条作出了强制代理例外的规定："依照专利法第十八条第一款的规定委托专利代理机构在中国申请专利和办理其他专利事务的，涉及下列事务，申请人或者专利权人可以自行办理：（一）申请要求优先权的，提交第一次提出的专利申请（以下简称在先申请）文件副本；（二）缴纳费用；（三）国务院专利行政部门规定的其他事务。"

### 9. 分案申请的填写

表中第14栏是分案申请的填写。申请是分案申请的，应当填写此栏。再次提出分案申请的，还应当填写所针对的分案申请的申请号。

《专利法实施细则》第四十九条第二款规定："分案申请应当依照专利法及本细则的规定办理有关手续。"第三款规定："分案申请的请求书中应当写明原申请的申请号和申请日。"第一款规定："依照本细则第四十八条规定提出的分案申请，可以保留原申请日，享有优先权的，可以保留优先权日，但是不得超出原申请记载的范围。"

原申请的申请日即为分案申请的申请日。未填写原申请的申请号、申请日的，按普通专利申请处理。

**10. 微生物保藏的填写**

表中第 15 栏是申请涉及生物材料的发明专利的填写。

《专利法实施细则》第二十七条第（三）项规定："涉及生物材料样品保藏的专利申请应当在请求书和说明书中写明该生物材料的分类命名（注明拉丁文名称）、保藏该生物材料样品的单位名称、地址、保藏日期和保藏编号；申请时未写明的，应当自申请日起 4 个月内补正；期满未补正的，视为未提交保藏。"

**11. 涉及核苷酸或氨基酸序列表的填写**

表中第 16 栏是涉及核苷酸或氨基酸序列表的填写，发明申请涉及核苷酸或氨基酸序列表的，应当填写此栏。

**12. 依赖于遗传资源完成的发明的填写**

表中第 17 栏是依赖于遗传资源完成的发明的填写，发明创造的完成依赖于遗传资源的，应当填写此栏。

**13. 优先权的填写**

表中第 18 栏是优先权的填写，申请人要求优先权的，应当填写此栏。

我国《专利法》规定优先权有 2 种，一种是外国优先权；另一种是本国优先权。这 2 种优先权都不是自动产生的，必须在申请时提出声明并办理规定手续，经专利局审查后才能生效。

《专利法实施细则》第三十四条第一款规定："要求本国优先权，申请人在请求书中写明在先申请的申请日和申请号的，视为提交了在先申请文件副本。"

《专利法实施细则》第三十四条第二款规定："要求优先权，但请求书中漏写或者错写在先申请的申请日、申请号和原受理机构名称中的一项或者两项内容的，国务院专利行政部门应当通知申请人在指定期限内补正；期满未补正的，视为未要求优先权。"

要求优先权声明的生效条件归纳如图7-2所示。

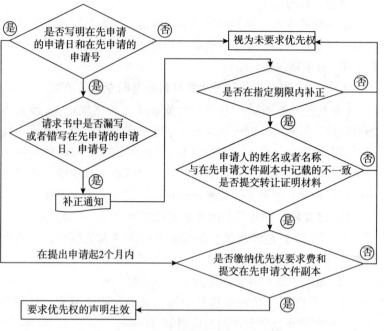

图7-2　要求优先权声明的生效条件

### 14. 不丧失新颖性宽限期声明的填写

表中第19栏是不丧失新颖性宽限期声明的填写，申请人要求不丧失新颖性宽限期的，应当填写此栏，并自申请日起2个月内提交证明文件。

### 15. 保密请求的填写

表中第20栏是保密请求的填写，申请人要求保密处理的，应当填写此栏。按照规定，专利申请涉及国防利益需要保密的，由国防专利机构受理并进行审查。因此，专利申请涉及国防利益需要保密的，应当向国防专利机构提出申请。专利申请涉及国防利益以外的国家安全或者重大利益需要保密的，申请人可以在请求书保密请求一栏方格内作标记，即提出了保密专利请求声明。

### 16. 同日申请的填写

表中第 21 栏是同日申请的填写，申请人同日对同样的发明创造既申请实用新型专利又申请发明专利的，应在第 21 栏"声明本申请人对同样的发明创造在申请本发明专利的同日申请了实用新型专利"方格内作标记。申请人应当在同日提交实用新型专利申请文件，同时在实用新型专利请求书也要填写"声明本申请人对同样的发明创造在申请本实用新型专利的同日申请了发明专利"。未作说明的，依照《专利法》第九条第一款关于同样的发明创造只能授予一项专利权的规定处理。

### 17. 提前公布声明的填写

表中第 22 栏是发明专利请求提前公布声明的填写，申请人要求提前公布发明专利申请的，应当在第 22 栏"请求早日公布该专利申请"方格内作标记。不需要再单独提交发明专利请求提前公布声明。

申请人提出提前公布声明不能附有任何条件。提前公布声明符合规定的，在专利申请初步审查合格后立即进入公布准备。作好公布准备后，申请人要求撤销提前公布声明的，该要求视为未提出，申请文件照常公布。

### 18. 请求实质审查的填写

表中第 23 栏是请求实质审查的填写。申请人在提交申请的同时请求实质审查的，应当填写此栏，不需要再单独提交实质审查请求书。申请人请求实质审查的，可以同时请求延迟审查，如未请求实质审查而单独请求延迟审查，则其延迟审查请求无效。申请人声明放弃主动修改权利的，应当填写此栏。

### 19. 指定摘要附图的填写

表中第 24 栏是指定摘要附图的填写，发明专利申请有附图的，申请人应当选择说明书附图中的一幅独立的附图作为重要附图，并将其图号填入本栏。

### 20. 申请文件清单的填写

表中第 25 栏和第 26 栏是申请文件清单的填写，申请人应当按实际提交的文件名称、份数、页数及权利要求项数正确填写申请文件清单和附加文件清单。

申请文件清单指请求书、说明书及其附图、权利要求书、说明书摘要等文件的份数、页数，权利要求的项数等，以及附件文件的张数。

### 21. 签名或者签章

表中第 27 栏是申请人或者专利代理机构的签名或者签章。

《专利法实施细则》第一百四十六条第一款规定："向国务院专利行政部门提交申请文件或者办理各种手续，应当由申请人、专利权人、其他利害关系人或者其代表人签字或者盖章；委托专利代理机构的，由专利代理机构盖章。"

应当注意，签章是文件产生法律效力的基本条件。

未委托专利代理机构的，申请人为个人的，应当由本人签字或盖章。申请人为单位的，应当在单位名称上加盖单位公章。有多个申请人的，由全体申请人签字和盖章。

委托专利代理机构的，应当由专利代理机构加盖公章，但应当同时提交由申请人签章的专利代理委托书。有多个申请人的，应当由共同委托的专利代理机构盖章，并同时提交有全体申请人签章的专利代理委托书。

签章应当与请求书中填写的申请人或专利代理机构的姓名或名称一致。签章不得复印，不得代签。

不符合上述要求的，视为签字手续未履行。例如，请求书由专利代理机构盖章，但未同时提交有效的专利代理委托书的，该签章手续无效。

### 三、撤回专利申请请求

《专利法》第三十二条规定："申请人可以在被授予专利权之前随时撤回其专利申请。"

《专利法实施细则》第四十一条第一款规定："申请人撤回专利申请的，应当向国务院专利行政部门提出声明，写明发明创造的名称、申请号和申请日。"

申请人在授予专利权之前撤回专利申请，其原因有可能是申请人认为申请文件撰写得不好，又不能通过修改予以弥补，于是赶在公布之前撤回，重新撰写后再提出申请。也有可能是申请人对其发明创造作了进一步的完善，有了更好的、替代原发明创造提出专利申请的发明创造。还有可能是申请人发现其发明创造不符合《专利法》规定的授予专利权的条件，或者发现其发明创造没有商业前景，因而没必要继续原申请的审查程序，从而撤回其专利申请。❶ 还有就是要向外国申请专利，又超过了优先权期限，为防止自己专利申请内容的公开，也可以要求撤回其专利申请。❷

申请人可以在被授予专利权之前随时撤回其专利申请，一般讲，撤回专利申请的机会有以下4次，如图7–3所示。

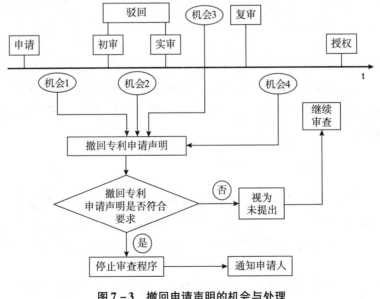

图 7 – 3　撤回申请声明的机会与处理

---

❶　国家知识产权局条法司. 新专利法详解 ［M］. 北京：知识产权出版社，2001：8.

❷　张清奎. 专利审查概说 ［M］. 北京：知识产权出版社，2002：10.

4次机会分别是：①在专利申请处于初步审查期间；②在专利申请处于实质审查期间；③在专利申请被驳回后处于复审期间；④在专利申请被授予专利权之前。

申请人撤回专利申请的，应当提交由全体申请人签字盖章的《撤回专利申请声明》。国家知识产权局对申请人提交的撤回专利申请声明进行审查，对不符合《专利法》及《专利法实施细则》规定的，通知申请人撤回专利申请的请求视为未提出，其申请将继续被审查；对符合规定的，国家知识产权局对该申请停止审查程序，并通知申请人。

应当注意的是，《专利法实施细则》第四十一条第二款规定："撤回专利申请的声明是在国务院专利行政部门做好公布专利申请文件的印刷准备工作后提出的，申请文件仍予公布；但是，撤回专利申请的声明应当在以后出版的专利公报上予以公告。"这种情况相当于申请人撤回专利申请，但申请专利的发明内容依然进入公有领域，其申请专利的发明内容将成为不受法律保护的公开技术，这对于申请人来说损失是很严重的。因此，既然要撤回专利申请，就要快，在国务院专利行政部门做好公布专利申请文件的印刷准备工作前撤回专利申请，就可以避免这种损失。

## 四、著录项目变更请求

在专利申请被受理之后以及审批过程中，有时会出现著录项目变更事项，例如，发明人或设计人姓名的变更、申请人或者专利权人事项的变更、联系人事项的变更、专利代理事项的变更等。

《专利法实施细则》第一百四十六条第二款规定："请求变更发明人姓名、专利申请人和专利权人的姓名或者名称、国籍和地址、专利代理机构的名称、地址和专利代理师姓名的，应当向国务院专利行政部门办理著录事项变更手续，必要时应当提交变更理由的证明材料。"

应当注意，一件专利申请的多个著录项目同时发生变更的，只需提交一份申报书。多件专利申请的同一著录项目发生变更的，即使变更的内容完全相同，也应当分别提交各自的著录项目变更申报书。经审查，著录项目变更申报手续不符合规定的，应当补正，经补正后仍不符合要求，视为未提出著录项目变更申报，并通知申请人。著录项目变更申报手续符合规定的，应当发出手续合格通知书，通知申请人著录项目变更前后的情况。应予公告的，并告知准备公告的卷期号。著录项目变更涉及权利转让的，应当通知双方当事人。

著录项目变更手续自国家知识产权局发出变更手续合格通知书之日起生效。专利申请权或专利权变更自登记日起生效。登记日即国家知识产权局的变更手续合格通知书的发文日。著录项目变更手续生效前，国家知识产权局发出的通知书以及已进入专利公布或公告准备的有关事项，仍以变更前为准。

## 五、恢复权利请求

《专利法实施细则》第六条第一款规定："当事人因不可抗拒的事由而延误专利法或者本细则规定的期限或者国务院专利行政部门指定的期限，导致其权利丧失的，自障碍消除之日起2个月内且自期限届满之日起2年内，可以向国务院专利行政部门请求恢复权利。"第二款规定："除前款规定的情形外，当事人因其他正当理由延误专利法或者本细则规定的期限或者国务院专利行政部门指定的期限，导致其权利丧失的，可以自收到国务院专利行政部门的通知之日起2个月内向国务院专利行政部门请求恢复权利；但是，延误复审请求期限的，可以自复审请求期限届满之日起2个月内向国务院专利行政部门请求恢复权利。"第三款规定："当事人依照本条第一款或者第二款的规定请求恢复权利的，应当提交恢复权利请求书，说明理由，必要时附具有关证明文件，并办理权利丧失前应当办理的相应手续；依照本条第二款的规定请求恢复权利的，还应当缴纳恢复权利请求费。"

应当注意，《专利法实施细则》第六条第五款规定："本条第一款和第二款的规定不适用专利法第二十四条、第二十九条、第四十二条、第七十四条规定的期限。"即下列4种期限不能请求恢复：不丧失新颖性的宽限期（第二十四条）；优先权期限（第二十九条）；专利权期限（第四十二条）和侵权诉讼时效（第七十四条）。

不能请求恢复权利的4种期限如图7-4所示。

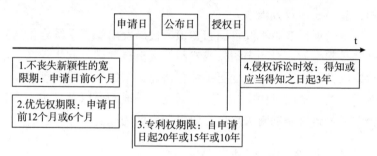

图7-4　不能请求恢复权利的4种期限

国务院专利行政部门对恢复权利的请求按照规定进行审查，恢复权利的请求符合规定的，应当准予恢复权利，并发出恢复权利请求审批通知书。已在规定期限内提出了书面请求并缴足恢复请求费，但仍不符合其他规定的，应当通知当事人在指定期限之内补正或补办有关手续。期满未补正或者经补正仍不符合规定的，不予恢复，并作出权利恢复审批决定通知书，说明不予恢复的理由。经国家知识产权局同意恢复专利申请权或者专利权的，继续专利审批或者授权后的程序。对于已公告过处分决定的，还应当在《专利公报》上公告恢复权利的决定。请求恢复权利的流程如图7-5所示。

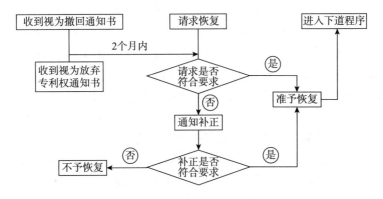

图 7 – 5　请求恢复权利的流程

## 六、中止程序请求

### 1. 请求中止的范围

《专利法实施细则》第一百零五条规定："国务院专利行政部门根据本细则第一百零三条和第一百零四条规定中止有关程序，是指暂停专利申请的初步审查、实质审查、复审程序，授予专利权程序和专利权无效宣告程序；暂停办理放弃、变更、转移专利权或者专利申请权手续，专利权质押手续以及专利权期限届满前的终止手续等。"

### 2. 请求中止的条件及手续

《专利法实施细则》第一百零三条第一款规定："当事人因专利申请权或者专利权的归属发生纠纷，已请求管理专利工作的部门调解或者向人民法院起诉的，可以请求国务院专利行政部门中止有关程序。"第二款规定："依照前款规定请求中止有关程序的，应当向国务院专利行政部门提交请求书，说明理由，并附具管理专利工作的部门或者人民法院的写明申请号或者专利号的有关受理文件副本。国务院专利行政部门认为当事人提出的中止理由明显不能成立的，可以不中止有关程序。"

### 3. 请求延长中止的期限

《专利法实施细则》第一百零三条第三款规定："管理专利

工作的部门作出的调解书或者人民法院作出的判决生效后，当事人应当向国务院专利行政部门办理恢复有关程序的手续。自请求中止之日起 1 年内，有关专利申请权或者专利权归属的纠纷未能结案，需要继续中止有关程序的，请求人应当在该期限内请求延长中止。期满未请求延长的，国务院专利行政部门自行恢复有关程序。"

**4. 关于管理专利工作的部门的中止情形**

《专利法实施细则》第九十八条第一款规定："在处理专利侵权纠纷过程中，被请求人提出无效宣告请求并被国务院专利行政部门受理的，可以请求管理专利工作的部门中止处理。"第二款规定："管理专利工作的部门认为被请求人提出的中止理由明显不能成立的，可以不中止处理。"

# 第三节　期　限

## 一、期限的种类

### 1. 法定期限

法定期限是指《专利法》及其实施细则规定的各种期限。❶法定期限是一些较为重要的期限，是相对固定的期限，任何人无权更改。

《专利法》及《专利法实施细则》对各种期限作出了具体规定。在《专利法》中包括但不限于 14 个条款，在《专利法实施细则》中包括但不限于 24 个条款。

在《专利法》中涉及常见的 14 个法定期限条款如下所示。

①《专利法》第二十四条规定了 3 种情况下不丧失新颖性公开的宽限期为在申请日前 6 个月内。

②《专利法》第二十九条第一款规定了外国优先权的期限，

❶　2006 年专利代理人考试大纲详解（专利法律知识部分）。

发明或实用新型专利为 12 个月，外观设计专利为 6 个月，均自在外国第一次申请日起计算。

③《专利法》第二十九条第二款规定了国内优先权的期限，发明或者实用新型专利为 12 个月内，外观设计专利为 6 个月内，均自在中国第一次提出专利申请日起计算。

④《专利法》第三十条规定了申请人要求发明、实用新型专利优先权的，应当在申请的时候提出书面声明，并且在第一次提出申请之日起 16 个月内，提交第一次提出的专利申请文件的副本。申请人要求外观设计专利优先权的，应当在申请的时候提出书面声明，并且在 3 个月内提交第一次提出的专利申请文件的副本。

⑤《专利法》第三十四条规定了发明专利申请公布的期限为自申请日起满 18 个月。国务院专利行政部门可以根据申请人的请求早日公布其申请。

⑥《专利法》第三十五条第一款规定了发明专利申请请求实质审查的期限为自申请日起 3 年内，申请人无正当理由逾期不请求实质审查的，该申请即被视为撤回。《专利法》第三十五条第二款规定了国务院专利行政部门认为必要的时候，可以自行对发明专利申请进行实质审查。

⑦《专利法》第四十一条第一款规定了专利申请人对国务院专利行政部门驳回申请的决定不服的起诉期限，即专利申请人对国务院专利行政部门驳回申请的决定不服的，可以自收到通知之日起 3 个月内，向国务院专利行政部门请求复审。国务院专利行政部门复审后，作出决定，并通知专利申请人。第四十一条第二款规定："专利申请人对国务院专利行政部门的复审决定不服的，可以自收到通知之日起 3 个月内向人民法院起诉。"如图 7－6所示。

⑧《专利法》第四十二条第一款规定了专利权的期限：发明专利权的期限为 20 年，实用新型专利权的期限为 10 年，外观设计专利权的期限为 15 年，均自申请日起计算。

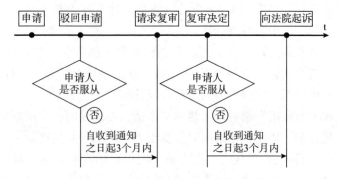

**图7-6 对驳回申请不服请求复审与**
**对复审决定不服向法院起诉的期限**

⑨《专利法》第四十二条第二款规定了发明专利权期限的补偿，即"自发明专利申请日起满4年，且自实质审查请求之日起满3年后授予发明专利权的，国务院专利行政部门应专利权人的请求，就发明专利在授权过程中的不合理延迟给予专利权期限补偿，但由申请人引起的不合理延迟除外"。

该条款明确了专利权期限补偿提出时机。

简单来说，专利权期限补偿就是请求给予延迟专利权期限。专利保护期限补偿制度的确立旨在合理分配专利授权延迟的责任，为非申请人自身原因导致的保护期限缩短提供法律救济，从而延长专利权的有效保护期限，保障专利权人的经济利益。

关于专利权期限补偿，《专利法实施细则》进行了更加具体的规定。

其一，专利权期限补偿计算方式。《专利法实施细则》第七十八条规定："依照专利法第四十二条第二款的规定给予专利权期限补偿的，补偿期限按照发明专利在授权过程中不合理延迟的实际天数计算。""前款所称发明专利在授权过程中不合理延迟的实际天数，是指自发明专利申请日起满4年且自实质审查请求之日起满3年之日至公告授予专利权之日的间隔天数，减去合理延迟的天数和由申请人引起的不合理延迟的天数。"

其二，实质审查请求之日。实质审查请求之日是指申请人依照《专利法》第三十五条第一款规定（发明专利申请自申请日起3年内）提出实质审查请求并依照实施细则第一百一十三条规定足额缴纳发明专利申请实质审查费之日。发明专利申请的实质审查请求之日早于《专利法》第三十四条所称公布之日（自申请日起满18个月）的，《专利法》第四十二条第二款所称自实质审查请求之日起满3年应当自该公布日起计算。

其三，合理延迟。《专利法实施细则》第七十八条第三款规定："下列情形属于合理延迟：

"（一）依照本细则第六十六条的规定修改专利申请文件后被授予专利权的，因复审程序引起的延迟；

"（二）因本细则第一百零三条、第一百零四条规定情形引起的延迟；

"（三）其他合理情形引起的延迟。"

《专利法实施细则》第七十八条第四款规定："同一申请人同日对同样的发明创造既申请实用新型专利又申请发明专利，依照本细则第四十七条第四款的规定取得发明专利权的，该发明专利权的期限不适用《专利法》第四十二条第二款的规定。"

其四，不合理延迟。《专利法实施细则》第七十九条规定："专利法第四十二条第二款规定的由申请人引起的不合理延迟包括以下情形：

"（一）未在指定期限内答复国务院专利行政部门发出的通知；

"（二）申请延迟审查；

"（三）因本细则第四十五条规定情形引起的延迟；

"（四）其他由申请人引起的不合理延迟。"

该条款进一步明确了由申请人引起的不合理延迟的相关情形，在计算补偿期限时，需要扣除因这些情形引起的延迟，以平衡好专利权人和社会公众利益。

发明专利权期限补偿的规定如图7-7所示。

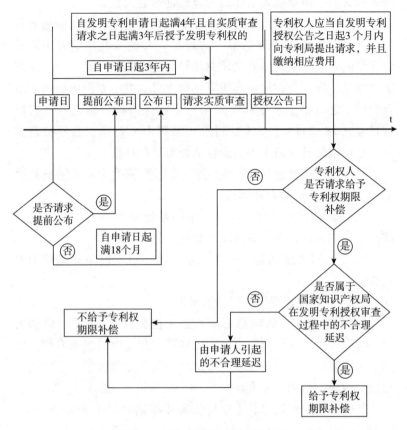

**图 7-7　发明专利权期限的补偿**

　　⑩《专利法》第四十三条规定了专利权人缴纳年费的时间，即专利权人应当自被授予专利权的当年开始缴纳年费。

　　⑪《专利法》第四十六条第二款规定了对国务院专利行政部门宣告专利权无效或者维持专利权的决定不服的，可以向人民法院起诉的期限为自收到通知之日起 3 个月内。

　　⑫《专利法》第六十三条规定了专利权人对国务院专利行政部门关于实施强制许可的决定不服的，以及专利权人和取得实施强制许可的单位或者个人对国务院专利行政部门关于实施强制许

可的使用费的裁决不服的，可以向人民法院起诉的期限为自收到通知之日起 3 个月内。

⑬《专利法》第六十五条规定了专利被侵犯的救济途径，以及管理专利工作的部门认定侵权行为成立责令侵权人立即停止侵权行为。当事人不服的，可以向人民法院起诉的期限为自收到处理通知之日起 15 日内。侵权人期满不起诉又不停止侵权行为的，管理专利工作的部门可以申请人民法院强制执行。

⑭《专利法》第七十四条第一款规定了侵犯专利权的诉讼时效为 3 年。

关于法定期限，在《专利法实施细则》中包括但不限于以下 24 个条款。

①《专利法实施细则》第四条第一款对文件递交日作出了规定："向国务院专利行政部门邮寄的各种文件，以寄出的邮戳日为递交日；邮戳日不清晰的，除当事人能够提出证明外，以国务院专利行政部门收到日为递交日。"

②《专利法实施细则》第四条第二款对以电子形式提交文件的递交日作出了规定："以电子形式向国务院专利行政部门提交各种文件的，以进入国务院专利行政部门指定的特定电子系统的日期为递交日。"

③《专利法实施细则》第四条第四款对文件送达日作出了规定："国务院专利行政部门邮寄的各种文件，自文件发出之日起满 15 日，推定为当事人收到文件之日。当事人提供证据能够证明实际收到文件的日期的，以实际收到日为准。"

例如，国家知识产权局于 2009 年 7 月 6 日给申请人发出第一次审查意见通知书，其推定收到日为 2009 年 7 月 21 日。如果第一次审查意见通知书指定在 4 个月内答复，则最迟应在 2009 年 11 月 21 日前答复。如图 7 - 8 所示，到 2009 年 11 月 21 日还没有答复的话，该申请将被视为撤回。

另外，要注意《专利法实施细则》第四条第五款、第六款和第七款对文件送达日作出的规定。第四条第五款规定："根据国务院专利行政部门规定应当直接送交的文件，以交付日为送达日。"第六款规定："文件送交地址不清，无法邮寄的，可以通过公告的方式送达当事人。自公告之日起满1个月，该文件视为已经送达。"第七款规定："国务院专利行政部门以电子形式送达的各种文件，以进入当事人认可的电子系统的日期为送达日。"

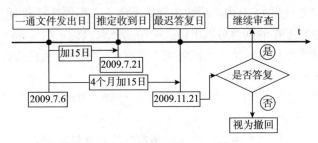

**图7-8 文件推定收到日的举例**

④《专利法实施细则》第五条规定了期限计算规则："专利法和本细则规定的各种期限开始的当日不计算在期限内，自下一日开始计算。期限以年或者月计算的，以其最后一月的相应日为期限届满日；该月无相应日的，以该月最后一日为期限届满日；期限届满日是法定休假日的，以休假日后的第一个工作日为期限届满日。"

⑤《专利法实施细则》第六条第一款规定了当事人因不可抗力而延误期限时恢复权利的期限："当事人因不可抗拒的事由而延误专利法或者本细则规定的期限或者国务院专利行政部门指定的期限，导致其权利丧失的，自障碍消除之日起2个月内且自期限届满之日起2年内，可以向国务院专利行政部门请求恢复权利。"

⑥《专利法实施细则》第十三条第一款第（三）项规定了职务发明情形之三的有关期限："退休、调离原单位后或者劳动、人事关系终止后1年内作出的，与其在原单位承担的本职工作或者原单位分配的任务有关的发明创造。"

⑦《专利法实施细则》第二十七条规定了涉及生物材料保藏

的期限："申请专利的发明涉及新的生物材料，该生物材料公众不能得到，并且对该生物材料的说明不足以使所属领域的技术人员实施其发明的，除应当符合专利法和本细则的有关规定外，申请人还应当办理下列手续：

"（一）在申请日前或者最迟在申请日（有优先权的，指优先权日），将该生物材料的样品提交国务院专利行政部门认可的保藏单位保藏，并在申请时或者最迟自申请日起4个月内提交保藏单位出具的保藏证明和存活证明，期满未提交证明的，该样品视为未提交保藏；

"（二）在申请文件中，提供有关该生物材料特征的资料；

"（三）涉及生物材料样品保藏的专利申请应当在请求书和说明书中写明该生物材料的分类命名（注明拉丁文名称）、保藏该生物材料样品的单位名称、地址、保藏日期和保藏编号；申请时未写明的，应当自申请日起4个月内补正；期满未补正的，视为未提交保藏。"

⑧《专利法实施细则》第三十三条第三款规定了不丧失新颖性公开证明文件的提交期限："申请专利的发明创造有专利法第二十四条第（二）项或者第（三）项所列情形的，申请人应当在提出专利申请时声明，并自申请日起2个月内提交有关发明创造已经展出或者发表，以及展出或者发表日期的证明文件。"

⑨《专利法实施细则》第五十七条第一款规定了发明专利申请主动修改的期限："发明专利申请人在提出实质审查请求时以及在收到国务院专利行政部门发出的发明专利申请进入实质审查阶段通知书之日起的3个月内，可以对发明专利申请主动提出修改。"

⑩《专利法实施细则》第五十七条第二款规定了实用新型或者外观设计专利申请主动修改的期限："实用新型或者外观设计专利申请人自申请日起2个月内，可以对实用新型或者外观设计专利申请主动提出修改。"

应当注意，实用新型或者外观设计专利申请主动修改的机会和期限与发明专利申请主动修改的机会和期限不同：实用新型或者外观设计专利申请人主动提出修改仅有这一次机会；发明专利申请主动修改则有两次机会。

⑪《专利法实施细则》第六十条第一款规定了办理专利权登记手续的期限："国务院专利行政部门发出授予专利权的通知后，申请人应当自收到通知之日起2个月内办理登记手续。申请人按期办理登记手续的，国务院专利行政部门应当授予专利权，颁发专利证书，并予以公告。"

《专利法实施细则》第六十条第二款规定："期满未办理登记手续的，视为放弃取得专利权的权利。"

申请人一定要注意，只有按规定办理登记手续，国务院专利行政部门才授予专利权，在专利登记簿上登记专利权的授予，颁发专利证书，并作出授权公告，专利权自公告之日起生效。例如一件发明专利申请，办理登记手续通知书发文日为2020年3月5日，加上15天为推定收到日，即3月20日，所以申请人应当于2020年5月20日之前缴纳第一年度年费，如图7-9所示。

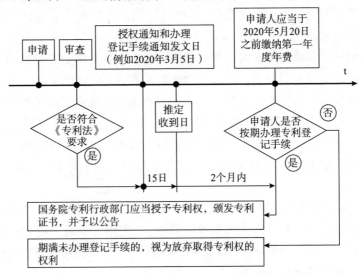

**图7-9　专利登记手续**

⑫《专利法实施细则》第七十一条规定了增加无效理由或者补充证据的期限："在国务院专利行政部门受理无效宣告请求后，请求人可以在提出无效宣告请求之日起 1 个月内增加理由或者补充证据。逾期增加理由或者补充证据的，国务院专利行政部门可以不予考虑。"

⑬《专利法实施细则》第九十一条规定了裁决强制许可使用费数额的期限："依照专利法第六十二条的规定，请求国务院专利行政部门裁决使用费数额的，当事人应当提出裁决请求书，并附具双方不能达成协议的证明文件。国务院专利行政部门应当自收到请求书之日起 3 个月内作出裁决，并通知当事人。"

⑭《专利法实施细则》第九十三条规定了给予发明人或者设计人奖金的期限："被授予专利权的单位未与发明人、设计人约定也未在其依法制定的规章制度中规定专利法第十五条规定的奖励的方式和数额的，应当自公告授予专利权之日起 3 个月内发给发明人或者设计人奖金。"

⑮《专利法实施细则》第一百零三条第三款规定了请求继续中止有关程序的期限："管理专利工作的部门作出的调解书或者人民法院作出的判决生效后，当事人应当向国务院专利行政部门办理恢复有关程序的手续。自请求中止之日起 1 年内，有关专利申请权或者专利权归属的纠纷未能结案，需要继续中止有关程序的，请求人应当在该期限内请求延长中止。期满未请求延长的，国务院专利行政部门自行恢复有关程序。"

《专利法实施细则》第一百零四条规定："人民法院在审理民事案件中裁定对专利申请权或者专利权采取保全措施的，国务院专利行政部门应当在收到写明申请号或者专利号的裁定书和协助执行通知书之日中止被保全的专利申请权或者专利权的有关程序。保全期限届满，人民法院没有裁定继续采取保全措施的，国务院专利行政部门自行恢复有关程序。"

⑯《专利法实施细则》第一百一十一条第二款、第三款对缴费日作了规定："直接向国务院专利行政部门缴纳费用的，以缴

纳当日为缴费日；以邮局汇付方式缴纳费用的，以邮局汇出的邮戳日为缴费日；以银行汇付方式缴纳费用的，以银行实际汇出日为缴费日。""多缴、重缴、错缴专利费用的，当事人可以自缴费日起3年内，向国务院专利行政部门提出退款请求，国务院专利行政部门应当予以退还。"

⑰《专利法实施细则》第一百一十二条第一款规定了申请费、公布印刷费和必要的申请附加费的缴纳期限："申请人应当自申请日起2个月内或者在收到受理通知书之日起15日内缴纳申请费、公布印刷费和必要的申请附加费；期满未缴纳或者未缴足的，其申请视为撤回。"

这个期限必须给予高度重视。有的申请人由于没有注意按期缴纳申请费，已经提出的专利申请被视为撤回。这是怎么一回事呢？申请人如果在提交申请或收到受理通知书的同时缴纳了申请费，就不会出现没有注意按期缴纳申请费的问题。但是，申请的时候也可以不缴纳申请费，同样会接到受理通知书和缴纳申请费通知书，那么，申请人应当在收到受理通知书之日起15日内（专利受理通知书发文日加上推定收到日）或者自申请之日（以受理通知书记载的申请日为准）起2个月内缴纳申请费，期满未缴纳或者未缴足的，其专利申请视为撤回，如图7-10所示。

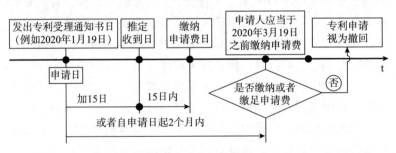

**图7-10 专利申请费的缴纳期限**

申请附加费是指申请文件的说明书（包括附图）页数超过30页或者权利要求超过10项时需要缴纳的费用。注意这项费用是不减缓的。有的申请人以为收到受理通知书就万事大吉了，等着授权，不料过去大半年了，认为该授权了，却未缴纳申请费或者未缴足申请费及其附加费，导致申请已被视为撤回了。

⑱《专利法实施细则》第一百一十二条第二款规定了优先权要求费的缴纳期限："申请人要求优先权的，应当在缴纳申请费的同时缴纳优先权要求费；期满未缴纳或者未缴足的，视为未要求优先权。"

⑲《专利法实施细则》第一百一十三条规定了发明专利申请实质审查费和复审费的缴纳期限："当事人请求实质审查或者复审的，应当在专利法及本细则规定的相关期限内缴纳费用；期满未缴纳或者未缴足的，视为未提出请求。"

发明专利申请实质审查费是自申请日（有优先权要求的，自最早的优先权日）起3年内。该项费用仅适用于发明专利申请。

复审费的缴纳期限是自申请人收到国家知识产权局作出驳回专利申请决定之日起3个月内。

⑳《专利法实施细则》第一百一十四条规定了授予专利权当年的年费的缴纳期限："申请人办理登记手续时，应当缴纳授予专利权当年的年费；期满未缴纳或者未缴足的，视为未办理登记手续。"

㉑《专利法实施细则》第一百一十五条规定了授予专利权当年以后的年费的缴纳期限："授予专利权当年以后的年费应当在上一年度期满前缴纳。专利权人未缴纳或者未缴足的，国务院专利行政部门应当通知专利权人自应当缴纳年费期满之日起6个月内补缴，同时缴纳滞纳金；滞纳金的金额按照每超过规定的缴费时间1个月，加收当年全额年费的5%计算；期满未缴纳的，专利权自应当缴纳年费期满之日起终止。"这个问题可以结合图7-11来理解。

在申请第一年年度内授权，要缴纳第一年年费，这称为当年年费，即授权当年年费。紧接着要缴纳第二年的年费，即授权当年以后的年费，这一点很多申请人容易忽视，怎么刚缴完第一年年费就要缴第二年年费？因为缴纳年费是以申请日为准计算年度的。比如第三年年费应当在第二年年度期满前缴纳（注意年度以申请日起计算。因此，每年的申请日前1个月就要考虑缴纳下一年度年费），如果到第三年年度期满都未缴纳第三年年费，则应当自第三年年度期满（应当缴纳第三年年费期满）之日起6个月内补缴第三年年费，并缴纳全额年费的5%（每超过1个月就加收5%）的滞纳金（同时还别忘记缴纳第四年年费），期满仍未缴纳或者未缴足的，专利权自应当缴纳年费期满之日起终止。

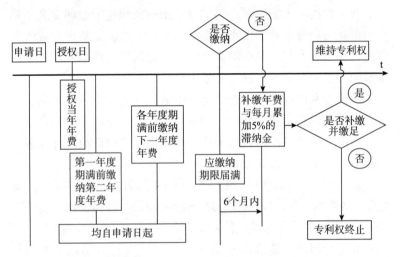

**图7-11 授予专利权当年及以后各年度的年费的缴纳期限**

注意授予专利权当年的年费应当在办理登记手续的同时缴纳（国家知识产权局在授予专利权通知时会在办理登记手续通知书上标明应当开始缴纳的第一次年费的时间，按照通知办理即可，不清楚可以电话咨询）外，授予专利权当年以后的年费应当在上一年度期满前1个月内预缴。专利年度从申请日起算，与优先权日、授权日无关，与自然年度也没有必然联系。

㉒《专利法实施细则》第一百一十六条规定了恢复权利请求费、延长期限请求费、著录事项变更费、专利权评价报告请求费、无效宣告请求费的缴纳期限：

"恢复权利请求费应当在本细则规定的相关期限内缴纳；期满未缴纳或者未缴足的，视为未提出请求。

"延长期限请求费应当在相应期限届满之日前缴纳；期满未缴纳或者未缴足的，视为未提出请求。

"著录事项变更费、专利权评价报告请求费、无效宣告请求费应当自提出请求之日起1个月内缴纳；期满未缴纳或者未缴足的，视为未提出请求。"

㉓《专利法实施细则》第一百四十五条规定了专利案卷不予保存的期限：

"经国务院专利行政部门同意，任何人均可以查阅或者复制已经公布或者公告的专利申请的案卷和专利登记簿，并可以请求国务院专利行政部门出具专利登记簿副本。

"已视为撤回、驳回和主动撤回的专利申请的案卷，自该专利申请失效之日起满2年后不予保存。

"已放弃、宣告全部无效和终止的专利权的案卷，自该专利权失效之日起满3年后不予保存。"

㉔《专利法实施细则》第九条规定了发出保密审查通知的期限："国务院专利行政部门收到依照本细则第八条规定递交的请求后，经过审查认为该发明或者实用新型可能涉及国家安全或者重大利益需要保密的，应当在请求递交日起2个月内向申请人发出保密审查通知；情况复杂的，可以延长2个月。国务院专利行政部门依照前款规定通知进行保密审查的，应当在请求递交日起4个月内作出是否需要保密的决定，并通知申请人；情况复杂的，可以延长2个月。"

## 2. 指定期限

指定期限是指专利审查员、事务处理人员依据《专利法》及其实施细则作出的各种通知和决定时，指定申请人及其他利害关系人答复或完成某种行为的期限。指定期限大都属于要求对申请或请求进行修改或补正的期限。指定期限的长短由审查员根据情况确定，并应在通知书中写明。一般来讲，发明专利申请的实质审查程序中，申请人答复第一次审查意见通知书的期限为4个月，答复第二次审查意见通知书的期限为2个月。对于较为简单的行为，也可以给予 1 个月的期限。

指定期限自推定当事人收到通知之日起计算。

指定期限虽然在法律条文中未作出具体的规定，但与法定期限同样具有法律效力。如果违反，将视为撤回申请或请求被视为未提出。指定期限不同于法定期限之处在于，当申请人提出充分理由时可以予以延长。

## 二、期限延长

### 1. 延长期限的审批

期限的延长是指申请人或专利权人有正当理由不能在指定期限内进行或者完成某一行为或者程序时，在期限届满日之前向国家知识产权局提出书面申请请求并缴纳延长期限请求费，将原定期限向后延续的过程。当事人因正当理由不能在期限内进行或者完成某一行为或者程序时，可以请求国家知识产权局延长期限。

延长期限请求由作出相应通知和决定的部门进行审批。

### 2. 不得延长的期限

允许请求延长的期限仅限于国家知识产权局指定的期限。《专利法实施细则》第七十五条规定："在无效宣告请求审查程序中，国务院专利行政部门指定的期限不得延长。"

### 3. 请求延长期限的理由和手续

《专利法实施细则》第六条第四款规定："当事人请求延长国务院专利行政部门指定的期限的，应当在期限届满前，向国务院专利行政部门提交延长期限请求书，说明理由，并办理有关手续。"

"有关手续"包括在期限届满前提交延长期限请求书，说明理由，缴纳延长期限请求费，注意延长期限请求费应当在相应期限届满之日前缴纳。期满未缴纳或者未缴足延长期限请求费的，视为未提出请求。延长期限请求费以月计算。延长期限不足 1 个月的，以 1 个月计算。延长期限一般不超过 2 个月。对同一通知或者决定中指定的期限一般只允许延长一次。

### 三、药品专利权期限补偿制度

《专利法》第四十二条第三款规定了新药发明专利权期限补偿制度："为补偿新药上市审评审批占用的时间，对在中国获得上市许可的新药相关发明专利，国务院专利行政部门应专利权人的请求给予专利权期限补偿。补偿期限不超过五年，新药批准上市后总有效专利权期限不超过十四年。"

另结合《专利法实施细则》的规定，药品专利权期限补偿制度的规定明确了以下五个基本问题。

（1）药品专利权期限补偿适用的客体

《专利法实施细则》第八十条规定："专利法第四十二条第三款所称新药相关发明专利是指符合规定的新药产品专利、制备方法专利、医药用途专利。"

（2）药品专利权期限补偿程序启动时机及请求条件

《专利法实施细则》第八十一条规定："依照专利法第四十二条第三款的规定请求给予新药相关发明专利权期限补偿的，应当符合下列要求，自该新药在中国获得上市许可之日起3个月内向国务院专利行政部门提出：

"（一）该新药同时存在多项专利的，专利权人只能请求对其中一项专利给予专利权期限补偿；

"（二）一项专利同时涉及多个新药的，只能对一个新药就该专利提出专利权期限补偿请求；

"（三）该专利在有效期内，且尚未获得过新药相关发明专利权期限补偿。"

（3）药品专利权期限补偿时间的计算方式

《专利法实施细则》第八十二条规定："依照专利法第四十二条第三款的规定给予专利权期限补偿的，补偿期限按照该专利申请日至该新药在中国获得上市许可之日的间隔天数减去5年，在符合专利法第四十二条第三款规定的基础上确定。"但总体上，补偿期限最长不超过5年，新药批准上市后总有效专利权期限不超过 14 年。

（4）药品专利权期限补偿的专利的保护范围

《专利法实施细则》第八十三条规定："新药相关发明专利在专利权期限补偿期间，该专利的保护范围限于该新药及其经批准的适应症相关技术方案；在保护范围内，专利权人享有的权利和承担的义务与专利权期限补偿前相同。"该条款将补偿期间的专利权保护范围明确为经药品监管部门批准上市的新药相对应，对于与其无关的技术方案，不属于补偿期间的专利权保护范围。同时规定在补偿期间的保护范围内，期限补偿后的专利权效力与期限补偿前相同。

（5）药品专利权期限补偿的审批部门及审查程序

《专利法实施细则》第八十四条规定："国务院专利行政部门对依照专利法第四十二条第二款、第三款的规定提出的专利权期限补偿请求进行审查后，认为符合补偿条件的，作出给予期限补偿的决定，并予以登记和公告；不符合补偿条件的，作出不予期限补偿的决定，并通知提出请求的专利权人。"

药品专利权期限补偿制度流程如图 7-12 所示。

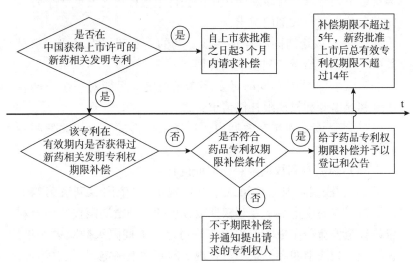

**图 7-12　药品专利权期限补偿制度流程示意**

# 第四节　费　用

## 一、费用的种类

《专利法》第八十一条规定："向国务院专利行政部门申请专利和办理其他手续，应当按照规定缴纳费用。"

《专利法实施细则》第一百一十条第一款规定："向国务院专利行政部门申请专利和办理其他手续时，应当缴纳下列费用：

"（一）申请费、申请附加费、公布印刷费、优先权要求费；

"（二）发明专利申请实质审查费、复审费；

"（三）年费；

"（四）恢复权利请求费、延长期限请求费；

"（五）著录事项变更费、专利权评价报告请求费、无效宣告请求费、专利文件副本证明费。"

《专利法实施细则》第一百一十条第二款规定："前款所列各种费用的缴纳标准，由国务院发展改革部门、财政部门会同国务院专利行政部门按照职责分工规定。国务院财政部门、发展改革部门可以会同国务院专利行政部门根据实际情况对申请专利和办理其他手续应当缴纳的费用种类和标准进行调整。"

## 二、费用的减缴

《专利法实施细则》第一百一十七条规定："申请人或者专利权人缴纳本细则规定的各种费用有困难的，可以按照规定向国务院专利行政部门提出减缴的请求。减缴的办法由国务院财政部门会同国务院发展改革部门、国务院专利行政部门规定。"

### 1. 允许请求减缴的种类

下列费用可以通过提出费用减缴请求书的方式请求减缴：①申请费（不包括申请附加费）；②发明专利申请实质审查费；③复审费；④年费（自授予专利权当年起10年内的年费）。

### 2. 费用减缴手续

申请人或者专利权人请求减缴专利收费，应当登录专利业务办理系统（http：//cponline. cnipa. gov. cn）办理费用减缴备案，经审核备案合格后再行提交费用减缴请求书。

费用减缴请求书第③栏，应当由申请人或专利权人签字或者盖章，申请人或专利权人为多个的应当由全体申请人或专利权人签字或者盖章。申请人或专利权人委托专利代理机构办理费用减缴手续的，应当由专利代理机构加盖公章。

### 3. 费用减缴的审批

费用减缴请求由国家知识产权局或专利代办处审批。国家知识产权局或者专利代办处将同意减缴的比例通知申请人或专利权人。未被批准的，申请人或专利权人应当在《专利法》及其实施细则规定的期限内按规定数额缴足费用。

### 4. 费用的缴纳

《专利法实施细则》第一百一十一条第一款规定："专利法和本细则规定的各种费用，应当严格按照规定缴纳。"

《专利法实施细则》第一百一十一条第二款规定："直接向国务院专利行政部门缴纳费用的，以缴纳当日为缴费日；以邮局汇付方式缴纳费用的，以邮局汇出的邮戳日为缴费日；以银行汇付方式缴纳费用的，以银行实际汇出日为缴费日。"如图7－13所示。

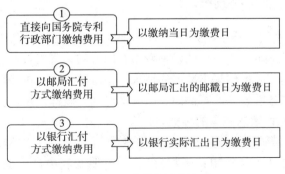

**图 7 － 13　费用的缴纳方式**

# 第五节　国际申请的程序

《专利法》第十九条第二款规定："中国单位或者个人可以根据中华人民共和国参加的有关国际条约提出专利国际申请。申请人提出专利国际申请的，应当遵守前款规定。"第三款规定："国务院专利行政部门依照中华人民共和国参加的有关国际条约、本法和国务院有关规定处理专利国际申请。"

我国于 1994 年 1 月 1 日正式成为 PCT 成员国，中国专利局（之后改名为"国家知识产权局"）成为 PCT 的受理局、国际检索单位和国际初步审查单位，负有履行条约规定的各种职责的义务。

另外，应申请人的申请，中国国家知识产权局专利局也成为 PCT 所称的指定局或者选定局。中国国家知识产权局专利局对于通过 PCT 途径提出的专利国际申请，在其进入中国国家阶段时和在这之后的审查过程中需要按照不同于普通国家申请的特殊程序进行处理。因此，《专利法实施细则》第十一章（第一百一十八条至第一百三十五条）对关于发明、实用新型国际申请作了特别规定。第十二章（第一百三十六条至第一百四十四条）对关于外观设计国际申请作了特别规定。有关问题可以参看《专利法实施细则》相关规定。本节主要介绍专利国际申请的基本概念和手续。

## 一、国际申请的概念

### 1. 国际申请的定义

国际申请是指申请人希望就一项发明创造在 PCT 缔约国（包括本国在内的全体或部分缔约国）获得专利保护时，按照 PCT 规定的程序提出的专利申请，又称 PCT 申请。

PCT 于 1970 年 6 月 19 日在美国华盛顿召开的外交会议结束时签订，是一个在《巴黎公约》下仅对该公约成员国有效的特殊协议。

## 2. PCT 的宗旨与主要目标

PCT 的主要目的在于简化以前确立的在几个国家申请发明专利保护的方法,使其更为有效和经济,并有益于专利体系的用户和负有对该体系行使管理职权的专利局。在引入 PCT 体系前,一项发明要想在多个国家获得保护,实际上只有《巴黎公约》规定的一个途径,即分别在每个国家提交申请。这些申请将被独立地处理,也就是在各个国家重复地进行提交申请和审查工作。为达到简化目的,PCT 提出:

①建立一个国际体系,从而使以一种语言在一个专利局(受理局)提出的一件专利申请(国际申请)在申请人(指定)的每一个 PCT 成员国都有效。

②可以由一个专利局,即国际检索单位对该国际申请进行形式审查。

③由国际检索单位对国际申请进行国际检索,并出具检索报告说明相关的现有技术(与过去的发明相关的已出版的专利文献),在决定该发明是否具备专利性时可以参考该报告,该检索报告在公开出版前将首先送达申请人。

④由 WIPO 国际局对国际申请及其相关的国际检索报告进行统一的国际公布并将其传送给指定局。

⑤如果申请人要求,由一个局(国际初步审查单位)进行国际初步审查(关于专利性的初步审查);针对国际申请提供含有国际初审的可选方案,供专利局决定是否授予专利权,并为申请人提供一份包含所要求保护的发明是否满足专利性国际标准的观点报告。

⑥最后,审查和授权分别由指定国的国家专利局完成。

简言之,PCT 是建立一项制度,其宗旨在于简化专利申请人需要向多国申请专利时的手续,避免因需要分别在各国提出专利申请而造成的许多不便和大量的时间耗费。同时,在专利国际申请进入国家阶段后,各国专利审批机关可以收到国际申请文本的译本、国际检索报告和国际初步审查报告，这样就大大减少了有关国家专利审批机关的检索和审查工作量，从而可以提高工作效率。对于没有技术或者经济力量进行检索或者审查的国家，可以依赖国际检索单位的检索结果进行审查，在客观上促进了各国专利机关之间的交流与合作。

### 3. 国际申请的性质

按照 PCT 规定的程序提出的申请称为国际申请。从名称上可以看出，PCT 是专利领域的一项国际合作条约。自采用《巴黎公约》以来，它被认为是该领域进行国际合作最具有意义的进步标志。但是，它主要涉及专利申请的提交、检索、公布及审查以及其中包括的技术信息的传播的合作性和合理性的一个条约。

PCT 并非与《巴黎公约》竞争，事实上是其补充，设立 PCT，是在《巴黎公约》下只对《巴黎公约》成员国开放的一个特殊协议。PCT 不对国际申请授权，授予专利的任务仍保留在被指定的各国家局。因此，至少在目前的情况下，还不存在所谓"国际专利"，只是"国际申请"，授权还是按照专利独立原则进行。

## 二、国际申请的审批程序

国际申请的审批程序包括国际阶段和国家阶段两个截然不同的阶段，如图 7 - 14 所示。

### 1. 国际申请的国际阶段程序

国际申请的受理、国际检索和国际公布是条约规定的强制性程序，即任何一件国际申请都必须经历的程序。该程序在受理局、国际检索和国际局等国际单位中顺序进行。该程序的主要内容包括：①申请人递交国际申请文件并缴纳国际阶段的费用；②受理局检查和处理国际申请；③国际检索单位对申请的主题进行现有技术检索并作出国际检索报告；④国际局公布国际申请和国际检索报告；⑤国际局把已公布的国际申请文本送交有关国家。

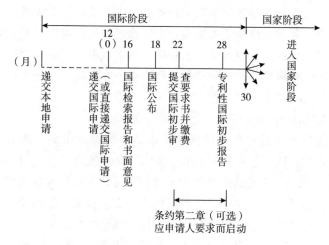

**图 7 - 14 国际申请程序示意**

（1）国际申请的受理

中国国家知识产权局专利局是 PCT 的受理局之一，负责确定向国家知识产权局专利局提出的国际申请的国际申请日。其程序是：国家知识产权局专利局收到国际申请文件后，会尽快给出收到该文件的通知书。专利局对其进行检查之后，认为符合获得国际申请日条件的，即以收到该文件之日为国际申请日。对于国际申请因不符合获得国际申请日条件的根据专利局通知进行必要改正的，或者申请人主动进行必要改正的，专利局将以收到改正之日为国际申请日。值得指出的是，这种改正只能在首次提交之日起 30 天内完成。

国家知识产权局专利局接受以中文或英文提交的国际申请，申请人仅需提供一份国际申请文件。该文件作为登记本，由专利局传送给国际局。国际申请的受理本和检索本，由专利局根据登记本复印制成。受理本由专利局存档，检索本由专利局传送给国际检索单位。

（2）国际检索

国际申请在完成受理局的程序之后，还要经历国际检索程序，即由国际检索单位在条约规定的最低限度文献范围内对国际申请进行检索，查找与国际申请主题相关的现有技术，在原始申请文件基础上提供关于专利性的初步意见，为进一步判断该国际申请是否具备专利性提供依据。

国际检索启动的必要条件是收到检索费。因此，申请人缴纳检索费是国际检索开始的依据。

专利局开始检索程序后，首先，检查国际申请的主题是否属于条约规定的不检索范围。例如：①科学和数学理论；②植物和动物品种或者主要是用生物学方法获得植物或动物的方法；③经营业务、纯粹智力活动游戏比赛的方案、规则或方法；④人体或动物体的外科手术或治疗方法及诊断方法；⑤单纯的计算机程序或者属于不能进行有意义检索范围（由于说明书或者权利要求书的撰写不符合规定，审查员通过申请文件不能理解其发明的实质）。出现这些情形时，专利局将作出不检索宣布。

其次，专利局检查国际申请是否存在有关发明单一性、发明名称、摘要、摘要附图等方面的缺陷。存在上述缺陷时，专利局将通知申请人改正或依职权改正或者要求支付规定的附加费用，申请人应当特别注意发明单一性问题。有时仅因为撰写上的问题造成国际申请缺乏发明单一性，不但需要支付额外的附加费，而且耽误作出国际检索报告的期限。

最后，专利局对国际申请的主题进行检索，尽量找出相关的现有技术，作出检索报告。检索报告的期限是自国际检索单位收到检索本之日起 3 个月或者自优先权日起 9 个月，以后到期为准。通常申请人提出国际申请后（提出申请同时缴纳了规定费用，没有发明单一性方面的缺陷，申请是在优先权期限即将结束时提出的）3 个半月左右得到国际检索报告。

申请人在收到国际检索报告之后，根据 PCT 第十九条规定，有权对其国际申请中的权利要求进行一次修改。该修改应当在国际检索单位向申请人传送国际检索报告之日（该日期记载在国际检索报告中）起 2 个月内或者在自优先权日起 16 个月期限届满前送达国际局。以上 2 个期限以后到期为准。这种修改，往往是由于国际检索报告中列举的文件已经影响国际申请的专利性。申请人可以希望通过修改权利要求的方式避开引用文件对其产生的影响。

（3）国际公布

各 PCT 受理局把国际申请的登记本传送给国际局之后，国际局在受理局已经形审的基础上，对该申请是否符合国际公布条件以及是否存在其他缺陷进行复查。对于符合国际公布条件的国际申请，国际局通常在自优先权日起 18 个月期限届满前 15 天完成国际公布的技术准备工作，并在自优先权日起 18 个月期限届满之日起 2 周内公布。

PCT 规定，国际公布语言有：中、英、法、德、日、俄、西班牙、阿拉伯、韩、葡萄牙 10 种语言。中国人申请用中文或者英文提出的国际申请将相应使用中文或英文公布。国际局通常把国际公布的单行本作为国际申请的副本送达各指定局。

（4）国际初步审查（可选择的程序）

国际初步审查是国际阶段中继国际申请、国际检索和国际公布之后的一个可选择的程序，国际初步审查经 PCT 申请人请求，由国际初步审查单位进行审查。国际初步审查的目的是对请求保护的发明是否有新颖性、创造性和工业实用性提出初步的、无约束力的意见。

自 2002 年 4 月 1 日以后，只要申请人提出国际申请，进入国家阶段的期限一律延迟到自优先权日起 30 个月，但申请人要想得到一份关于"三性"（新颖性、创造性和实用性）判断的审查报告，还必须以在自优先权日起 19 个月期限届满前提出国际初步审查要求为条件。

国家知识产权局规定，作为 PCT 受理局的中国国家知识产权局专利局受理的国际申请的主管国际初步审查单位是其本身。所以对向中国国家知识产权局专利局提交的国际申请，其初审报告必须由国家知识产权局专利局作出。

在国际初步审查报告作出之前，申请人有权依规定的方式，并在规定的期限内修改权利要求书、说明书和附图。这种修改不应超出国际申请提出时对发明公开的范围。如果初审单位考虑了修改文件，国际初审报告还带有一个附件。该附件包括了对说明书、权利要求书、附图进行的修改或者更正的替换页。在国际申请进入各指定局（2002 年 4 月 1 日以前叫选定局）程序时，申请人应当根据各指定局的要求把该附件译成规定文字后送交相关指定局。

启动国际初步审查与启动国际检索不同的是：国际初审必须是在收到国际初步审查要求书、规定的费用、明确了进行国际初步审查的文本后，才可启动；而启动检索仅需要收到费用。

PCT 规定：国际初审报告的期限是自优先权日起 28 个月期限届满前作出。该报告对新颖性、创造性和工业实用性作出了判断，尽管它对指定国没有法律约束力，但对申请人决定是否应当继续程序还是很有价值的。

### 2. 国际申请的国家阶段程序

（1）国家阶段程序一般规定

国际申请进入国家阶段的程序必须由申请人来启动。

国际申请自优先权日起进入国家阶段的时间为 30 个月（某些国家可能是 20 个月）。

国际申请进入国家阶段的条件是递交翻译成该国语言的国际申请的译文和缴纳国家费用。申请人在决定继续后续程序时，而且仅在这个时候，才必须向指定局缴纳规定的费用，并根据需要向这些局提交国际申请的译本，即将国际申请翻译成这些局的官方语言，这时可能需要委托当地的代理人。提交翻译文本及缴纳国家费用必须是在自优先权日起 30 个月期限届满前进行。国际申请一旦进入国家阶段，便适用国家程序。

PCT 允许各缔约国对进入其国家程序的国际申请提出某些要求，以使这些国际申请符合国家法的规定。例如发明人的声明、申请权的转让等。

尽管国际申请的申请人在国际阶段已经享受了多次修改申请文件的机会，然而 PCT 还是要求各指定国对已经进入国家程序的国际申请至少给予一次修改其申请文件的机会。因此，申请人在完成进入国家阶段的手续之日起 1 个月内，可以对申请文件进行修改，这种修改仅对于不需要提出任何请求即可进行审查的程序可使用。

国家局通常为进入其国家程序的国际申请给出一个国家申请号。然后对译文进行格式审查使其符合国家公布的条件。

在实行实质审查请求制的国家里，国家局将对已经提出实质审查请求的申请进行独立的实质审查，根据审查结果作出是否授予专利权的决定。

（2）国际申请进入中国国家阶段的条件

国际申请希望在中国获得专利保护的，国际申请的申请人应当在优先权日起 30 个月内，向国务院专利行政部门办理进入中国国家阶段的手续。申请人未在该期限内办理该手续的，在缴纳宽限费后，可以在自优先权日起 32 个月内办理进入中国国家阶段的手续。国际申请在中国没有效力或者在中国的效力丧失的，不能进入国家阶段。

**3. 国际申请的提出及缴纳费用的期限**

国际申请依不同的提出时机分为两种：第一种是在优先权的年末提出的国际申请；第二种是作为首次提出的专利申请的国际申请。这两种国际申请有不同的期限要求。

（1）在优先权的年末提出的国际申请

申请人在第一次提出专利申请（国家申请或国际申请）之后，觉得有必要向国外申请专利时，必须在 1 年届满期内，提出 PCT 申请，并在 PCT 申请中要求了第一次申请日的优先权，此时申请人必须自申请日起 1 个月内缴纳 PCT 的费用——传送费、国际费、初审费、指定费和检索费。专利局在收到申请文本和费用后，进行形式审查。检索单位收到检索本后，启动检索程序，正常情况下申请人在自优先权日起 16 个月内可以收到检索报告。

申请人可以在收到检索报告 2 个月内（检索单位向申请人寄发之日起计算），对权利要求进行一次修改，将修改后的权利要求直接寄交国际局。国际局收到受理局形式审查合格的申请文本后，自优先权日起 18 个月对国际申请进行国际公布，并以小册子的单行本形式传送到各指定局。此后，申请人有充分的时间来考虑有关发明的经济价值和技术价值，决定是否进行后续程序，即进入国家阶段。如果申请人决定进入国家阶段，应当在 PCT 规定的期限内，自优先权日起 30 个月内，办理进入国家阶段的手续，缴纳国家费用和申请文件的译文。

（2）作为首次提出的专利申请的国际申请

作为首次提出的专利申请的国际申请是未要求优先权的国际申请，此时的国际申请日为优先权日。申请人在未要求优先权的国际申请提出申请之后，除指定费可以在自优先权日起 1 年内缴纳外，其他费用（传送费、检索费和国际费用的基本费）应当在自申请日起 1 个月内缴纳。

检索单位收到检索本后，开始国际检索。大约在自优先权日起 9 个月内作出检索报告，也就是说申请人在申请日起 9 个月内可以得到该申请文件的检索报告。

根据 PCT 的规定，申请人可以对权利要求进行一次修改，修改期限为自优先权日起 16 个月。

国际局在收到受理局形式审查合格的申请文本后，自优先权日起 18 个月进行国际公布，并以小册子的单行本形式传送到各指定局。如果申请人决定进入国家阶段，应当在条约规定的期限内，自优先权日起 30 个月内，办理进入国家阶段的手续，缴纳国家费用和申请文件的译文。

**4. 国际申请的费用**

国际申请的费用包括国际阶段费用和国家阶段费用。

（1）国际阶段费用

中国申请人提交一项国际申请，需要为其缴纳传送费、检索费和国际费等费用。

传送费：为补偿受理局为受理国际申请、检索国际申请以及向国际局、国际检索单位传送等付出劳动的费用。国家知识产权局规定的传送费为人民币 500 元。

检索费：为补偿国际检索单位进行国际检索付出劳动的费用，为人民币 1500 元。

国际费：补偿国际局对国际申请进行检索、国际公布和传送各种文件付出劳动的费用。

国际费包括基本费和指定费 2 个组成部分。

国际局规定的基本费是 650 瑞士法郎（如国际申请文件的页数超过 30 页的，还需缴纳从 31 页起，按页计算的基本费的附加费，每页的基本费的附加费是 15 瑞士法郎），指定费是每项指定 140 瑞士法郎。如果指定地区专利，不管国家数目多少，只需缴纳一笔指定费，指定总数超过 5 项时，从第六项起，不需支付指定费。

国际初步审查费：为了补偿国际初步审查单位对国际申请进行国际初步审查时付出劳动的费用。国家规定的国际初步审查费是人民币 1500 元。

国际初步审查手续费：为了补偿国际局在国际初步审查程序中为翻译国际初步审查报告，传送各种文本等付出劳动的费用。国际局规定的国际初步审查手续费是 233 瑞士法郎。

缴费期限：传送费、检索费和国际费中的基本费部分应当在专利局收到国际申请之日起 1 个月内缴纳；指定费应当在自优先权日起 1 年内或者专利局收到国际申请日起 1 个月内缴纳（有优先权要求时，而且该 1 个月期限是在优先权日起 1 年以后届满的），或者应当在专利局收到国际申请之日起 1 年内缴纳（未要求优先权时）。

如果申请人在规定的期限内未缴纳或缴足上述费用的，专利局将通知申请人在通知之日起 1 个月内缴纳，并同时缴纳滞纳金。

如果申请人在通知规定的期限内仍未缴纳或缴足规定的费

用，国家知识产权局根据情况分别作出认为撤回国际申请或者撤回某个指定的宣布。

（2）国家阶段费用

国际申请进入国家阶段之后，主要适用于各国本国法规定。在征收的费用种类和数额方面，也主要适用各国对其国家申请的规定。

# 第八讲　说明书的撰写

## 第一节　说明书的概念

### 一、说明书的定义

说明书是专利申请文件的组成部分，其主要作用是公开所要求保护的全部技术信息，通常包括专利申请的发明名称、所属技术领域、背景技术、发明内容、附图说明和实施例等。❶进一步讲，说明书是专利申请的必要文件，是专利权稳定的重要基础，是公开发明内容或者实用新型内容使公众得以实现发明或者实用新型的指导文件，也是在确定发明或者实用新型保护范围时支持权利要求的重要依据，如图 8-1 所示。

### 二、说明书的作用

根据说明书的定义，说明书的作用主要包括以下 3 个方面。

第一，说明书是用来详细说明发明或实用新型的具体内容，主要起着向社会公众公开发明和实用新型技术内容的作用。❷

---

❶　国家知识产权局. 知识产权文献与信息基本词汇：GB/T 21374—2008 ［S］.
北京：中国标准出版社，2008：1.

❷　2006 年专利代理人考试大纲详解（专利法律知识部分）。

> 1.说明书是专利申请的必要文件，是发明或实用新型专利专利权稳定的重要基础；
> 2.说明书是公开发明内容或者实用新型内容，使公众得以实现发明或者实用新型的指导文件；
> 3.在确定发明或者实用新型保护范围时，说明书是支持权利要求的重要依据

说明书 —支持→ 权利要求书

**图 8 - 1　说明书的定义及其重要性**

第二，说明书是作为审查程序中修改的依据，因此是国家知识产权局进行审查工作的基础。[1]

第三，说明书公开足够的技术情报，支持权利要求书要求保护的范围，是在确定发明或者实用新型保护范围时支持权利要求书的重要依据，特别是在发生专利纠纷时，说明书及其附图可以用来解释权利要求书，确定专利权的保护范围。[2]

## 三、说明书的组成部分

《专利法实施细则》第二十条第一款规定："发明或者实用新型专利申请的说明书应当写明发明或者实用新型的名称，该名称应当与请求书中的名称一致。说明书应当包括下列内容：

"（一）技术领域：写明要求保护的技术方案所属的技术领域；

"（二）背景技术：写明对发明或者实用新型的理解、检索、审查有用的背景技术，有可能的，并引证反映这些背景技术的文件；

"（三）发明内容：写明发明或者实用新型所要解决的技术

---

[1]　国家知识产权局条法司. 新专利法详解 ［M］. 北京：知识产权出版社，2001：8.

[2]　2006 年专利代理人考试大纲详解（专利法律知识部分）。

问题以及解决其技术问题采用的技术方案，并对照现有技术写明发明或者实用新型的有益效果；

"（四）附图说明：说明书有附图的，对各幅附图作简略说明；

"（五）具体实施方式：详细写明申请人认为实现发明或者实用新型的优选方式；必要时，举例说明；有附图的，对照附图。"

说明书的组成部分如表 8-1 所示。

表 8-1　说明书的组成部分

| 说明书的组成 | |
| --- | --- |
| 第一部分 | 发明或实用新型的名称 |
| 第二部分 | 正文 |
| 1 | 技术领域 |
| 2 | 背景技术 |
| 3 | 发明内容：<br>（1）所要解决的技术问题；<br>（2）采用的技术方案；　⎫三要素<br>（3）有益效果 |
| 4 | 附图说明 |
| 5 | 具体实施方式 |

# 第二节　说明书撰写的总体要求

发明或实用新型专利申请的说明书是权利要求书的依据。它的公开程度是有法律要求的，不像其他类型的技术文献那样有较多的公开程度的主动权。它必须使权利要求保护的内容通过说明书的说明，达到所属技术领域的技术人员能够实现为准的程度。

《专利法》第二十六条第三款规定："说明书应当对发明或者实用新型作出清楚、完整的说明，以所属技术领域的技术人员能够实现为准；必要的时候，应当有附图。"这是撰写发明和实用新型说明书应当满足的总体要求，也是撰写发明或者实用新型说明书的最为重要的基本要求。具体来说，说明书应当同时满足"清楚"、"完整"和"能够实现"3项要求。

一、清　楚

从撰写角度讲，所谓清楚，是指简洁、明确，没有含糊不清之处，所属技术领域的技术人员容易理解。为此，应满足以下四个要求。

### 1. 主题明确

说明书主题明确，是指说明书应当从现有技术出发，明确反映出发明或者实用新型想要做什么和如何去做，使所属技术领域的技术人员能够确切地理解该发明或者实用新型要求保护的主题。换句话说，说明书应当写明发明或者实用新型所要解决的技术问题以及解决该技术问题采用的技术方案，并对照现有技术写明发明或者实用新型的有益效果。上述技术问题、技术方案和有益效果应当相互适应，不得出现相互矛盾或不相关联的情形。

### 2. 方案明确

说明书方案明确，是指说明书所描述的发明或实用新型所要解决的技术问题能够由所提出的技术方案所完成，并且在描写技术方案时，说明了全部必要技术特征和附加特征，而且其中与现有技术共有的共有特征、区别特征和附加特征被明显地区分开，能够由所属领域的技术人员理解和辨认。在结合附图和具体实施方式对技术方案作进一步的说明时，附图的提供足以助于说明技术方案的本质，如实用新型附图必须反映产品的形状、构造或其结合。

### 3. 效果明确

说明书效果明确，就是对照现有技术写明发明或者实用新型的有益效果，该有益效果是通过采取的技术方案解决了技术问题所产生的。发明或实用新型的有益效果可以通过对发明或者实用新型结构特点的分析和理论说明相结合，或者通过列出实验数据的方式予以说明，能使所属领域的技术人员信服，不能只断言发明或者实用新型具有有益的效果。

### 4. 用词规范

说明书的内容是否规范是专利审查的重要组成部分，因此《专利法实施细则》第二十条第三款规定："发明或者实用新型说明书应当用词规范、语句清楚，并不得使用'如权利要求……所述的……'一类的引用语，也不得使用商业性宣传用语。"在实际撰写中，也不应当把权利要求书中的"其特征在于"一类用语引用到说明书中。

除上述规定外，《专利法实施细则》第二十条第四款规定："发明专利申请包含一个或者多个核苷酸或者氨基酸序列的，说明书应当包括符合国务院专利行政部门规定的序列表。"

说明书中对同一个技术术语全篇应当一致。

说明书中的计量单位，应当使用国家法定计量单位，包括国际单位制计量单位和国家选定的其他计量单位。必要时可以使用本领域公知的其他计量单位，但是应当同时标注国家法定计量单位。

说明书中无法避免使用商品名称时，其后应当注明其型号、规格、性能及制造单位。

## 二、完  整

一份完整的说明书应当包括有关理解和实现发明或者实用新型所需的全部技术内容，至少应包括《专利法实施细则》第二十条第一款规定的 5 个部分内容，缺少任何一个部分都是不完整的。

但是，一般初学专利的人，在没有掌握专利说明书的写法之前，容易把自己原来工作的职业习惯带来。例如，用撰写论文的方法，或用撰写产品说明书的方法，或用撰写科研报告的方法，这些都是不可取的。论文、产品说明书和科研报告与专利说明书各有各的要求，必须注意它们之间的区别。

### 三、能够实现

能够实现，是指所属技术领域技术人员按照说明书所记载的内容，就能够实现该发明或者实用新型的技术方案，解决其技术问题，并产生预期的技术效果。

如果是一种产品，按照说明书所记载的技术方案就能够制造出来，并能够实现其技术功能和技术效果。如果是一种方法，则按照其说明的方法在生产实践中能够使用。

简单地说，根据《专利法》第二十六条第三款的规定，凡是所属技术领域的技术人员不能直接、唯一地从现有技术得出的有关内容，均应当在说明书中描述，达到所属技术领域的技术人员能够实现该发明或者实用新型的程度。

## 第三节  说明书撰写的具体要求

《专利法实施细则》第二十条第一款是关于说明书撰写的具体要求。

本节就其每一部分具体撰写应注意的问题详细进行说明。

### 一、发明名称的撰写

发明名称，是指专利申请请求保护的主题名称。❶

发明名称不仅包括在说明书之中，而且包括在权利要求书、说明书摘要和专利申请的请求书等所有必要文件及其附件里。因此要特别注意，该名称不仅应当与请求书中的名称一致，而且应当注意在所有文件中发明名称都要绝对一致。

---

❶  国家知识产权局. 知识产权文献与信息基本词汇：GB/T 21374—2008［S］. 北京：中国标准出版社，2008：1.

### 1. 字数的要求

名称应当清楚、简要，一般不得超过 25 个字（特殊情况下，例如化学领域的某些申请，可以允许最多到 40 个字）。如"一种用于多齿分度装置，特别涉及一种用于多齿分度盘的弹性端齿盘组"，这个名称太长了，可以修改成"一种用于多齿分度盘的弹性端齿盘组"或者"一种弹性端齿盘组"。

"一种弹性端齿盘组"这个名称就不错，因为这个名称本身已经足够具体，而且它至少包括了三个限定条件，即"弹性""端部""齿盘（而不是例如齿条）"，而且是一种"组合"。

"一种用于多齿分度盘的弹性端齿盘组"，也很好，反映了发明对象的应用领域。

名称中出现的"一种"这个表达语，属于一个习惯用语。这种格式的存在，是因为早期的专利说明书很多都是英文翻译过来的，英文在名词前会带有冠词 a、an 或 the，翻译过来就是"一种"，所以名称中是否用"一种"，这纯属习惯问题，用或不用两可。但应当清楚，专利申请文件中"一种"与日常生活中使用的"一种"的概念不一样。专利申请文件的"一种方法""一种装置"往往指的是若干方法或若干装置的总和。❶

### 2. 位置的要求

发明名称应当在说明书首页正文部分的上方居中位置。

### 3. 撰写的要求

发明名称是说明书撰写的起点，在实际撰写中应当注意以下一些基本原则。

（1）主题性原则

发明名称应当清楚、简要、全面地反映要求保护的发明或者实用新型的主题和类型（产品或者方法），以便于专利申请的分类，如图 8 - 2 所示。

---

❶ 中国工业产权研究会. 提高专利文件的撰写质量［M］. 北京：专利文献出版社，1987：5.

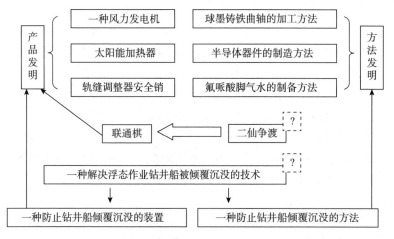

图 8 - 2　发明或者实用新型名称（突出主题与类型的要求）

如"一种风力发电机""球墨铸铁曲轴的加工方法"，一看就明白了，前者是一种发电机产品的发明，后者是一种机械加工方法的发明。

又如"太阳能加热器""半导体器件的制造方法"等。

再如"轨缝调整器安全销"，一看名称就能很清楚技术主题是一种产品。

"氟哌酸脚气水的制备方法"，一看名称就知道技术主题是一种方法。

"一种纸塑复合人造花及制备工艺"能反映出申请的技术主题是一种产品及制造方法的发明。

但是，"二仙争渡"这样的名称能看出是什么技术主题，又属于哪种类型？看说明书中发明内容才知道是一种"联通棋"，叫"联通棋"就是了。

例如，"一种解决浮态作业钻井船被倾覆沉没的技术"，该技术是方法还是装置？"技术"这个概念没有体现出发明的技术主题和类型。

"解决"一词是对目的而言的，说明书也经常使用，但放在名称中让人觉得有点不习惯，不如改成"防止"。"被"字属于被动语态，在专利申请文件中不宜使用。可以修改为"一种防止钻井船倾覆沉没的装置"或"一种防止钻井船倾覆沉没的方法"，是装置还是方法一看便明白了。

（2）简洁性原则

发明名称应当简易明了，应当用尽可能简短的词语和采用所属技术领域通用的技术术语。为了做到这一点，最好采用《国际专利分类表（2024.01）》中的技术术语，不得采用非技术术语。例如，《国际专利分类表（2024.01）》中记载：

F16F 1/00 弹簧

1/02·由低内摩擦的钢或其他材料制造的；盘簧、扭簧、片簧、杯簧、环管或类似弹簧，不涉及弹簧材料

1/04··盘簧，

一件专利申请名称为"钢制盘簧"与F16F 1/04分类号就相对应。

采用《国际专利分类表（2024.01）》中的技术术语能将名称起得恰到好处，有助于国家知识产权局进行准确的分类，同时也为将来公开之后便于公众查阅专利文献带来方便。

（3）准确性原则

如果有特定用途或应用领域的要尽量反映出发明或者实用新型的用途或者应用领域。

比如"发动机"，其技术主题和类型也清楚了，但是还不够。如果将其应用领域加上去则更清楚，如"汽车发动机""船用发动机"或"航空发动机"等。

（4）规范性原则

由于专利是受国家法律保护的享有专有权的技术，因此发明名称用词应当规范，注意以下"五个不可"。

第一，不可含有非技术词语，例如人名、地名、公司名称以及商标、代号、型号或者商品名称等；"北京Ⅰ型椭圆仪"，直接叫"椭圆仪"就行，前面的"北京Ⅰ型"是不允许使用的。

第二，不可仅使用笼统的词语，致使未给出任何发明信息，例如，仅用"方法""装置""组合物""化合物"等词作为发明名称。

第三，不可使用概念过宽、不具体的词汇，也不使含有含糊的词语，例如"电化学工艺""节能装置"属于太一般或太模糊、概念过宽的名称；"及其他""及其类似物""等结构"这样的词语则属于含有含糊词语的不具体名称。

第四，不可使用不必要的词汇，例如"为了绝热而对控制板制造工艺的改进"，仅用"绝热控制板的制造工艺"就可以了，而且更加简短而明确。

第五，不可使用商业性宣传用语。

（5）全面性原则

发明名称或实用新型名称既要反映出发明或者实用新型的实质内容，又要符合单一性要求，若合案申请应该全面地反映一件申请中包含的各种发明类型。不能遗漏权利要求书中请求保护的主题。例如一件包含拉链产品和该拉链制造方法 2 项发明的申请，其名称应当写成"拉链及制造方法"，以将 2 项技术主题和类型全面表达出来。又如"一种高黏度的黏合剂及制备方法""一种滚珠轴承及制备方法"等。

## 二、5 个部分的撰写

### 1. 技术领域的撰写

发明或实用新型所属的技术领域，是发明或实用新型专利说明书正文部分的第一个自然段落。因此，写好这句话或这个自然段落非常有意义。它可以给审查员或公众一个启示，该发明或该实用新型属于哪个技术领域的技术方案。

在实际撰写中，技术领域的陈述是很容易撰写的，它仅仅是一段简短的介绍，习惯上使用短语："本发明属于一种……①……技术领域，特别涉及一种……②……"

在①处写上所属技术领域或者直接应用领域；在②处写入发

明名称。

其中，"属于一种"一般分到小类，"特别涉及一种"一般分到组或分组。

"技术领域"在专利法中是一个常用词，它是什么意思呢？

专利法所说的"所属的技术领域"，与一般工程技术人员按专业或行业来划分的领域有时会有差异，不能简单地根据本专业或本行业的术语来套用，应该首先从《国际专利分类表（2024.01）》中找到有关的依据。比如："本发明属于有色冶金技术领域"，这就有点行业化了。因为有色冶金包括了几十种金属，这样无法根据说明书给出的技术领域将该发明分入最合适的国际专利分类位置。一般来说，该具体的技术领域往往与发明或者实用新型在《国际专利分类表（2024.01）》中可能分入的最低位置有关。不是上位的或者相邻的技术领域，也不是发明或者实用新型本身。

例如，一项关于挖掘机悬臂的发明，其改进之处是将背景技术中的长方形悬臂截面改为椭圆形截面。其所属技术领域可以写成"本发明属于挖掘机技术领域，特别涉及一种挖掘机悬臂"（具体的技术领域），而不宜写成"本发明涉及一种建筑机械"（上位概念的技术领域），也不宜写成"本发明涉及一种挖掘机悬臂的椭圆形截面"（发明本身）。

"技术领域"可以写直接应用领域，或者说具体应用领域也许更容易理解。例如"本发明系煤粉燃烧设备上的一种燃烧装置"。这样一个技术领域就没有写出直接应用领域，写得过宽、不直接。首先，"煤粉燃烧设备"就是一个广义的上位概念，而"燃烧装置"的概念更宽，从这个撰写中，审查员不清楚发明的主题是应用在什么技术领域的。分析说明书时得知，该发明的主题是煤粉锅炉中的直流煤粉燃烧器，它由煤粉气流喷口和火焰稳定器组成，使用时安装在煤粉锅炉炉膛四角。因此，该发明所属技术领域可以改写为"本发明属于煤粉燃烧器技术领域，特别涉及一种安装在煤粉锅炉炉膛内的直流煤粉燃烧器"。这样一改，直接应用领域就清楚了。

"技术领域"也可以写"直接所属领域"，或者说具体相关领域也许更容易理解。例如"本发明属于一种半导体材料制造领域"。这样一个所属技术领域太宽了，算是一个典型的广义领域。因为半导体材料本身包括很多种类，按这样一个所属技术领域的写法，就看不出该发明的主题和类型到底与什么种类的半导体材料相关，是材料本身的发明还是制造材料方法的发明。分析说明书得知，该发明是一种直拉硅单晶的方法，其主要技术特征是，在拉晶过程中，采用减压氮气保护。这一技术克服了该技术领域内长期存在的氮气不能作为拉晶保护气体的技术偏见，从而可以在拉制硅单晶时使用来源广泛、价格低廉的氮气以代替现有技术中氩气并制得合格的硅单晶产品。那么，该发明所属的技术领域应该改写为："本发明属于直拉硅单晶制造技术领域，特别是涉及一种采用减压氮气保护直拉硅单晶的方法"。这样一改，主题和类型就都清楚了。

### 2. 背景技术的撰写

背景技术常称为"现有技术"或"现有技术水平"，是指在申请日以前已经公开了的技术知识的总和，特别是指与申请专利的发明或实用新型技术主题相同、技术特征和技术效果相同或最为接近的已有技术，❶ 这样的背景技术通常是发明人实施技术改进的对象，也是发明创造的真正技术起点。

撰写背景技术常用的语句是：在现有技术中有，……如××××公开了一种……产品（或方法）……但是，该产品（或方法）存在的问题是：……

除开拓性发明或实用新型外，背景技术至少要引证一篇与本申请最接近的现有技术，必要时再引证几篇较接近的或相关的对比文件，它们可以是专利文件，也可以是非专利文件。❷

凡被具体引证的对比文件，要简要地给出该现有技术的主要

---

❶ 中国工业产权研究会. 提高专利文件的撰写质量 [M]. 北京：专利文献出版社，1987：5.

❷ 吴观乐. 专利代理实务：上册/下册 [M]. 北京：知识产权出版社，2006：2.

结构和工作原理，客观地、实事求是地指出该背景技术存在的主要问题，但切忌采用诽谤性语言。❶

有人不好意思指出现有技术存在的问题和缺点，误以为这是在贬低人家。其实不是。现有技术的问题和缺点是客观存在的，是否指出都客观存在。也是因为有这些问题和缺点需要改进，才是进行发明创造的直接原因。说明存在这些问题和缺点的原因以及解决这些问题时曾遇到的困难，可以为专利申请所作出的创造性贡献作好铺垫。

另外，应当注意，根据《专利审查指南2023》的规定，说明书关于背景技术的描述不属于发明或者实用新型本身的内容，所以在背景技术这一部分不要写本发明或者本实用新型的技术方案。

### 3. 发明内容的撰写

撰写发明内容常用的语句是："本发明（或者实用新型）所要解决的技术问题是，克服现有技术的不足之处，提供一种……本发明（或者实用新型）采用的技术方案是……与现有技术相比，本发明（或者实用新型）与现有技术相比，具有以下有益效果……"

下面详细说明这3个部分撰写应注意的问题。

（1）所要解决的技术问题的撰写

发明或者实用新型所要解决的技术问题，是指发明或者实用新型要解决的现有技术中存在的技术问题，要用正面的、尽可能简洁的语言客观而有根据地论述发明或者实用新型所要解决的技术问题。

注意应当只写技术方案已经实现的结果，凡是想达到技术效果而技术方案本身没有达到或不能达到的技术效果，不能作为本发明或者实用新型所要解决的技术问题来撰写。例如有人对异步发电机做了若干改进，使其能作为汽车发电机使用，由此就把所

---

❶ 吴观乐. 专利代理实务：上册/下册 [M]. 北京：知识产权出版社，2006：2.

要解决的问题写为"取代现有一切发电机",就言过其实了。

还要注意单一性的问题。若所要解决的技术问题有几个，最后都要用一个总的目的来归结。比如像"除尘器"这样一种改善环境的装置，它除了能改善环境之外，也许还能节约能源，减少占地面积和提高除尘效率等。而所有这些涉及技术的、经济的各方面的内容，虽然各不相关，风马牛不相及，但只要把发明目的（发明所要解决的技术问题）说成是一种具体的除尘器，则它们都是"协调"的，都能被统一到这个具体的发明物上。

（2）所采用的技术方案的撰写

技术方案是发明或者实用新型对要解决的技术问题所采取的利用了自然规律的技术手段的集合。而技术手段通常是由技术特征来体现的。

一般情况下，说明书发明内容部分的技术方案首先应当与独立权利要求的用语相同，以发明或实用新型必要技术特征总和的形式阐明其实质性内容。然后，可以通过对该发明或实用新型的附加技术特征的描述，反映对其作进一步改进的从属权利要求的技术方案。

具体讲，发明或者实用新型的技术方案在撰写时至少应当满足下面两点要求。

第一，清楚完整地写明独立权利要求的技术方案，应当包括解决其技术问题的全部必要的技术特征。

第二，清楚完整地写明从属权利要求的技术方案，应当包括进一步改进解决其技术问题的全部附加的技术特征。为避免误解，从属权利要求的技术方案应当另起段描述。

（3）有益效果的撰写

说明书应当清楚、客观地写明发明或者实用新型与现有技术相比所具有的有益效果。

有益效果是指由构成发明或者实用新型的技术特征直接带来

的，或者是由这些特征必然产生的效果。❶ 因此，无论用哪种方式说明有益效果，都应当与构成发明或者实用新型的技术特征有联系，即写明产生有益效果的原因，不能笼统地、不负责任地简单断言。因为有益有果是确定发明是否具有"突出的实质性特点"和"显著的进步"，实用新型是否具有"实质性特点"和"进步"的重要依据，所以有益效果是不可忽视也不可轻视的。正是由于发明或者实用新型新的技术方案克服了背景技术存在的问题，产生了有益效果，因此使该发明或者实用新型具有创造性。

在大多数情况下，有益效果是所要解决的技术问题和所采取的技术方案描述清楚后不言而喻或顺理成章的内容，但有时却"潜伏"得深一些，应该在申请时深度"挖掘"出来，记载在原始说明书中。❷

需要注意的是，专利法中所说的有益效果是一个混合概念，它是指包括在技术、经济和社会等方面的综合的积极的有益的效果。

技术效果是指发明或实用新型与现有技术相比所带来的技术优越性和对技术的贡献，例如产率、质量、精度和效率的提高，加工、操作、控制、使用的简便。

经济效果是指在生产活动中能以尽可能小的消耗而获得尽可能大的经济效益，例如能耗、原材料、工序的节省。

社会效果是指发展国民经济，从而最大限度地促进生产力发展，满足人们的实际需要，例如环境污染的治理或者根治，以及新的有用性能的出现。

### 4. 附图说明的撰写

附图说明是说明书的组成部分，《专利法实施细则》第二十条第一款第（四）项规定："附图说明：说明书有附图的，对各幅附图作简略说明；"。《专利法实施细则》第二十一条第一款规定：

---

❶❷　吴观乐. 专利代理实务：上册/下册［M］. 北京：知识产权出版社，2006：2.

"发明或者实用新型的几幅附图应当按照'图1，图2，……'顺序编号排列。"例如："图1是本发明的主视图，图2是图1的A向视图，图3是图1中沿B－B线的剖视图。"

在零部件较多的情况下，可以紧接附图的说明后，对附图中具体零部件编号（附图标记）及名称列表说明。这有助于撰写说明书的具体实施方式和权利要求书的技术特征，避免遗漏和重复命名，也便于对照附图进行核对。

### 5. 具体实施方式的撰写

具体实施方式也称为实施例，是说明书中对发明或者实用新型技术方案优选的具体实施方式的举例说明。[1] 俗话说："编筐编篓，重在收口"。具体实施方式对于充分公开技术方案，理解和实现发明或者实用新型，支持和解释权利要求都是极为重要的。因此，说明书应当详细描述申请人认为实现发明或者实用新型的优选的具体实施方式；有附图的，应对照附图进行说明。

对于产品的发明或者实用新型，具体实施方式应当说明产品的形状、构造或其结合。例如产品的机械结构、电路构成或者化学成分，说明组成产品各部分之间的相互关系。

对于可动作的产品，只描述其构成不能使所属技术领域的技术人员理解和实现发明或者实用新型时，还应当说明其动作过程或者操作步骤。如果"所属领域技术人员"尚不熟悉其制造方法，还应当说明其制造方法。

对于方法发明，应当写明其具体步骤，包括可以用不同的工艺参数表示的工艺条件。如果制造过程使用了发明人自己设计的仪器或设备，则应当说明其仪器或设备的结构和功能，也可以合案申请方法及其设备。

在具体实施方式的描述中，对公知的技术特征可以不作详细的描述，但对于区别于现有技术的技术特征则应当足够详细地描述，以所属技术领域的技术人员能够实现该技术方案为准。

---

[1] 国家知识产权局. 知识产权文献与信息基本词汇：GB/T 21374—2008 ［S］. 北京：中国标准出版社，2008：1.

在结合附图描述实施方式时，应当引用附图标记进行描述，引用时应当与附图中所示的附图标记一致，并放在相应技术名称之后，不加括号。例如，对涉及电路连接的说明可以写成"电阻3通过三极管4的集电极与电容5相连接"，不得写成"3通过4与5连接"。

撰写具体实施方式常用的语句是："下面结合附图提供本发明（或者实用新型）的具体实施方式……"；或"下面结合附图对本发明（实用新型）作详细说明"。

说明书参考语句如表8-2所示，希望对初学者有所帮助。

表8-2 说明书参考语句

| 内容 | 具体要求 | 参考语句 |
|---|---|---|
| 发明名称 | 该名称应当与请求书中的名称一致 | 一种……（产品或方法的名称） |
| 技术领域 | 写明要求保护的技术方案所属的技术领域 | 本发明（实用新型）属于一种……，特别涉及一种…… |
| 背景技术 | 写明对发明或者实用新型的理解、检索、审查有用的背景技术；有可能的，并引证反映这些背景技术的文件 | 在现有技术中有……，如××××文献中公开了一种……产品（或方法）……（文献应指明出处） |
| 发明或者实用新型内容 | 写明发明或者实用新型所要解决的技术问题；以及解决其技术问题采用的技术方案；并对照现有技术写明发明或者实用新型的有益效果 | 本发明（实用新型）所要解决的技术问题是克服现有技术的不足之处，提供……<br>本发明（实用新型）采用的技术方案是……<br>本发明（实用新型）与现有技术相比，具有以下有益效果，…… |
| 附图说明 | 说明书有附图的，对各幅附图作简略说明 | 图1是本发明（实用新型）的主视图……<br>图2是本发明（实用新型）的…… |

| 内容 | 具体要求 | 参考语句 |
|---|---|---|
| 具体实施方式 | 详细写明申请人认为实现发明或者实用新型的优选方式；必要时，举例说明；有附图的，对照附图 | 下面结合附图提供本发明（实用新型）的具体实施方式……（具体实施方式要足以支持权利要求书提出的每一个技术特征及其要求保护的范围） |

# 第四节　说明书附图

## 一、说明书附图的概念

### 1. 说明书附图的定义

说明书附图是在专利申请文件中附加于说明书的视图，用以更清楚、更直观地说明技术特征或技术方案❶，通常包括示意图、线路图、结构图、流程图等。

### 2. 说明书附图的作用

附图被称为工程师的"语言"，对于有附图的说明书来说，附图的作用在于用图形补充说明文字部分的描述，帮助本领域的普通技术人员直观地、形象化地理解发明或者实用新型的每个技术特征和整体技术方案。

### 3. 必要的时候的含义

按照《专利法》第二十六条第三款的规定，"说明书应当对发明或者实用新型作出清楚、完整的说明，以所属技术领域的技术人员能够实现为准；必要的时候，应该有附图"。这里，"必要的时候"是对发明专利申请说明书而言的。

---

❶　国家知识产权局. 知识产权文献与信息基本词汇：GB/T 21374—2008［S］. 北京：中国标准出版社，2008：1.

必要的时候应当有附图，是指当用文字说明一种新产品的特定形状也许是不可能的时候或者困难的时候，或者对理解发明需要的时候，应当有附图。而对发明专利申请用文字足以清楚、完整地描述其技术方案的，可以没有附图。

必要的时候应当有附图，还可以解释为，若不提供附图，则会影响到发明的"清楚"、"完整"和"能够实现"，使所属技术领域的技术人员无法实施，所以应当有附图。

《专利法实施细则》第二十条第五款规定：："实用新型专利申请说明书应当有表示要求保护的产品的形状、构造或者其结合的附图。"即实用新型专利申请的说明书附图是必不可少的，否则就不是一份完整的申请。

如果实用新型专利申请说明书附图没有表示产品的形状、构造或者其结合，那也属于没有提供附图。当然是不符合要求的。

## 二、说明书附图绘制的要求

### 1. 附图的绘制

第一，附图是一个独立的文件，应当单独绘制，不得和说明书的文字部分混合在一起。

第二，附图的首页应使用国家知识产权局专利局统一印刷的附图纸张且只能正面使用，并在规定的尺寸范围内绘制。

第三，《专利法实施细则》第二十一条第三款规定："附图中除必需的词语外，不应当含有其他注释。"但对于流程图、框图一类的附图，应当在其框内给出必要的文字或符号。

第四，附图中不应有作图时的辅助线，如中心线、尺寸线，剖面图中的剖面线不得妨碍附图标记线和主线条的清楚识别。

### 2. 附图的排列

《专利法实施细则》第二十一条第一款规定，发明或者实用新型的几幅附图应当按照"图1，图2，……"顺序编号排列，该编号应当标注在相应附图的下方。

### 3. 附图标记

《专利法实施细则》第二十一条第二款规定："发明或者实用新型说明书文字部分中未提及的附图标记不得在附图中出现，附图中未出现的附图标记不得在说明书文字部分中提及。申请文件中表示同一组成部分的附图标记应当一致。"

这是必须重视的问题，要仔细进行检查，避免因此出错。反过来说，发明或者实用新型说明书文字部分中提及的附图标记应当在附图中出现；附图中出现的附图标记应当在说明书文字部分中提及。这样认识就会注意相互间都必须有所记载了。

进一步讲，附图标记，指对附图图面内表示各部分零部件名称的记号。附图标记应当使用阿拉伯数字编号，标记的引出线一律使用细实线。附图标记一般在说明书具体实施方式中出现的部件名称后面，不用括号。

一件专利申请有多幅附图时，各幅图中的同一技术特征（同一组成部分），应当使用相同的附图标记。

### 4. 附图标记的规则

专利法没有规定说明书附图标记应当按照什么规则进行编号。如果附图标记按照一定的规则进行编号，则有助于附图标记的清楚和完整，避免附图标记的漏写或错写。

（1）累加规则

在技术特征较少的情况下，附图标记一般可以按照"累加规则"进行编号。所谓"累加规则"，是指后一个附图标记的编号值是前一个附图标记的编号值 +1 得到的。例如，一件名称为"电子长明灯"的发明专利申请，说明书总共提及 10 个零部件，分别使用 1、2、3、4、5、6、7、8、9、10 作为这些技术特征的附图标记，采用的就是"累加规则"，如图 8 – 3 所示。

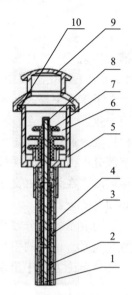

1. 金属导电杆；
2. 石英保护管；
3. 耐高温矿物砂；
4. 金属保护管；
5. 灯座；
6. 火焰腔；
7. 塔形高压石英绝缘子；
8. 放电引火头；
9. 灯罩；
10. 连接环

**图 8-3　附图标记的规则之一——累加规则示意**

（2）关联规则

对于具体实施方式较多的技术方案来说，需要用到的附图标记可能会很多。这时可以使一些具有关联关系的附图标记表示关联的技术特征，通过使存在关联关系的技术特征所采用的附图标记都具有相同的部分，可以使几个附图标记之间给人以相互关联的印象。这种相互关联的印象便于人们在阅读专利文件时联想到技术特征之间的关系，从而加深对权利要求书的结构的理解。另外，遵循这种编号规则进行撰写时，也便于在撰写过程中对文本进行增/删修改时方便进行调整而不至于使附图标记的编号变得很乱，在检查附图标记是否漏写或错写时也方便核对。如前述"电子长明灯"的发明专利申请中，部件5"灯座"的具体结构涉及6个技术特征，分别使用5-1、5-2、5-3、5-4、5-5、5-6（或使用51、52、53、54、55、56）作为这些技术特征的附图标记，采用的就是"关联规则"，如图8-4所示。

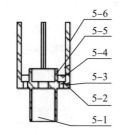

5-1.连接套；
5-2.灯盘；
5-3.泄水孔；
5-4.导流台；
5-5.高压石英绝缘子安装固定座；
5-6.灯罩支撑柱

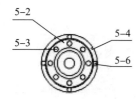

图 8－4　附图标记的规则之二——关联规则示意

# 第五节　说明书充分公开的要求

说明书应该满足充分公开的要求，这是撰写说明书最应当注意的问题。由于一般申请人甚至初学专利代理的人往往在这方面出问题，因此本节详细分析这方面的概念和应注意的问题。

## 一、充分公开

### 1. 充分公开的含义

充分公开也称充分描述，是指对于权利要求中要求保护的发明或者实用新型在说明书（及其附图）中给以清楚和完整的说明，使所属技术领域的技术人员能够理解和实现该发明或者实用新型。

### 2. 充分公开的必要性

说明书是否按照《专利法》第二十六条第三款的要求充分

公开了请求保护的主题，是专利审查的重点，是发明或者实用新型授予专利权和维持专利权有效的必要条件之一，因而也是起草说明书时必须遵守的重要原则。如果说明书没有对发明或者实用新型作出清楚、完整的说明，所属技术领域的技术人员按照说明书记载的内容不能够实现该发明或者实用新型的技术方案，解决其技术问题，并且产生预期的技术效果，则该专利申请将被驳回。

出现驳回申请的情况，如果是因为说明书没有满足充分公开的要求，那是不可挽救的，因为无法通过修改来满足充分公开的要求。通过修改本来是可以满足充分公开的要求的，但超出了原始公开的范围，这样的修改是不允许的。因此，必须在一开始申请的原始申请文件中做到充分公开，才能满足授予专利权和维持专利权有效的基本要求。

还有，如果授予专利权的发明或者实用新型说明书（及其附图）不满足《专利法》第二十六条第三款规定的要求，公众可以其为无效宣告请求的理由请求宣告专利权无效。

可见，在专利申请审批过程中，以至于在专利授权之后，说明书是否满足充分公开的要求都受到严格的考验。一份充分公开的专利说明书，要经得起审查员的审查和竞争对手质疑。鉴于此，为了能够顺利获得有效的、稳定的专利权，在提出专利申请时，尽量使说明书及其附图满足充分公开的要求就显得极为重要，如图 8－5 所示。

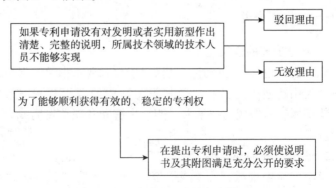

**图 8－5　充分公开的必要性**

### 3. 充分公开的标准

充分公开的标准是以所属技术领域的技术人员能够实现为准，如果其认为无法实现，或尚需创造性劳动，那么就是公开不充分。

根据充分公开的这一标准，可以认为，说明书不是为所有的人撰写的，而是为那些称之为"所属技术领域的技术人员"撰写的。也就是说，说明书是写给"假想的人"或者说"虚拟的人"的，而不是写给既定的专利审查员或者哪一个读者的。因此，为了获得专利保护，凡是对所属技术领域的技术人员理解、评价和实现发明或实用新型所需的一切必要内容，均应当在说明书中写出。但是，说明书也不必过于详细，只要达到所属技术领域的技术人员看到说明书后能够实现为准的公开程度即可。

在说明书中如何处理充分公开与技术保密的问题，是专利申请中一个集技术、法律和经济问题于一体的问题，这需要在检索分析的基础上，充分了解和理解现有技术，既要做到"充分公开"技术方案，又要争取尽可能宽的保护范围。这需要充分了解和理解具体的发明或者实用新型的发明内容，需要处理好所要解决的技术问题与所采取的技术方案以及所产生的有益效果之间的关系，还需要综合考虑经济利益，如图 8-6 所示。

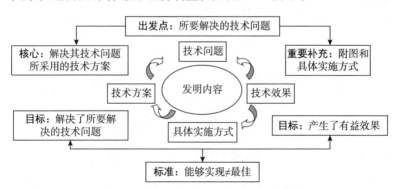

图 8-6 充分公开的综合考虑

### 4. 充分公开的判断

说明书对发明内容的充分公开，应当以所要解决的技术问题为出发点，以解决其技术问题所采用的技术方案为核心，以解决了所要解决的技术问题和产生了有益效果为目标，以附图说明和具体实施方式为重要补充。

判断专利说明书是否满足充分公开要求，可以看是否做到了"六有"，避免了"六无"现象。

做到"六有"，就是要做到：①有背景技术；②有要解决的技术问题；③有技术方案；④有有益效果；⑤有必要的附图；⑥有具体实施方式。

避免"六无"，就是要避免：①无背景技术；②无要解决的技术问题；③无技术方案；④无有益效果；⑤无必要的附图；⑥无具体实施方式。

而且，必须同时做到"六有"才算做到了充分公开；而如果存在"六无"，或者缺少"六有"中任何一个，都是没有做到充分公开。判断过程如图 8-7 所示。

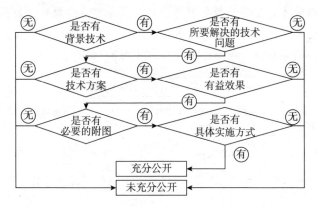

图 8-7　充分公开的判断（"六有"与"六无"）

下面以名称为"容器封头电解研磨机床"专利申请补正案例说明充分公开这方面存在的问题及解决办法。

（1）无背景技术的补正

背景技术，是与发明或者实用新型最接近的技术方案，也是发明或者实用新型的基础。

但是，相当一部分说明书无背景技术。有些发明人以为发明或者实用新型是其独创的，是以前没有过的。因此，说明书没有对现有技术进行描述，这就属于无背景技术。而那些对现有技术描述得不具体、不详细，或者没有描述现有技术存在的技术问题，也属于无背景技术。建立在什么背景基础上完成的发明或者实用新型，反映了该发明或者实用新型的技术水平的起点。因此，无背景技术容易使申请专利的发明或者实用新型产生"雪崩"情形。所谓"雪崩"是指，当审查员经过审查后，发现该发明的背景技术（体现在独立权利要求的前序部分中）不能成立，而背景技术是发明赖以生存的前提，它不成立，该发明便到了没有什么修改的余地了，这种情况是不可收拾的。❶ 这种情况使专利申请失去赖以生存的基础而在新颖性或者创造性方面不可补救。

有的申请人不会写背景技术，写了很多，但实际上仍然属于无背景技术的情况。如1989年，名称为"容器封头电解研磨机床"的申请人在未委托专利代理机构的情况下自行向专利局提交了实用新型专利申请。申请人在原说明书中关于背景技术是这样描述的："电解研磨是应用电化学加工原理，使工件表面达到镜面的一种加工方法。该方法是把工件作为正极，并设置一个与工件表面形状大致吻合的负极，正、负极间保持一定间隙。同时，采用机械方法清除电解过程中工件表面产生的钝化膜，使之活化。这样在钝化、活化的协调作用下，工件表面的微观高点逐渐被整平。"

申请人撰写的这份说明书就没有把背景技术写清楚，而只是讲了电解研磨的加工原理、加工方法及作用，这就是一种"无背

❶ 中国工业产权研究会. 提高专利文件的撰写质量［M］. 北京：专利文献出版社，1987：5.

景技术"的写法，不符合背景技术撰写的要求。按照背景技术撰写的要求，这一部分应该讲现有技术对容器封头电解研磨采用的是什么技术方案，存在什么问题和缺陷。而申请人这部分的描述就看不出有这些内容。按照申请人撰写的这一部分的内容，可以看出是在写电解研磨机床的电化学加工原理和加工方法。但是，作为实用新型的背景技术，应该是产品的形状或结构方面的现有技术，而加工原理和加工方法不足以构成实用新型的背景技术，因为原理和方法不能构成与该实用新型最接近的技术方案。

在审查员先后两次发出补正通知书，指出了所存在的问题，并建议申请人委托专利代理机构办理的情况下，申请人才委托专利代理机构代理补正。专利代理人认真阅读了审查员两次补正通知和申请人提交的申请文件及补正后的申请文件，重新提交了补正后的申请文件。补正后的背景技术是这样描述的："现有技术中对大面积不锈钢表面抛光通常采用手工机械研磨，所采用的工具是电动或风动的砂布轮或砂带。这种抛光工具，生产效率低、劳动强度大且抛光后的表面光洁度不高，容易造成物料粘在容器壁上，因而影响化工产品质量和生产效率。为了获得较高的表面光洁度，20世纪80年代在国际上出现了'电解研磨复合抛光'新工艺，即把电解作用和磨料的机械摩擦作用结合起来，它以工件为阳极，工具电极为阴极，在工具电极上固定着带绝缘性的研磨材料。工作时，工具电极旋转，同时工具电极与工件作相对运动，并用泵把电解液送往工具电极与工件的间隙处，然后通电，使工件表面发生电化学溶解并在工件表面生成一种带有绝缘性的钝化膜，在磨料的作用下，又将钝化膜磨掉，从而使工件表面获得高的光洁度。但是，现有技术中的加工设备，只能适用平面或母线为直线的旋转面的加工，满足不了母线为曲线的大型旋转面（如容器封头）的加工的需要。"

分析专利代理人撰写的背景技术这一部分可见，首先提出了现有技术对大面积不锈钢表面抛光通常采用的技术手段，是电动或风动砂轮或砂布。其次指出这种抛光工具存在的问题是效率低、劳动强度大且抛光后的表面光洁度不高。最后，又提出了现有技术为了获得较高的表面光洁度，20 世纪 80 年代在国际上出现了"电解研磨复合抛光"新工艺，接着把该工艺的过程进行了述说，这样就可以得知，电解研磨复合抛光是现有技术，而且是本实用新型的主题，是与该实用新型最接近的背景技术。接下来，继续描述：采用如上述 20 世纪 80 年代出现的新工艺的现有技术的加工设备只能适用平面或母线为直线的旋转面的加工，满足不了母线为曲线的大型旋转曲面（如容器封头）的加工的需要。虽然没有具体描述现有技术加工设备的结构，但已经把背景技术和背景技术存在的技术问题说清楚了，因为从上述的描述可知，背景技术是采用电解研磨复合抛光新工艺的电解研磨复合抛光加工设备；背景技术存在的技术问题是不能适应母线为曲线的大型旋转曲面的加工的需要。

（2）无要解决的技术问题的补正

发明或者实用新型所要解决的技术问题，即过去所说的发明目的，通常是针对最接近的现有技术中存在的技术问题并结合本发明或者本实用新型取得的技术效果提出的。因此，这一部分既要以背景技术为基础，又要为后面的技术效果进行铺垫。但是，有的说明书没有记载发明目的，仅用一句"本发明（或者实用新型）的目的在于克服现有技术的不足之处"，提供一种发明名称就结束了，在"无背景技术"的情况下，这只是一句空话，等于什么也没写。还应当清楚，专利法所说的目的与一般理解不同的地方在于它只能写已经完成了的结果。凡是想达到而实际不能达到的结果，不能作为发明目的来写。

在对背景技术作了清楚描述和评述的基础上，针对最接近的现有技术中存在的技术问题或现有技术中存在的技术缺陷，就能很自然地引出本发明或者实用新型所要解决的技术问题。但是，有的申请人就不会写。还以上面"容器封头电解研磨机床"申请案为例，申请人这部分就仅有一句话："本实用新型就是针对上述技术问题，为实现容器封头等大型旋转曲面的电解研磨加工提供的技术方案。"

从这句话中我们能看出什么呢？能看出申请人要解决什么技术问题呢？要提供一种具有什么特点的技术方案呢？可以说什么也看不出来，尤其是申请人在背景技术对容器封头电解研磨采用的是什么技术方案，存在什么技术问题都没有说明的情况下，等于什么也没讲，这就叫"无发明目的"，即"无要解决的技术问题"。所以审查员在补正通知书中指出："应直接写明发明目的，正面具体给出发明目的。"像申请人这样撰写的目的，既没有直接写明，又没有正面具体给出，是撰写目的这一部分最忌讳的。因为克服什么技术问题，固然可以从背景技术中得出；但要提供一种什么技术方案不可能从背景技术中得知，所以这一部分重点是要从正面写清楚要提供一种什么样的技术方案。

专利代理人补正后是这样撰写的："本实用新型的目的在于克服现有技术中存在的问题，提供一种适用于大型旋转曲面镜面加工的容器封头电解研磨机床，实现阴极和磨具在运动过程中始终沿曲面的法线方向顶靠在工件上，对封头曲面实施跟踪，从而实现容器封头的电解研磨加工的容器封头电解研磨机床。"

这样一写，该实用新型所要解决的技术问题以及所要提供的技术方案就很清楚了，而且与该实用新型的技术主题电解研磨机床相一致，在背景技术对容器封头电解研磨采用的是什么技术方案，存在什么技术问题都说明的基础上，做到了既与前段背景技术情况相呼应，又为下面技术方案的撰写进行了铺垫。

（3）无技术方案的补正

技术方案是说明书的核心部分，通常紧接在发明或者实用新型所要解决的问题之后，与权利要求的技术方案相对应进行描述。

所谓技术方案，就是指申请人对其所要解决的技术问题所采取的技术手段的集合，而技术手段通常是由技术特征来体现的，例如零件、部件、形状、结构及其相互连接关系，这些技术特征结合在一起，对发明或者实用新型所要求保护的范围进行清楚、完整的说明，并以所属技术领域的技术人员能够实现为准。但是，有的说明书没有这些内容，都是产品的功能或优点的描述，或是产品零件、部件的简单罗列，如同仓库货架中放置的零部件，只有零部件名称，没有把这些零部件组装在一起，形成一个固定的产品，也没有形状、构造或者其结合关系的描述，这就叫做"无技术方案"。

分析前述"容器封头电解研磨机床"申请案，申请人撰写的说明书缺少这一部分。由于这一部分是说明书的核心部分，申请人撰写的说明书又缺少这一部分，那申请人所撰写的说明书的质量就可想而知了。

但是申请人也对其技术方案进行了描述，否则专利代理人就无法对其申请文件进行补正了。原来申请人撰写的说明书是把技术方案写在了说明书的实施例（具体实施方式）这个部分，再加上说明书附图（这一点拯救了本案申请）。

专利代理人根据发明目的（所要解决的技术问题）和解决其技术问题的必要技术特征的分析，结合说明书附图和具体实施方式重新撰写了这一部分："本实用新型所采用的技术方案是：它以普通卧式机床床头作为带动封头旋转的旋转机构，在旋转机构的输出轴上安装一个卡盘，在旋转机构轴线位置的右侧有一个基座，基座上安装有由 2 台步进电机带动的可以在 X 和 Y 方向上运动的进给机构，在进给机构上固定一个支撑臂，支撑臂的左端连接一个由步进电机通过转轴带动的转动臂，转动臂上分别连接有由单作用油缸带动的可以同转轴一起旋转的阴极和机械去膜机构。

"工作时，将被加工的容器封头装在卡盘上，绕水平轴线转动，所述的 3 台步进电机由三坐标微机系统控制，进给机构按预定程序在 X、Y 面做曲线运动，转动臂按预定程序绕转轴做旋转运动，这样阴极和机械去膜机构就在进给机构和转动臂的带动下沿封头的水平母线运动，并始终沿曲面的法线方向顶靠在工件上，同时，启动电解液循环装置向阴极和阳极（工件）之间注入电解液，接通电源，即可完成整个封头内壁的电解研磨加工。"

（4）无有益效果的补正

发明或实用新型的有益效果，是指由构成发明或者实用新型的技术特征直接带来的，是发明或者实用新型的优点所在，所以叫做有益效果。

必须重申的是，有益效果是判断发明是否具有"突出的实质性特点"和"显著的进步"、实用新型是否具有"实质性特点"和"进步"的重要依据和重要因素之一，它是由在权利要求书中记载的请求保护的技术特征必然产生的。但是很多说明书到这里很简单，用很简单的"结构简单、操作方便、成本低、适用范围广"就结束了，错过了论述其发明或者实用新型创造性的机会。

再以上述"容器封头电解研磨机床"申请案为例，在申请人撰写的原始说明书中，也缺少这一部分的内容，即使从格式上讲也不符合要求，就更不用说实质上是否符合要求了。这就叫"无有益效果"。

专利代理人补正中对这一部分进行了必要的补充，而在补充这一部分内容时，要注意从申请人撰写的原始说明书中能够找到依据，否则，这一部分补正超出原说明书记载也将不被允许。

专利代理人撰写的技术效果如下："本实用新型优点在于结构简单，只要对普通落地机床加以改造就可以实现。由于阴极和机械去膜机构在微机的控制下自动地沿着封头的母线运动并始终沿曲面法线方向顶靠在工件上，当曲面局部形状不规则时可以自动补偿，使阴极和机械去膜机构始终与工件保持预定的顶紧力，因此可以保证在加工的过程中阴极和磨具正确的加工位置和磨削方向，特别适用于冲压封头及几何形状不太规则的大型旋转曲面的电解研磨加工。"

（5）无必要的附图的补正

申请发明专利，必要的时候应当有附图，但是，有的专利申请就没有附图，导致本来一个很好的发明专利申请不能获得专利权。

实用新型必须有附图，并且应当是反映该实用新型产品的形状、构造或其结合的附图。上述"容器封头电解研磨机床"申请案正是由于有必要的附图，才使得补正时有了修改依据。一般情况下应当有三视图，必要的时候应当有剖视图或者剖面图，有时还需要有局部放大图，才能反映该实用新型产品的形状、构造或其结合。但是，很多说明书有时只有一幅图，还有的附图使用的只是反映产品外形的照片，不能完整反映该实用新型产品的形状、构造或其结合；或者在附图上没有附图标记，没有起到说明书附图的作用，这些情况都属于无必要的附图。

（6）无具体实施方式的补正

具体实施方式即过去所说的实施例，是对技术方案的进一步描述，是详细、具体描述作为权利要求中全部必要的技术特征和附加的技术特征如何具体化的实施方式。这一部分是说明书的重要组成部分，它对于充分公开、理解和实现发明或者实用新型，支持权利要求起着极为重要的作用。根据《专利法实施细则》的规定，这一部分应当详细写明申请人认为实现发明或者实用新型的优选方式；必要时，举例说明；有附图的，对照附图进行说明。

如果说发明内容或者实用新型内容的部分阐明的是发明或者实用新型的"骨架"，目的在于确定发明或者实用新型较宽的保护范围，对独立权利要求提供支持的话，那么具体实施方式这一部分应当对发明或者实用新型作出详细说明，即在发明或者实用新型"骨架"上充实"血肉"，目的在于清楚完整地说明对于其理解和再现发明或者实用新型所需要的全部技术解决方案。

但是，有的说明书这一部分就是对发明内容部分的简单的重复，最多加上了附图标记，而不是进一步详细地、具体地描述，这等于无具体实施方式。如果这样，就失去了能够做到"充分公开"的最后一道防线。应当注意，有附图的，对照附图进行说明的含义不是简单地加上附图标记，而是对照附图对发明或者实用新型的发明内容进行进一步的详细说明，如产品是如何制造的；方法是如何使用的等。例如，专利代理人根据申请人撰写实施例和说明书附图，对"容器封头电解研磨机床"进行了以下详细说明。

如图1和图2所示，本实用新型有一个以普通卧式机床床头作为带动封头旋转的旋转机构1，在旋转机构1的输出轴2上安装有一个卡盘3，加工时，容器封头（图中双点划线所示）装在该卡盘3上绕水平轴线转动；在旋转机构1轴线位置的右侧有一个基座9，基座9上安装有由型号为150BF3的第一步进电机10和由型号为150BF3的第二步进电机13带动的可以在X轴和Y轴方向上运动的螺旋进给机构12，所说的第一步进电机10和第二步进电机13与螺旋进给机构12中的螺杆之间用轴套28进行连接（如图4所示）；在螺旋进给机构12上固定一个支撑臂8，支撑臂8的右端安装有向第一单作用油缸20和第二单作用油缸21供油的液压供油系统11；

如图3所示，所述支撑臂8的左端固定一个轴承座，轴承座中安装一个由型号为150BF3的第三步进电机14通过蜗轮18和蜗杆16驱动的转轴17，在转轴17上通过一个长键联接有转动臂19，转动臂19上固定连接着第一单作用油缸20和第二单作用油缸21，所说的第一单作用油缸20和第二单作用油缸21又分别连接有可以同转轴17一起旋转的阴极5和由磨具6、轴23、第一皮带轮22和第二皮带轮27、皮带24、可调连杆25以及电动机15组成的机械去膜机构；所说的磨具6为一个叶状砂轮。工作时，上述所说的螺旋进给机构12在微机的控制下通过第一步进电机10和第二步进电机13的驱动按预定程序在X、Y平面做曲线运动，同时转动臂19在微机的控制下通过第三步进电机14的驱动按预定程序绕转轴17转动，这样，阴极5和机械去膜机构中的磨具6就在螺旋进给机构12和转动臂19的带动下沿封头的水平母线运动，并分别通过第一单作用油缸 20 和第二单作用油缸 21 始终沿曲面的法线方向顶靠在工件上；

如图 3 所示，所述的转动臂 19 中间外面还套装一个可以相对转轴 17 自由转动的用来安装电机 15 的电机座 26；上述所说的转动臂 19 相当于机架，固定在转动臂 19 上的第一单作用油缸 20 和第二单作用油缸 21 相当于滑块，电机 15 的电机座 26 与转动臂 19 铰接相当于曲柄，它们形成了一个曲柄滑块机构，当被加工件的曲面局部形状不规则时，第一单作用油缸 20 和第二单作用油缸 21 将自动改变行程以调整机构去膜机构中磨具 6 和阴极 5 的位置，此时，可调连杆 25 随着磨具 6 的位置变动带动电动机 15 绕转轴 17 摆动，保证了在工作过程中皮带 24 的长度不变，所以，电机 15 始终可以通过皮带 24 可靠地把动力传递给轴 23 以及安装在轴 23 上的磨具 6，这样，就实现了磨具加工时的跟踪补偿；在加工的同时，启动电解液循环装置 7 向阴极 5 和被加工件之间注入电解液，启动液压供油系统 11 向第一单作用油缸 20 和第二单作用油缸 21 供油，接通电源（电源正极通过阳极电刷 4 接到卡盘 3 上并通过卡盘 3 传给被加工的封头；电源负极直接接在阴极 5 的接线片上），即可完成整个封头内壁的电解研磨加工。

可见，具体实施方式这一部分不是发明内容或实用新型内容技术方案部分的简单重复，而是进一步的详细描述。

### 5. 充分公开的前提

授予专利权的发明或实用新型必须是"已经完成"的技术方案，即能够由所属领域的技术人员实施或者再现并且达到预定目的和有益效果的技术方案。如果对于请求保护的技术方案来说：①权利要求未得到说明书的支持；或②所属技术领域的技术人员在创造性劳动之后才能实施；或③所属技术领域的技术人员实施后达不到说明书中记载的目的和效果；则该技术方案视为未完成，如图 8-8 所示。

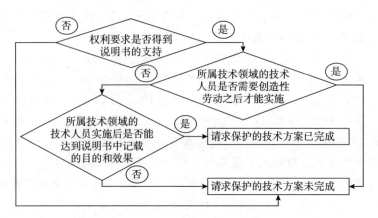

图 8 - 8　技术方案视为未完成的情况

### 6. 充分公开的依据

在申请日提交的说明书（及其附图）和权利要求书是原始公开的依据，而请求书、说明书摘要以及一些其他附件或者证明文件，包括申请人后来超出原说明书（及其附图）和权利要求书范围的修改文本，都不能作为充分公开的依据。

因此，充分公开，主要是指对于权利要求书中要求保护的发明或实用新型应在说明书中给以具体的、充分的描述，以达到所属技术领域的技术人员能够实现的程度为准。如果在原权利要求书中有所记载，但未记载在原说明书中的内容，允许申请人将其内容补入原说明书中，以达到充分公开的要求。

可以这样说，具体实施方式是充分公开的重要环节。这部分对全面、具体了解发明或者实用新型有特别的意义，再现发明或者实用新型的关键往往表现在这里。❶

---

❶　何润华，马连元. 你想得到专利吗?：专利工作便览 [M]. 天津：南开大学出版社，1985：6.

## 二、公开不充分

### 1. 公开不充分的情况

专利申请文件特别是说明书中，对发明或者实用新型的内容描述得不足，即不够清楚或不够完整，不能够起到支持权利要求的作用。所属技术领域的技术人员按照该说明书的记载，不能够实现该发明或者实用新型，这种情况称为公开不充分。

一般讲，公开不充分有以下三种情况。

第一种情况是说明书中只给出任务和/或设想，或者只表明一种愿望和/或结果，没有描述发明或者实用新型的技术特征；或者仅是叙述该发明或者实用新型的有益效果或达到的技术指标，但对技术方案本身的任何细节都没有描述。例如，某发明人发明一种节能装置，用于汽车可节省若干汽油。说明书中对这种节能装置的具体结构丝毫没有描述，这种说明书就没有充分公开其发明。

第二种情况是申请人有意或无意地保留了一些很主要的、核心的技术特征，这样就会使所属技术领域的技术人员无法实施该发明。例如，有一份申请案，发明的是"双管环形条孔摇臂喷头"。其核心是喷头，说明书对其他部分结构都有所描述，但是涉及喷头核心部分，反而没有公开其技术特征。另外在权利要求中也没有记载，无法补充到说明书中，造成公开不充分。

第三种情况是对发明的有益效果叙述得不完全。有些效果对该发明来说是很重要的，如果不给出这些效果，对该发明的创造性审查就会受到影响，以致可能因缺乏创造性驳回该申请。

### 2. 公开不充分的后果

公开不充分的直接后果是造成申请人在审查过程中的被动，面对审查员提出的现有技术材料无法找到更多的周旋余地。

例如，一件"快速烙饼机"专利申请的说明书，仅公开了"快速烙饼机"产品的内外结构和一些部件的材质情况。当审查员检索到一份关于制作"三明治"的装置的对比文件时，发现二者的上述技术特征几乎全都一样。此后，申请人又申诉，其发明有两点不同之处："其一，加工对象不同（一个为生食加工，另一个则属熟食再加工）；其二，这种烙饼机的上下二挡可沿竖直方向自由相对运动，从而可以使烙制过程中产生的蒸汽自由地顶开。"前面关于"加工对象不同"这一点，不能作为申诉的理由，因为专利保护的技术方案只保护产品的结构，不保护产品的加工对象。后面这一点是现有技术的装置所做不到的，可以作为申诉的理由，但原始说明书中未记载这些内容，无法将它们补入说明书，也就无法对权利要求做这方面内容的修改，最终导致该专利申请失败。从这个案例可见，说明书撰写不当而造成的发明创造公开不充分的缺陷，一般来讲是无法补救的。❶

# 第六节　说明书摘要

## 一、说明书摘要的定义

《专利法》第二十六条第三款规定："摘要应当简要说明发明或者实用新型的技术要点。"

说明书摘要是发明或者实用新型说明书的概括和提要，是申请人对其发明或者实用新型专利申请所公开内容的简要文字叙述。

## 二、说明书摘要的作用

说明书摘要的作用是为专利情报的检索提供了方便途径，使公众通过阅读简短的说明书摘要，就能够快捷地获知发明或者实用新型的基本内容，从而决定是否需要进一步阅读原文。

---

❶　参见沈尧曾主编的《专利实践参考：第一次专利审查员与专利代理人座谈会文件汇编》。

### 三、说明书摘要撰写要求

说明书摘要撰写有以下一些具体要求。

《专利法实施细则》第二十六条第一款规定："说明书摘要应当写明发明或者实用新型专利申请所公开内容的概要，即写明发明或者实用新型的名称和所属技术领域，并清楚地反映所要解决的技术问题、解决该问题的技术方案的要点以及主要用途。"第二款规定："说明书摘要可以包含最能说明发明的化学式；有附图的专利申请，还应当在请求书中指定一幅最能说明该发明或者实用新型技术特征的说明书附图作为摘要附图。摘要中不得使用商业性宣传用语。"需要注意的是，该规定没有再要求说明书摘要字数必须限制在 300 字以内。但是，根据《专利审查指南2023》的规定，依然要求说明书摘要文字部分（包括标点符号）不得超过 300 个字，且不得写成广告或者单纯功能性的产品介绍。但进入国家阶段的国际申请的说明书摘要译文不限于 300 个字。

归纳一下，说明书摘要包含 5 个方面的内容，如表 8 - 3 所示。

**表 8 - 3　说明书摘要的内容及要求**

| 序号 | 说明书摘要内容 | 撰写要求 | 参考语句 |
|---|---|---|---|
| 1 | 名称 | 文字部分（包括标点符号）不得超过 300 个字；但进入国家阶段的国际申请的说明书摘要译文不限于 300 个字。不得写成广告或者单纯功能性的产品介绍 | 一种……（名称）…… |
| 2 | 所属技术领域 | | 属于……技术领域 |
| 3 | 所要解决的技术问题 | | 克服了现有技术……的问题 |
| 4 | 解决该问题的技术方案的要点 | | 特征是…… |
| 5 | 主要用途 | | 有益效果是…… |

下面以一件专利申请的实际代理案例来说明说明书的撰写。该案例为一件实用新型专利申请代理案，名称为"轨缝调整器安全销"。

### 1. 专利性分析

1988 年 7 月，申请人向专利代理人提交了准备申请专利的资料，这些资料包括：资料 1 "产品介绍"、资料 2 "科学技术研究成果报告表"、资料 3 "沈阳铁路局公务处文件"、资料 4 "铁道部安监室与铁道部工务局文件"、资料 5 "全路工作会议对 SY－1 型轨缝调整器的评语"、资料 6 "改制带有安全装置的 SY－1 型轨缝调整器总结汇报"、资料 7 "某工务大修队等单位的使用证明" 和资料 8 "轨缝调整器部标准"。

应该说，申请人提供的资料还是比较多的。但是，这些资料本身都不是申请专利的技术交底书，最多可以作为背景技术参考资料来看待。特别地，专利代理人经过初步分析，指出上述资料已经直接或间接地影响到了拟申请专利的新颖性。专利代理人从委托人那里也了解到，拟申请专利的产品正是资料 1～8 产品介绍等材料中所说的产品，申请人怕被别人仿制，才想到申请专利。这是许多企业刚有比较朦胧的专利意识时的正常心理状态。但由于对《专利法》知识知之甚少，仅知道获得专利可以限制别人仿制，而不知道为了获得专利，还必须符合《专利法》关于新颖性和创造性的规定，因此把已经公开销售并证明有很好市场前景的产品拿来申请专利。这样的申请即便获得专利，要去限制别人实施也是不可能发生法律效力的。因为在申请日之前，该产品已经公开销售，公众可以根据这样一个事实向中国专利局请求宣告该专利权无效。

为了对委托人负责，专利代理人向委托人宣讲了《专利法》上有关新颖性和创造性的规定，并根据委托人提供的资料指出，该产品已不具备新颖性。换句话说，委托人现在提供的技术方案从实质上来说明显不具备新颖性，因而是不能取得专利权的。

可以这样说，在所有的专利申请代理工作中，专利代理人首先应是一个法律顾问，这是因为一开始委托人不了解《专利法》的规定，所以开始提交的资料一般都满足不了《专利法》的要求，有些则是不符合《专利法》的要求。根据上述委托人提交的全部资料根本无法撰写一份有效的专利说明书和权利要求书，专利代理人一是要认真审阅这些资料，然后要根据《专利法》的规定对申请人提出具体要求。如果不问及拟申请专利的新颖性，按照申请人提供的明显不具备新颖性的资料就代办专利申请，这样的申请即使获得了专利权也毫无意义。一旦出现专利侵权纠纷，这样的"专利"势必因反诉无效，而被视为自始即不存在。为了促成委托人的专利申请得以实现，专利代理人应对可能获得专利权的情况进一步进行咨询。如果委托人能够提供一个区别于现有技术的新的技术方案，则由于克服了专利性方面的缺陷，就能够获得一个高质量的专利。

该案中，专利代理人在进行了上述分析和咨询之后，提示申请人，从1986年产品公开推广使用以后，原来研制的安全销有无出现新的技术上的问题？鉴定会和工作会上，专家和用户提出过什么技术问题？鉴定会后使用了1年多的时间，又发现了什么新的技术问题？这些技术问题现在能否改进？在该代理案中，专利代理人还提示委托人如何改进这项技术以达到符合专利性的要求，并要求委托人提供技术交底书。

**2. 技术交底书**

从专利申请实务的角度去讲，技术交底书是申请人（发明人或发明人所在单位）将希望申请专利的发明内容或实用新型内容（外观设计专利申请需要提供外观设计的图片或者照片并说明该外观设计的名称、用途和设计要点）以书面形式提交给专利代理机构的专利代理人进行技术交流的基础性文件，也是专利代理人理解发明或者实用新型的技术内容和撰写专利申请文件的原始资料依据。

对发明人来说，存在一个普遍问题，即不知道究竟应该向专利代理师说清楚什么内容，往往该讲的没有讲，不该讲的讲了许多，有的反反复复讲了很多次还是不得要领。

实际上，专利申请技术交底书的撰写就是专利申请说明书的撰写，当然，专利申请技术交底书还没有达到专利申请说明书的程度。

一般讲，技术交底书最低公开量应当包括以下四点内容。

第一，发明创造名称（讲发明或实用新型主题是什么）。

第二，背景技术（检索到的最接近发明或者实用新型的现有技术或自己掌握的已有技术，讲别人是怎么做的，或者自己过去是怎么做的），指出现有技术的解决方案（产品的结构特征）及其存在的技术问题（技术上存在的不足或缺陷）。

第三，技术方案（该发明或者实用新型是怎么做的，讲自己现在是怎么做的），即指出所要解决的技术问题以及解决技术问题所采用的技术方案，尤其要指出区别特征（相对于背景技术作出改进的技术特征在什么地方，必要时给出附图，并结合附图进行说明）。至于技术方案与后面的具体实施方式必然有重复，可结合附图与具体实施方式一起写。

第四，与现有技术相比，该发明或者实用新型所产生的有益效果（包括社会的、经济的和/或技术的有益效果）。

该案例委托人按照专利代理人的提示，经过一段时间重新设计后，拿出了新的技术方案，并向专利代理人提供了轨缝调整器安全销申请实用新型专利的技术交底书及其附图（如图8-9所示）。

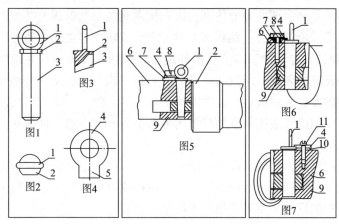

图8-9　轨缝调整器安全说明书附图

重新提交的技术交底书使申请专利的技术方案与现有技术相比有了实质性特点和进步，克服了专利性方面存在的缺陷，可以申请实用新型专利，也具备了撰写专利申请文件的基本条件。

**3. 特征分析**

获得委托人提交的技术交底书，专利代理人即可着手进行分析，去了解发明和理解发明，在此基础上撰写说明书。该案例在委托人提出新的技术交底书后，可以看出现有技术及存在的技术问题，也看出了申请人对原有设计进行的几方面的改进及特点。专利代理人根据上述技术交底书进行了技术特征分析，具体内容如表8-4所示。

表8-4 轨缝调整器安全销技术特征分析

| 序号 | 现有技术 | 存在问题 | 本实用新型区别特征 | 有益效果 |
|---|---|---|---|---|
| 1 | 安全销手拉耳环是焊接而成 | 拉环焊合处易脱落 | 安全销环与销为精密铸造组成一体，无焊合处 | 增大耐拉力 |
| 2 | 在 Ø20 孔径用 Ø19.8 的圆柱销 | 拉销时需要较大的力 | 采用 Ø19.5 ~ Ø19 一定锥度安全销，表面精加工，并进行法兰处理 | 拉销时省力 |
| 3 | 无定位卡 | 安全销易丢失 | 在销子上端增加0.35 ~ 0.5 矽钢片定位卡为施封片 | 使销子不易脱落 |

这种技术特征分析表对撰写申请文件，尤其是对撰写说明书是非常有帮助的。一张表把背景技术及其存在的技术问题和发明或者实用新型解决技术问题所采取的技术方案（区别特征）及其产生的有益效果（优点）都反映出来了，可以帮助申请人或者专利代理人厘清思路，避免遗漏。在答复审查意见的时候用于进行与对比文件的比较分析也有很大帮助。申请人或专利代理人应当学会使用这种特征分析表。

**4. 起草说明书**

在委托人重新提供的改进的新的技术方案基础上，专利代理人与委托人商讨，突出安全销，即不是申请轨缝调整器整机专利，而仅申请轨缝调整器安全销专利。发明人一般往往申请整机专利，结果是特征很多，一些与发明主题不相关但与整机技术相关的必要技术特征也必须写入独立权利要求，即便在前序部分，也冲淡了发明主题，缩小了保护范围。但是委托人并不十分明白这些问题，只有在专利代理人帮助下才会作出这种选择。仅申请轨缝调整器安全销专利，能够集中反映委托人的发明点，对其安全销的改进给予最充分的保护。在委托人同意后，专利代理人起草了如下说明书（按现在格式调整）。

# 说明书

### 轨缝调整器安全销

#### 技术领域

本实用新型属于一种铁路机具技术领域，特别涉及一种轨缝调整器安全销。

#### 背景技术

现有技术中，轨缝调整器都是按照铁道部标准《轨缝调整器》（TB 1405—81）生产制造的，按照 TB 1405—81 生产制造的轨缝调整器，是铁路部门不可缺少的专用机具，但该机具原设计在线路上使用时安全系数低。工作时，由两对斜铁分别卡在 2 根钢轨接头处的两侧面，夹具体与工作缸之间用 4 根立轴连接，轨缝调整到要求尺寸后，放松夹具，使轨缝调整器下道。在日常作业时，因违反操作规定或其他原因（如钢轨有飞边），轨缝调整器卸不下来，容易造成挡道事故，危及行车安全。为解决这方面问题，现有技术中曾研制出带有安全销的轨缝调整器，即将轨缝调整器连接的夹具体与工作缸的 4 根立轴改装为安全销，在特别紧急情况下，只要拧开回油控制杆，使工作缸回压，然后拉出安全销，用撬杆插入工作缸内侧，将工作缸拔出，使其脱离夹具体，机具解体，调整器即可撤下线路，保证线路畅通。但在现场使用中发现，现有的安全销为圆柱销，现场因风沙、油垢等因素，拉销时需要较大的力，有时被风沙、油垢堵住后又不易拉出，特别是手拉耳环与安全销焊接，在现场使用中拉环焊合处易脱落，若手拉耳环脱落，安全销则无法拉出。

**实用新型内容**

本实用新型所要解决的技术问题是克服现有技术的不足之处，提供一种改进了的安全销，保证在任何情况下都能顺利地使用，达到轨缝调整器在十几秒钟内解体下道，使线路畅通，确保行车的安全。

为解决上述任务，本实用新型采用的技术方案包括有手拉耳环，防止销子向下脱落的凸台和起连接定位作用的销体，所述的销体为圆锥体，所述的手拉耳环、凸台和圆锥销体为精密铸造组成一体，无焊合处。

所述的圆锥销体的表面精加工并进行法兰处理，圆锥销体的锥度为 1：140。

与现有技术相比，本实用新型的有益效果在于，结构简单，操作方便，手拉耳环、定位凸台和圆锥销体为精密铸造组成一体，保证了手拉耳环不脱落，起定位的销体有一定的锥度，使向上拉出安全销快速而省力，可保证在任何情况下，特别是在紧急情况下，能在十几秒钟内将轨缝调整器解体下道，撤下轨面，保证行车安全。解体下道后，重新组装，可保持机具性能良好，只需进行校验合格后即可正常工作。在手拉耳环与圆锥销体之间的防止销子向下脱落的凸台和在凸台上端压有防止销子向上窜出的施封片，平时保证安全销定在销孔内不易丢失，向上拉出安全销时，施封片又不起任何限制作用。

**附图说明**

图 1 是本实用新型的主视图；

图 2 是图 1 的俯视图；

图 3 是图 1 的侧视图；

图 4 是施封片的形状图；

图 5 是本实用新型使用状态图（装配结构图）；

附图 6 与附图 7 是本实用新型装配结构图的旋转剖视图。

**具体实施方式**

下面结合附图提供本实用新型的优选实施例。

如图 1 和图 3 所示的安全销，由手拉耳环 1、凸台 2、圆锥销体 3 组成，所说的手拉耳环 1、凸台 2 和圆锥销体 3 为精密铸造组成一体，这种结构增大了安全销的耐拉力。起连接定位作用的圆锥销体 3 的锥度为 1∶140，圆锥销体 3 的表面精加工并进行法兰处理。

图 2 表示出安全销上的凸台 2 为圆形切去一边，该处是由现有轨缝调整器结构限定的，防止向上拉出安全销时受六角螺栓 8 的影响而受阻。

图 4 所示的施封片 4 的外围突出一个压舌 5，施片 4 和压舌 5 用 0.35~0.5mm 的矽钢片一次冲压成形。

图 5~7 提供了本实用新型在使用时的装配结构图。

如图 5~7 所示，使用时，安全销插在夹具体 6 与固定在工作缸 12 上的连接套 9 组成的销孔内，由于凸台 2 的作用使安全销卡在夹具体 6 上，施封片 4 安装在夹具体 6 上的油箱底座 7 或专用垫圈 10 上，并用六角螺栓 8 或专用半圆头螺钉 11 压紧。在需要将机具解体，特别是在紧急情况下，需要将机具解体时，首先使工作缸回压，然后分别用双手拉住手拉耳环迅速向上用力，使安全销冲破施封片离开销孔，再取下机具带有的 2 个加力杆，分别插入 2 个工作缸内侧，以钢轨为支撑点，向外拨动工作缸，使工作缸与夹具体脱离，此时 2 个夹具体在复位弹簧作用下转动机具，即可将机具解体下道。

该申请于 1989 年 11 月 8 日获得了专利权。

该案例说明，专利代理人对委托人的代理服务不能仅是一般的对专利法的解释，或者仅是对一般的手续和费用上的咨询。重要的是，能给申请人提供有益的建议和具体的辅导，引导申请人去克服"专利性"上存在的缺陷，从而获得有效专利，那才真正是起到了"第一审查员、第二发明人❶"的作用。委托专利申请代理的意义也在于此。

---

❶ 王胜利. 第一审查员、第二发明人：浅析专利代理人的工作［N］. 中国专利报，1990 – 11 – 07.

# 第九讲　权利要求书的撰写与外观设计专利申请文件的要求

## 第一节　权利要求书的撰写

### 一、权利要求书的概念

**1. 权利要求书的定义**

根据《专利法》及《专利法实施细则》的有关规定，可以对权利要求书的定义归纳如下：权利要求书是专利申请文件中申请人以说明书为依据主张其专利保护范围的部分，❶ 是限定专利保护范围的重要法律文件。

**2. 权利要求的双重含义**

一方面，从法律上说，权利要求是按照法律规定编写的、限定专利保护范围的文字描述。因此，《专利法》及其实施细则中关于撰写权利要求书的有关规定，是起草权利要求的指南，必须严格遵守。

另一方面，从技术上说，权利要求是记载发明或实用新型技术方案的文字描述。因此，权利要求又包含了发明或实用新型的实质性技术内容，即全部必要的技术特征和必要的附加特征。

---

❶　国家知识产权局. 知识产权文献与信息基本词汇：GB/T 21374—2008 ［S］. 北京：中国标准出版社，2008：1.

一份合格的权利要求书，应当同时满足法律和技术两方面的要求，缺一不可。这也是起草和审查权利要求的基本思路。

在所有专利申请文件中，权利要求书是最具专业性的。一般的发明人、申请人也许会参照说明书模板写出专利说明书，但是不一定会写出权利要求书，特别是写出一份合格的、清楚、简要表述请求专利保护范围的权利要求书。撰写权利要求书是一件技术性与法律性很强的工作，它既不同于纯粹的法律文件，如商务合同、保险合同等，又不同于产品说明书、学术论文等纯粹技术文件，因此难度很大，如图 9－1 所示。

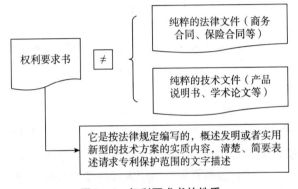

图 9－1　权利要求书的性质

专利代理师和专利工程师应在自己的技术专长的基础上，通过学习和训练，掌握撰写合格的权利要求书的要领。

## 二、权利要求的类型

权利要求按照所保护技术方案的性质划分，有两种基本类型：产品权利要求和方法权利要求。[1]

### 1. 产品权利要求

产品权利要求，即对产品的新的技术方案要求给予保护的权

---

[1]　吴观乐. 专利代理实务：上册／下册［M］. 北京：知识产权出版社，2006：2.

对于发明来说，给予保护的客体不仅包括常规概念之下的产品，而且包括物质、材料、物品、机器、系统等人类技术生产的任何具体的产品。对于实用新型来说，仅包括具有固定形状、构造或其结合的产品，例如机器、设备、仪器、产品的零部件、元器件等。

### 2. 方法权利要求

方法权利要求，即对方法的新的技术方案要求给予发明专利保护的权利要求，它所保护的是有时间过程要素的活动。它可以是制造方法、使用方法、通信方法、处理方法以及将产品用于特定用途的方法。虽然在执行这些方法步骤时也会涉及物，例如材料、工具等，但是其核心不在于对物本身的创新或改进，而是通过方法步骤的组合和执行过程来实现方法发明所要解决的技术问题。

### 3. 权利要求书的构成

《专利法实施细则》第二十三条规定："权利要求书应当有独立权利要求，也可以有从属权利要求。独立权利要求应当从整体上反映发明或者实用新型的技术方案，记载解决技术问题的必要技术特征。从属权利要求应当用附加的技术特征，对引用的权利要求作进一步限定。"

这是从权利要求相互之间的关系划分的。

## 三、权利要求书的作用

权利要求书的作用概括起来有以下四个方面。

### 1. 限定专利权的保护范围

权利要求书最主要的作用是限定专利权的保护范围。这句话的进一步解释是：权利要求书具有法律作用，是作为限定专利权保护范围的具有法律效力的文件。只有写进权利要求书中的技术方案才能得到法律保护。没有写进权利要求书中的技术方案就不能得到法律保护。比如在说明书中记载有（A）（B）（C）3 个技术特征，但在权利要求书中只写进了（A）（B）2 个技术特征，在授权后，技术特征（A）（B）可以得到法律保护，属于专利权人的合法权益；而技术特征（C）由于没有写进权利要求书，就得不到法律保护，结果是作为公开的技术资料无偿地贡献给社会公众了，如图9-2所示。

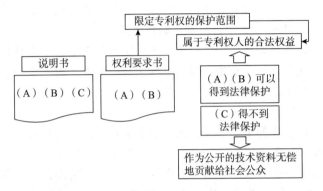

图9-2　权利要求书限定专利权的保护范围

例如，英国某研究发展公司于1960年提出了一件制造碳纤维方法的专利申请，并获得了批准。但其在撰写权利要求书时，仅把试验效果最为突出的用聚丙烯腈制作碳纤维作为保护的范围。其他公司受到英国某研究发展公司启发，很快就进行了模仿，采用树脂和人造丝制造碳纤维。由于英国研究发展公司在撰写权利要求时的失误，不能控告其他公司侵权，因此吃了大亏。

**2. 用技术特征的总和明确发明或者实用新型的技术实质内容**

权利要求书是在说明书的基础上，用构成发明或者实用新型技术方案的技术特征的总和来明确发明或者实用新型的技术实质内容，从而限定发明或者实用新型专利申请要求保护的范围。因此，记载在权利要求中的每一个技术特征，都会对该权利要求的保护的范围产生一定的限定作用。❶

315

---

❶　国家知识产权局条法司. 新专利法详解［M］. 北京：知识产权出版社，2001：8.

### 3. 反映发明或者实用新型与现有技术之间的联系和区别

权利要求可以用来反映发明或者实用新型与现有技术之间的联系和区别。特别是在独立权利要求中，前序部分就是对现有技术特征的描述，而特征部分是发明或者实用新型改进的技术特征。因此，前序部分和特征部分要十分明确地区别开来。

### 4. 在审查程序中，对审查员具有指令性作用

在专利审查程序中，特别是实质审查程序中，审查员的工作不是把说明书中的技术内容孤立起来进行审查，也不是像召开科技成果评价会那样进行全面评价。在专利审查程序中，审查员是站在权利要求的立场上进行审查的。权利要求所要求保护的技术方案是他工作的重点。简言之，要求保护什么，就审查什么，没要求保护的就不审查。当然审查员可以帮助申请人，把具有专利性的技术方案建议给申请人。但从法律程序上讲，任何权利要求必须由申请人提出，审查员按其要求，接受"指令"，进行审查。

# 第二节　独立权利要求

## 一、独立权利要求的定义

《专利法实施细则》第二十三条第二款规定："独立权利要求应当从整体上反映发明或者实用新型的技术方案，记载解决技术问题的必要技术特征。"换句话说，从整体上反映发明或实用新型的技术方案，记载解决技术问题所需的必要技术特征的权利要求，称为独立权利要求。

### 1. 必要技术特征

必要技术特征是指，发明或者实用新型为解决其技术问题所不可缺少的技术特征，其总和足以构成发明或者实用新型的保护

客体，使之区别于其他技术方案。❶

在独立权利要求中，必要技术特征包括发明或者实用新型主题与最接近的现有技术所共有的必要的技术特征（简称"共有技术特征"）和发明或者实用新型区别于最接近的现有技术（简称"区别技术特征"）。它们一起构成发明或者实用新型的全部必要技术特征，限定独立权利要求的保护范围。

**2. 必要的含义**

必要的含义包括以下四点。

① 缺少它就不能成为一项完整的技术方案；

② 缺少它就不能称为是本发明或者本实用新型；

③ 缺少它就不足以反映本发明或者本实用新型的技术特征；

④ 缺少它就不能与现有技术完全区分开来。

既然缺它不可，势必还包含着"全部"这一重要含义和要求。因此，在撰写独立权利要求时，应当从整体上反映发明或者实用新型的技术方案，记载解决技术问题全部的必要技术特征，否则不能独立。

例如，一个发明的任务是避免人们在使用玻璃杯喝热水时烫手，技术方案是在公知的杯体 1 上装有杯把 2。

那么，对这个技术方案来讲，其必要技术特征有 2 个，一个是杯体 1，一个是装在杯体侧面的杯把 2。没有杯体 1 无法盛水，没有杯把 2 不能避免烫手。因此这 2 个技术特征都是完成上述发明任务即所要解决的技术问题必要技术特征，必须写入独立权利要求之中。其中，杯体 1 是共有技术特征；杯把 2 是区别技术特征。至于杯体 1 的形状和大小，以及杯把 2 的形状和大小，都不是必要技术特征，如图 9-3 所示。

---

❶　中国工业产权研究会. 提高专利文件的撰写质量［M］. 北京：专利文献出版社，1987：5.

図9-3 带杯把的玻璃杯（必要技术特征）

### 3. 非必要技术特征

非必要技术特征是指把该技术特征从权利要求中删去，其余特征的结合仍然是一个完整的技术方案，并且能够解决发明或者实用新型的技术问题，实现发明或者实用新型的有益效果。而且这种删除并不影响发明或者实用新型的新颖性和创造性的那些特征。

非必要技术特征也可以理解为使技术效果"锦上添花"的附加技术特征，没有它，技术问题仍旧可以解决，仍然能够实现发明或者实用新型的目的和有益效果。但是有了它，会更好地实现发明或者实用新型的目的和有益效果。

在撰写权利要求书之前，最好用能否解决技术问题考察每项技术特征的性质，区分出必要技术特征和附加技术特征。例如对比文件1公开了一个仅有用于盛水容器的杯体A的茶杯，存在的问题是当盛载温度较高的开水时，杯壁容易烫手而导致手持不便，且不具有保温和防尘的功能。对比文件2公开了具有杯体A和杯把B的玻璃杯，解决了对比文件1存在的"手持不便"和"容易烫手"的问题，但仍没有解决保温和防尘的问题。为了保温和防尘，发明人发明了一个带杯盖C的茶杯，杯盖C可以盖住杯口实现防尘和保温，为了便于杯盖C的取用，方便手持，在杯盖C上还设有一个提手D，为防止杯盖C滑落，在杯盖C下端对应杯口设有凸缘E。由此可以得知，该发明或者实用新型有5个特征：

杯体 A、杯把 B、杯盖 C、提手 D 和凸缘 E，如图 9 - 4 所示。

图 9 - 4　带杯盖的茶杯专利附图示意

　　仅具有杯体（A）特征，是一个不完整的技术方案，绝对不能解决防尘和保温的技术问题。

　　仅具有杯体 A 和杯把 B（A + B）特征，也是一个不完整的技术方案，也不能解决防尘和保温的技术问题。

　　具有杯体 A、杯把 B 和杯盖 C（A + B + C）特征，是一个完整的技术方案，构成了解决防尘和保温的技术问题的全部必要技术特征，既不缺少必要技术特征，又可以解决防尘和保温的技术问题，与背景技术相比具备新颖性和创造性，所以可以提出这样权利要求并作为独立权利要求。

　　而把能够实现"锦上添花"效果的具有附加技术特征提手 D 的技术方案（A + B + C + D）特征，或增加附加特征凸缘 E 的技术方案（A + B + C + E），或同时增加附加特征提手 D 和附加特征凸缘 E 的技术方案（A + B + C + D + E）分别作为从属权利要求提出，如图 9 - 5 所示。

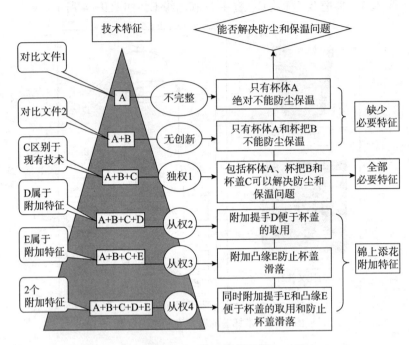

**图 9 - 5 技术特征分析**

根据上述分析，带杯盖的茶杯的权利要求可以写成：

1. 一种茶杯，包括杯体（1）和杯把（2），其特征在于，在所述杯体（1）的上面设有杯盖（3）。

2. 根据权利要求1所述的一种茶杯，其特征在于，在所述杯盖（3）上端设有提手（4）。

3. 根据权利要求1或2所述的一种茶杯，其特征在于，在所述杯盖（3）下端设有凸缘（5）。

## 二、独立权利要求的撰写

### 1. 独立权利要求的撰写要求

《专利法实施细则》第二十四条第一款规定："发明或者实用新型的独立权利要求应当包括前序部分和特征部分，按照下列规定撰写：

"（一）前序部分：写明要求保护的发明或者实用新型技术方案的主题名称和发明或者实用新型主题与最接近的现有技术共有的必要技术特征；

"（二）特征部分：使用'其特征是……'或者类似的用语，写明发明或者实用新型区别于最接近的现有技术的技术特征。这些特征和前序部分写明的特征合在一起，限定发明或者实用新型要求保护的范围。"

根据上述规定撰写的权利要求也就是通常所说的两段式格式。由于前序部分写的是已知技术特征，对应于说明书中的背景技术，因此又称为背景式权利要求。这种背景式权利要求的书写形式最早是在德国采用，因此也称为"德国式权利要求"。现在这种形式的权利要求已被各国广泛采用，成为世界上比较流行的权利要求书撰写形式，如图 9－6 所示。

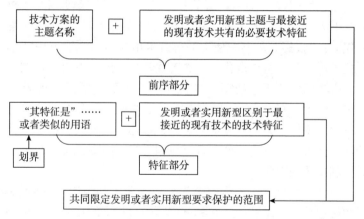

图 9－6　独立权利要求的撰写方式

前序部分与特征部分的区别在于：前序部分包含的仅是已知的技术特征，是发明或者实用新型与最接近的现有技术的共有技术特征。根据《专利审查指南 2023》的规定，独立权利要求的前序部分中，除写明要求保护的发明或者实用新型技术方案的主题名称外，仅需写明那些与发明或实用新型技术方案密切相关的、共有的必要技术特征。例如，一项涉及照相机的发明，该发明的实质在于照相机布帘式快门的改进，其权利要求的前序部分只要写出"一种照相机，包括布帘式快门……"就可以了，不需要将其他共有特征，例如透镜和取景窗等照相机零部件都写在前序部分中。

特征部分是发明或者实用新型区别于最接近的现有技术的区别技术特征；是发明或者实用新型的发明所在，是发明具有突出的实质性特点和显著的进步或者实用新型具有实质性特点和进步的技术特征。

《专利法实施细则》第二十四条第三款规定："一项发明或者实用新型应当只有一个独立权利要求，并写在同一发明或者实用新型的从属权利要求之前。"

《专利法实施细则》第二十二条第一款规定："权利要求书应当记载发明或者实用新型的技术特征。"第二款规定："权利要求书有几项权利要求的，应当用阿拉伯数字顺序编号。"第三款规定："权利要求书中使用的科技术语应当与说明书中使用的科技术语一致，可以有化学式或者数学式，但是不得有插图。除绝对必要的外，不得使用'如说明书……部分所述'或者'如图……所示'的用语。"第四款规定："权利要求中的技术特征可以引用说明书附图中相应的标记，该标记应当放在相应的技术特征后并置于括号内，便于理解权利要求。附图标记不得解释为对权利要求的限制。"

所谓"附图标记不得解释为对权利要求的限制"，即不能用附图标记代替技术特征。在具体撰写中，相同的技术特征用相同的附图标记表示，不相同的技术特征则用不同的附图标记表示。假如用附图标记代替技术特征的话，当把权利要求书中置于括号内的附图标记去掉后，会发现什么都没有了，就无法"限定发明或者实用新型要求保护的范围"。

## 2. 不适于采用两段式（背景式）写法的情况

《专利法实施细则》第二十四条第二款规定："发明或者实

用新型的性质不适于用前款方式表达的，独立权利要求可以用其他方式撰写。"

也就是说，一般情况下，独立权利要求要按照上述所讲的要求分成前序部分和特征部分两大部分来撰写，但是当发明或者实用新型的性质需要用其他方式表达时，也可以不采用这两大部分格式。

归纳起来，以下四种情形独立权利要求也可以不分前序部分和特征部分。

（1）开拓性发明

它是指一种全新的技术方案，在技术史上未曾有过先例，它为人类科学技术在某个时期的发展开创了新创元，不存在现有技术，因此无法写出前序部分的技术特征。

（2）组合发明

将某些技术方案进行组合，构成一项新的技术方案，以解决现有技术客观存在的技术问题，或者说由几个状态等同的已知技术整体组合而成的组合发明，其发明实质在组合本身，在这种情况下，若要硬性分成两个部分来写，不能客观地反映发明的实际情况。

（3）改进发明

已知方法的改进发明，其改进之处在于省去某种物质或者材料，或者是用一种物质或者材料代替另一种物质或者材料，或者是省去某个步骤。

（4）复杂系统

由功能或者作用相互关联的部件构成的复杂系统，改进之处仅在于系统中部件的更换或者其相互关系上的变化。

**3. 独立权利要求的常用连接词**

独立权利要求的常用连接词有两种：一种是开放式的权利要求，常用连接词是："包括""包含""含有"；一种是封闭式的权利要求，常用连接词是："由……组成"或"组成为"。

（1）包括

在开放式的独立权利要求中，紧接在前序部分名称后面的常用连接词之一是"包括"、"包含"或"含有"，其解释为这项权利要求包括了后面的全部技术特征，但同时还可能包括其他要素，即可以含有该项权利要求中没有述及的结构组成部分或方法步骤。

在权利要求中，重要的是请求保护的技术特征的数目要尽量少，这些技术特征组合起来能构成区别于现有技术的发明或实用新型就行，用"包括"、"包含"或"含有"这个连接词可以使请求专利保护的范围相对比较宽。

（2）由……组成

在独立权利要求中，紧接在前序部分名称后面的又一常用连接词是"由……组成"，这是一个排外的词，该词一般解释为不含有该权利要求所述以外的结构组成部分或方法步骤。

"由……组成"这种连接词相对于"包括"那种连接词是相对比较窄的语言，无论什么时候都应尽可能避免使用这种用语。但在一些化学领域的权利要求中，为了清晰地表达申请人认为是他的发明的特有的成分，往往使用这种连接词，意指不包括除此以外的其他物质。❶

### 4. 合案申请独立权利要求的写法

（1）并列独立权利要求

一件专利申请的权利要求书中，应当至少有一项独立权利要求。但属于一个总的发明构思，符合合案申请要求的发明或者实用新型专利申请，可以有两项或者两项以上的独立权利要求。当有两项或者两项以上独立权利要求时，写在最前面的独立权利要求称为第一独立权利要求，其他独立权利要求称为并列独立权利要求。

（2）并列独立权利要求的写法

并列独立权利要求的写法有以下两种。

一种是平行并列的写法，前提是两项以上不能包括在一个权

---

❶ 康诺尔特，等. 工程师须知专利知识［M］. 王正，等，译. 北京：专利文献出版社，1983：6.

利要求以内的同类产品、方法的独立权利要求，即合案申请的内容是同类型的产品或方法，即产品＋产品，或者方法＋方法。另一种是类似从属的写法，即各独立权利要求实际上是并列的，但有在前的独立权利要求对后面的独立权利要求的限定。并列独立权利要求也引用在前的独立权利要求，形式上类似从属权利要求（其包含有从属权利要求的引用部分），实质上不一定是从属权利要求。这些情况出现在合案申请的内容是不同类型的产品或方法的并列独立权利要求，即产品＋方法、方法＋设备、产品＋方法＋设备等情况。举例如下。

第一，产品＋方法。

1. 一种手工打磨工具，其特征是，……

2. 一种制造权利要求 1 所述手工打磨工具的方法，其特征是，……

第二，方法＋设备。

1. 一种减少薄板毛坯宽度的方法，其特征是，……

2. 一种实施权利要求 1 所述的减少薄板毛坯宽度方法的设备，其特征是，……

第三，产品＋方法＋设备。

1. 一种焊料，其特征是，……

2. 一种制造权利要求 1 所述的焊料的制造方法，其特征是，……

3. 一种实现权利要求 2 所述的焊料的制造方法制造根据权利要求 1 所述的焊料的专用设备，其特征是，……

只有如上述编写权利要求，才能恰当地反映它们属于一个总的发明构思，使各项权利要求技术特征既存在技术上的关联，又能保证各项权利要求技术特征之间具有单一性，并能准确地限定专利保护范围。

# 第三节 从属权利要求

## 一、从属权利要求的定义

《专利法实施细则》第二十三条第三款规定："从属权利要求应当用附加的技术特征，对引用的权利要求作进一步限定。"根据上述规定，如果一项权利要求包含了另一项同类型权利要求中的所有技术特征，且对该另一项权利要求的技术方案作了进一步的限定，则该权利要求为从属权利要求。

## 二、从属权利要求的撰写

### 1. 从属权利要求的撰写要求

《专利法实施细则》第二十五条第一款规定："发明或者实用新型的从属权利要求应当包括引用部分和限定部分，按照下列规定撰写：

"（一）引用部分：写明引用的权利要求的编号及其主题名称；

"（二）限定部分：写明发明或者实用新型附加的技术特征。"

从属权利要求的撰写要求如图9-7所示。

**图9-7 从属权利要求的撰写方式**

从属权利要求的组成分为两个部分，其中：前半部分称为引用部分，后半部分称为限定部分，以"其特征是……"划界并连接前后两个部分。

所以，从属权利要求中包含了所引用的权利要求的全部技术特征，同时还包含附加的技术特征，形成了具有这些技术特征总和的技术方案。

因此，从属权利要求的技术特征数量比独立权利要求的技术特征的数量要多，而它的保护范围要比独立权利要求的保护范围要小，是对其引用的权利要求的保护范围作出的进一步限定。所以说特征越多，保护范围越小，原因就在于此。

应当注意权利要求这样一个重要的特性：在一件专利申请的权利要求书中，独立权利要求所限定的客体的保护范围最宽。由于从属权利要求包含了其所引用的权利要求的全部技术特征，所以从属权利要求的保护范围落在其所引用的权利要求范围之内。❶ 也就是说，在权利要求中加进附加特征后，技术内容虽然相应地丰富了，但权利范围将相应地缩小。

假定发明人发明了"书桌下段的倒 T 形桌腿上开有多个固定孔，将桌腿插进书桌上段的插槽中，即可用调节器自由调节高度的书桌"。发明人还考虑到这种书桌是供身体正在发育的儿童使用的，所以把书架和书桌合为一体，做成一张带有书架的书桌，以便儿童使用。于是，在权利要求里，把书架部分也写了进去。这种带有书架的书桌所取得的专利能够禁止别人生产不带书架的结构完全相同的书桌吗？我们用（A）来表示书桌，用（B）来表示书架。那么，带有书架的书桌可用（A＋B）来表示，如图 9－8 所示。

光是一张书桌（A）没有触及（B）这一技术因素，所以不侵权。即使实际销售的是带有书架的书桌，在独立权利要求里也只宜写作书桌（A）而不提书架（B）（这样少一个限定因素，权利范围反而更宽一些）。对于这一点，德国法学家巴尔说过：一般来说，权利要求一栏写得越长，其所主张的权利要求范围越

❶ 吴观乐. 专利代理实务：上册/下册［M］. 北京：知识产权出版社，2006：2.

是狭窄。❶ 为了使书桌（A）和书架（B）都得到较好的保护，那么，在独立权利要求里只写书桌（A）本身的特征，即只写在书桌下段的倒 T 形桌腿上开有多个固定孔，将桌腿插进书桌上段的插槽中，即可用调节器自由调节高度的书桌（A）。然后在从属权利要求中再把书架（B）写进去，这样就能使书桌（A）和带书架的书桌（A）书架（B）都得到较好的保护。

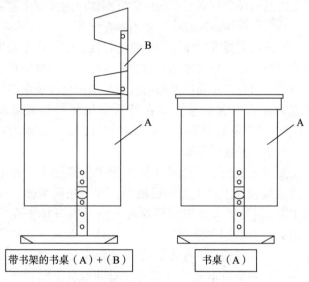

图 9–8　书桌和带书架的书桌

### 2. 附加技术特征

附加技术特征是指发明或者实用新型为解决其技术问题所不可缺少的技术特征之外再附加的技术特征，它们能和与之有关的技术特征一起，构成发明或者实用新型的具体实施方式，使之进一步区别于其他技术方案。

下面举一个浅显的例子，为便于理解，对每一项权利要求都画出一张简图。

---

❶　竹田和彦. 专利基础知识 ［M］. 上海：上海翻译出版公司，1986：1.

1. 一种供就座的家具，包括一个座位（1），其特征在于，所述座位（1）下面至少固定有3个使座位（1）与地面隔开的腿（2）。

如图9-9的A所示，其实就是一个三条腿凳子。

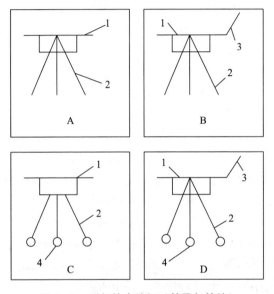

**图9-9　附加技术特征（转凳与转椅）**

2. 根据权利要求1所述的一种供就座的家具，其特征在于，所述座位（1）的一个边缘有一个向上延伸的靠背（3）。

如图9-9的B所示，其实就是一个椅子。与权利要求1相比多了靠背（3）这一技术特征，但却是两种不同的产品。前者是凳子，后者是椅子。

3. 根据权利要求1或2所述的一种供就座的家具，其特征在于每个腿（2）下面有个轮子（4）。

如图9-9的C所示，与权利要求1相比，附加了每个腿下面有个轮子，由凳子变成了转凳。如图9-9的D所示，与权利要求2相比，附加了每个腿下面有个轮子，由椅子变成了转椅。可见权利要求的内容不同，所划定的保护范围也就不同，如图 9-9 所示。

### 3. 引用原则

（1）引用在先原则

《专利法实施细则》第二十五条第二款规定："从属权利要求只能引用在前的权利要求。引用两项以上权利要求的多项从属权利要求，只能以择一方式引用在前的权利要求，并不得作为另一项多项从属权利要求的基础。"

"只能引用在前的权利要求"，言下之意，不能引用在后的权利要求，即后项引用前项原则，这是一种特别规定，也是为了行文和阅读的方便。

从属权利要求从格式上看不一定直接引用独立权利要求，如果一项权利要求引用了另一项权利要求中的所有技术特征，且对另一项权利要求的技术特征作了进一步限定，则该权利要求也称为从属权利要求。换句话说，从属权利要求可以引用在前的独立权利要求，也可以引用在前的从属权利要求。但是，所引用的另一项或者说所引用的前一项权利要求都是从引用独立权利要求开始的，都包含了独立权利要求的全部技术特征，只是用附加技术特征对所引用的权利要求作了进一步的限定。

（2）择一方式原则

"引用两项以上权利要求的多项从属权利要求，只能以择一方式引用在前的权利要求，并不得作为另一项多项从属权利要求的基础。"也就是说，当一项从属权利要求是多项从属权利要求时，其引用的权利要求的编号只允许使用"或"字这一择一引用方式表达，而不能使用"和"字这种未择一引用方式表达。

例如：

根据权利要求 1 或 2 所述的……

根据权利要求 4~9 中任一权利要求所述的……

这就属于以择一方式引用在前的权利要求。

根据权利要求 1 和 2 所述的……

这就属于未以择一方式引用在前的权利要求。

一项多项从属权利要求不得作为另一项多项从属权利要求的引用基础。具体含义有以下两个方面。

第一，多项从属权利要求不得引用多项从属权利要求，例如：

1. 一种……，其特征在于，……

2. 根据权利要求1所述的，……其特征在于，……

3. 根据权利要求1或2所述的，……其特征在于，……

4. 根据权利要求1或3所述的，……其特征在于，……

分析：权利要求3因为引用了权利要求1或2，因此权利要求3是多项从属权利要求。

权利要求4引用1或3两项权利要求，因此权利要求4也是多项从属权利要求；而其中权利要求3已经是多项从属权利要求，所以，权利要求4就违反了择一方式原则。

第二，多项从属权利要求不得引用已引用过多项从属权利的从属权利要求，例如：

1. 一种……，其特征在于，……

2. 根据权利要求1所述的，……其特征在于，……

3. 根据权利要求1或2所述的，……其特征在于，……

4 根据权利要求3所述的，……其特征在于，……

5. 根据权利要求1或4所述的，……其特征在于，……

分析：从属权利要求4已引用过多项从属权利要求3了，因此，从属权利要求5这个多项从属权利要求不得引用权利要求4。换句话说，权利要求4中已经包含了一个多项从属权利要求3，所以，权利要求5不能引用已引用过多项从属权利要求3的从属权利要求4。

## 三、独立权利要求和从属权利要求的关系

独立权利要求和从属权利要求的关系可以从下面两个方面来看。

第一，从法律角度讲，独立权利要求和从属权利要求都是权

利要求的组成部分，但它们各自的作用和地位不同。

独立权利要求在法律上有独立的意义，而从属权利要求必须依附于独立权利要求，在法律上没有独立的意义。因此，一个权利要求中可以只有独立权利要求，没有从属权利要求；但不能没有独立权利要求而只有从属权利要求。当独立权利要求不成立时，作为依附于它的从属权利要求一般也就不成立了。❶

第二，从技术角度讲，无论独立权利要求还是从属权利要求，每一项权利要求都限定了一个保护范围，在技术上都是完整的技术方案。从这个意义上讲，每一项权利要求都是"独立"的。也可以这样说，独立权利要求的技术方案相当于一个总体技术方案，而每一项从属权利要求都相当于一个具体实施方案。在侵权诉讼中，权利人可以主张以独立权利要求确定专利权的保护范围，也可以主张从属权利要求确定专利权的保护范围。

由于从属权利要求包含了独立权利要求所引用的权利要求的全部技术特征，又含有若干另外的（本身具有的）附加技术特征，因此从属权利要求技术特征的数量要比独立权利要求多。由于特征的概念要比独立权利要求中具体，因此特征是更具体更详细的技术方案，但是特征的保护范围比独立权利要求的保护范围小，而且包含在独立权利要求的保护范围之中。

独立权利要求的作用是从外围限定一个最宽的保护范围。从属权利要求是在独立权利要求的保护范围之内各自限定的保护范围，起到用附加技术特征对引用的权利要求的保护范围作进一步限定的作用；对发明或者实用新型的全部创新点层层保护，从而构建一个多层次的保护体系，以防止竞争对手很容易地规避开独立权利要求的保护范围；在独立权利要求所划定的边界内搞出新的发明再次申请专利，从而"架空"原专利。因此，在撰写实务中，除极少数简单的发明或者实用新型外，绝大部分专利申请的权利要求书包含一项或多项从属权利要求，如图 9 – 10 所示。

❶ 中国专利局培训中心. 专利知识介绍［M］. 北京：专利文献出版社，1987：3.

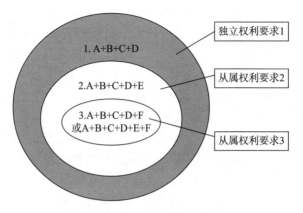

图9-10 多层次保护体系的建立

# 第四节 权利要求书的撰写要求

《专利法》第二十六条第四款规定："权利要求书应当以说明书为依据，清楚、简要地限定要求专利保护的范围。"

《专利法实施细则》第二十二第一款规定："权利要求书应当记载发明或者实用新型的技术特征。"

## 一、以说明书为依据

权利要求书应当以说明书为依据，是指权利要求书应得到说明书的支持。

通常，对于一项概括较宽的权利要求（如独立权利要求）来说，除了在说明书中应以相同或相应的用语（通常记载在说明书发明内容或实用新型内容部分中）进行记载外，还应当给出足够的具体实施方式（应在说明书具体实施方式部分描述）。这是因为较宽的权利要求是由多个具体实施方式概括而成的，如果在说明书中未给出足以使所属技术领域技术人员能够在权利要求所限定的那样宽的范围内实现该技术方案所必需数量的实施例，则该较宽的权利要求就未以说明书为依据。

换言之，如果说明书中给出的信息不充分，缺少必需的具体实施方式，使所属技术领域的技术人员依照说明书所记载的内容，用常规的实验或者分析方法，不足以把说明书记载的内容扩展到权利要求所限定的保护范围时，那么权利要求就未得到说明书的支持。例如，权利要求记载了一种有关处理"合成树脂成型物"的具体方法，但在说明书中，除记载了该权利要求所记载的内容外，所公开的实施例都是关于处理"热塑型树脂成型物"的方法，而该方法是不适用于"热固型树脂成型物"的处理。如果把权利要求概括成处理"合成树脂成型物"的方法时，其中显然有一部分得不到说明书的支持。因此，权利要求必须被限制在处理"热塑型树脂成型物"的方法范围内，这样，就使原来要求专利保护的范围大大缩小。除非在说明书中还给出了有关处理"热固型树脂成型物"方法的实施例。❶

应当注意，说明书中叙述的技术方案，只有在权利要求书中表现出来，才能得到法律的保护。权利要求书中叙述的技术特征，只有在说明书中找到依据，才能成为有效的权利要求。这就是它们之间的关系，如图 9 – 11 所示。

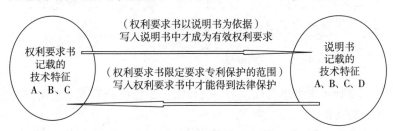

**图 9 – 11　权利要求书与说明书的关系**

说明书对发明或实用新型的技术方案进行了清楚和完整的说明，是权利要求赖以成立的基础。而权利要求则是对说明书所描述的技术方案及具体实施方式中的技术内容的精练的概括和总

---

❶ 黄敏. 专利申请文件的撰写与审查要点：修订版［M］. 北京：知识产权出版社，2002：3.

结，使发明或者实用新型的技术内容法律化。因此，权利要求书所记载的内容应当在说明书中找到与其记载用语一致的描述部分，只在说明书中叙述而未在权利要求中反映出来的技术方案的技术特征，可以利用授权前主动补正或答复审查意见期间修改权利要求的机会补进权利要求。如果没有利用修改的机会补进权利要求，就不能得到法律的保护，只能成为公知的技术被人们无偿地使用，为他人做嫁衣。这一点也要特别加以注意。如某催化剂的活性组分，在权利要求中是 A 或 B，说明书中是 A 或 B 或 C，由于 C 这一特征没有写到权利要求中去，因而得不到保护。这种结果是把 C 做活性成分的特征白白送掉了，只能保护 A 或 B。如果当审查员检索到 A 或 B 为现有技术时，而只有 C 才具有新颖性和创造性时，由于权利要求没有要求保护 C，结果就得不到专利保护。对于这种情况，因为在原说明书有关于 C 的记载和说明，那么申请人在提出实质审查请求或者在对专利局第一次审查意见作出答复时，可以主动提出修改权利要求，在权利要求中补入 C，从而扩大到对 C 的保护，如图 9–12 所示。

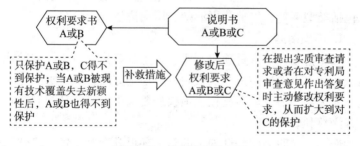

图 9–12　技术方案的保护

　　应当注意，权利要求书以说明书为依据，应当使说明书的内容支持权利要求书，并且做到层层支持。

　　一般来说，独立权利要求所限制的范围往往是最宽的，用上位概念的语言把体现发明构思的必要技术特征写到这个权利要求中，其他非必要技术特征写入从属权利要求中。在说明书描述发明时，也应有主次之分，把体现发明构思的必要技术特征（和独立权利要求相对应）清楚、完整地加以描述。而对于非必要技术特征则应按层次附加分别加以介绍，或者结合具体实施方式加以描述❶，这就叫层层支持。上述两大部分不要混淆在一起叙述，如果混淆在一起叙述，审查员就认为这些技术特征都是完成发明或实用新型所必不可少的技术特征，在独立权利要求中都应出现，否则会认为说明书不支持权利要求书。❷如发明基本构思所包含必要技术特征是 A 和 B，非必要技术特征是 C、D 和 E。独立权利要求中只需写出技术特征是 A 和 B，而把 C、D 和 E 分别写入相应的从属权利要求中去。与此相应，说明书发明内容部分介绍该发明的技术解决方案时，先描述 A 和 B，与独立权利要求呼应。C ~ E 的特征用另外的段落进行描述，与从属权利要求呼应。不要把 A ~ E 放在一个段落中描述。

## 二、清　楚

清楚，一是指每一项权利要求应当清楚，二是指构成权利要求书的所有权利要求作为一个整体也应当清楚。具体讲，这一要求包括类型清楚、保护范围清楚、用词清楚。

### 1. 类型清楚

类型清楚，是指每项权利要求的主题名称应当能够清楚地表明该权利要求的类型是产品权利要求还是方法权利要求。这个问题不能模糊不清，也不能在一项权利要求中既有产品权利要求又有方法权利要求。

例如，说明书中公开的主题是一种提升运输装置，显然属于产品类型的权利要求，那么权利要求就应当写成"一种提升运输装置……"如果写成"一种提升运输方法……"就属于方法类型的权利要求，则是不清楚的。

假如发明的主题不仅涉及提升运输装置本身而且涉及该提升运输装置的制造方法，在说明书中发明名称可以写为"一种提升

---

❶❷　沈尧曾. 专利实践参考［M］. 北京：中国工业产权研究会，1985：10.

运输装置及其制造方法",但权利要求书中应分别撰写 2 个主题名称。一项权利要求写成"1. 一种提升运输装置……"另一项权利要求写成"2. 一种如权利要求 1 所述的提升运输装置的制造方法……"但不允许在一项权利要求中写成"一种提升运输装置及其制造方法……"

另外,权利要求的主题名称还应当与权利要求的技术内容相适应。如下面这项权利要求:"一种电器贮压式的防爆方法,其特征在于具有一个充有安全性气体的气密性外壳,且壳内装有用以控制电路的电器开关及保安继电器。"不难看出,其前序部分讲的是防爆方法,而特征部分讲的是结构特征,这就是类型不清。

## 2. 保护范围清楚

保护范围清楚,首先要做到权利要求保护范围的划界要清楚。所谓划界要清楚,是说前序部分和特征部分的划界要清楚,如属于共有技术特征应该出现在前序部分而不能出现在特征部分;其次,保护范围清楚,还应当避免单纯使用功能性语言或效果用语来定义发明或者实用新型。例如:

一种玻璃量杯,其特征在于不需要进行预先计算和度量,就可以直接配置所需要体积分数的溶液。

再如:

本发明吸附自释开关,其特征是,电器开关具有定时自释功能。

上述 2 个权利要求都是典型的纯功能性的权利要求。因为它们只是重复了发明所要解决的问题或者想要达到的目的,而没有说明采用什么技术方案来解决技术问题,怎样才能达到其目的。

另外,保护范围清楚,还要做到构成权利要求书的所有权利要求作为一个整体也应当清楚,也就是说,权利要求之间的引用关系应当清楚,即应当符合"引用在先原则"和"择一方式原则"。

## 3. 用词清楚

为了保证权利要求范围清楚,权利要求中的用词应当清楚,既应当使用符合国家统一规定的技术术语，不允许使用土话或自行编造的词语，也不允许使用含糊不清的用语。注意以下五个问题。

第一，从正面描述发明或者实用新型的技术特征，即只能用"是……"不能用"不是……"只有用"是……"才能形成一个封闭的范围，而"不是……"是除一部分之后的一个开放性空间。例如申请人在答复审查意见时在权利要求修改中想将吸油烟机的"圆形出风口"改为"非方形出风口"，专利代理师向其解释，这种修改是不被允许的，"非方形"除了包括"圆形"，还可能包括"三角形""椭圆形""梯形"等，是一个不确切的技术术语。其一，修改超出了原始公开的范围；其二，也不是所有的"非方形出风口"都可以构成本发明吸油烟机出风口的技术特征的，这样就造成了该发明在某种情况下不可实施，不具有实用性了。申请人接受了这个意见，避免了修改超出了原始公开的范围的问题。

第二，使用本技术领域中通用的技术语言或术语。例如规范的技术术语是直流电或者交流电，一项申请的权利要求中出现了"旋流电"这个技术特征，"旋流电"是什么意思？发明人说这是他的发明，世界上没有的，这能获得通过吗？这种自行编造的词语是不允许的。

第三，不得使用含义不确定的用语，例如"厚""薄""强""弱""高温""高压""高强度""大约""接近""左右"等含义不清或不准确、难以限定范围的词汇。除非这种用语在特定技术领域中具有公认的确切含义，例如放大器中的"高频"，钢材中的"中碳钢""低碳钢"等有确切技术规范的词可以使用。

第四，不能用参照说明书或者附图的方式说明权利要求书中的技术特征。例如权利要求书中有"高压（如说明书所述的那样）"这样的记载，是不允许的。权利要求书就是用语言文字描述的，写得好的，明白人一看，不用附图即懂，不用说明书说明也能清楚。因此"如附图所示""具体实施方式""本发明"这类说明书的用语不能出现在权利要求书中。出现了就应当删除！同样，权利要求书中不得出现"例如""最好是""尤其是""必要时""大多数情况下""等""或类似物"等类似用词，因为这类词会在一项权利要求中限定出不同的保护范围，导致保护范围不清楚。

第五，不得使用商业性宣传用语。例如，权利要求中出现的"开创了一个新的模式""创新点在于""适用于所有"等类似语言，都属于商业性宣传用语，应当删除。

## 三、简　要

权利要求书应当满足简要的要求。权利要求书应当简要，一是指每一项权利要求应当简要，二是指构成权利要求书的所有权利要求作为一个整体也应当简要。这个要求包括以下五点内容。

第一，权利要求书顶端不用书写发明或实用新型名称，可以直接书写第 1 项独立权利要求，它的从属权利要求从上往下顺序排列。

有 2 项以上独立权利要求的，则各自的从属权利要求应分别写在各独立权利要求之后。

第二，权利要求数目要适当合理。应当根据发明或实用新型的具体情况决定所采用的权利要求的数目。如果只用必要技术特征就足以限定发明或实用新型要求保护的范围，无须进一步展开限定，只撰写一个独立权利要求就可以了。

如果需要进一步在从属权利要求中限定，应当使权利要求的数目尽可能少，一些与发明或者实用新型任务无关、对限定权利要求保护的范围的可有可无的权利要求应删去。但是，如果从属权利要求中记载了优选的实施方式，这样的从属权利要求应当被允许。

第三，权利要求的表述应当简要，除记载技术特征外，不得对原因或理由作不必要的描述（这些放在说明书中去描述）。一般情况下，权利要求只讲发明或实用新型的技术特征，不允许陈述发明或实用新型的目的、功能和效果。但是必要时，即不指出不足以限定发明或实用新型时，可以允许用定语记载功能，且用词要简练、有逻辑性并符合专利习惯。

第四，权利要求的保护范围是由权利要求中记载的技术特征的集合作为一个整体限定的，因此每一项权利要求应当由一句话构成，即每一项权利要求只允许在其结尾处使用句号。中间可以有逗号或顿号，不能有句号，以强调其意思不可分割的单一性和独立性。但在结尾处一定要使用句号，而不能用逗号、顿号或分号，否则在电子申请时，自动接收会将多项权利要求合为一项权利要求。

通常，一项权利要求用一个自然段表述，但是当技术特征较多，内容和相互关系较复杂，借助于标点符号难以将其关系表达清楚时，一项权利要求也可以用分行或者分小段的方式描述。

第五，权利要求中的技术特征可以引用说明书附图中相应的标记，以帮助理解权利要求所记载的技术方案。但是，这些标记应当用括号括起来，放在相应的技术特征后面，附图标记不得解释为对权利要求保护范围的限制。

应当知道，说明书的内容要比权利要求书多，因为说明书除了名称之外，包括 5 个部分，权利要求书仅是其中发明内容和具体实施方式 2 个部分的高度概括。

换句话说，权利要求书是在说明书的基础上，用构成发明或者实用新型技术方案的技术特征来表明要求专利保护的范围，使发明内容和具体实施方式法律化，而不是说明书的全部内容的概括和总结，这样理解，才能自觉地使权利要求满足简明扼要的要求。

四、独立权利要求必须记载必要的技术特征

独立权利要求的撰写要保证尽可能宽地确定发明或者实用新型保护范围，使发明人的权利获得最大的保护，但同时又不致宽到落入已知的技术范围或把不能实施的东西也包括在内。为此法

律给出了一个最宽范围的限制，这就是独立权利要求必须记载为解决发明或者实用新型的技术问题所需的全部必要技术特征。[●]

### 1. 产品权利要求的必要技术特征

对产品权利要求来说，必要技术特征概括有成分、结构、含量、零部件、元器件、几何形状、尺寸、参数、构成材料以及零部件或元器件之间的相互配置关系。

机械领域产品必要技术特征有以下 3 个方面，如图 9 – 13 所示。

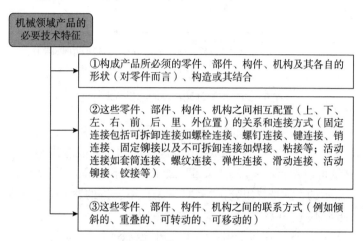

图 9 – 13　机械领域产品的必要技术特征

电学领域产品必要技术特征有以下 3 个方面，如图 9 – 14 所示。

物质发明的必要技术特征分为组合物及化合物两种情况。

对于化合物来说，其必要技术特征应当用化合物的名称或者化合物的结构式或分子式来表征。对组合物来说，其必须记载的必要技术特征是组合物的组分及含量。例如在合金领域中，合金的必要成分及其含量通常应当在独立权利要求中限定。

---

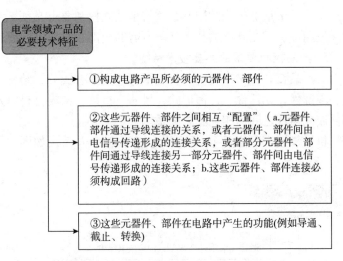

在限定组分的含量时，不允许有含糊不清的用词，例如"大约""左右""近"等，如果出现这样的词，一般应当删去。组分含量可以用"0~X"、"<X"或"X以下"等表示。以"0~X"表示的，为选择组分，"<X""X以下"等的含义为包括 X = 0。通常不允许以">X"表示含量范围。

应当注意，在一个组合物中，组合物各组分含量%表示法应符合如下条件方可从数字上看不出无法实施的漏洞来，即一个组合物中各组分含量百分数之和应当等于100%，几个组分的含量范围应当符合两个条件：某一组分的上限值+其他组分的下限值≤100；某一组分的下限值+其他组分的上限值≥100。

上限值，即最大值，也叫终点值。下限值，即最小值，也叫起点值。

例如，一件发明名称为"五味养生酒及其制备方法"所述中药提取浓浆中的中药成分各组分的含量范围符合上述规定，如图 9-15 所示。

342

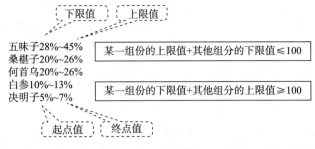

**图 9 – 15　组合物中各组分含量百分数之和应当符合的条件举例**

### 2. 方法权利要求的必要技术特征

对于方法权利要求来说，通常应当用工艺过程、操作条件、步骤或者流程等技术特征来描述。必要技术特征概括有动作或动作的总和、完成动作的时间顺序以及完成动作所需的条件，例如时间、温度、压力、速度、电场、磁场、频率或波长、方向、功率，还有利用的原料、材料、试剂、催化剂以及使用的工具、装置、设备等。

## 第五节　权利要求的设计方法

### 一、有效专利与问题专利

发明创造完成后，不做任何加工，照原样就可以取得高质量专利的情况是罕见的。可以说，几乎所有发明创造都不能照原样取得高质量专利，发明人、申请人以及专利代理师必须明白这一点。

所谓"高质量专利"，或者说"有效专利"，是指别人实施其发明创造时不能轻易绕过去的，即不得不使用的专利。为了取得有效专利，必须下一番功夫，做一番努力，进行认真设计。无论多么优秀的发明创造，如果取得专利的方法拙劣，别人可以不费事地研究出替代方案或变形构思便可轻易地绕过此项专利，那就是一种问题专利。

关于"问题专利"，2003 年美国联邦贸易委员会在题为"促进创新竞争与专利法律政策的适当平衡"的报告中将其定义为："在授予专利权后，保护范围过宽或过窄，权利本身不符合专利法有关规定的专利。"● 保护范围过宽，就有可能陷入现有技术覆盖之中，从而失去新颖性或创造性而不具备专利性，有较大可能性会被利害关系人即竞争对手请求专利局复审和无效审理部宣告该专利权无效。保护范围过窄，就可能被别人实施其发明创造时轻易绕过去，从而会被利害关系人不费事地研究出替代方案即可实施。

专利申请人（发明人或其所在单位）要获得的专利必须是"有效专利"或者说"高质量专利"，而不能是"问题专利"。如果获得的专利是"问题专利"，专利申请人（发明人或其所在单位）及其专利代理师的努力就等于"用漏水的桶去收获辛苦研究出来的成果"，最后，在技术竞争中是不会取胜的。

为了使研究出的发明取得高质量的专利，在申请阶段应当对发明创造进行提炼、构建、论证和设计权利要求，这是专利申请最重要的问题。

## 二、权利要求设计的五步法

第一步：抽出效果，避免把效果写进权利要求。

权利要求书是在说明书的基础上，用构成发明或者实用新型技术方案的技术特征清楚、简要地限定要求专利保护的范围，使发明内容和具体实施方式法律化，而不是说明书的全部内容的概括和总结。

有益效果是由构成发明或者实用新型不可缺少的技术特征直接带来的，或者是由所述的技术特征必然产生的技术效果，而不

● 知识产权局局长就我国垃圾专利等问题答记者问 ［EB/OL］. （2005 - 12 - 29）［2024 - 11 - 12］. https：//www. gov. cn/zwhd/2005 - 12/19/content_140962. htm.

是构成发明或者实用新型不可缺少的技术特征。因此，在撰写权利要求时，第一步就要抽出效果，不要把效果写进权利要求，否则就会造成纯功能性的权利要求。这是初学权利要求书撰写最容易出现的问题。

第二步：必要特征分析，避免将非必要技术特征写入独立权利要求中。

将效果抽出后，第二步就是将与现有技术相比取得这些效果的基本构成和手段的必要技术特征进行分析，然后抽出非必要特征，仅将必要特征写入独立权利要求中，以避免将非必要特征写入独立权利要求中。

第三步：附加特征分析，把第二步排除的非必要技术特征中具有创造性的技术特征作为附加特征写入从属权利要求，防止他人在独立权利要求所划定的边界内搞出新的发明。

第三步的目的是要明确第一步抽出的效果与第二步必要特征分析后的技术特征的构成与手段的相互因果关系，弄清楚还有什么附加特征，并进一步弄清楚发明或者实用新型的构成，正确掌握发明的本质，避免错误地理解发明。

从前面假设过有 6 个特征 A、B、C、D、E、F 的解释中可以知道，每增加一项从属权利要求，发明或者实用新型就被描述得更具体、更详细，使权利要求的每个技术特征具体化。同时，专利保护的范围就被进一步限定。通过从属权利要求补充附加特征，更清楚地把发明或者实用新型描述出来，而把必要技术特征写在独立权利要求，不被这些非必要技术特征（附加特征）混在一起，可使独立权利要求更简单明了，保护范围更宽。申请人必须学会分析其附加特征，利用专利申请的具体实施方式，在权利要求书中尽可能设计多一些层次的从属权利要求，作为必要时自我防卫的一种武器。

在申请专利的过程中，由于现有技术浩如烟海以及抵触申请公开的滞后性，无论采用什么手段进行检索，都不可能百分之百地查全与发明或者实用新型有关的情报，从而没有绝对把握在专利申请的实质审查以及以后的无效程序中确保万无一失。因此，在说明书中应尽可能多地公开一些具体实施方式，在权利要求书中尽可能多层次布局一些从属权利要求，为以后的程序适当地设置退路，以便在必要时可以修改和进一步限定权利要求的范围，不至于一无所获或全军覆没。

例如，一件请求宣告专利权无效的实用新型专利授权公告的权利要求书如下：

1. 一种装置 X，其特征在于：A、B、C。

2. 根据权利要求 1 所述，其特征在于：D。

3. 根据权利要求 1 所述，其特征在于：E。

4. 根据权利要求 1 所述，其特征在于：F。

无效请求人提供了 3 个对比文件，对比文件 1 公开的技术方案包括了 A、B、C 这 3 个特征以及 F 特征，即对比文件 1 公开了本专利权利要求 1 和 4 所述的技术方案。对比文件 2 和对比文件 3 分别公开了权利要求 2 和权利要求 3 的附加特征 D 和附加特征 E。

如果专利权人不修改权利要求书，则权利要求 1、4 相对于对比文件 1 不具备新颖性。权利要求 2 相对于对比文件 1、2 不具备创造性。权利要求 3 相对于对比文件 1、3 不具备创造性；该专利很可能全部无效。在无效宣告程序中，专利权人将从属于权利要求 1 的权利要求 2 和 3 与权利要求 1 合并为一个新的独立权利要求。修改后的权利要求为：

1. 一种装置 X，其特征在于：A、B、C、D、E。

2. 根据权利要求 1 所述，其特征在于：F。

修改后的新的独立权利要求构成了实现该专利发明目的的完整的技术方案，并且相对于请求人提供的对比文件 1 ~ 3 具有新颖性，对该权利要求的创造性也有充分的理由，如表 9 - 1 所示。

表 9 - 1　附加特征的一个特殊作用

| 文本 | 权项 | 技术特征 | | | |
|------|------|---------|---|---|---|
| | | 申请文件 | 对比文件 | | |
| | | | 对比文件 1 | 对比文件 2 | 对比文件 3 |
| 修改前 | 独立权利要求 | 1. A、B、C | 1. A、B、C | ／ | ／ |
| | 从属权利要求 | 2. D | ／ | 2. D | ／ |
| | | 3. E | ／ | ／ | 3. E |
| | | 4. F | 4. F | ／ | ／ |
| 修改后 | 独立权利要求 | 1. 一种装置 X，其特征在于：A、B、C、D、E | | | |
| | 从属权利要求 | 2. 根据权利要求 1 所述的一种装置 X，其特征在于：F | | | |

第四步：研究替代方案，使权利要求成为别人无法绕过去的专利。

这一步以第三步中抽出来的附加特征为基础，研究有无与上述构成、手段具有相同特征且可达到相同效果的替代方案。

对于绕开其他企业专利的一个手段，很多企业都会使用与其专利不相抵触的、不属于其权利要求保护范围的替代技术。那么作为专利权人，在申请专利的时候就要考虑到这一点。因此，研究替代方案的实质是使权利要求成为别人无法绕过去的专利。在研究替代方案时要注意，如果研究的替代方案实质上是用相同的方式或者等同的技术手段替换了必要技术特征或附加特征，是徒劳无益的。

第五步：全部特征分析，进行有效的专利组合。

第五步是对第二步必要特征分析中抽出来的构成、手段，第三步附加特征分析中抽出来的构成、手段和第四步中研究替代方案抽出来的构成、手段进行进一步确认。这些全部特征是最基本的，分别构成了必要特征、附加特征以及可达到第一步效果的替代方案，它们一起构成了本发明或者实用新型。

如果技术特征不同，可以认为是不同的发明，可将之分为发明一、发明二、发明三等。通过这一步可以进行有效的专利组合，构成一组彼此之间有差别但又相互关联，存在一定内在联系的专利集群，从而构建起多层次的专利保护体系。

权利要求设计的五步法如图 9 – 16 所示。

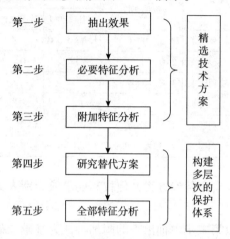

图 9 – 16　权利要求设计的五步法

发明经过上述五步设计，考虑到了各个方面，可以对技术方案进行有机组合，有目的地申请一系列专利，不仅可以保证取得基本专利，而且可以堵塞取得专利过程中的漏洞，构建有层次的专利保护网，最终形成对企业有利的专利组合。

还必须强调一点，对一项发明或者实用新型来说，其独立权利要求保护的范围宽与窄和为解决该发明或者实用新型的技术问题的必要技术特征是相对应的，是不矛盾的。因为独立权利要求所记载的技术特征是从整体上能反映出发明或者实用新型必不可少的，也是最低限度的技术特征。它所表述的范围恰恰应当是该发明或者实用新型相对于现有技术所作出创造性贡献的技术特征，是申请人所能获得的最大保护的范围。

# 第六节　外观设计专利申请文件的要求

## 一、外观设计专利申请文件

《专利法》第二十七条第一款规定："申请外观设计专利的，应当提交请求书、该外观设计的图片或者照片以及对该外观设计的简要说明等文件。"第二款规定："申请人提交的有关图片或者照片应当清楚地显示要求专利保护的产品的外观设计。"

《专利法实施细则》第三十条第一款规定："申请人应当就每件外观设计产品所需要保护的内容提交有关图片或者照片。"第三款规定："申请人请求保护色彩的，应当提交彩色图片或者照片。"

上述规定的文件和要求直接反映了申请人要求获得外观设计专利保护的内容，同时是申请人办理外观设计专利申请及其有关事宜的法律依据，如图 9 - 17 所示。

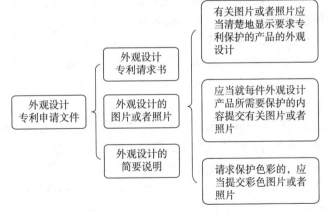

**图 9 - 17　外观设计专利申请文件**

## 二、外观设计图片或者照片

### 1. 外观设计图片或者照片的一般规定

外观设计图片或者照片应是每件产品的不同侧面或者状态的图片或照片。

就立体产品的外观设计图片或者照片而言，当产品设计要点涉及6个面时，应当提交六面正投影视图（主视图、后视图、左视图、右视图、俯视图和仰视图）。

就平面产品的外观设计图片或者照片而言，一般只需提交主视图和后视图。注意，各视图的投影关系要对应，要以主视图为基准。产品设计要点涉及一个面的，可以仅提交该面正投影视图。

《专利法实施细则》第三十条第二款规定："申请局部外观设计专利的，应当提交整体产品的视图，并用虚线与实线相结合或者其他方式表明所需要保护部分的内容。"具体讲，局部外观设计的视图应当能够明确区分要求保护的局部与其他部分。用虚线与实线相结合的方式表明所需要保护部分的内容时，实线表示需要保护的局部，虚线表示其他部分，如图9-18所示。

提交外观设计图片或外观设计照片的尺寸大小不得小于3×8cm，也不得大于15×22cm。图面分辨率应当满足清晰的要求，且清晰度应保证在图片或照片缩小到2/3时，仍能清晰地分辨出图中的各个细节。

图片或照片一般应当垂直布置，并按设计尺寸的比例绘制。需要横向布置时，图片或照片上部应当朝向图纸左边。图形中不得有文字、商标、服务标志、质量标志以及近代人物的肖像。艺术化文字可以视为图案。图片或照片不能有不是构成外观设计的图形或文字，如商标、标志等。

对于设计要点仅在于图形用户界面的，应当至少提交一幅包含该图形用户界面的显示屏幕面板的正投影视图。

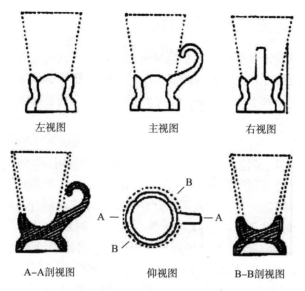

左视图　　　　　主视图　　　　　右视图

A-A剖视图　　　仰视图　　　　B-B剖视图

**图 9 – 18　局部外观设计**
（茶杯的装饰物或把手）

### 2. 外观设计图片的绘制

图片应当参照我国技术制图和机械制图国家标准中有关正投影关系、线条宽度以及剖切标记的规定绘制，并应当以粗细均匀的实线表达外观设计的形状。除申请局部外观设计专利外，不得以阴影线、指示线、虚线、中心线、尺寸线、点划线等线条表达外观设计的形状。可以用两条平行的双点划线或自然断裂线表示细长物品的省略部分。图面上可以用指示线表示剖切位置和方向、放大部位、透明部位等，但不得有不必要的线条或标记。

### 3. 外观设计照片的拍摄

外观设计照片应当清晰，避免对焦等原因导致产品的外观设计无法清楚地显示。照片背景应当单一，避免出现该外观设计产品以外的其他内容。产品和背景应有适当的明度差，以清楚地显示产品的外观设计。照片应当避免因强光、反光、阴影、倒影等影响产品的外观设计的表达。

### 三、外观设计简要说明

外观设计申请文件中必须包括对该外观设计的简要说明。从信息学的角度来说，图片或照片所包含的信息量明显大于其他表现手段。如果不通过文字说明对其进行界定，则容易造成保护范围的不确定。因此，外观设计简要说明是对外观设计图片或照片进行的简要解释和补充。

《专利法实施细则》第三十一条第一款规定："外观设计的简要说明应当写明外观设计产品的名称、用途，外观设计的设计要点，并指定一幅最能表明设计要点的图片或者照片。省略视图或者请求保护色彩的，应当在简要说明中写明。"第二款规定："对同一产品的多项相似外观设计提出一件外观设计专利申请的，应当在简要说明中指定其中一项作为基本设计。"第三款规定："申请局部外观设计专利的，应当在简要说明中写明请求保护的部分，已在整体产品的视图中用虚线与实线相结合方式表明的除外。"第四款规定："简要说明不得使用商业性宣传用语，也不得说明产品的性能。"

归纳一下，外观设计简要说明的撰写应当注意以下四个问题。

第一，外观设计产品的名称。外观设计产品的名称应当与外观设计图片或者照片中表示的产品相符合，以7个字左右为宜，不超过15个字，并且与请求书中的产品名称一致。

外观设计产品的名称应当避免概括不当、过于抽象的名称，例如"文具""炊具""乐器""建筑用物品"等。如一件外观设计专利申请，外观设计产品的名称写为"手持无线布氏硬度压痕自动测量装置"，审查意见指出：请求书中填写的使用该外观设计的产品名称过于抽象，应当避免上述情形，建议修改为"手持无线布氏硬度压痕自动测量仪"。申请人按照审查意见修改后获得授权。

第二，外观设计产品的用途。外观设计产品的用途是一个重要的概念。因为外观设计实际上是工业品外观设计，它与纯美术作品不同，造型、图案和色彩只有体现在有独立用途的制成品上，才是专利法保护的外观设计。它是在保证或不影响产品用途的前提下，通过形状、图案或其结合或形状、图案与色彩的结合的设计来吸引消费者。

第三，外观设计的设计要点。外观设计的设计要点，是指申请专利的外观设计与现有设计的主要差别，用于体现创新之处。

对设计要点的描述可以有三种描述方式。

一是部位法，如图9－19所示拉绳开关外观设计专利申请的简要说明："本外观设计产品的设计要点在于色彩与形状的结合以及产品前盖的视窗口部位。"

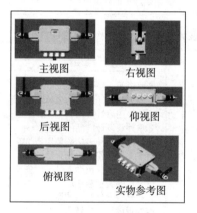

简要说明：
①本外观设计产品的名称：拉绳开关。
②本外观设计产品的用途：本外观设计产品用于矿用胶带输送机机的安全保护。
③本外观设计产品的设计要点：本外观设计产品的设计要点在于色彩与形状的结合以及产品前盖的视窗口部位。
④最能表明本外观设计设计要点的图片或照片：主视图。
⑤省略视图：因与右视图对称省略左视图。
⑥请求保护的外观设计包含色彩

**图9－19　拉绳开关外观设计专利申请图片及简要说明**

二是视图法，如图9－20所示床上用品面料外观设计专利申请的简要说明："本外观设计产品的设计要点是主视图表示的3D写真效果的图案与色彩的结合。"

三是要素法，如图9－21所示多功能警用肩灯外观设计专利申请的简要说明："本外观设计产品的设计要点在于产品的形状。"

主视图

简要说明：
①本外观设计产品的名称：床上用品面料。
②本外观设计产品的用途：用于制造家用纺织品、床上用品的材料。
③本外观设计产品的设计要点：主视图表示的3D写真效果的图案与色彩的结合。
④最能表明本外观设计设计要点的图片或照片：主视图。
⑤省略视图：本外观设计为平面产品，厚度与平面比可忽略，背面无设计要点，故省略其他视图，单元图案为上下左右独立大版且无限定边界。
⑥请求保护的外观设计包含色彩

**图9－20　床上用品面料外观设计专利申请图片及简要说明**

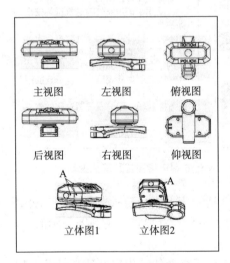

主视图　　左视图　　俯视图

后视图　　右视图　　仰视图

立体图1　　立体图2

简要说明：
①本外观设计产品的名称：多功能警用肩灯。
②本外观设计产品的用途：本外观设计是一种多功能警用肩灯，用于夹扣在警务执勤人员的肩章上，为警务执勤人员提供安全警示的警示装置。
③本外观设计产品的设计要点：本外观设计的设计要点在于产品的形状。
④最能表明本外观设计设计要点的图片或照片：本外观设计指定立体图1用于出版专利公报。
⑤立体图1和立体图2中A部为透明部位

**图9－21　多功能警用肩灯外观设计专利申请图片及
简要说明（透明产品的表示）**

　　当六面视图对产品外观设计表达仍不充分时，还应附加必要的展开图（如产品的外表面上的图案在圆柱形或者圆锥形图面上）、剖视图（如需要表示产品截面形状时）、放大图、端面图、立体图、使用状态参考图等。

当产品设计要点仅涉及 1 个面或 2 个面时，可以仅提交所涉及面的正面投影视图和立体图，未提交的视图视为省略。

第四，应当在简要说明中说明的情况包括以下七点。

其一，图片或照片中难以表达的内容：如果产品外表或部分外表是用透明材料制成而在图中无法表达"透明"，可以在图片或照片透明部分引出标记线，注上 a、b 等，并在简要说明中说明 a、b 等处为产品的透明部位，如图 9－21 所示多功能警用肩灯图片产品透明部分 A 的表示。

其二，图片或照片只表示产品局部时，如较长的产品，像型材、工字钢等，可画一段长度，必要时在简要说明中说明产品全长及长宽比例。

其三，外观设计产品的效果与制造的特殊材料有关时，简要说明中应注明具体材料。

其四，指定一幅最能表明设计要点的图片或者照片，相当于说明书摘要附图，只需要指定即可。

其五，请求保护的外观设计包含有色彩的，除了提供色彩图片或照片外，还应在简要说明中注明"请求保护色彩"，但不必写出具体的颜色。

其六，省略视图的，应当在简要说明中写明省略视图的具体原因，如外观设计产品前后、左右或者上下相同或对称时，可以各省略一幅视图，但要用文字说明，例如"左视图和右视图对称（相同），省略右视图"。

此外，产品不属于创作部位的方向，也可以省略视图，例如"产品底部不属于创作部位，省略仰视图"。

其七，对于花布、壁纸、床单等平面产品，必要时应当描述平面产品中的单元图案两方连续或者四方连续等无限定边界的情况，如图 9－20 床上用品面料外观设计专利申请的简要说明。

## 四、外观设计的单一性

《专利法》第三十一条第二款规定："一件外观设计专利申请应当限于一项外观设计。同一产品两项以上的相似外观设计，或者用于同一类别并且成套出售或者使用的产品的两项以上外观设计，可以作为一件申请提出。"

《专利法实施细则》第四十条第二款规定："专利法第三十一条第二款所称同一类别并且成套出售或者使用的产品的两项以上外观设计，是指各产品属于分类表中同一大类，习惯上同时出售或者同时使用，而且各产品的外观设计具有相同的设计构思。"

因此，2项以上的外观设计作为一件申请提出的，必须同时符合以下2个条件。

第一，使用该外观设计的2项以上的产品属于同一大类。

第二，使用该外观设计专利的2项以上的产品成套出售或者使用，而且各产品的外观设计具有相同的设计构思。

符合上述条件的2项以上外观设计可以作为一件申请提出，例如茶壶与茶杯、桌布与餐巾等。

《专利法实施细则》第四十条第一款规定："依照专利法第三十一条第二款规定，将同一产品的多项相似外观设计作为一件申请提出的，对该产品的其他设计应当与简要说明中指定的基本设计相似。一件外观设计专利申请中的相似外观设计不得超过10项。"第三款规定："将两项以上外观设计作为一件申请提出的，应当将各项外观设计的顺序编号标注在每件外观设计产品各幅图片或者照片的名称之前。"

# 第十讲　专利申请的审查和批准

## 第一节　审查制度

专利审查是整个专利工作体系中最重要的环节之一，在专利制度运行中发挥着基础和支柱作用。[1] 就审查制度来说，目前国际上有两大体系：一是登记制；二是实质审查制。两大体系之间的明显区别在于对申请案的审批程序不同。

### 一、登记制

登记制又称为形式审查制、初步审查制、格式审查制。依据登记制，在批准专利前，专利局只对申请文件是否齐全、申请文件格式是否符合规定、委托代理的手续是否合法及是否已经缴纳了申请费和审查费等进行审查。经审查，只要符合上述形式审查的要求便授予专利权，如图 10 - 1 所示。

登记制的最大优点是手续简便，专利局不需要配备大量审查员，审查批准及时迅速。在实行专利制度的初期，专利局缺少系统的分类资料，没有条件判断发明创造是否具有实质性特点，故大多都采用登记制。但是，这种审查制度由于对专利申请不作任何实质审查，因此，该制度下的专利授权质量差，容易发生专利纠纷，并使专利诉讼案件增多。有些实行登记制的国家，为了克

---

[1]　张清奎. 专利审查概说 ［M］. 北京：知识产权出版社，2002：10.

服和弥补登记制某些缺陷，在授予专利权之前设置了形式审查加异议制，❶ 即在专利申请公告之后 3 个月内，任何人都可以对该申请提出异议请求，经专利局审查，异议理由成立则对该申请不授予专利权，异议理由不成立才对该申请授予专利权。

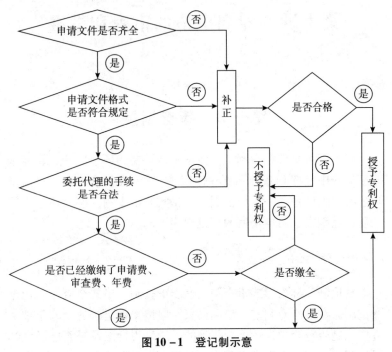

图 10 - 1　登记制示意

## 二、实质审查制

实质审查制，是指对专利申请除了进行形式审查外，还要进行有关新颖性、创造性和实用性的实质性审查，再确定是否授予专利权的审查制度。

实质审查制又分为即时审查制和延迟审查制两种，如图 10 - 2 所示。

---

❶　胡佐超. 专利基础知识 ［M］. 北京：知识产权出版社，2004：4.

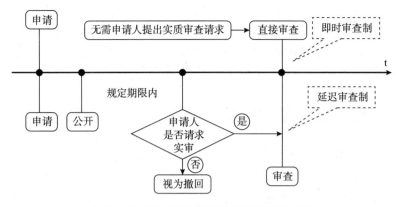

图 10 – 2　即时审查制和延迟审查制的区别

**1. 即时审查制**

即时审查制，即专利局对申请案进行形式审查之后，无需申请人提出实质审查请求，就随即对专利申请的内容进行新颖性、创造性和实用性审查，以确定是否授予专利权。即时审查制的优点是可以确保所授予专利权的专利质量，减少诉讼纠纷，这使审查程序得到一定的简化。其缺点是审批时间较长，且需要有庞大的专利审查机构，随着专利申请数量的急剧增加，专利申请长期处于不确定状态。

**2. 延迟审查制**

延迟审查制，又称为早期公开请求审查制，即专利局在对专利申请案进行形式审查之后，不立即进行实质审查。而是先将申请公布，申请人可以在规定期限内自申请日起任一时间请求实质审查，待申请人提出实质审查请求之后，并在已公布的情况下，专利局才进行实质审查。申请人在法定期限内不提出实质审查请求则被视为撤回申请。

延迟审查制的优点是：加速了专利信息的交流；给申请人充分时间来考虑是否提出实质审查请求和什么时候提出实质审查请求，申请人中有一部分将根据实际情况放弃实质审查请求。从申请人来讲避免了被驳回，节约了审查费用，从专利局来讲减轻了审批的工作量，使审查员能集中精力审查处理那些在规定时间内提出实质审查请求的专利申请案。延迟审查制度综合了形式审查制和即时审查制的优点，解决了专利制度发展历史上出现的比较尖锐的矛盾，被越来越多的国家所采用。

# 第二节　专利申请审批程序的主干线流程

专利申请审批程序的主干线流程，即从专利申请开始，如果专利申请的形式条件和实质条件全部符合要求，审批过程中一帆风顺，遇到的都是"绿灯"，那么，这个程序就变得十分简单。

申请发明专利，申请人只需办理 3 项手续：①提交申请文件，缴纳申请费；②提出实审请求，缴纳审查费；③缴纳授权后第一次年费，即可获得专利证书。

申请实用新型和外观设计专利，由于不必提出实审请求，手续更简单，申请人只需办理上述①③两项手续，如图 10 - 3 所示。

## 一、受理专利申请

### 1. 受理专利申请的定义

国家专利行政部门接受专利申请人提交的专利申请文件并发给受理通知书的工作称为受理专利申请。

### 2. 受理的法律效力

受理是一项重要的法律程序。专利申请被受理以后，从受理之日起成为在国家专利行政部门正式立案的一件正规申请，并且至少要产生以下三点法律效力。

第一，根据先申请原则，在该申请存在（未主动撤回、未被视为撤回或者未被驳回）并被公开后，将成为任何在其申请日以后就同样的内容专利申请的抵触申请，如果该申请符合专利性条件，即可获得专利权。

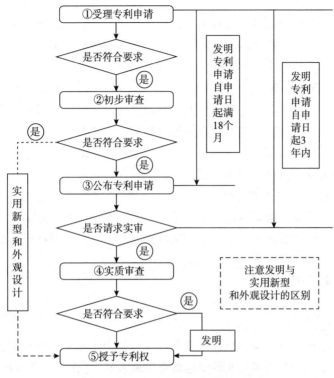

图 10－3　专利申请审批程序的主干线流程

第二，根据优先权原则，无论该申请受理以后的命运如何，除法律另有规定的以外，发明和实用新型在 12 个月内，外观设计在 6 个月内，被受理的申请可以作为该申请人另一件后期提出的申请要求优先权的基础。

第三，根据修改原则，该受理的申请文件是申请人在后续的审查程序中进行修改的基础。即申请人今后对专利申请的修改不得超出受理的说明书和权利要求书记载的范围，不得超出受理的外观设计图片或照片表示的范围。

**3. 受理专利申请部门**

《专利法》第三条第一款规定："国务院专利行政部门负责管理全国的专利工作；统一受理和审查专利申请，依法授予专利权。"根据上述规定，国务院专利行政部门（国家知识产权局）是专利申请的受理和审批的受理机构和决定机构，负责受理和审批专利申请，依法授予专利权。考虑到我国幅员辽阔，为了方便申请人，根据专利申请业务的需要，国家知识产权局在全国各地（除台湾地区外）省会所在城市还先后设立了国家知识产权局专利局代办处。各地方专利代办处是国家知识产权局专利局在各地方知识产权局设立的专利业务派出机构，专利申请、专利费用的缴纳、专利实施许可合同备案、办理专利登记簿副本、专利权质押登记及相关业务咨询可以到当地专利代办处就近办理，在法律上具有同等的效力。但专利代办处不受理 PCT 申请文件、境外申请人及我国港澳台地区法人提交的专利申请文件、分案申请文件、有优先权声明的专利申请文件和专利申请被受理后提交的中间文件。❶

### 4. 受理条件

根据《专利法》及实施细则的规定，符合下列条件的专利申请应予受理。

第一，专利申请是以书面形式（包括电子形式）提出的。

第二，专利申请文件中包含有申请人要求获得专利权的请求书，并在请求书中至少应当明确申请专利的类型（发明、实用新型或外观设计）、申请人的姓名或名称和地址。

第三，专利申请文件中应当有描述发明或者实用新型内容的说明书和说明请求专利保护范围的权利要求书，或者有展示外观设计的图片或者照片和简要说明。申请实用新型的还应当有说明书附图。

第四，申请文件应当打字或者印刷，字迹呈黑色，整齐清晰，附图的线条和照片的轮廓应当清晰，并不得有涂改。

第五，申请人是外国人时，根据其国籍、居所或者总部所在地应当是有权申请的，并且申请是委托依法设立的专利代理机构

---

❶ 参见：2007 年发布的《国家知识产权局专利局代办处专利申请受理工作规程》。

提交的。

### 5. 受理程序

对受理的专利申请确定申请日和给予申请号是受理专利申请程序中非常重要的法律事务工作。

《专利法》第二十八条规定："国务院专利行政部门收到专利申请文件之日为申请日。如果申请文件是邮寄的，以寄出的邮戳日为申请日。"

《专利法实施细则》第四条第一款规定："向国务院专利行政部门邮寄的各种文件，以寄出的邮戳日为递交日；邮戳日不清晰的，除当事人能够提出证明外，以国务院专利行政部门收到日为递交日。"

《专利法实施细则》第一百四十七条规定："向国务院专利行政部门邮寄有关申请或者专利权的文件，应当使用挂号信函，不得使用包裹。""除首次提交专利申请文件外，向国务院专利行政部门提交各种文件、办理各种手续的，应当标明申请号或者专利号、发明创造名称和申请人或者专利权人姓名或者名称。"且"一件信函中应当只包含同一申请的文件"。

《专利法实施细则》第四十三条规定："国务院专利行政部门收到发明或者实用新型专利申请的请求书、说明书（实用新型必须包括附图）和权利要求书，或者外观设计专利申请的请求书、外观设计的图片或者照片和简要说明后，应当明确申请日、给予申请号，并通知申请人。"

通知申请人的方式是发给申请人受理通知书，该通知书上注有申请人姓名或申请人单位名称、发明创造名称、申请日和申请号等。申请人以后就该申请与国家知识产权局联系时均应以该受理通知书注明的申请日和申请号为准。

### 6. 申请日的法律效力

申请日通常是指申请人向国务院专利行政部门提交必要申请文件的日期。《专利法实施细则》第十二条第一款规定："除专利法第二十八条和第四十二条规定的情形外，专利法所称申请日，有优先权的，指优先权日。"

《专利法实施细则》第十二条第二款规定："本细则所称申请日，除另有规定的外，是指专利法第二十八条规定的申请日。"即"国务院专利行政部门收到专利申请文件之日为申请日。如果申请文件是邮寄的，以寄出的邮戳日为申请日。"

申请日的确定对于专利申请人具有重要意义，主要表现在以下3个方面。

第一，申请日是判断申请先后的客观标准。申请日确定了提交申请时间的先后，也就确定了专利申请的先后。按照先申请原则，2个以上的申请人分别就同样的发明创造申请专利的，专利权授予最先申请人。因此，对同样的发明创造，申请的先后涉及专利权授予谁的问题，所以确定申请先后十分重要，必须有客观公正的标准，申请日正是这样一个标准。

第二，申请日是判断专利申请是否具有新颖性、创造性的时间界限。申请日确定了对现有技术的检索时间起点，因此申请日是判断一项发明创造新颖性、创造性的时间界限，这在审查程序中对决定专利申请是否具有专利性关系重大。

第三，申请日是审查程序中一系列有关期限的起始日（起点）。与申请日有关的期限如图10-4所示，有以下十点。

① 不丧失新颖性公开的宽限期（优惠期）的起算日：申请日以前6个月内。

② 要求享受外国优先权的请求期限的计算起始日：申请人自发明或者实用新型在外国第一次提出专利申请之日起12个月内，或者自外观设计在外国第一次提出专利申请之日起6个月内。

③ 要求享受本国优先权的请求期限的计算起始日：申请人自发明或者实用新型在中国第一次提出专利申请之日起12个月内。

④ 在先申请的副本提交时间：申请人要求优先权的，应当在申请的时候提出书面声明，并且在3个月内提交第一次提出的

专利申请文件的副本。

⑤ 发明专利申请满 18 个月公布期限的计算起始日：自申请日起满 18 个月。

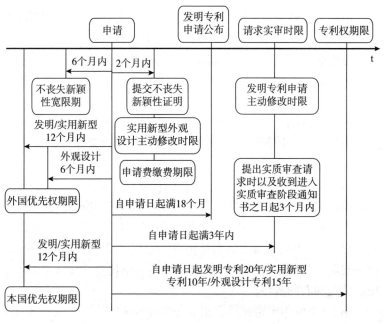

**图 10 – 4　与申请日有关的期限**

⑥ 发明专利请求实审期限的期限起始日：自申请日起 3 年内。

⑦ 专利权期限的计算起始日：专利权期限自申请日起，发明专利 20 年，实用新型专利 10 年，外观设计专利 15 年。

⑧ 不丧失新颖性公开证明文件的提交期限：自申请日起 2 个月内。

⑨ 发明专利申请主动修改期限：提出实质审查请求时以及收到发明专利申请进入实质审查阶段通知书之日起 3 个月内可以对发明专利申请主动提出修改。

⑩ 申请费和必要的申请附加费缴纳期限：申请人应当自申

请日起 2 个月内或者在收到受理通知书之日起 15 日内缴纳申请费、公布印刷费和必要的申请附加费。期满未缴纳或者未缴足的，其申请视为撤回。

### 7. 申请号

申请号是递交申请时由国务院专利行政部门给予申请案卷的号码，❶ 是认定专利申请的主要依据。由于申请号与专利申请是一一对应的关系，一旦指出某个申请号，也就是指出一个特定的专利申请。

### 8. 申请号的标准结构

1985 年 4 月 1 日~2003 年 10 月 1 日，我国专利申请号由 9 位数字组成，采用年度、专利种类以及当年年度流水号的顺序进行编号，最后一位是计算机校验码。

为了适应专利申请量迅速增长的需求，2003 年 6 月 13 日国家知识产权局对自 1985 年 4 月 1 日起施行的专利申请号编号规则进行了修改，并自 2003 年 10 月 1 日起施行新的《专利申请号标准》。专利申请号新的标准结构是：专利申请号用 12 位阿拉伯数字表示，包括申请年号、申请种类号和申请流水号 3 个部分，按照由左向右的次序。

第 1~4 位为申请年号，第 5 位为申请种类号，1 表示发明，2 表示实用新型，3 表示外观设计，8 表示进入中国国家阶段的 PCT 发明专利申请，9 表示进入中国国家阶段的 PCT 实用新型专利申请；第 6~12 位（共 7 位）为申请流水号；最后一位为校验位，在申请流水号与校验位之间使用一个下标单字节实心圆点符号作为间隔符，例如，一件发明专利的申请号为 201711456661.5。表 10 - 1 示出了 1985 年与 2003 年专利申请号标准比较。

---

❶ 国家知识产权局. 知识产权文献与信息基本词汇：GB/T 21374—2008 ［S］. 北京：中国标准出版社，2008：1.

表 10 – 1　1985 年与 2003 年专利申请号标准比较

| 施行时间 | 特点 | 年号位 | 专利种类位 | 当年流水号位 | 校验位 |
|---|---|---|---|---|---|
| 1985 年<br>4 月 1 日 ~<br>2003 年<br>10 月 1 日 | 9 位 | 第 1 ~ 2 位<br>85 | 第 3 位<br>1. 发明<br>2. 实用新型<br>3. 外观设计 | 第 4 ~ 9 位<br>（共计 6 位）<br>从 000001<br>到 999999 | 最后一位<br>1 ~ 9 数字<br>或大写英<br>文字母 X |
| 2003 年 10 月<br>1 日起施行 | 12 位 | 第 1 ~ 4 位<br>2004 | 第 5 位<br>1. 发明<br>2. 实用新型<br>3. 外观设计<br>8. PCT 发明<br>9. PCT 新型 | 第 6 ~ 12 位<br>（共计 7 位）<br>从 0000001<br>到 9999999 | 最后一位<br>0 ~ 9 数字<br>或大写<br>英文字母 X |

## 二、初步审查

一般情况下，只要提交了专利申请文件并按规定缴纳了申请费，专利申请就会自动进入初步审查阶段。因此，初步审查是发明专利申请与实用新型专利申请和外观设计专利申请都必须经过的程序。

### 1. 初步审查的定义

《专利法实施细则》第五十条第一款规定："专利法第三十四条和第四十条所称初步审查，是指审查专利申请是否具备专利法第二十六条或者第二十七条规定的文件和其他必要的文件，这些文件是否符合规定的格式，并审查下列各项：……"因此，所谓初步审查，是指对专利申请是否符合《专利法》及其实施细则规定的形式要求以及明显的实质性缺陷进行审查。❶

### 2. 初步审查的目的

初步审查是专利审批程序的第一个阶段，对于发明专利申请

❶ 胡佐超. 专利基础知识［M］. 北京：知识产权出版社，2004：4.

而言，初步审查的主要目的是保证发明专利申请符合公布的条件为实质审查做准备。对于实用新型和外观设计专利申请而言，初步审查的主要目的是查明申请专利的实用新型和外观设计是否符合专利法关于授予专利权的规定，对符合授权条件的实用新型和外观设计依法授予专利权。

**3. 发明专利申请初步审查的具体内容**

根据《专利法实施细则》第五十条第一款第（一）项规定，对发明专利申请初步审查的具体内容包括："发明专利申请是否明显属于专利法第五条、第二十五条规定的情形，是否不符合专利法第十七条、第十八条第一款、第十九条第一款或者本细则第十一条、第十九条、第二十九条第二款的规定，是否明显不符合专利法第二条第二款、第二十六条第五款、第三十一条第一款、第三十三条或者本细则第二十条至第二十四条的规定"。具体讲，初步审查须审查下列 11 项。

① 申请专利的主题是否违反国家法律，社会公德或妨害公共利益，以及申请专利的主题是否明显属于不授予专利权的内容。

② 申请人是外国人、外国企业或者外国其他组织时，申请人的身份是否有资格提出申请以及是否委托依法设立的专利代理机构办理。

③ 任何单位或者个人将在中国完成的发明创造向外国申请专利，是否事先经国务院专利行政部门进行保密审查。

④ 申请专利是否遵循诚实信用原则；提出各类专利申请是否以真实发明创造活动为基础，是否弄虚作假。

⑤ 申请专利的发明专利请求书是否写明应当写明的事项。

⑥ 依赖于遗传资源完成的发明创造申请专利的，申请人是否在请求书中予以说明，并填写国务院专利行政部门制定的表格。

⑦ 申请专利的发明是否明显不符合《专利法》关于发明的定义。

⑧ 依赖遗传资源完成的发明创造，申请人是否在专利申请

文件中说明该遗传资源的直接来源和原始来源，申请人无法说明原始来源的，是否陈述理由。

⑨ 申请是否符合单一性的要求。

⑩ 申请人对发明申请文件的修改是否明显超出了原说明书和权利要求书记载的范围。

⑪ 发明专利的说明书和权利要求书的撰写是否符合法定的格式要求，以及说明书是否按照《专利法》的规定对发明作出了清楚、完整的说明，使所属领域的技术人员能够实现；权利要求书是否记载发明或者实用新型的技术特征，以及是否按照规定撰写等。

### 4. 实用新型专利申请初步审查的具体内容

根据《专利法实施细则》第五十条第一款第（二）项的规定，实用新型专利申请初步审查的具体内容包括："实用新型专利申请是否明显属于专利法第五条、第二十五条规定的情形，是否不符合专利法第十七条、第十八条第一款、第十九条第一款或者本细则第十一条、第十九条至第二十二条、第二十四条至第二十六条的规定，是否明显不符合专利法第二条第三款、第二十二条、第二十六条第三款、第二十六条第四款、第三十一条第一款、第三十三条或者本细则第二十三条、第四十九条第一款的规定，是否依照专利法第九条规定不能取得专利权"。具体讲，审查下列 17 项。

① 申请专利的主题是否明显违反国家法律，社会公德或妨害公共利益。

② 申请专利的主题是否明显属于不授予专利权的内容。

③ 申请人是外国人、外国企业或者外国其他组织时，申请人的身份是否有资格提出申请。

④ 申请人是外国人、外国企业或者外国其他组织时，是否委托依法设立的专利代理机构办理。

⑤ 任何单位或者个人将在中国完成的发明创造向外国申请专利，是否事先经国务院专利行政部门进行保密审查。

⑥ 申请专利是否遵循诚实信用原则；提出各类专利申请是否以真实发明创造活动为基础，是否弄虚作假。

⑦ 申请专利的实用新型专利请求书是否写明应当写明的事项；实用新型专利申请的说明书、说明书附图的撰写是否符合要求。

⑧ 独立权利要求、从属权利要求书撰写是否符合法定的格式要求。

⑨ 申请专利的实用新型是否明显不符合《专利法》关于实用新型的定义。

⑩ 申请专利的实用新型是否符合授予专利权的条件。

⑪ 说明书是否对实用新型作出清楚、完整的说明，是否能够实现，是否有附图。

⑫ 权利要求书是否以说明书为依据，是否清楚、简要地限定要求专利保护的范围。

⑬ 申请是否符合单一性的要求。

⑭ 申请人对发明申请文件的修改是否明显超出了原说明书和权利要求书记载的范围。

⑮ 权利要求书应当有独立权利要求，也可以有从属权利要求，独立权利要求是否从整体上反映实用新型的技术方案，记载解决技术问题的必要技术特征；从属权利要求是否用附加的技术特征，对引用的权利要求作进一步限定（具体见本书第九讲权利要求书撰写相关内容）。

⑯ 分案申请是否超出原申请公开的范围。

⑰ 是否属于最先申请的人；当同一申请人同日对同样的发明创造既申请实用新型专利又申请发明专利，先获得的实用新型专利权尚未终止，又可以授予发明专利权的，申请人是否声明放弃该实用新型专利权。

从上面的审查内容可以看出，实用新型的初步审查既有格式审查，也包含了部分实质性审查。特别是根据 2023 年修改的《专利法实施细则》将明显不具备创造性纳入实用新型初步审查范围，这等于提高了实用新型授权的门槛，避免对明显不具备新颖性和创造性的实用新型专利申请授予专利权，这给实用新型专利申请提出了一个很高的要求和严格的挑战。

不过，实用新型的"明显创造性"审查和发明的"创造性"审查是有区别的。根据《专利审查指南 2023》的相关内容，发明与实用新型创造性判断的区别体现在如下两个方面。

一是现有技术领域的区别：对于发明创造性判断而言，不仅要考虑该发明所属的技术领域，而且要考虑其相近领域、相关领域，以及该发明所要解决的技术问题能够促使本领域的技术人员到其中去寻找技术手段的其他技术领域。对于实用新型创造性判断而言，一般着重于考虑该实用新型所属的技术领域，但是现有技术中给出明确的启示，例如现有技术中有明确的记载，促使本领域的技术人员到相近或者相关的技术领域寻找有关技术手段的，可以考虑其相近或者相关的技术领域。

二是现有技术数量的区别：对于发明专利而言，可以引用一项、两项或者多项现有技术评价其创造性。对于实用新型专利而言，一般情况下可以引用一项或者两项现有技术评价其创造性。对于由现有技术通过"简单地叠加"而"拼凑"成的实用新型专利，可以根据情况引用多项现有技术评价其创造性，如图 10 – 5 所示。

**5. 外观设计专利申请初步审查的具体内容**

根据《专利法实施细则》第五十条第一款第（三）项的规定，外观设计专利申请初步审查的内容包括："外观设计专利申请是否明显属于专利法第五条、第二十五条第一款第（六）项规定的情形，是否不符合专利法第十七条、第十八条第一款或者本细则第十一条、第十九条、第三十条、第三十一条的规定，是否明显不符合专利法第二条第四款、第二十三条第一款、第二十三条第二款、第二十七条第二款、第三十一条第二款、第三十三条或者本细则第四十九条第一款的规定，是否依照专利法第九条规定不能取得专利权"。具体讲，审查下列 16 项。

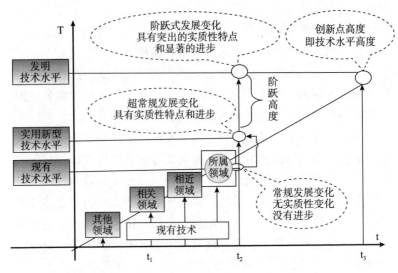

图 10-5　发明和实用新型创造性判断的区别

①　申请专利的主题是否明显违反国家法律、社会公德或妨害公共利益。

②　申请专利的主题是否明显属于不授予专利权的内容。

③　申请人是外国人、外国企业或者外国其他组织时，申请人的身份是否有资格提出申请。

④　申请人是外国人、外国企业或者外国其他组织时，是否委托依法设立的专利代理机构办理。

⑤　申请专利是否遵循诚实信用原则；提出各类专利申请是否以真实发明创造活动为基础，是否弄虚作假。

⑥　请求书是否写明应当写明的事项。

⑦　申请人是否就每件外观设计产品所需要保护的内容提交有关图片或者照片。申请局部外观设计专利的，是否提交整体产品的视图，并用虚线与实线相结合或者其他方式表明所需要保护部分的内容；申请人请求保护色彩的，是否提交彩色图片或者照片。

⑧　外观设计的简要说明是否符合要求。

⑨　申请专利的外观设计是否符合《专利法》关于外观设计

的定义。

⑩ 申请专利的外观设计是否明显不具备新颖性。

⑪ 授予专利权的外观设计与现有设计或者现有设计特征的组合相比是否具有明显区别。

⑫ 申请专利的外观设计申请人提交的有关图片或者照片是否清楚地显示要求专利保护的产品的外观设计。

⑬ 申请是否符合单一性的要求。

⑭ 申请人对申请文件的修改是否明显超出了原始记载的范围。

⑮ 分案申请是否超出原申请公开的范围。

⑯ 是否符合禁止重复授权原则和先申请原则。

## 三、发明专利申请的公布

《专利法》第三十四条规定:"国务院专利行政部门收到发明专利申请后,经初步审查认为符合本法要求的,自申请日起满十八个月,即行公布。国务院专利行政部门可以根据申请人的请求早日公布其申请。"

### 1. 公布专利申请的含义

公布专利申请是指发明专利申请经初步审查合格后,自申请日起满18个月或者根据申请人的请求,将发明专利申请向社会公布或提前公布的一种行为。

### 2. 请求提前公布的手续

《专利法实施细则》第五十二条规定:"申请人请求早日公布其发明专利申请的,应当向国务院专利行政部门声明。国务院专利行政部门对该申请进行初步审查后,除予以驳回的外,应当立即将申请予以公布。"

"立即予以公布"的意思是,经对发明专利申请初审合格后,立即进行发明专利申请公布前的准备并予以公布,如图 10 - 6 所示。

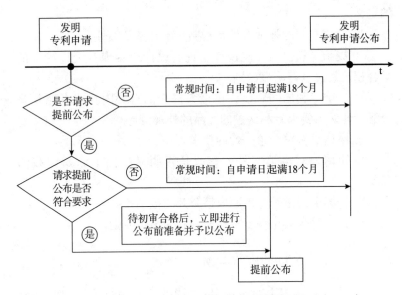

**图 10 - 6　发明专利申请的公布与提前公布**

《专利法实施细则》第五十四条规定："自发明专利申请公布之日起至公告授予专利权之日止，任何人均可以对不符合专利法规定的专利申请向国务院专利行政部门提出意见，并说明理由。"但是，这种提意见与异议制度不一样，只是作为审查的参考，而不是必须进行审查的程序。

### 四、实质审查

**1. 实质审查的概念**

实质审查，主要是对专利申请是否符合授予专利权的实质性条件所进行的审查。❶ 此外，对初步审查中尚未发现的问题以及一切不符合《专利法》规定的问题，也要在实质审查中继续进行。

**2. 实质审查程序的启动**

专利申请，只是整个审批程序中的第一步，申请、缴纳申请

---

❶　胡佐超. 专利基础知识［M］. 北京：知识产权出版社，2004：4.

费，只起到了启动初步审查和公布发明专利申请的作用。对于实用新型和外观设计专利申请，经过初步审查，合格后就会被授予专利权。但是，对于发明专利申请，如果申请人"守株待兔"，那么，一定不会被授予专利权，因为根据请求原则，发明专利申请进入实质审查程序主要依据申请人的实质审查请求而启动，国家知识产权局一般不主动对专利申请进行实质性审查，专利申请人以外的其他人也无权要求对他人的专利申请进行实质性审查。

### 3. 请求实质审查的期限

《专利法》第三十五条第一款规定："发明专利申请自申请日三年内，国务院专利行政部门可以根据申请人随时提出的请求，对其申请进行实质性审查；申请人无正当理由逾期不请求实质性审查的，该申请视为撤回。"第二款还规定："国务院专利行政部门认为必要的时候，可以自行对发明专利申请进行实质审查。"

《专利法实施细则》第五十六条第一款规定："国务院专利行政部门依照专利法第三十五条第二款的规定对专利申请自行进行审查时，应当通知申请人。"

发明专利申请请求实质审查的期限如图 10-7 所示。

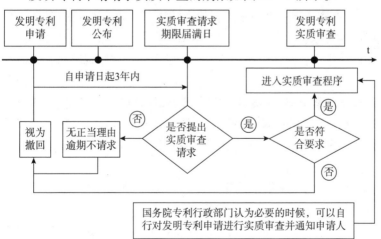

**图 10-7 发明专利申请请求实质审查的期限**

根据《专利法》第三十五条第一款的规定，实质审查请求应当在自申请日（有优先权的，指优先权日）起3年内提出，并在此期限内缴纳实质审查费。如果申请人忘记了这一点，或者虽然没有忘记，却没有在规定的期限内提出实质审查请求的，如果无正当理由逾期不请求，审查程序到此结束，该发明专利申请被视为撤回。

**4. 请求实质审查的手续**

《专利法》第三十六条第一款规定："发明专利的申请人请求实质审查的时候，应当提交在申请日前与其发明有关的参考资料。"这里所说的参考资料主要是指发明人在完成发明的过程中，为了解决技术上的问题所参考过的现有技术资料，如专利文献、科技书籍、科技期刊、报纸杂志、学术论文、学术报告以及其他一些非秘密的资料。只要这些资料与其发明有关，就应当提供。第二款规定："发明专利已经在外国提出过申请的，国务院专利行政部门可以要求申请人在指定期限内提交该国为审查其申请进行检索的资料或者审查结果的资料；无正当理由逾期不提交的，该申请即被视为撤回。"

"该国为审查其申请进行检索的资料或审查结果的资料"包括授权决定、审定公告、驳回申请等决定，提出实质审查时还未获得这些资料的，应作出声明，待以后得到这些资料时，及时提交给国家知识产权局。由于PCT申请已有国际检索报告，视其已提交检索资料。"该国为审查其申请进行检索的资料或审查结果的资料"和PCT申请的国际检索报告只作为国家知识产权局评定该发明专利申请的新颖性和创造性时参考。

**5. 延迟审查制度**

《专利法实施细则》第五十六条第二款规定："申请人可以对专利申请提出延迟审查请求。"

发明专利申请延迟审查请求，应当由申请人在提出实质审查请求的同时提出，但发明专利申请延迟审查请求自实质审查请求生效之日起生效；实用新型专利申请和外观设计专利申请延迟审查请求，应当由申请人在提交实用新型专利申请和外观设计专利申请的同时提出。

　　延迟期限为自提出延迟审查请求生效之日起1年、2年或3年。延迟期限届满后，该申请将按顺序待审，如图10-8所示。

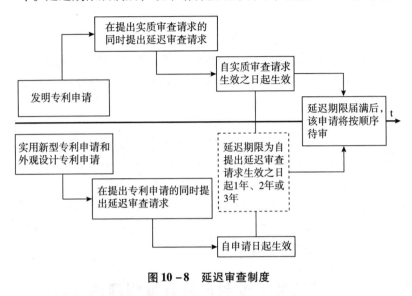

**图10-8　延迟审查制度**

　　申请人在提出延迟审查时，应注意提出延迟审查请求的时间规定，如果错过时机，后续不能提出；延迟审查的期限有3个选项，分别是1年、2年、3年，申请人可以根据实际需要酌情勾选；必要时，专利局可以自行启动审查程序并通知申请人，申请人请求的延迟审查期限终止。

## 五、授予专利权

　　《专利法》第三十九条规定："发明专利申请经实质审查没有发现驳回理由的，由国务院专利行政部门作出授予发明专利权的决定，发给发明专利证书，同时予以登记和公告。发明专利权自公告之日起生效。"

　　《专利法》第四十条规定："实用新型和外观设计专利申请

经初步审查没有发现驳回理由的，由国务院专利行政部门作出授予实用新型专利权或者外观设计专利权的决定，发给相应的专利证书，同时予以登记和公告。实用新型专利权和外观设计专利权自公告之日起生效。"

根据上述规定，授予专利权的程序如下。

① 作出授予专利权的决定。

② 向申请人发出授予专利权通知书和办理登记手续通知书。

③ 申请人应在自收到授予专利权通知书和办理登记手续通知书起2个月内，办理专利登记手续，并同时缴纳授予专利权当年年费等。

④ 专利局收到授予专利权当年年费后，发给相应的专利证书，并同时予以登记和公告，专利权自公告之日起生效。

⑤ 出版专利说明书单行本，供公众检索查询。

至此，专利申请转变为专利，专利申请权转变为专利权，专利申请人转变为专利权人。专利权人可以依法行使专利权，获得合法权益，并受到法律保护。

## 第三节  专利申请审批程序的"节外生枝"与对策

上面所讲的是专利审批程序中的主干线流程，自专利申请提出后，经过受理—初步审查—实质审查三道大关，一帆风顺，"一路绿灯"，最后获得了专利权，这是不容易的。

根据国家知识产权局公布的统计数据，2018～2020年全国发明专利申请的平均授权率分别为53.5%、44.3%和47.3%❶（注：发明专利授权率＝发明专利授权公告量/发明专利申请审结

---

❶ 新形势下如何正确看待发明专利申请授权率的指标意义［EB/OL］.［2024－11－13］. https：//www. mondaq. com/china/intellectual－property/1190502/260322441821183199792291420309274913083030475244532145726126199872103330003358312548026435295753034025351266312484720041.

量；审结量＝授权量＋驳回量＋撤回量）。

授权率在 44.3% ~ 53.5% 这个数据说明，在专利申请过程中，经常不是一帆风顺的，如果在审批过程中，只要遇到"红灯"，就会出现一些"节外生枝"的情况，这些情况包括：①不予受理；②视为未提交；③补正；④答复审查意见；⑤视为撤回；⑥驳回；⑦复审；⑧终止；⑨无效。

在专利申请审批程序中，不允许"绕道而行"，否则就会被视为撤回或者被驳回而失去申请效力。因此，在专利申请审批程序中，专利申请人或其专利代理师只有努力"排除问题"，才能得到"绿灯开放"，获得通过，如图 10 - 9 所示。

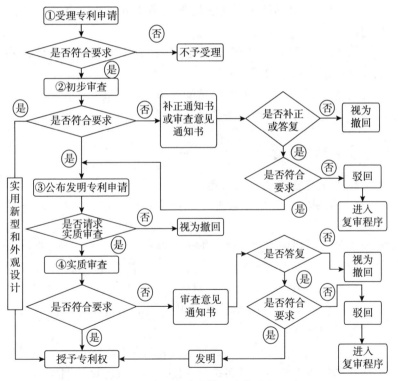

图 10 - 9　专利申请审批程序的流程示意

《专利法实施细则》第四十四条规定："专利申请文件有下列情形之一的，国务院专利行政部门不予受理，并通知申请人：

"（一）发明或者实用新型专利申请缺少请求书、说明书（实用新型无附图）或者权利要求书的，或者外观设计专利申请缺少请求书、图片或者照片、简要说明的；

"（二）未使用中文的；

"（三）申请文件的格式不符合规定的；

"（四）请求书中缺少申请人姓名或者名称，或者缺少地址的；

"（五）明显不符合专利法第十七条或者第十八条第一款的规定的；

"（六）专利申请类别（发明、实用新型或者外观设计）不明确或者难以确定的。"

上述规定从反面对专利申请受理条件作了进一步说明。只要有这6种情形之一，则不予受理。

## 二、视为未提交

### 1. 视为未提交的一般规定

《专利法实施细则》第五十一条第一款规定："除专利申请文件外，申请人向国务院专利行政部门提交的与专利申请有关的其他文件有下列情形之一的，视为未提交：

"（一）未使用规定的格式或者填写不符合规定的；

"（二）未按照规定提交证明材料的。"

第二款规定："国务院专利行政部门应当将视为未提交的审查意见通知申请人。"

如要求优先权的申请人的姓名或者名称与在先申请文件副本中记载的申请人姓名或者名称不一致的优先权转让证明材料、不丧失新颖性的证明材料、著录项目变更证明材料等都要按规定提交，否则将视为未提交。

### 2. 证件和证明文件的视为未提交

《专利法实施细则》第三条第二款规定："依照专利法和本细则规定提交的各种证件和证明文件是外文的，国务院专利行政部门认为必要时，可以要求当事人在指定期限内附送中文译文；期满未附送的，视为未提交该证件和证明文件。"

### 3. 生物材料的视为未提交

《专利法实施细则》第一百二十五条第二款规定："申请人在原始提交的国际申请的说明书中已记载生物材料样品保藏事项，但是没有在进入中国国家阶段声明中指明的，应当自进入日起4个月内补正。期满未补正的，该生物材料视为未提交保藏。"

### 4. 检索资料或者审查结果资料的补交

《专利法实施细则》第五十五条规定："发明专利申请人因有正当理由无法提交专利法第三十六条规定的检索资料或者审查结果资料的，应当向国务院专利行政部门声明，并在得到有关资料后补交。"

### 5. 说明书附图的补交

《专利法实施细则》第四十六条规定："说明书中写有对附图的说明但无附图或者缺少部分附图的，申请人应当在国务院专利行政部门指定的期限内补交附图或者声明取消对附图的说明。申请人补交附图的，以向国务院专利行政部门提交或者邮寄附图之日为申请日；取消对附图的说明的，保留原申请日。"如图10－10所示。

这是一个不太受关注但是涉及申请日的一个实际问题。说明书中写有对附图的说明但无附图或者缺少部分附图的，这是申请人的疏忽造成的。想保留原申请日，那就需要取消对附图的说明，这对发明专利申请来说，在附图不是必要时还可能做到；但在附图是必要时，特别是实用新型专利申请，说明书附图成为不可缺少的要件时，只有补交附图才能成为一个完整的申请，这种情况下，申请日就以向国务院专利行政部门补交附图之日为申请日。也就是说，原先的申请日已经作废了。

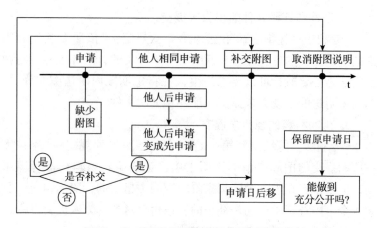

图 10 - 10　说明书附图的补交与取消说明

如果在补交附图之前，有他人在你提交申请之后，但是在你补交附图之前提交了一个完整的、同样的申请，他人的后申请就变成了先申请，就会影响你申请的新颖性。这就变成了一个大问题！根据先申请原则，申请人本来可以获得的专利权就可能被他人得到！而要保留原申请日，就需要在原说明书中取消对说明书附图的说明，但是这样做，能保证说明书做到充分公开吗？如果不能，则同样因公开不充分而不能获得专利权。可见，看起来很小的事情就变成了一个涉及是否可以获得专利权的大问题！这是需要注意的。

**6. 以援引在先申请文件的方式补交遗漏的权利要求书或者说明书**

《专利法实施细则》第四十五条规定："发明或者实用新型专利申请缺少或者错误提交权利要求书、说明书或者权利要求书、说明书的部分内容，但申请人在递交日要求了优先权的，可以自递交日起 2 个月内或者在国务院专利行政部门指定的期限内以援引在先申请文件的方式补交。补交的文件符合有关规定的，以首次提交文件的递交日为申请日。"

从以上规定可以看出，以援引在先申请文件的方式补交遗漏的权利要求书或者说明书需要具备以下三个条件。

一是在递交日要求了在先申请的优先权，也就是说，不是所有申请都可以补交遗漏的权利要求书或者说明书的。

二是要在递交日起两个月内或者在国务院专利行政部门指定的期限内，按照规定以援引在先申请文件的方式补交文件。

三是补交的文件需要符合有关援引加入的规定。

根据《专利法实施细则》第四十五条的规定，国内申请及国际申请进入国家阶段时，均可以通过援引在先申请文件的方式加入遗漏项目或者部分内容，对于申请人来说，正确且完整地提交援引加入手续文件，可以及时弥补遗漏申请文件的缺陷，补全申请文件内容，减少因遗漏文件而造成的损失和不良后果。

## 三、补　正

### 1. 补正的概念

《专利法实施细则》第五十条第二款规定："国务院专利行政部门应当将审查意见通知申请人，要求其在指定期限内陈述意见或者补正；申请人期满未答复的，其申请视为撤回。申请人陈述意见或者补正后，国务院专利行政部门仍然认为不符合前款所列各项规定的，应当予以驳回。"

一般来讲，补正，是指对文字的疏漏和错误的补充和改正，是专利申请审查程序中申请人接到补正通知书后，对补正通知书中要求补正的内容作出正面答复并通过提交补正后的文件和补正书的方式克服专利申请文件或者其他有关文件存在的格式方面的缺陷一种措施。

### 2. 补正通知书

在初步审查中，国家知识产权局认为申请属于可授予专利权，但申请文件存在可以通过补正克服的缺陷，通过消除这些缺陷就可授予专利权，这时会给申请人发出一个补正通知书，要求其在指定期限内补正。

申请人接到补正通知书，应在指定期限内进行正面答复，期满未答复的，视为撤回专利申请。经申请人补正后，申请文件仍然存在缺陷的，审查员应当再次发出补正通知书。同一缺陷两次补正不合格的，国家知识产权局将作出驳回申请决定。

### 3. 补正书

补正书，是申请人向国家知识产权局提交的就某一申请文件进行修改或补正进行说明的书面文件。在补正书中，设有申请人姓名或名称和地址、发明创造的名称、专利申请日、申请号、补正文件的名称及勘误表和专利申请人的签名和盖章，委托专利代理机构的名称和地址、签章等。

相应修改文件主要是指权利要求书和说明书，注意修改的内容不得超出申请日提交的说明书和权利要求书记载的范围。

## 四、答复审查意见

### 1. 审查意见通知书

审查意见通知书，是审查员对申请进行审查后所作出的发给申请人的一种关于审查情况的书面意见。

初步审查程序中，如果审查员认为申请文件存在不可能通过补正方式克服的明显实质性缺陷，会发出审查意见通知书。

实质审查程序中，审查员对申请进行实质审查后，通常以审查意见通知书的形式，将审查的意见和倾向性结论通知申请人。

### 2. 审查意见的类型

一般来讲，审查意见的主体部分是权利要求评述和倾向性结论。倾向性结论大体有以下 3 种类型，如图 10 - 11 所示。

（1）倾向于批准（肯定性结论，具有授权前景）

申请仅存在形式缺陷，这时，常可见到下面的惯用语："如果申请人按照本通知书提出的审查意见对申请文件进行修改，克服所存在的缺陷，则本申请可望被授予专利权。"

（2）倾向于继续审查（不定性结论）

申请存在实质性缺陷，需要申请人提出令人信服的理由和依据，并根据修改确定是否能消除缺陷。此时，往往有"申请人应当在意见陈述书中论述其专利申请可以被授予专利权的理由，并对通知书正文部分中指出的不符合规定之处进行修改，否则将不能授予专利权"的用语。

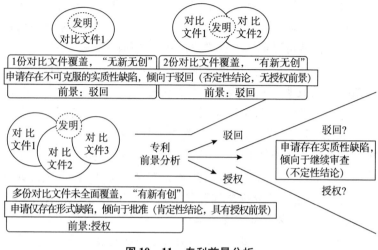

图 10 – 11　专利前景分析

（3）倾向于驳回（否定性结论，无授权前景）

申请存在不可克服的实质性缺陷，这时的用语常常是："基于上述理由，本申请独立权利要求以及从属权利要求都不具备创造性，说明书中也没有可以授予专利权的实质性内容，因而本申请不具备授予专利权的前景。如果申请人不能在本通知书规定的答复期限内提出表明本授权具有新颖性或创造性的充分理由，本申请将被驳回。"此时，审查员就不要求对申请文件作任何修改了。

**3. 意见陈述**

申请人应审查员的要求，对其专利申请属于符合《专利法》要求提出的书面陈述叫做意见陈述，是申请人正式答复审查意见的一种形式。申请人必须使用意见陈述书进行正式答复，陈述意见。

申请人在进行意见陈述时，要认真研究审查意见通知和引证文献，在答复中针对审查意见正文逐条明确答复是同意还是不同意，不同意的理由是什么。绝不能避而不答，或答非所问。

就上面三种倾向性结论情况来看。

对第一种倾向于批准的审查意见的答复是比较容易的，申请人通常可以表示同意审查员的意见，并对所指出的缺陷进行修改补正。这样就可以加速审查进程，获得专利权。

如在一件名称为"真空灭弧室动端导电杆和绝缘拉杆的软连接结构"的发明专利申请共有3项权利要求：

1. 真空灭弧室动端导电杆和绝缘拉杆的软连接结构，包括绝缘拉杆（1）和真空灭弧室动端导电杆（7），在绝缘拉杆（1）中固定有绝缘拉杆内嵌件（2），在真空灭弧室动端导电杆（7）的左端安装动导电体（6），其特征在于，在绝缘拉杆内嵌件（2）中固定连接带拉杆球体连接套（3），在所述带拉杆球体连接套（3）的球体通孔中安装球体连接轴套（5），所述动导电体（6）与带拉杆球体连接套（3）通过在球体连接轴套（5）中安装的横轴（4）相连接，横轴（4）的两端穿过动导电体（6）加工的横轴安装孔（6-4）并用卡簧（9）固定。

2. 根据权利要求1所述的真空灭弧室动端导电杆和绝缘拉杆的软连接结构，其特征在于，所述带拉杆球体连接套（3）的球体通孔内壁与球体连接轴套（5）的外壁为间隙配合，带拉杆的球体连接套（3）可以在球体连接轴套（5）上相对转动。

3. 根据权利要求1或2所述的真空灭弧室动端导电杆和绝缘拉杆的软连接结构，其特征在于，所述动导电体（6）右端中心加工有与真空灭弧室动端导电杆（7）螺纹连接的动端导电杆连接螺纹孔（6-1），动导电体（6）左端加工有安装带拉杆球体连接套（3）的卡槽（6-2），与卡槽（6-2）相平行的两侧加工有卡簧限位平面（6-3），并在该卡簧限位平面上加工有对应相通的横轴安装孔（6-4）。

审查员在第一次审查意见通知书正文指出，权利要求2记载的技术特征是该发明所要解决的技术问题的必要技术特征，目前权利要求1并未记载该技术特征。因此，独立权利要求1不符合《专利法实施细则》第二十三条第二款的规定，申请人应当将其记载到权利要求1中。申请人接受审查意见，对权利要求书进行了修改，将原权利要求2记载的附加特征作为必要特征补入原权利要求1中，合并为修改后的独立权利要求1；而原权利要求3自动变为修改后的权利要求2，并提交了补正书和权利要求书替换页，很快就获得了授权。

该发明相关部分的附图如图10－12所示。

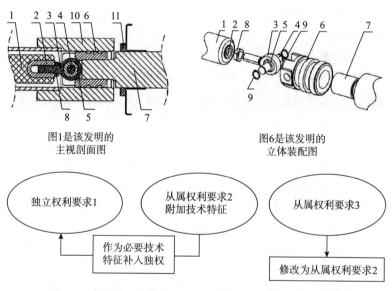

图1是该发明的
主视剖面图

图6是该发明的
立体装配图

图10－12　意见陈述案例1：真空灭弧室动端导电杆和
绝缘拉杆的软连接结构

对于第二种倾向于继续审查的不定式结论审查意见来说，申请最终能否获得授权很大程度上取决于申请人的答复和/或对申请文件的修改。在这种情况下，申请人应对审查员指出的所有问题逐条陈述意见，对申请文件的缺陷照例应进行补正。

例如，一件名称为"电子长明灯"发明专利申请共有10项权利要求，审查员在第一次审查意见通知书正文提出了包括如下结论的审查意见：权利要求1中记载"在金属保护管（4）顶端安装灯座（5）""所述灯座端（5）设有灯盘（5-2），并在其上加工有泄水孔（5-3）"，其中，"灯座（5）"和"灯座端（5）"前后表述不一致，本领域技术人员不清楚其是否表示同一技术特征，将导致权利要求的保护范围不能准确确定；同时，"其上"表示不清楚，本领域技术人员不清楚其为"灯座端（5）"还是"灯盘（5-2）"，也将导致权利要求的保护范围不能准确确定，不符合《专利法》第二十六条第四款的规定。

申请人按照审查意见通知书提出的审查意见，对权利要求1相关处进行了修改：

权利要求1修改前：

1. 一种电子长明灯，……，在金属保护管（4）顶端安装灯座（5），其特征在于，……，所述灯座端（5）设有灯盘（5-2），并在其上加工有泄水孔（5-3），……。

权利要求1修改后：

1. 一种电子长明灯，……，在金属保护管（4）顶端安装灯座（5），其特征在于，……，所述灯座（5）设有灯盘（5-2），并在灯盘（5-2）上加工有泄水孔（5-3），……。

即将"灯座端（5）"修改为灯座（5）；将"所述灯座端（5）设有灯盘（5-2），并在其上加工有泄水孔（5-3）"修改为"所述灯座（5）设有灯盘（5-2），并在灯盘（5-2）上加工有泄水孔（5-3）"，修改克服了导致权利要求1保护范围不能准确确定的缺陷，很快就被授予专利权。

该发明相关部分的附图如图10-13所示。

收到第三种倾向于驳回的否定性结论的审查意见通知书之后，如果申请人接受审查员自动撤回的建议，便可不作答复，主动申请撤回申请。根据国家知识产权局的相规定，对进入实质审查阶段的发明专利申请，在第一次审查意见通知书答复期限届满前（已提交答复意见的除外），主动申请撤回的，可以请求退还50%的专利申请实质审查费。

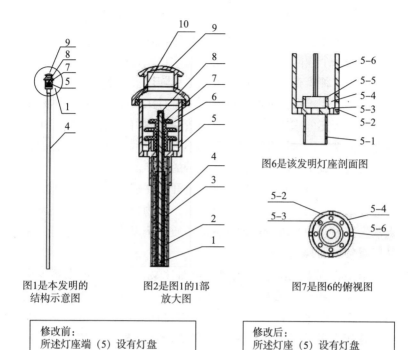

图1是本发明的
结构示意图

图2是图1的1部
放大图

图6是该发明灯座剖面图

图7是图6的俯视图

修改前：
所述灯座端（5）设有灯盘
（5-2），并在其上加工有
泄水孔（5-3）

修改后：
所述灯座（5）设有灯盘
（5-2），并在灯盘（5-2）
上加工有泄水孔（5-3）

**图10-13　意见陈述案例2：电子长明灯**

　　如果仍想谋求获得专利权，便应认真阅读审查意见正文，结合申请文件本身的内容以及通知书中引用的对比文件作一番仔细、认真、深入的研究，从而正确理解审查意见所指出的缺陷的含义，以便答复和克服缺陷，并在意见陈述中表明本发明具有创造性的充分理由。只要言之有理，论之有据，使审查员信服，是可以说服审查员而获得批准的。

　　例如，一件名称为"一种用于MVR污水处理系统的结晶器"的发明专利申请在权利要求书中提出了6项权利要求，审查意见依据4篇对比文件指出权利要求1~6都不具备《专利法》第二十二条第三款规定的创造性。基于该结论性意见，审查意见指出：专利申请中没有可以被授予专利权的实质性内容，如果申请人没有陈述理由或者陈述理由不充分，其申请将被驳回。

这是一个倾向于驳回的结论（否定性结论）。

对于这种审查意见，申请人在意见陈述书中重点是根据本发明权利要求要求保护的区别特征与4篇对比文件公开的技术特征进行对比，充分陈述本申请具有创造性的理由，尤其是陈述本申请在具体结构、作用和取得了预料不到的技术效果上与对比文件相比所具有突出的实质性特点和显著的进步。

例如，审查员引用对比文件2公开的在蒸发器的入口设置挡板的技术方案指出，在蒸发结晶领域，使物料更加均匀分散地进入蒸发装置，使其进行更加充分的传质在蒸发器的入口设置挡板是所属领域的常规手段。

申请人在意见陈述中指出，与对比文件2公开的在蒸发器的入口设置挡板（或称导流叶片）相比，本发明在所述筒体的内壁与2个溶液进口管的接口位置焊接的导向分流器的具体结构、作用以及有益效果与对比文件2所述挡板并不相同，也非常规改进。具体讲，对比文件2在用于蒸汽的入口连接部中设置的挡板或导流叶片所形成的锥形（喇叭形）的蒸汽进口结构［如图10-14（a）所示］使得蒸汽从多个方向无阻挡地进入蒸发装置，尤其是沿蒸汽入口的中心水平方向切向地但是分别向上和向下无阻挡地引导蒸汽进入蒸发装置，这正如本发明说明书在背景技术第［0002］段（1）中所述的现有技术存在的"溶液进口处采用一般的接管结构，溶液以较快流速直接进入容器，溶液分散不均匀"的问题。这也是本发明所要解决的问题之一。

如图10-14（b）所示，本发明"在所述筒体（1）的内壁与2个溶液进口管（20）的接口位置焊接有导向分流器（8）""所述导向分流器8包括焊接在溶液进口管20内的2个分流板8-1，在2个分流板8-1上面焊接有导向板8-2，所述2个分流板8-1将溶液进口管20分为3个溶液进口通道，所述导向板8-2将溶液按预设角度进入筒体1内部"。这样就解决了

"溶液以较快流速直接进入容器，溶液分散不均匀"的问题。在导向板8-2的作用下，溶液只能按预设角度向下进入筒体1内部，而不能向上进入筒体1内部，这样可以避免液体液位波动冲击液面上部形成的闪蒸区域。由本发明导向分流器8的具体结构所产生的有益效果正如本发明说明书第［0010］段（1）所述："本发明在溶液进口处采用分流结构，进口处截面积扩大，降低了溶液的流速，并配有分流板及导向板，分流板及导向板使进口处溶液形成多股并以一定角度进入容器，使其发散分布。"本发明所述的导向分流器结构的非常规改进和所产生的进口处溶液形成多股分流并按照预设的角度均匀地进入容器内的技术效果是对比文件2的一般结构预料不到的。

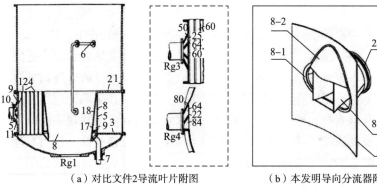 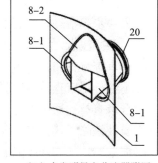

（a）对比文件2导流叶片附图　　　　（b）本发明导向分流器附图

**图 10-14　意见陈述案例 3：用于 MVR 污水处理系统的结晶器**

申请人的上述意见陈述是有理、有据和有力的，使审查员信服，在意见陈述书提交后很快获得了授权。

在实质审查阶段，审查员在作出审定或驳回决定之前，总要向申请人发出审查意见通知书，同申请人交换意见，申请人照例必须以意见陈述书的形式作出答复。这种"鸿雁传书"往返可能只有一次，或是两次、三次等。申请人可从审查意见通知书中获取有关审查信息，从而对下一步行动作出决策，审查员将从申请人的答复中得知申请人的意见，从而决定是授权还是驳回。从某种意义上说，审查意见答复的好坏，直接影响申请案的前途和命运。因此，答复审查意见，不可马虎从事，必须认真对待。

## 4. 答复

（1）答复的概念

答复，是指对审查员发出的审查意见通知书或其他信件的回复。

在各种审查意见通知书中，审查员都会指定答复期限。该期限由审查员考虑与申请有关的因素后确定。这些因素包括：审查意见的数量和性质；申请可能进行修改的工作量和复杂程度等。

（2）答复的方式

对于国家知识产权局发出的审查意见通知书，申请人必须以书面形式在通知书指定的期限内并以国家知识产权局印制的相应表格进行正式答复。申请人的答复可以仅仅是意见陈述书，还可以进一步包括经修改的申请文件的替换页和/或补正书。

需要注意，意见陈述书应当全面答复审查意见通知书表达的所有审查意见和提出的问题、要求。如果对审查员的审查意见避而不答，则审查员可以驳回该件申请。对于形式缺陷，应当尽量配合审查员，通过修改专利申请文件来克服或者消除缺陷。对于实质性缺陷，认为有必要对专利申请文件进行修改的，应当有理有据地阐述所作修改能够克服审查意见通知书所指出的缺陷的理由，并对所作修改作出说明。

（3）答复的签署

所有的答复都必须经过签名或者盖章，才能成为合格的正式文件。

申请人未委托专利代理机构的，其提交的意见陈述书或者补正书，应当有申请人的签字或者盖章。申请人委托了专利代理机构的，其答复应当由其所委托的专利代理机构盖章。专利代理机构变更之后，由变更后的专利代理机构签字或者盖章。

需要注意，如果申请人或者委托的专利代理机构发生变更，还应当提交相应的"著录项目变更申报书"；未提交著录项目变更申报书的，审查员会将答复退回初步审查部门处理。

## 5. 答复注意事项

答复审查意见应注意以下四个问题。

第一，只能按审查意见作被动修改或/和补正。审查员没有要求修改的地方，除申请文件存在明显实质性缺陷需要修改和补正外，申请人不应改动。如审查员针对权利要求提出问题后，在答复时应注意针对权利要求进行修改，说明书中除了适应性修改之外最好不要对说明书进行修改，以避免出现修改超出范围的问题。

第二，凡作了修改和补正的，应同时提交意见陈述书及替换页和补正书。

第三，严格遵守答复期限。审查意见通知书中对答复期限有明确规定，一般为4个月或2个月不等。如果申请人无正当理由逾期不答复，其申请被视为撤回。

第四，在实质审查过程中，审查员与申请人可以就发明和现有技术的理解、申请文件中存在的问题等进行电话讨论，也可以通过视频会议、电子邮件等其他方式与申请人进行讨论。必要时，还可以采用会晤和现场调查等辅助手段加速审查。如有必要，申请人在意见陈述时，在从审查意见通知书中得知审查员的联系方式后，也可以就发明和现有技术的理解、消除申请文件中存在缺陷的修改主动与审查员电话沟通讨论，以便有利于：①澄清某些技术细节；②尽早准确地确定权利要求；③加速审查进程，然后作出书面答复。

在具体答复中，要特别注意针对创造性问题的答复。

很多申请人最烦也是最反对的就是审查员经常采用公知常识来否定发明或实用新型的创造性。

值得注意的是，《专利审查指南2023》规范了创造性评述中对公知常识的使用，有针对性地强化了审查员的公知常识举证责任，明确规定："审查员在审查意见通知书中引用的本领域的公知常识应当是确凿的，如果申请人对审查员引用的公知常识提出异议，审查员应当能够提供相应的证据予以证明或说明理由。在审查意见通知书中，审查员将权利要求中对技术问题的解决作出贡献的技术特征认定为公知常识时，通常应当提供证据予以证明。"不过这里应当注意，"应当提供"并非"必须提供"，审查员可能仍然用公知常识举证来否定发明或实用新型的创造性。如果公知常识为教科书、工具书等记载的解决技术问题的技术手段，这种举证是客观的。如果公知常识为解决技术问题的惯用技术手段，这种举证多少会带有一定的主观性。因此，在审查员采用公知常识的手段来否定创造性时，一定要耐心答复，从发明或实用新型实际要解决的技术问题入手，在充分理解发明或者实用新型的权利要求与对比文件和公知常识在技术领域、所要解决的技术问题、解决技术问题所采取的技术方案及其作用和有益效果的区别的基础上捕捉到个中细节，为充分论述发明或者实用新型可以被授予专利权理由的答复打开思路。

## 五、视为撤回

申请人不是主动撤回申请，而是采用间接的方式放弃专利申请。例如，收到受理通知书和缴费通知书后不缴纳申请费，收到补正通知书或审查意见通知书后不进行补正或不进行有关答复等，使得国家知识产权局作出该申请不需要进行继续审查，并认为是申请人自己撤回申请的决定，即视为撤回。从申请人的角度，这种情况也可以叫做"放弃申请"。其意思是，申请人因不作为而使申请失去效力。因此，视为撤回通知书一旦发出，有关申请即失去效力，除非申请人请求恢复权利。

国家知识产权局认为申请人间接放弃专利申请，并作出"视为撤回"决定时，会给申请人发出视为撤回通知书。

发出视为撤回通知书常见有以下三种情况。

第一，《专利法》第三十五条第一款规定："发明专利申请自申请日起三年内，国务院专利行政部门可以根据申请人随时提出的请求，对其申请进行实质审查；申请人无正当理由逾期不请求实质审查的，该申请即被视为撤回。"

第二，《专利法》第三十七条规定："国务院专利行政部门对发明专利申请进行实质审查后，认为不符合本法规定的，应当通知申请人，要求其在指定的期限内陈述意见，或者对其申请进行修改；无正当理由逾期不答复的，该申请即被视为撤回。"

第三，因未缴纳或者未缴足申请有关费用的，如《专利法实施细则》第一百一十二条中规定，申请人应当自申请日起 2 个月内或者在收到受理通知书之日起 15 日内缴纳申请费和必要的申请附加费；期满未缴纳或者未缴足的，其申请视为撤回。

## 六、驳　回

### 1. 驳回的规定

《专利法》第三十八条规定："发明专利申请经申请人陈述意见或者进行修改后，国务院专利行政部门仍然认为不符合本法规定的，应当予以驳回。"

实际上，不论是发明专利申请还是实用新型和外观设计专利申请，只要申请文件存在明显实质性缺陷，在审查员发出审查意见通知书后，经申请人陈述意见或者修改后仍然没有消除的，或者申请文件存在形式缺陷，审查员针对该缺陷已发出过两次补正通知书，这些缺陷经申请人陈述意见或者补正后仍然没有消除的，审查员都可以作出驳回决定，如图 10 - 15 所示。

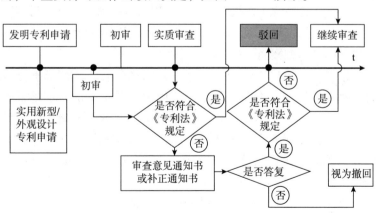

**图 10 - 15　驳回流程**

《专利法实施细则》第五十九条规定:"依照专利法第三十八条的规定,发明专利申请经实质审查应当予以驳回的情形是指:

"(一)申请属于专利法第五条、第二十五条规定的情形,或者依照专利法第九条规定不能取得专利权的;

"(二)申请不符合专利法第二条第二款、第十九条第一款、第二十二条、第二十六条第三款、第二十六条第四款、第二十六条第五款、第三十一条第一款或者本细则第十一条、第二十三条第二款规定的;

"(三)申请的修改不符合专利法第三十三条规定,或者分案的申请不符合本细则第四十九条第一款的规定的。"

具体说有以下九点。

第一,申请属于《专利法》第五条、第二十五条的规定的情形不能取得专利权,即申请专利的主题违反国家法律、社会公德,或者妨害公共利益或者申请专利的主题属于不授予专利权的对象。例如有人申请专利,要求保护他发现的新的关于地球、月亮、太阳等天体运动的规律,有人要求保护他发现的大气海洋的涡流都是由于地球磁场的作用,还有人找到了一个计算电机效率的公式等。这些都不能授予专利权。因为这些都属于人们对客观规律的认识。发现、理论、公式等都不属于利用自然法则发明创造出新的技术方案。

第二,申请属于依照《专利法》第九条规定的情形不能取得专利权,即同一发明有两个以上申请人时,申请人不是最先申请人。当同一申请人同日对同样的发明创造既申请实用新型专利又申请发明专利,先获得的实用新型专利权尚未终止,又可以授予发明专利权的,但申请人不声明放弃该实用新型专利权。

第三,申请不符合《专利法》第二条第二款规定,即专利申请的主题不是专利法所称的发明,不是对产品、方法或者其改进所提出的新的技术方案。例如"空间取料飞行器"，该申请提出可以用空气做原料来解决飞行器动力问题，但并没有提出具体的方案来解决这一问题。又如一种"心脏病人急救盒"，虽然给出了框图及说明，但当病人倾倒时电路立即接通的结构并未给出，而这正是实施该发明必不可少的内容，不给出就属于"发明内容公开不充分"，不能构成具体、完整的技术方案，所以不能授予专利权。

第四，申请不符合《专利法》第十九条第一款的规定，即任何单位或者个人将其在中国完成的发明创造向外国申请专利，事先未报经国务院专利行政部门进行保密审查。

第五，申请不符合《专利法》第二十二条的规定，即申请专利的主题不具备新颖性、创造性或者实用性。

第六，申请不符合《专利法》第二十六条第三款、第二十六条第四款、第二十六条第五款规定，即申请专利的说明书、权利要求书撰写不符合要求，包括权利要求书没有以说明书为依据，没有说明发明或者实用新型的技术特征，没有清楚、简要地限定要求专利保护的范围。

例如，某申请人在权利要求书中写道："本发明对国民经济有重大意义，要求专利局给予保密，不得泄露。"对其发明是否应予以保密的问题，这里不进行讨论，就其权利要求书的内容来看，很明显不符合《专利法》及实施细则的规定。

第七，申请不符合《专利法》第三十一条的规定，即申请不符合专利单一性的要求。

第八，申请的修改不符合《专利法》第三十三条规定，申请文件的修改超出原说明书和权利要求书记载的范围。如某公司申请了一件关于"塑料胶片叠层纸及制造方法"的专利申请，原发明说明书中是这样描述的："对纸和塑料胶片互相成点状、线状或曲线状相接的叠层体进行热处理，处理温度为塑料胶片的收缩温度以上……"但是后来在对发明说明书进行修改时，申请人将处理温度改为塑料胶片的"熔融温度以上……"虽然仅是两字之差，但遭到了驳回。这是因为"收缩温度以上"和"熔融温度以上"从技术上来说是完全不同的。使塑料胶片收缩时，塑料胶片本身并未达到熔融状态，而达到熔融温度时，塑料胶片本身却要呈熔融状态，而这样的效果是原发明说明书中根本没有出现的，因此该修改内容已经超出了原说明书的范围。

第九，分案申请不符合《专利法实施细则》第四十九条第一款规定，即分案申请超出原申请记载的范围。

### 3. 驳回决定

一件专利申请没有合乎专利性的实质内容或者不符合《专利法》及实施细则的规定，一般在一二次审查意见通知后，审查员已讲清驳回该专利申请所依据的事实、理由和证据，也给申请人至少一次陈述意见的机会，申请人也已进行了意见陈述，但申请人的意见陈述没有使审查员信服，审查员即作出驳回决定。审查员在作出驳回决定中将详细阐明他驳回的理由，所有驳回理由都是已经和申请人书面讨论过的。申请人接到驳回决定，就意味着程序可进入到复审阶段。

# 第四节　复审与无效宣告

## 一、复　审

### 1. 复审的概念

复审是指专利申请人对国务院专利行政部门驳回其专利申请的决定不服，而向国务院专利行政部门请求复审，国务院专利行政部门对被驳回的专利申请所进行的重新审查并作出决定的一种法定程序。

《专利法》第四十一条第一款规定："专利申请人对国务院专利行政部门驳回申请的决定不服的，可以自收到通知之日起三个月内向国务院专利行政部门请求复审。国务院专利行政部门复审后，作出决定，并通知专利申请人。"第二款规定："专利申请人对国务院专利行政部门的复审决定不服的，可以自收到通知之日起三个月内向人民法院起诉。"

### 2. 复审程序

（1）复审请求

复审程序基于当事人的请求而启动，这与民法中的"不告不理"原则是一致的。

申请人对专利局驳回申请的决定不服提出复审请求，包括对初审程序中驳回申请不服和对实审程序中驳回申请不服，向国务院专利行政部门请求对原审查对象进行重新审查。

《专利法实施细则》第六十五条第一款规定："依照专利法第四十一条的规定向国务院专利行政部门请求复审的，应当提交复审请求书，说明理由，必要时还应当附具有关证据。"

（2）不予受理的复审请求

《专利法实施细则》第六十五条第二款规定："复审请求不符合专利法第十八条第一款或者第四十一条第一款规定的，国务院专利行政部门不予受理，书面通知复审请求人并说明理由。"

（3）复审请求的形式审查

根据上述规定，国务院专利行政部门接到申请人或专利权人的复审请求后，首先对其进行形式审查，复审请求形式审查的内容如图 10-16 所示，主要包括以下 7 项。

① 复审请求主体是否具有提出复审请求的资格。

② 复审请求客体是否针对国务院专利行政部门作出的驳回申请的决定。

③ 复审请求是否在规定时间内提出。

④ 复审理由和证据是否符合要求。

⑤ 复审请求人在提出复审请求后是否缴纳并缴足了复审费。

⑥ 复审请求书是否符合标准表格规定的格式，并按规定格式填写。

⑦ 复审程序启动文件是否向专利和无效审理部递交。

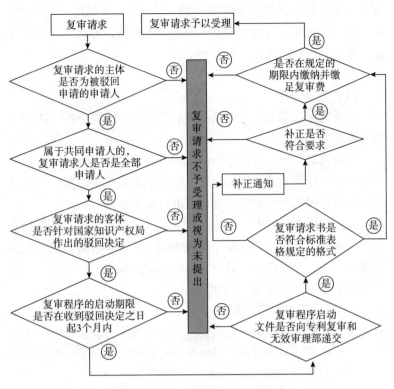

**图 10 - 16 复审请求形式审查示意**

（4）视为未提出的复审请求

《专利法实施细则》第六十五条第三款规定："复审请求书不符合规定格式的，复审请求人应当在国务院专利行政部门指定的期限内补正；期满未补正的，该复审请求视为未提出。"

（5）复审程序中申请文件的修改

《专利法实施细则》第六十六条规定："请求人在提出复审请求或者在对国务院专利行政部门的复审通知书作出答复时，可以修改专利申请文件；但是，修改应当仅限于消除驳回决定或者复审通知书指出的缺陷。"

根据上述规定，复审程序中，复审请求人可以修改专利申请文件。复审程序中对专利申请文件的修改可以在两个时机进行：

一是在提出复审请求的时候；二是答复复审通知书的时候。无论什么时候的修改，都应当注意：第一，修改应当仅限于消除驳回决定或者复审通知书指出的缺陷。发明或者实用新型专利的专利权人可以修改其权利要求书，但是不得扩大原专利的保护范围。第二，发明或者实用新型专利的专利权人不得修改专利说明书和附图，外观设计专利的专利权人不得修改图片、照片和简要说明。

（6）继续审查

《专利法实施细则》第六十七条第二款规定："国务院专利行政部门进行复审后，认为原驳回决定不符合专利法和本细则有关规定的，或者认为经过修改的专利申请文件消除了原驳回决定和复审通知书指出的缺陷的，应当撤销原驳回决定，继续进行审查程序。"

应当注意的是，复审决定撤销原驳回决定的，并不意味着就应当对该专利申请予以授权，而是要继续进行审查程序。因为撤销驳回决定仅仅表明原决定的理由不成立，并不表明该申请就不存在其他应当驳回的理由。在继续审查程序中，审查员无需对国务院专利行政部门已经审查并已确定的事实和理由再作审查，并且不得以同样的理由和证据作出与该复审决定意见相反的决定。

（7）复审决定

《专利法实施细则》第六十七条第一款规定："国务院专利行政部门进行复审后，认为复审请求不符合专利法和本细则有关规定或者专利申请存在其他明显违反专利法和本细则有关规定情形的，应当通知复审请求人，要求其在指定期限内陈述意见。期满未答复的，该复审请求视为撤回；经陈述意见或者进行修改后，国务院专利行政部门认为仍不符合专利法和本细则有关规定的，应当作出驳回复审请求的复审决定。"

复审决定按照少数服从多数的原则，通过表决作出。复审决定一般分以下三种类型。

① 复审请求的理由不成立，作出驳回复审请求的复审决定。

② 复审请求的理由成立，撤销原驳回决定。

③ 专利申请文件经复审请求人修改，克服了原驳回申请的决定中指出的缺陷，经审查同意在新的文本基础上撤销原驳回决定。

（8）复审请求的撤回

复审请求的撤回是指复审请求人撤回其复审请求。

《专利法实施细则》第六十八条第一款规定："复审请求人在国务院专利行政部门作出决定前，可以撤回其复审请求。"

（9）复审程序的终止

《专利法实施细则》第六十八条第二款规定："复审请求人在国务院专利行政部门作出决定前撤回其复审请求的，复审程序终止。"

归纳一下，复审程序终止有以下三种情况。

① 复审请求人在国务院专利行政部门作出决定前撤回其复审请求的，复审程序终止。

② 复审请求因期满未答复而被视为撤回的，复审程序终止。

③ 已经受理的复审请求因不符合受理条件而被驳回请求的，复审程序终止。

（10）对复审决定不服的救济

《专利法》第四十一条第二款规定："专利申请人对国务院专利行政部门的复审决定不服的，可以自收到通知之日起三个月内向人民法院起诉。"

尽管《专利法》规定的是申请人对所有复审决定都有权提起行政诉讼，但是在实践中，因为撤销驳回决定或者在修改后的文本的基础上撤销驳回决定的复审决定对申请人来说都是有利的。申请人仅仅会对维持原驳回决定的复审决定向法院起诉。

复审程序流程如图 10 - 17 所示。

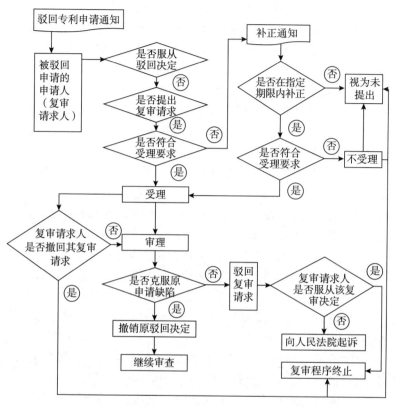

图 10 – 17　复审程序流程

## 二、专利权无效宣告

### 1. 宣告专利权无效请求

《专利法》第四十五条规定："自国务院专利行政部门公告授予专利权之日起，任何单位或者个人认为该专利权的授予不符合本法有关规定的，可以请求国务院专利行政部门宣告该专利权无效。"

### 2. 无效宣告请求的理由

任何单位或者个人认为某项专利权的授予不符合《专利法》

有关规定的，自国务院专利行政部门公告授予专利权之日起，都可以请求国务院专利行政部门宣告该专利权无效。但是，提起无效宣告请求必须有理由，《专利法实施细则》对此进行了具体规定。

《专利法实施细则》第六十九条第一款规定："依照专利法第四十五条的规定，请求宣告专利权无效或者部分无效的，应当向国务院专利行政部门提交专利权无效宣告请求书和必要的证据一式两份。无效宣告请求书应当结合提交的所有证据，具体说明无效宣告请求的理由，并指明每项理由所依据的证据。"第二款规定："前款所称无效宣告请求的理由，是指被授予专利的发明创造不符合专利法第二条、第十九条第一款、第二十二条、第二十三条、第二十六条第三款、第二十六条第四款、第二十七条第二款、第三十三条或者本细则第十一条、第二十三条第二款、第四十九条第一款的规定，或者属于专利法第五条、第二十五条规定的情形，或者依照专利法第九条规定不能取得专利权。"

在操作层面上，能够提起专利权无效宣告请求的理由总结归纳包括以下十个方面问题。

① 依照《专利法》第二条规定，不符合发明、实用新型、外观设计的定义。

② 依照《专利法》第十九条第一款规定，违反保密规定向外国申请专利。

③ 依照《专利法》第二十二条和第二十三条规定，发明、实用新型和外观设计不符合授予专利权的实质条件。

④ 依照《专利法》第二十六条第三款规定，说明书的撰写不符合法定要求。

⑤ 依照《专利法》第二十六条第四款规定，权利要求书的撰写不符合法定要求；依照《专利法实施细则》第二十三条第二款规定，权利要求书的撰写不符合格式及其要求。

⑥ 依照《专利法》第二十七条第二款规定，外观设计图片或者照片不符合法定要求。

⑦ 依照《专利法》第三十三条规定，专利申请文件修改不

符合修改原则；依照《专利法实施细则》第四十九条第一款的规定，分案申请超出原申请记载的范围。

⑧ 依照《专利法》第五条规定，专利申请属于不授予专利权的发明创造；依照《专利法》第二十五条规定，专利申请属于不授予专利权的技术领域。

⑨ 依照《专利法》第九条第一款规定，不属于最先申请人或者违反禁止重复授权原则不能取得专利权。

⑩ 依照《专利法实施细则》第十一条的规定，申请专利违反诚实信用原则，提出各类专利申请不是以真实发明创造活动为基础，弄虚作假。

### 3. 对宣告专利权无效请求的审查和决定

（1）不予受理的无效宣告请求

不予受理的无效宣告请求有以下三种情况。

《专利法实施细则》第七十条第一款规定："专利权无效宣告请求不符合专利法第十八条第一款或者本细则第六十九条规定的，国务院专利行政部门不予受理。"第二款规定："在国务院专利行政部门就无效宣告请求作出决定之后，又以同样的理由和证据请求无效宣告的，国务院专利行政部门不予受理。"第三款规定："以不符合专利法第二十三条第三款的规定为理由请求宣告外观设计专利权无效，但是未提交证明权利冲突的证据的，国务院专利行政部门不予受理。"

（2）视为未提出的无效宣告请求

《专利法实施细则》第七十条第四款规定："专利权无效宣告请求书不符合规定格式的，无效宣告请求人应当在国务院专利行政部门指定的期限内补正；期满未补正的，该无效宣告请求视为未提出。"

（3）无效宣告请求文件的转送及答复

《专利法实施细则》第七十二条第一款规定："国务院专利行政部门应当将专利权无效宣告请求书和有关文件的副本送交专利权人，要求其在指定的期限内陈述意见。"第二款规定："专利权人和无效宣告请求人应当在指定期限内答复国务院专利行政部门发出的转送文件通知书或者无效宣告请求审查通知书；期满未答复的，不影响国务院专利行政部门审理。"

《专利法实施细则》第七十五条规定："在无效宣告请求审查程序中，国务院专利行政部门指定的期限不得延长。"当事人期满未答复的，视为当事人已得知转送文件中所涉及的事实、理由和证据，并且未提出反对意见。

（4）无效宣告请求的口头审理

《专利法实施细则》第七十四条第一款规定："国务院专利行政部门根据当事人的请求或者案情需要，可以决定对无效宣告请求进行口头审理。"第二款规定："国务院专利行政部门决定对无效宣告请求进行口头审理的，应当向当事人发出口头审理通知书，告知举行口头审理的日期和地点。当事人应当在通知书指定的期限内作出答复。"第三款规定："无效宣告请求人对国务院专利行政部门发出的口头审理通知书在指定的期限内未作答复，并且不参加口头审理的，其无效宣告请求视为撤回；专利权人不参加口头审理的，可以缺席审理。"

（5）无效宣告请求的撤回

《专利法实施细则》第七十六条第一款规定："国务院专利行政部门对无效宣告的请求作出决定前，无效宣告请求人可以撤回其请求。"第二款规定："国务院专利行政部门作出决定之前，无效宣告请求人撤回其请求或者其无效宣告请求被视为撤回的，无效宣告请求审查程序终止。但是，国务院专利行政部门认为根据已进行的审查工作能够作出宣告专利权无效或者部分无效的决定的，不终止审查程序。"

（6）宣告专利权无效的决定

《专利法》第四十六条第一款规定："国务院专利行政部门对宣告专利权无效的请求应当及时审查和作出决定，并通知请求人和专利权人。宣告专利权无效的决定，由国务院专利行政部门登记和公告。"如图 10－18 所示。

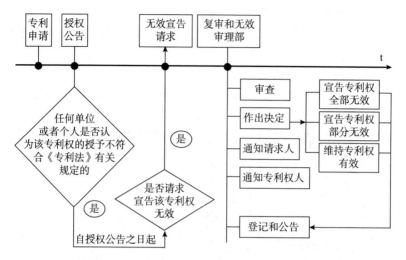

**图 10 – 18　无效宣告请求审查决定及登记和公告**

经国务院专利行政部门审查确认无效宣告请求理由成立的，根据不同情况，作出宣告专利权全部无效或宣告专利权部分无效（维持专利权部分有效）的决定。

经国务院专利行政部门审查确认请求宣告无效理由不成立的，作出维持专利权有效的决定。对宣告专利权无效的决定，将予以登记和公告。

在无效宣告程序中，请求人的无效宣告请求的理由及证据等仅使一件发明或者实用新型专利的权利要求中的部分权利要求不成立，或者虽使一件发明或者实用新型专利的全部权利要求不成立，但未使以删除以外的方式改写成的新的权利要求不成立的，则应当宣告上述不能成立的权利要求无效，并且维持其余的权利要求有效。这种审查决定属于宣告专利权部分无效。

**4. 对宣告专利权无效的审查决定不服的司法程序**

《专利法》第四十六条第二款规定："对国务院专利行政部门宣告专利权无效或者维持专利权的决定不服的，可以自收到通知之日起三个月内向人民法院起诉。人民法院应当通知无效宣告请求程序的对方当事人作为第三人参加诉讼。"

### 5. 无效宣告的效力

《专利法》第四十七条第一款规定："宣告无效的专利权视为自始即不存在。"

无效宣告程序的审查流程如图 10 – 19 所示。

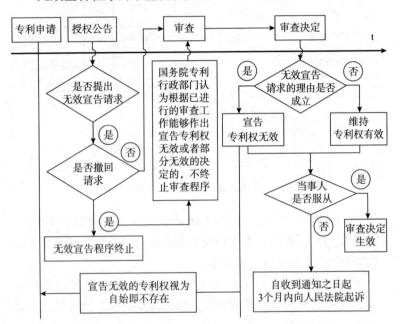

图 10 – 19  专利权无效宣告程序的审查流程示意

### 6. 无效宣告效力的限制

无效宣告的追溯力不影响下面两种情况。

第一，《专利法》第四十七条第二款规定："宣告专利权无效的决定，对在宣告专利权无效前人民法院作出并已执行的专利侵权的判决、调解书，已经履行或者强制执行的专利侵权纠纷处理决定，以及已经履行的专利实施许可合同和专利权转让合同，不具有追溯力。但是因专利权人的恶意给他人造成的损失，应当给予赔偿。"

第二，《专利法》第四十七条第三款规定："依照前款规定不返还专利侵权赔偿金、专利使用费、专利权转让费，明显违反公平原则的，应当全部或者部分返还。"

### 三、无效宣告程序中专利文件的修改

《专利法实施细则》第七十三条规定："在无效宣告请求的审查过程中，发明或者实用新型专利的专利权人可以修改其权利要求书，但是不得扩大原专利的保护范围。国务院专利行政部门在修改后的权利要求基础上作出维持专利权有效或者宣告专利权部分无效的决定的，应当公告修改后的权利要求。发明或者实用新型专利的专利权人不得修改专利说明书和附图，外观设计专利的专利权人不得修改图片、照片和简要说明。"

《专利审查指南2023》对无效宣告程序中专利文件修改作了进一步规定，发明或者实用新型专利文件的修改仅限于权利要求书，其原则是：①不得改变原权利要求的主题名称。②与授权的权利要求相比，不得扩大原专利的保护范围。③不得超出原说明书和权利要求书记载的范围。④一般不得增加未包含在授权的权利要求书中的技术特征。外观设计专利的专利权人不得修改其专利文件。上述规定如图 10-20 所示。

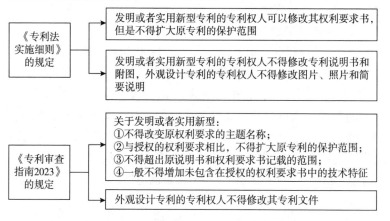

图 10-20　无效宣告程序中专利文件的修改

下面介绍一个答复审查意见的实际案例。

项目名称为"氟哌酸脚气水的制备方法"。这是一件发明专利申请，经过意见陈述后授权。

### 1. 原权利要求

该发明专利申请于 1990 年 3 月 21 日提出申请，原权利要求如下：

1. 一种氟哌酸脚气水的制备方法，其特征在于，配方是由氟哌酸、冰醋酸、二甲基亚砜和蒸馏水组成。

2. 根据权利要求 1 所说的氟哌酸脚气水的制备方法，其特征在于，氟哌酸、冰醋酸、二甲基亚砜和蒸馏水的比例是：

氟哌酸，2% ~ 10%；

冰醋酸，5% ~ 20%；

二甲基亚砜，1% ~ 5%；

蒸馏水，65% ~ 92%。

3. 根据权利要求 2 所说的氟哌酸脚气水的制备方法，其特征在于，溶解顺序是首先将冰醋酸和二甲基亚砜溶于蒸馏水中，然后加入氟哌酸溶解。

### 2. 审查意见通知书

该发明专利申请初审合格后，于 1990 年 8 月 29 日公开。

随后，申请人提出了实质审查请求。

1992 年 5 月 9 日，审查员发出第一次审查意见通知书。在"一通"中审查员引用了 2 份对比文件：对比文件 1 为 1988 年 9 月出版的《医用药理学基础》；对比文件 2 为 1984 年 9 月出版的《实用皮肤科学》。根据上述对比文件，审查员对权利要求的结论性意见是：①权利要求 1 ~ 3 不具备创造性，不能被允许；②权利要求 1 ~ 2 因其他原因不能被允许。

审查员同时指出：申请人在意见陈述中应论述上述专利申请能够获得专利权的理由，对申请文件进行修改，并提交修改文本一式两份，否则，上述专利难以获得批准。修改应符合《专利法》第三十三条的规定。

该专利申请权利要求一共 3 项。按照审查员的审查意见，1～3 项都不具备创造性，如何能够获得批准？权利要求 1～2 其他原因不能被允许，存在的其他原因是什么？因此，认真阅读和理解审查意见通知正文是非常重要的。

审查意见通知正文如下：

1. 权利要求 1 要求的是一种氟哌酸脚气水的制备方法，其特征在于配方是由氟哌酸、冰醋酸、二甲基亚砜和蒸馏水组成。由于权利要求 1 要求的是产品的制备方法，而其中的特征却是产品特征，不是方法特征，并且用产品特征不能清楚地表达要求保护的方法，因此权利要求 1 不符合《专利法实施细则》第二十条第一款的规定。权利要求 2 也同样存在上述缺陷。

2. 对比文献 1 记载了氟哌酸的广谱抗菌作用（见对比文献 1 第 301 页），冰醋酸的抗真菌作用也是现有技术已知的，并且已经被对比文献 2 记载（见对比文献 2 第 648～649 页），二甲基亚砜和蒸馏水作为溶剂是本领域的公知技术。权利要求 1 与现有技术相比不具有突出的实质性特点，并且仅仅根据本申请说明书的描述不能证明本发明产品与现有技术相比有显著的技术进步和令人意想不到的效果，因此权利要求 1 不符合《专利法》第二十二条第三款的规定，因不具有创造性而不能被同意。

3. 作为权利要求 1 的从属权利要求，权利要求 2 对权利要求 1 中各成分的组成含量进行了具体限定，但是这种选择只是本领域专业人员的一般知识，并且从本申请说明书的描述不能看出选择上述具体的组成配比产生了任何意想不到的效果。因此权利要求 2 也是不具有创造性的。

4. 权利要求 3 对脚气水的制备方法进行了具体描述，但是这些方法都是本领域的常规技术，同样，从本申请说明书的描述不能看出选择该方法产生了任何意外效果。因此权利要求 3 也不具有创造性。

基于上述审查意见，审查员认为该发明缺乏获得专利权所必须具备的创造性。申请人应在 4 个月的期限内陈述意见。如果申请人不能提出新的、令人信服的该发明具有创造性的证据，并克服本通知所指出的一切缺陷，该申请将导致驳回。请注意：修改应按照《专利法》第三十三条的规定，不得超出原说明书的范围，逾期不答复将视为撤回。

### 3. 答复审查意见

（1）权利要求的修改

看到审查意见1，应该明白审查员指出的权利要求 1～2 因其他原因不能被允许的含义。

审查员指出得很对，产品特征如何能用方法权利要求要求保护？克服这个缺陷的办法就是把从属权利要求 3 的方法特征写入权利要求 1，才能构成一个方法特征。由于权利要求 3 是引用权利要求 2 的，所以，权利要求 3 的内容也包括了权利要求 2 的内容。因此，在将权利要求 3 的内容写入权利要求 1 的同时，有必要且必须把权利要求 2 的内容也写补到权利要求 1 中去，这样，才构成了一个完整的制备方法的特征。于是，申请人对权利要求进行了修改：

1. 一种氟哌酸脚气水的制备方法，其特征在于，取 5%～20% 的冰醋酸和 1%～5% 的二甲基亚砜溶于 65%～92% 的蒸馏水中，然后加入 2%～10% 的氟哌酸溶解，经搅拌均匀、过滤和分装即得。

这样一个权利要求，才是一个完整的制备方法的权利要求。

（2）对该发明的创造性的陈述

但是，即使这样修改，也是原来的权利要求 1～3 的组合，审查员指出原来权利要求 1～3 都不具备创造性，如今这样修改，是否具备创造性了呢？

表面上看，如果简单地把 3 项不具备创造性的权利要求相加，得到的也只能是 1 项不具备创造性的权利要求。在这种情况下，重要的是"提出新的、令人信服的本发明具有创造性的证据",以说明该发明具有创造性。该案专利代理人根据审查员的意见,同发明人进行了广泛的探讨,在发明人提供了能够证明创造性的有关资料后,撰写了如下意见陈述书:

1. 审查员指出了权利要求 1 和权利要求 2 所存在的"不是方法特征"的缺陷。申请人表示接受,并按照方法特征的要求,将权利要求 1~3 合并为一个权利要求,并提交了修改替换文本。

2. 对本发明的创造性进行具体论述,并提供资料 [1]~[8],论证本发明的创造性。

2.1. 审查员提出的对比文件 1 指出了氟哌酸是一种广谱抗菌药,但须指出的是,该广谱抗菌系指氟哌酸对革兰氏阴性细菌($G^-$)和革兰氏阳性细菌($G^+$)均有抗菌活性而言,对此有不少文献都有报道(见资料 [2]"氟代喹诺酮类抗菌剂——氟哌酸";资料 [3]"国产氟哌酸的实验和临床研究";资料 [4]"氟哌酸综述");而没有文献记载氟哌酸有治疗由真菌所致的癣病的作用。申请人经联机检索结果是:美国化学文摘(CA)从 1967~1990 年共记载与氟哌酸有关的文章 847 篇,记载癣病的有关文章 46 篇,氟哌酸与癣病有关系的文章 0 篇;美国医学索引 1966~1999 年共记载氟哌酸有关文章 812 篇,与癣病有关文章 370 篇,记载氟哌酸与癣病有关系的文章 0 篇(见资料 [5])。上述有代表性的 2 份文献中均没有关于氟哌酸治疗癣病的记载。在联机检索中,美国化学文摘(CA)中记载氟哌酸与霉菌、真菌有关系的文章 1 篇,是报道在体外实验室杀菌试验表明氟哌酸有增强抗真菌药两性霉素 B 的抗真菌作用,而没有增强抗真菌药与氟胞嘧啶和噻康唑的抗真菌作用,未表明氟哌酸本身具有抗真菌作用(见资料 [6])。美国医学索引记载氟哌酸与霉素、真菌有关系的文章 2 篇,均是对白血病人口服氟哌酸预防感冒等的报道(见资料 [5]),也没有表明氟哌酸本身具有抗霉菌、真菌作用的记载。

申请人(亦本发明人)为探索氟哌酸的抗真菌作用,进行了氟哌酸石膏样毛癣菌的杀菌实验(石膏样毛癣菌是致脚气病的常见菌）。实验表明，氟哌酸有较强的杀石膏样毛癣菌的抗菌作用（见资料［7］"氟哌酸对石膏样毛癣菌的杀菌实验"），这一实验结果是具有创造性的发现，因此，用氟哌酸作主要成分制成脚气水治疗脚气也是具有创造性的发明。

2.2. 本专利要求保护的是一种氟哌酸脚气水的制备方法，该脚气水由氟哌酸、冰醋酸、二甲基亚砜组成，其中氟哌酸是该脚气水的主要成分，故名氟哌酸脚气水，其发明点在于把氟哌酸制成水剂（溶液剂）。据国内外文献指导，以往用氟哌酸治疗均为以固体药物口服用药（见资料［2］第1～3页；资料［3］第2页；资料［4］第9页），而把氟哌酸制成溶液剂外用则是本发明具有创造性的特征之一，因氟哌酸在水中难溶（几乎不溶），在冰醋酸中易溶（见资料［1］"辽宁省药品标准八七版第628页氟哌酸"），本发明用冰醋酸溶液为溶剂溶解氟哌酸，冰醋酸本身也有抗真菌作用，这样，冰醋酸就成为既是溶解氟哌酸的溶剂，又是起治疗作用的辅药。

3. 原权利要求2是对原权利要求1中各成分的组成含量进行的具体限定，这种对权利要求1中各种成分的组成含量进行的具体限定是根据该发明中2种有效药物——氟哌酸和冰醋酸在此限定范围内能有协同作用确定的。发明人取氟哌酸、冰醋酸限定内的含量进行抗真菌的协同作用实验证明两者具有很强的协同作用（见资料［8］"氟哌酸与冰醋酸的协同作用实验"），这是意想不到的效果，也是本发明具有创造性的表现。

4. 原权利要求3对脚气水的制备方法进行了具体的描述，将原权利要求1～3合并为一个权利要求后，所述的氟哌酸脚气水的制备方法，特别是由发明人选定的氟哌酸、冰醋酸限定内的含量，并经实验证明得到的氟哌酸与冰醋酸的协同作用是所属领域技术人员所意想不到的。

综上所述，本发明具备获得专利权所必须具备的创造性。请审查员予以审定为盼。

在上述陈述之后，申请人提供了［1］～［8］参考资料合计

48 页。在提交了上述意见陈述书及修改后的权利要求书之后，该申请得到了批准，于 1993 年 1 月 17 日被授予专利权。

通过上述案例可见，为了能够使发明人的发明专利申请获得发明专利不是一件十分容易的事。就该案例来说，如果不能用大量的资料证明在申请日前没有关于氟哌酸抗真菌的记载，并进一步论述发明人为了探索氟哌酸的抗真菌作用进行了大量的试验和临床研究，以及用具体的在含量限定范围氟哌酸制成溶液剂外用，同冰醋酸产生对真菌的协同治疗作用等创造性的工作和意想不到的技术效果，以此来证明该发明专利申请所具有的创造性，那这份申请就无法获得专利权。正是由于发明人和专利代理人的意见陈述及大量的资料加以证明，才使得审查员信服该发明具有了创造性，该发明才被授予专利权。

# 第十一讲　专利权的实施与运用

专利权人可以通过专利实施、专利权转让、专利权出质等方式运用专利权，实现专利权的市场价值。本讲就这几方面问题展开说明。

## 第一节　专利实施

专利实施是指把获得专利权的发明创造，即获得专利权的新的技术方案或新的设计应用于工业生产中转化为生产力，是专利产业化的重要途径。

广义上讲，凡是为生产经营目的制造、使用、许诺销售、销售、进口其专利产品，或者使用专利方法以及使用、许诺销售、销售、进口依照该专利方法直接获得的产品的行为，统称为专利实施。专利实施的方式主要有以下6种，如图11-1所示。

### 一、专利权人自行实施

专利权人自行实施是最主要的一种专利实施方式。具体讲，专利权人自行实施，是指专利权人使用自己拥有的设备和技术力量生产其专利产品，或者将其专利方法在生产中应用，用于制造专利产品。由于专利权人对自己专利的技术成熟程度、技术复杂程度及实施应具备的物质条件和技术条件都比较熟悉，因此，专利权人自行实施其专利的过程风险较小，成功率较高，经营得当能够获得较高的经济效益，并可获得持久利益。同时可以在基本

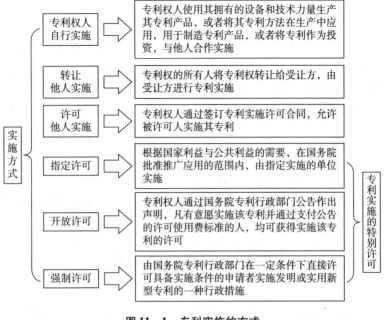

**图 11 – 1 专利实施的方式**

专利的基础上，通过技术改进和技术提升，再申请若干外围专利，使专利保护更加完善。它是现代企业获得持续性发展的主要战略之一。

应当清楚，专利实施是一个复杂的系统工程，贯穿于企业科研、生产、经营全过程。由于专利只是一种新的技术方案或者新的设计，即便是专利权人自行实施，也要在实施前进行经济、技术和环保等方面的可行性论证，并按照科学与工程技术方法的要求进行小试、中试和工业化试生产，以及产品的试销或销售，根据初期市场行情判断专利产品的总体市场表现，确定是否加大投入及后续创新等因素，在专利产品或专利方法生命周期即将结束时，对该专利产品或专利方法及获得专利的方法一系列决策进行反馈以总结相关经验，促进产品的更新换代或方法的技术升级，为新一轮专利申请和实施创造条件。

## 二、许可他人实施

许可他人实施，是指专利权人通过签订专利实施许可合同允许被许可人有条件、有偿地实施其专利，是知识产权贸易中最常见的一种方式，包括一般许可实施和特别许可（指定许可、开放许可和强制许可）实施。

## 三、将专利权转让他人实施

将专利权转让他人实施，是指专利权的所有人将专利权转让给受让方，由受让方进行专利实施。专利权转让包括出售、折股投资等多种形式。❶

# 第二节　专利权转让

## 一、专利权转让的概念

### 1. 专利权转让的规定

《专利法》第十条第一款规定："专利申请权和专利权可以转让。"

### 2. 专利权转让与专利申请权转让的区别

专利权转让与专利申请权转让既有相同之处，也有本质区别。相同之处在于，二者均属技术权益转移，同受《专利法》及《民法典》的调整。区别之处在于，专利权转让是专利所有权的转让，是专利权人收取约定价款将其专利的所有权移转给受让方所有的法律行为，是将实施专利权所保护的发明创造的全部权利转移于受让人，不能分地域、分期限、分权利内容而转移。❷ 而专利申请权转让，是指享有专利申请权的单位或个人将

❶ 曹新明. 知识产权法学 [M]. 4 版. 北京：中国人民大学出版社，2021：8.
❷ 刘春田. 知识产权法学 [M]. 北京：高等教育出版社，2019：8.

其专利申请权转让给其他单位或个人的法律行为。因此，专利申请权转让合同的标的是专利申请的所有权。前者发生在专利申请被授权之后，转让人为专利权人；后者发生在专利申请被授予专利权之前，转让人是专利申请人，❶ 如图11-2所示。

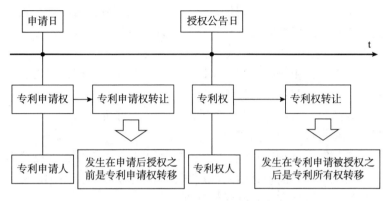

**图 11 - 2　专利权转让与专利申请权转让的区别**

有两种情况需要注意：

一是专利申请权转让后，专利申请有可能被授权，也有可能被驳回。如果专利申请被驳回，除转让人有恶意欺骗的情况外，受让人一般不能要求返还转让费。

二是专利权转让后，该专利权也可能被宣告无效，一般情况下，受让人也不能要求返还转让费。但如果明显违反公平原则的，应当全部或者部分返还。

**3. 专利权转让与专利实施许可的区别**

专利权转让与专利实施许可都属于知识产权贸易，但是比较一下，专利权转让与专利实施许可有着本质区别。

专利权转让的实质在于，它是专利所有权的转移，是将实施专利权所保护的发明创造的全部权利转移于受让人，受让人成了新的专利权人。

---

❶　吴汉东. 知识产权法［M］. 北京：中国政法大学出版社，1999：8.

专利实施许可的实质在于，专利权人的权利并未转移，专利权仍属于专利权人，专利实施许可只是专利权人依据专利法及相关法律的规定，在约定的地域、期限和许可方式的范围内允许被许可方实施其专利的方式。

实践中，有人将专利权转让与专利实施许可混为一谈，这一点应当特别加以注意。例如一份专利许可合同，甲方与乙方经协商，就"转让甲方专利"达成一致。

其中条款第一条约定："甲方拥有本专利所有权，同意将专利权和技术诀窍优先、优惠全部转让给乙方。"

条款第二条约定："本合同为普通转让许可合同，许可乙方制造、销售该专利产品。"

条款第八条约定："在本合同有效期内，甲方不得在规定范围内将该专利产品转让给其他厂家，如将本实用新型专利产品转让生产，乙方立即停止支付转让费。"

具体分析如图 11 - 3 所示。

专利许可合同 —— 合同名称不准确，容易混淆合同的类别

甲方与乙方经共同协商，就"转让甲方专利"达成一致， —— 合同标的不准确，容易混淆合同标的，将专利实施许可与专利权转让混为一谈

第一条　甲方拥有本专利所有权，同意将专利权和技术诀窍优先、优惠全部转让给乙方。

第二条　本合同为普通转让许可合同，许可乙方制造、销售该专利产品。 —— 第一条与第二条矛盾

⋯⋯⋯⋯⋯

第八条　在本合同有效期内，甲方不得在规定范围内将该专利产品转让给其他厂家，如将本实用新型专利产品转让生产，乙方立即停止支付转让费。 —— 第八条前面像是排他许可，后面却称转让费，不一致

**图 11 - 3　一份不合格的专利许可合同分析**

首先，合同名称不准确。准确的名称或者叫做"专利实施许可合同"，或者叫做"专利权转让合同"，可以明确合同属于哪一种。而叫"专利许可合同"，容易混淆合同的类别。

其次，合同标的不准确，应当叫做"专利权转让"，或者叫做"专利实施许可"，可以明确合同标的是哪一种。而"转让甲方专利"，或者"普通转让许可"，容易混淆合同标的。

最后，由于合同名称和合同标的都不准确，合同内容中也将专利实施许可与专利权转让混为一谈。从第一条约定来看，该合同是一份专利权加技术诀窍的转让合同；但从第二条和第八条的约定来看，又是一份专利实施许可合同。所以这是一份不合格的合同。

## 二、转让专利权的有关规定

### 1. 向外国人转让专利申请权或者专利权的规定

《专利法》第十条第二款规定："中国单位或者个人向外国人、外国企业或者外国其他组织转让专利申请权或者专利权的，应当依照有关法律、行政法规的规定办理手续。"

专利申请权和专利权作为民事权利，根据意思自治的原则，其转让原则上不受限制，只要当事人达成协议即可。但是，如果专利申请权和专利权的转让人是中国单位或者个人，而受让人是外国人、外国企业或者外国其他组织，就必须经过国家有关部门批准。这是因为专利申请权和专利权涉及技术，而有些技术对国家的经济和科技利益有重大影响，如果将这样的技术转让给外国人、外国企业或者外国其他组织，使之成为专利权人，有可能给我国的科技和经济利益带来不利影响。基于这样的考虑，《专利法》第十条第二款作出了上述规定。

### 2. 转让专利申请权或者专利权的手续

《专利法》第十条第三款规定："转让专利申请权或者专利权的，当事人应当订立书面合同，并向国务院专利行政部门登记，由国务院专利行政部门予以公告。专利申请权或者专利权的转让自登记之日起生效。"

《专利法实施细则》第十五条第一款规定："除依照专利法第十条规定转让专利权外，专利权因其他事由发生转移的，当事人应当凭有关证明文件或者法律文书向国务院专利行政部门办理专利权转移手续。"

转让专利权，当事人应当订立书面合同，如果是继承专利权，继承人或者继受人应当向国家知识产权局专利局说明理由，附具有关证件，请求变更权利主体的登记，专利权的转让自登记日起生效。

应当注意的是，国家知识产权局专利局予以登记的事项是专利申请权或者专利权的转让这一民事法律行为，而不是专利申请权或者专利权转让合同。因此，当事人办理登记，是专利申请权或者专利权转移生效的要件，而不是转让合同生效的要件。依照《民法典》的规定，依法成立的专利申请权转让合同或者专利权转让合同，自成立时即生效，当事人一方不得以未经国家知识产权局专利局登记为由主张合同无效。但是，未经登记，转让合同在当事人之间不产生专利申请权或者专利权转移的效力，"专利申请权转让"或者"专利权转让"只能"自登记日起生效"。转让合同成立后，因未向国务院专利行政部门办理登记手续使专利申请权转让或者专利权转让不生效的，当事人应当依法补办登记手续。

# 第三节　专利实施许可

## 一、专利实施许可的概念

### 1. 专利实施许可的定义

专利实施许可也称专利许可贸易，是指专利权人在约定的地域、期限和许可方式的范围内许可他人实施其专利技术并收取或

者不收取使用费的专利权实现方式。❶

　　《专利法》第十二条对专利实施许可作了具体规定："任何单位或者个人实施他人专利的，应当与专利权人订立实施许可合同，向专利权人支付专利使用费。被许可人无权允许合同规定以外的任何单位或者个人实施该专利。"这个规定如图 11－4 所示，包括以下三个问题。

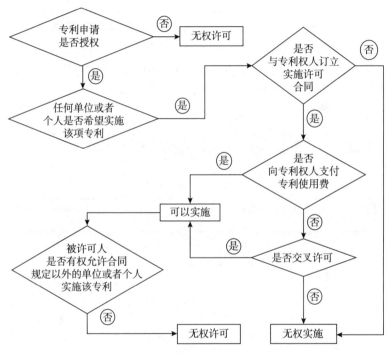

**图 11－4　专利实施许可的规定**

　　① 专利实施许可合同应当是书面合同。

　　② 被许可人应当支付使用费。

　　③ 专利实施许可的性质是专利权人将实施专利的权利授予被许可人，但被许可人对该专利仅仅享有实施权，不享有所有

　　❶ 刘春田. 知识产权法学 ［M］. 北京：高等教育出版社，2019：8.

权。当然，如果专利权人在合同中约定被许可人可以许可他人实施，则另当别论。

**2. 专利实施许可的特征**

根据《专利法》第十二条的规定，专利实施许可具有以下五个特征。

（1）专利实施许可以专利权有效存在为前提

专利能作为商品是有条件的，最根本的条件是专利权必须有效。《民法典》第八百六十五条规定："专利实施许可合同仅在该专利权的存续期限内有效。专利权有效期限届满或者专利权被宣告无效的，专利权人不得就该专利与他人订立专利实施许可合同。"如图 11-5 所示。

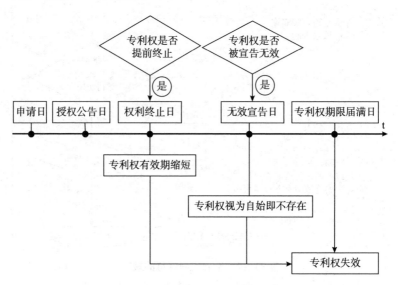

**图 11-5　专利权的时间性与专利权的有效性示意**

（2）专利实施许可具有法律保护的广泛性

专利实施许可是专利权人允许被许可人实施专利权人本来有权禁止他人实施专利的行为。通过签订专利实施许可合同，专利权人与被许可人分享专利实施的利益，专利权人因得到专利实施许可的使用费放弃他在市场上的独占实施地位，而被许可人因付出了专利实施许可使用费的代价获得了专利实施的权利。由于所有权在适用法律规范时对人的效力是所有权人和除所有权人以外的任何单位或者个人。因此，任何单位或者个人为生产经营目的实施专利的行为均应经专利权人许可。

（3）专利实施许可有一定的范围限制

许可方和被许可方以合同方式约定专利实施许可的方式及被许可方实施专利的时间、地域、行为（制造、使用、销售、进口）方式等范围，被许可方必须严格按照合同约定执行，不得超出约定范围使用专利。例如，获得专利实施许可的技术往往可以在许多领域使用，某项技术可以在电子、冶金、机械、矿山等工业领域采用，专利实施许可则可约定被许可方在某一领域使用。同时，当许可方本身打算在某一技术领域实施其技术时，其可以保留这种权利，从而增强其专利技术或专利产品的竞争地位。

又如对专利产品销售地区范围进行限制，这种许可直接反映了专利权人对市场的支配，在国际技术贸易中，对专利产品的销售进行区域性的限制是司空见惯的事。

在双方签订的专利实施许可合同中，约定的实施期限可以是3年、5年，而不一定是专利权的全部期限。在被许可方超越这些限制的情况下，专利权人保留以侵权诉讼控告被许可方的权利。

（4）专利实施许可合同多数是混合许可

专利实施许可主要是授权行为，即授予被许可方制造、使用、许诺销售、销售、进口等一种或多种权利，并不需要提供更多的技术资料、技术图纸和技术服务或者技术指导等。而专利技术又是一种静态的技术，是一种新的技术方案或新的设计，很多时候只获得专利的实施许可还不能完成整个产品的生产或解决工艺流程，必须有相关的技术诀窍（技术秘密）、技术服务或者技术指导等才能实施，有时还和相应的商标许可结合在一起，这就是所谓的混合许可。当然，在需要提供专利实施许可以外的技术资料、技术服务或者技术指导的要求下，则需要另行谈判，并在专利实施许可合同中具体约定，而且要另行支付使用费。

（5）专利实施许可的手续

《专利法实施细则》第十五条第二款规定："专利权人与他人订立的专利实施许可合同，应当自合同生效之日起 3 个月内向国务院专利行政部门备案。"如图 11 - 6 所示。

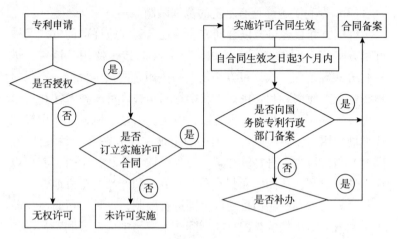

**图 11 - 6　专利实施许可手续**

## 二、专利实施许可的种类

常见的专利实施许可有独占实施许可、排他实施许可、普通实施许可、分许可和交叉实施许可。

### 1. 独占实施许可

独占实施许可，是指专利权人（许可方）在约定许可实施专利的范围内（在一定期限、一定地域内），将该专利仅许可一个受让人（被许可方）实施，专利权人（许可方）依照约定也不得实施该专利或者再允许第三方实施其专利。

由于独占实施许可与普通实施许可和排他实施许可相比，对专利权人的权利限制最大，因此专利权人要求的使用费就最多。也就是说，在独占实施许可合同的有效期内，只有被许可方是该专利的唯一合法使用者，许可方和任何第三方均不得在合同约定范围内使用该专利。只有当合同的期限届满时，许可方才恢复行使专利实施权。如果独占许可合同的期限等于专利权期限，实质上等于专利权人在合同约定范围内失去了专利实施权。

**2. 排他实施许可**

排他实施许可也称独家实施许可，指专利权人（许可方）在约定许可实施专利的范围内（一定时间和一定地域内），将该专利仅许可一个受让人（被许可方）独家实施，除专利权人保留在此范围内的专利实施权外，不得再许可第三方实施该专利。因此，独家实施许可排除了许可方和被许可方以外的第三人实施该专利的可能性，也就排除了许可方和被许可方以外的任何竞争对手。但专利权人不允许被许可方独占实施权，因为专利权人自己可能或者已经在约定范围内实施了该专利。

**3. 普通实施许可**

普通实施许可，也称"一般实施许可""非独占性许可"，是最常见的一种许可形式，是指专利权人（许可方）在约定许可实施专利的范围（规定时间和地区）内许可他人（被许可方）实施该专利，而专利权人（许可方）自己仍保留在此范围内实施该专利的权利，同时还有权在此范围内许可第三方实施该专利。

普通实施许可中专利权人作为许可方保留了较多的权利，被许可方在其许可范围内并不是独占使用，也不是独家许可。许可方可以根据市场对该专利技术的需求在同一范围内多次许可不同的人实施其专利并收取报酬，当专利技术的市场规模比较大时，专利权人可以采用这种实施许可方式以更充分地获取收益。然而，对于被许可方而言，面临较多的竞争对手，往往增加了专利产品的市场风险。因此，这种许可的专利使用费一般较低。

**4. 分许可**

专利实施许可可以分为基本许可和分许可。专利实施中的独占许可、排他许可、普通专许可就是基本许可。基本许可中的被许可方许可他人在一定的范围内实施被许可的专利的专利实施许

可就是分许可。❶

分许可也可称为"分售许可"，是指专利实施许可的被许可方依据合同规定，除了取得在约定的范围内使用许可方的专利外，还可以依照协议作为许可方再许可第三方部分或全部实施该专利。这种许可是在基本许可的基础上产生的，故称为分许可。

一般情况下，在签订分许可合同时，应征得原许可方的同意，且不能和原许可合同发生矛盾。原许可方有权从分许可中获得报酬，许可方和被许可方一般在原许可合同中会约定许可方应从分实施许可中收取报酬的比例。

### 5. 交叉实施许可

交叉实施许可，也称"相互许可"，是专利实施许可的一种特殊形式，是许可方和被许可方相互许可对方实施自己所拥有的专利而形成的实施许可。如双方专利权人就各自价值相当的专利权相互交换使用权的许可。.

交叉实施许可多见于改进专利与基本专利的专利权人之间，以存在2项有效专利为前提，改进专利的专利权人使用其专利技术时，必须使用基本专利。而基本专利的专利权人要使用其专利时，也需要使用改进了的专利。双方为了各自的方便和利益而进行交叉许可，其结果是双方各自实施对方的专利技术，双方既是对方专利实施的被许可方，又是对方专利实施许可的许可方。

不同专利实施许可的特征如表 11 - 1 所示。

表 11 - 1　不同专利实施许可的特征

| 许可种类 | 许可方 | 被许可方 | 第三方 |
| --- | --- | --- | --- |
| 独占实施许可 | 无权实施 | 有权实施 | 无权实施 |
| 排他实施许可 | 有权实施 | 有权实施 | 无权实施 |
| 普通实施许可 | 有权实施 | 有权实施 | 获得许可后有权实施 |
| 分实施许可 | 有权实施 | 有权实施 | 获得许可后有权实施 |
| 交叉实施许可 | 有权实施 | 有权实施 | 无权实施 |

❶ 刘春田. 知识产权法学［M］. 北京：高等教育出版社，2019：8.

### 三、专利实施许可合同的主要条款

专利实施许可合同是规定许可方与被许可方权利、义务的法律文书，是许可方许可被许可方实施其专利及被许可方取得专利实施权的客观凭证，也是双方产生争议和纠纷时进行调解和处理的根本依据。因此，拟定科学完善的合同条款是专利实施许可非常重要的环节。❶

根据《民法典》第八百四十五条的规定：专利实施许可合同条款除了包括项目名称，还应包括以下九项内容。

**1. 标的内容**

《民法典》规定，"技术合同涉及专利的，应当注明发明创造的名称、专利申请人和专利权人、申请日期、申请号、专利号以及专利权的有效期限"。

应当注意，在合同中的上述内容应该与国家知识产权局授权公告相一致。

**2. 实施许可的期限、专利实施许可的类型与权利范围和地域范围**

许可实施专利的期限。专利实施许可合同必须明确约定专利实施许可的有效期限。专利实施许可合同的有效期限可以是整个专利权的有效期间，也可以是专利权有效期间的一部分。

专利实施许可的类型，如普通许可、排他许可、独占许可，以及是否包含分许可。

专利实施许可的权利范围包括许可实施专利的行为、许可实施专利的技术领域和许可实施专利的用途等。其中，许可实施专利的行为（如制造、使用、销售或者进口）。许可实施专利的技术领域（如一项"静电除尘器"可以在电力、建材、冶金等各种工业炉窑上使用，合同应明确规定在哪一种或哪一些工业炉窑

---

❶　吴汉东. 知识产权法［M］. 北京：中国政法大学出版社，1999：8.

上使用）。如果专利产品有多种用途，就应明确规定使用范围是哪一种还是几种或者全部。（例如一种"电子发音装置"，把它用在报警器上，可以发出报警声；用在玩具上，可以发出小猫、小鸟的叫声；用在门铃上，可以发出悦耳的门铃声，合同应规定其使用范围。）

应当注意的是，专利实施许可的地域范围不能超出授予专利权的国家或地区的范围，如超出授予专利权的国家或地区的范围一律无效。

### 3. 技术情报和资料的保密

其实，专利本身不存在保密问题，因为申请专利就意味着将专利的技术方案公开。技术情报和资料的保密主要是指与履行合同有关的技术诀窍、可行性论证和技术评价报告、项目任务书和计划书、技术标准、技术规范、原始设计和工艺文件，以及其他技术文档的保密，这些内容在专利申请中往往是不公开的。因此，在订立专利实施许可合同时，一定不要忽略在合同中订立保密条款，要在合同中把当事人双方的保密范围、措施和时间规定清楚。

### 4. 技术服务与培训

实施专利技术的过程中，尽管被许可方获得了某项专利的实施权和有关技术资料，但不一定能完全掌握和使用好其技术，制造出合格的产品。而许可方掌握的一些技术诀窍、经验和操作技巧，也并不能用文字完全表达出来，只有通过技术服务和技术培训才能得到。所以，在合同中应根据《民法典》第八百六十六条的规定，载明许可方应当按照约定提供必要的技术指导的有关条款，包括许可方负责向被许可方传授合同技术，并解答被许可方提出的有关实施合同技术的问题，派出合格的专业技术人员到被许可方现场进行技术服务和技术指导的时间、内容、目的、范围、培训方法、人员要求（专业、工种、知识水平）、达到的标准以及工作条件、工作期限和双方应负的责任、涉及费用的处置办法等。

### 5. 后续改进的技术成果的分享

《民法典》第八百七十五条规定："当事人可以按照互利的原则，在合同中约定实施专利、使用技术秘密后续改进的技术成果的分享办法；没有约定或者约定不明确，依照本法第五百一十条的规定仍不能确定的，一方后续改进的技术成果，其他各方无权分享。"《民法典》这一条规定有以下三层含义。

第一，该条规定了后续技术成果分享的原则，即"互利原则"。一般来说，在技术合同实施过程中，会产生某些后续改进的技术成果。这些技术成果如何分享关系到当事人各方的合法权益以及技术转让合同和技术许可合同的适当履行。该条将互利原则作为约定分享后续技术成果的原则，尊重了各方当事人的正当权益，也是合同得以正确履行的保证。

第二，该条规定了当事人可以在合同中约定后续改进的技术成果分享办法，即"约定优先"原则。在合同中约定实施专利、使用技术秘密后续改进的技术成果的分享办法，这是避免在合同实施过程中对后续技术成果分享发生纠纷的必要措施。

第三，该条规定了对分享后续技术成果约定不明时的处理办法。对当事人在技术转让合同中对如何分享后续成果没有约定或约定不明确的，依照《民法典》第五百一十条的规定处理，即"可以协议补充；不能达成补充协议的，按照合同相关条款或者交易习惯确定"如果对分享办法仍然不能确定的，当事人任何一方无权分享另一方后续改进的技术成果。

### 6. 验收标准和方法

专利实施许可合同的验收内容，一般包括以下三个方面：一是专利发明创造的有关文件、实施专利技术必要的技术资料、样品等是否齐备、合格；二是依照合同约定提供的技术服务和技术指导是否符合合同约定的条件；三是实施专利是否达到约定的技术指标，这是实现技术转移的基本保证。一般来讲，专利实施许可合同的验收时间应当在投入生产使用前进行。

### 7. 专利实施许可合同的使用费支付方式

在实践中，专利实施许可合同的价款或者使用费是订立专利实施许可合同中比较复杂的问题，一般由当事人根据专利权人研究开发专利技术所支出的成本费用（以技术成果的工业化开发程度为主要因素）、被许可方使用专利技术所能获得的经济效益、专利许可的地域范围、实施的行为种类和期限（包含当事人享有的权益和承担的责任等因素），以及被许可方支付使用费的方式和时间等因素约定。

一般来讲，许可方希望在全国范围内多许可几家公司，这从技术商品的属性上看是允许的，法律上也并不禁止，而被许可方则希望在最大范围内甚至在全国范围内独占实施权，以求获得最大利益。这时，双方就会在专利使用费上寻求平衡。很显然，独占实施许可的专利使用费相对普通实施许可就高得多，而且，独占的范围越大，专利使用费就越高，反之就越低。如在 1990 年，一件名称为"宽极距高风速板式电除尘器"的专利实施许可合同，被许可方希望在全国范围内独占制造与销售的实施权，许可方则以较高的专利使用费为条件，提出若被许可方可支付 50 万元专利使用费，则可同意被许可方在全国范围内独占实施权。被许可方以专利使用费过高为由不同意该条件。在作为中介方的专利代理人的调解下，最后以在全国范围内只许可两家公司为条件，双方以 20 万元成交。这就是专利实施许可种类起的作用。

《民法典》第八百四十六条规定："技术合同价款、报酬或者使用费的支付方式由当事人约定，可以采取一次总算、一次总付或者一次总算、分期支付，也可以采取提成支付或者提成支付附加预付入门费的方式。约定提成支付的，可以按照产品价格、实施专利和使用技术秘密后新增的产值、利润或者产品销售额的一定比例提成，也可以按照约定的其他方式计算。提成支付的比例可以采取固定比例、逐年递增比例或者逐年递减比例。"

简单地讲，技术合同的价款、报酬和使用费的支付方式有定额支付和提成支付两种。

定额支付是指在订立合同时就明确约定合同的总价款，其具体支付可以采取一次总算、一次总付或者一次总算、分期支付，这种方式运用于技术合同标的额不大、风险较小的技术合同。

提成支付，是指根据技术合同履行后产生的经济效益状况，按照约定比例支付费用。

提成支付还可以分为单纯提成支付和入门费附加提成支付的方式。

单纯提成支付一般是指技术合同的价款、报酬或者使用费只有在技术合同履行产生经济价值后才向对方支付。

入门费附加提成支付，是指在约定技术合同提成支付的同时，当事人可以约定一部分固定价款、报酬或者使用费在合同生效后一段时间内付清。这是实践中使用比较普遍的一种支付方式，有利于技术合同的履行。

由于提成支付一般以受让方的经营情况来确定，因此为防止其弄虚作假，《民法典》第八百四十六条第三款规定："约定提成支付的，当事人可以约定查阅有关会计账目的办法。"

### 8. 违约及赔偿条款

该条款主要包括许可方拒不提供或者延迟提供合同所规定的技术资料、技术服务及培训，导致实施专利达不到约定条件，在排他实施许可中，许可方向被许可方以外的第三方许可实施该专利技术，以及在独占实施许可中，许可方自己实施或许可被许可方以外的第三方实施该专利技术，侵害被许可方专利实施利益等违反合同约定所应承担的违约责任。被许可方不履行合同、拒付或者延迟支付专利使用费所应承担的违约责任。

### 9. 争议的解决办法

在专利实施许可合同中，各方当事人就权利义务的履行和合同条款的解释等方面发生的争议，可以通过调解（由双方协商达成协议，解决纠纷）、仲裁（当事人可以在仲裁机构提交仲裁申请，由仲裁机构对纠纷进行裁决）或诉讼（当事人可以向人民法院提起诉讼，由人民法院对纠纷进行审理并作出判决）的方式解决。由于仲裁实行或裁或审制度，因此倘若发生争议，双方同意申请仲裁的，应在合同中载明所提交仲裁的仲裁机构的名称和有关事项。

上述9项条款仅表明专利实施许可合同最主要的内容。除此之外，该类合同通常还包含技术秘密的提供、侵权的处理、专利权被无效的处理等条款，当事人可在签订合同时根据具体情况进行商定。

# 第四节　专利实施的特别许可

## 一、指定许可

《专利法》第四十九条规定："国有企业事业单位的发明专利，对国家利益或者公共利益具有重大意义的，国务院有关主管部门和省、自治区、直辖市人民政府报经国务院批准，可以决定在批准的范围内推广应用，允许指定的单位实施，由实施单位按照国家规定向专利权人支付使用费。"该条规定了以下六点内容。

### 1. 指定许可的客体

我国专利种类包括发明专利、实用新型专利和外观设计专利，但可以成为指定许可的客体仅限于发明专利，不包括实用新型专利和外观设计专利。因为发明专利是《专利法》所保护的三种发明创造客体中技术进步意义最大、技术难度最大的一种，往往也是社会、经济价值最大的一种，可能会对国家利益或公共利益产生较大影响，具有重大意义，所以有必要通过法定的指定许可来推广实施。而实用新型专利或外观设计专利一般不会涉及国家利益和公共利益，没有必要采取指定许可的办法予以推广应用。

### 2. 指定许可专利权的主体

可作为指定许可客体的发明专利，仅限于国有企事业单位作为专利权人的发明专利。因为国有企事业单位财产的最终所有者是国家，所以国家有权根据其所代表的国家利益与公共利益的需要，决定其作为终极所有人的发明专利权的实施。

### 3. 指定许可的条件

指定许可的条件必须是对国家利益或者公共利益具有重大意义的发明专利。对国家利益或者公共利益没有重大意义的发明专利，不采取指定许可的实施方式。

### 4. 指定许可的决定权

指定许可需由国务院有关主管部门和省、自治区、直辖市人民政府报经国务院批准，未经国务院批准，不得通过指定许可的方式推广应用。这一严格的指定许可的程序主要是为了保障专利权人的合法权益，防止有关机关滥用职权，损害专利权人的合法权益。

### 5. 指定许可的实施范围

指定许可的实施范围，只限于在批准推广应用的范围内，由指定实施的单位实施，被指定的单位应当具备生产经营资格并具有实施有关发明专利的能力。个人不能作为指定许可的被许可人。指定许可在实际推广应用过程中不得超出批准的范围。这里所说的范围应当作广义的理解，包括时间范围、地域范围和行业范围或专业领域范围，也包括制造、使用、许诺销售、销售、进口等实施行为。非指定许可实施的单位和个人，不得擅自实施该发明专利。

### 6. 指定许可专利使用费

被指定的实施单位的专利实施权不是无偿取得的，实施单位应当按照国家规定向专利权人支付使用费。指定许可专利使用费的数额应当与通常情况下的专利实施许可合同的专利使用费相同，国家在规定专利使用费的时候，应当考虑确定一般专利实施许可合同专利使用费的基本因素，亦可在作出专利使用费规定之前听取专利权人和专利实施者的意见。

指定许可相关问题如图 11 - 7 所示。

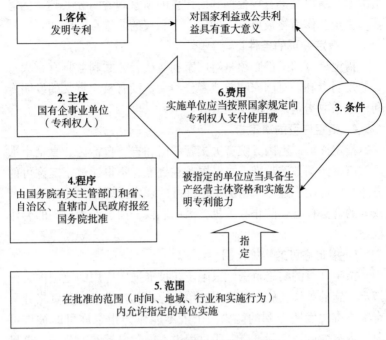

**图 11 - 7　指定许可相关问题**

## 二、开放许可

### 1. 开放许可的规定

《专利法》第五十条第一款规定："专利权人自愿以书面方式向国务院专利行政部门声明愿意许可任何单位或者个人实施其专利，并明确许可使用费支付方式、标准的，由国务院专利行政部门予以公告，实行开放许可。就实用新型、外观设计专利提出开放许可声明的，应当提供专利权评价报告。"

### 2. 开放许可的性质

开放许可的性质属于国家知识产权局提供的公共服务，不可复议/诉讼。年费减免属于行政审批，可以复议/诉讼。

### 3. 开放许可的特点

开放许可具有以下三个特点。

第一，开放许可属于要约行为。在开放许可中，"专利权人自愿以书面方式向国务院专利行政部门声明愿意许可任何单位或者个人实施其专利，并明确许可使用费支付方式、标准的"的内容是具体而明确的，符合《民法典》对要约的要求。该开放许可声明"由国务院专利行政部门予以公告，实行开放许可"后，"任何单位或者个人有意愿实施开放许可专利的"并"以书面形式通知专利权人"的行为，即构成承诺。开放许可合同在该书面通知到达专利权人时成立，对专利权人和被许可人均具有约束力。

第二，开放许可为自愿且非独占或排他许可，由于专利权人进行开放许可的目的在于准许符合条件的不特定大多数公众都能实施其专利，故开放许可在法律性质上属于普通许可范畴，是普通许可的特殊形式。对此，《专利法》第五十一条第三款规定："实行开放许可的专利权人可以与被许可人就许可使用费进行协商后给予普通许可，但不得就该专利给予独占或者排他许可。"

第三，开放许可实施期间对专利权人给予缴纳专利年费的优惠政策。《专利法》第五十一条第二款规定："开放许可实施期间，对专利权人缴纳专利年费相应给予减免。"

综上所述，开放许可具有法定性、开放性、自愿性、公平性等鲜明特点，是区别于传统专利许可的一种新的模式。

### 4. 开放许可的程序

（1）开放许可声明

《专利法实施细则》第八十五条第一款规定："专利权人自愿声明对其专利实行开放许可的，应当在公告授予专利权后提出。"第二款规定："开放许可声明应当写明以下事项：（一）专利号；（二）专利权人的姓名或者名称；（三）专利许可使用费支付方式、标准；（四）专利许可期限；（五）其他需要明确的事项。"第三款规定："开放许可声明内容应当准确、清楚，不得出现商业性宣传用语。"

（2）不得开放许可的情形

《专利法实施细则》第八十六条规定："专利权有下列情形之一的，专利权人不得对其实行开放许可：（一）专利权处于独占或者排他许可有效期限内的；（二）属于本细则第一百零三条、第一百零四条规定的中止情形的；（三）没有按照规定缴纳年费的；（四）专利权被质押，未经质权人同意的；（五）其他妨碍专利权有效实施的情形。"该条款涉及不得提出专利开放许可声明的情形，目的在于预防、纠正现实中可能存在的申请专利开放许可的前提条件错误。

（3）开放许可实施合同备案

《专利法实施细则》第八十七条规定："通过开放许可达成专利实施许可的，专利权人或者被许可人应当凭能够证明达成许可的书面文件向国务院专利行政部门备案。"该条款细化了《专利法》第五十一条第一款和第二款的规定，开放许可实施合同备案后，能够为开放许可纠纷的处理提供更充分的证据基础，同时为权利人申请年费减免提供支撑依据。

（4）开放许可声明的撤回

当专利权人不再愿意作出开放许可的承诺时，可以撤回开放许可。《专利法》第五十条第二款规定："专利权人撤回开放许可声明的，应当以书面方式提出，并由国务院专利行政部门予以公告。开放许可声明被公告撤回的，不影响在先给予的开放许可的效力。"

（5）开放许可中的诚实信用原则

《专利法实施细则》第八十八条规定："专利权人不得通过提供虚假材料、隐瞒事实等手段，作出开放许可声明或者在开放许可实施期间获得专利年费减免。"

该条款将《专利法》关于申请专利和行使专利权应当遵循诚实信用原则的规定在开放许可中进一步细化，旨在规制专利权人在作出开放许可过程中提供虚假材料、隐瞒事实等不诚信行为，阻止该行为降低开放许可制度的社会公信力，严重影响专利的转化运用，从而损害专利制度的正常运行及社会公共利益。

《专利法实施细则》第一百条还规定："申请人或者专利权人违反本细则第十一条、第八十八条规定的，由县级以上负责专利执法的部门予以警告，可以处 10 万元以下的罚款。"

根据上述规定，专利权人提出开放许可声明应当注意以下六个问题。

第一，必须在该专利权的授予被公告后提出开放许可声明。

第二，必须向国务院专利行政部门提交开放许可声明。

第三，开放许可声明内容必须准确、清楚。

第四，通过开放许可达成专利实施许可的，应当向国务院专利行政部门备案。

第五，开放许可实行自愿原则，当专利权人不再愿意作出开放许可的承诺时，可以撤回开放许可。

第六，开放许可必须坚持诚实信用原则。

综合上述各项规定，开放许可相关问题如图 11－8 所示。

**5. 开放许可纠纷的解决途径**

《专利法》第五十二条规定："当事人就实施开放许可发生纠纷的，由当事人协商解决；不愿协商或者协商不成的，可以请求国务院专利行政部门进行调解，也可以向人民法院起诉。"

应当注意的是，此类纠纷的解决与国务院专利行政部门的管理活动密切相关，具有较高专业性，所以"可以请求国务院专利行政部门进行调解"，"也可以向人民法院起诉"，而不是由地方专利行政部门进行调处。

三、强 制 许 可

《专利法》在第六章第五十三条至第六十三条中对强制许可的有关问题进行了明确规定，包括强制许可的主体、客体、理由、种类、性质、目的、证据和给予等 8 个方面。

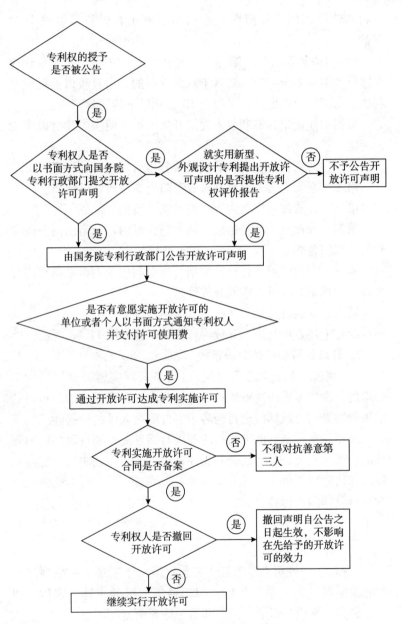

**图 11－8　开放许可相关问题**

## 1. 强制许可的主体

《专利法》第五十三条规定："有下列情形之一的，国务院专利行政部门根据具备实施条件的单位或者个人的申请，可以给予实施发明专利或者实用新型专利的强制许可"。

这里规定了申请获得专利实施的强制许可的主体应当是"具备实施条件的单位或者个人"。"单位"，包括国有、集体、私营以及外商投资企业。"具备实施条件"，包括具备实施该项专利的技术条件和经济条件等，如必要的工程技术人员、相应的机器设备，或者其曾制造同类产品等，如图 11 - 9 所示。

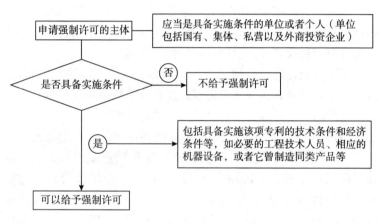

**图 11 - 9　请求强制许可的主体**

## 2. 强制许可的客体

《专利法》第五十三条规定了申请专利实施的强制许可的客体："可以给予实施发明专利或者实用新型专利的强制许可"，即申请专利实施的强制许可的客体可以是发明专利或者实用新型专利。但对实施外观设计专利不能申请强制许可。

## 3. 强制许可的理由

《专利法》第五十三条规定了可以给予强制许可的两个理由：①专利权人自专利权被授予之日起满 3 年，且自提出专利申请之日起满 4 年，无正当理由未实施或者未充分实施其专利；

②专利权人行使专利权的行为被依法认定为垄断行为，为消除或者减少该行为对竞争产生的不利影响。

根据上述规定，理由之一是专利权人自专利权被授予之日起满 3 年，且自提出专利申请之日起满 4 年，无正当理由未实施或者未充分实施其专利的，国务院专利行政部门根据具备实施条件的单位或者个人的申请，可以给予实施发明专利或者实用新型专利的强制许可。

理由之二是为制止垄断行为而授予强制许可。根据《专利法》的规定，专利权人行使专利权的行为被依法认定为垄断行为，为消除或者减少该行为对竞争产生的不利影响的，国务院专利行政部门根据具备实施条件的单位或者个人的申请，可以给予实施发明专利或者实用新型专利的强制许可。

所谓垄断行为，根据《中华人民共和国反垄断法》的规定，包括三类：经营者达成垄断协议；经营者滥用市场支配地位；具有或者可能具有排除、限制竞争效果的经营者集中。

为贯彻落实《中华人民共和国反垄断法》，加强和改进知识产权领域反垄断执法工作，有效预防和制止滥用知识产权排除、限制竞争行为，2023 年 6 月 29 日国家市场监管总局公布了修订后的《禁止滥用知识产权排除、限制竞争行为规定》（国家市场监督管理总局令第 79 号，自 2023 年 8 月 1 日起施行）（以下简称《规定》）。这标志着我国知识产权领域反垄断制度规则在适用范围上实现了全面覆盖，在与相关反垄断指南的关系方面实现了协调一致，在具体内容上也得到了进一步的细化和完善。❶

《规定》第二条指出："反垄断与保护知识产权具有共同的目标，即促进竞争和创新，提高经济运行效率，维护消费者利益和社会公共利益。经营者依照有关知识产权的法律、行政法

---

❶ 我国知识产权领域反垄断制度规则走向统一、协调和完善：解读《禁止滥用知识产权排除、限制竞争行为规定》［EB/OL］.（2023 – 06 – 29）［2024 – 11 – 13］. http：//www.ce.cn/cysc/zljd/yqhz/202306/29/t20230629_38610603. shtml.

规规定行使知识产权，但不得滥用知识产权，排除、限制竞争。"

《规定》第三条指出："本规定所称滥用知识产权排除、限制竞争行为，是指经营者违反反垄断法的规定行使知识产权，达成垄断协议，滥用市场支配地位，实施具有或者可能具有排除、限制竞争效果的经营者集中等垄断行为。"并且第八条第一款规定："具有市场支配地位的经营者不得在行使知识产权的过程中滥用市场支配地位，排除、限制竞争。"第九条第一款规定："具有市场支配地位的经营者不得在行使知识产权的过程中，以不公平的高价许可知识产权或者销售包含知识产权的产品，排除、限制竞争。"

### 4. 强制许可的种类

对实施发明专利或者实用新型专利的强制许可，根据不同的条件可分为三类：防止专利权滥用的强制许可、根据公共利益的强制许可和从属专利的强制许可。

（1）防止专利权滥用强制许可

《专利法》第五十三条规定："有下列情形之一的，国务院专利行政部门根据具备实施条件的单位或者个人申请，可以给予实施发明专利或者实用新型专利的强制许可：（一）专利权人自专利权被授予之日起满三年，且自提出专利申请之日起满四年，无正当理由未实施或者未充分实施其专利的；（二）专利权人行使专利权的行为被依法认定为垄断行为，为消除或者减少该行为对竞争产生的不利影响的。"根据该条规定给予的强制许可称为防止专利权滥用强制许可。

防止专利权滥用强制许可的条件如下。

第一，申请实施国务院专利行政部门给予强制许可的单位或者个人必须具备实施发明专利或者实用新型专利的条件，即要有能够实施发明专利或者实用新型专利的基本技术、设备、厂房、资金、人员等条件，以保证能够充分实施专利，充分实现专利技术的价值。

第二，申请获得专利实施强制许可，必须具备法律规定的理由，包括：一是申请人已经向发明或者实用新型专利权人提出了实施该专利的请求，要求专利权人许可其实施专利。二是申请人是以合理的条件向专利权人提出了请求。三是申请人在"合理长的时间内"未能获得专利权人实施专利的许可，即专利权人在这一时间内明确表示不同意申请人的许可实施的请求，或者对申请人的请求未予答复。❶

"合理长的时间"是指专利权人自专利权被授予之日起满3年，且自提出专利申请之日起满4年，无正当理由未实施或者未充分实施其专利。

"未充分实施"，《专利法实施细则》第八十九条第一款有具体的规定："专利法第五十三条第（一）项所称未充分实施其专利，是指专利权人及其被许可人实施其专利的方式或者规模不能满足国内对专利产品或者专利方法的需求。"

第三，专利权人行使专利权的行为被依法认定为垄断行为的，为消除或者减少该行为对竞争产生的不利影响，具备实施条件的单位或者个人可以请求国务院专利行政部门给予强制许可。

（2）根据公共利益的强制许可

《专利法》第五十四条规定："在国家出现紧急状态或者非常情况时，或者为了公共利益的目的，国务院专利行政部门可以给予实施发明专利或者实用新型专利的强制许可。"根据该条规定给予的强制许可称为为公共利益目的强制许可。

为公共利益目的强制许可必须具备以下两个条件。

第一，国家出现紧急状态或者非常情况。国家出现紧急状态是指国家遇到外敌入侵、内部动乱、危及国家安全而出现的紧急状态。非常情况是指由于暴发大规模疫病、发生严重自然灾害等产生的紧急状态。国家出现紧急状态或者非常情况时致国家于一

---

❶ 第二部分释义，第六章专利实施的强制许可［EB/OL］．（2001－08－01）［2024－11－13］．http：//www.npc.gov.cn/zgrdw/npc/flsyywd/minshang/2001－08/01/content_140428.htm.

种非常的时期，可根据公共利益需要给予强制许可。

第二，为了公共利益的目的。例如某项专利技术对治理某种类型的环境污染具有重要意义，则可以授予实施该项专利的强制许可。需要注意的是，为公共利益的目的强制许可实施仅限于公共的非商业性使用，即这种强制许可只能用于非商业目的。

（3）专利药品的强制许可

《专利法》第五十五条规定："为了公共健康目的，对取得专利权的药品，国务院专利行政部门可以给予制造并将其出口到符合中华人民共和国参加的有关国际条约规定的国家或者地区的强制许可。"根据该条规定给予的强制许可称为专利药品的强制许可。

《专利法实施细则》第八十九条第二款规定："专利法第五十五条所称取得专利权的药品，是指解决公共健康问题所需的医药领域中的任何专利产品或者依照专利方法直接获得的产品，包括取得专利权的制造该产品所需的活性成分以及使用该产品所需的诊断用品。"

需要注意的是，这项规定并不是为了供应国内需要而是用于出口，体现了《修改〈与贸易有关的知识产权协定〉议定书》的相关精神，为了公共健康目的，可以给予制造并出口专利药品到符合中华人民共和国参加的有关国际条约规定的国家或者地区的强制许可。

（4）从属专利强制许可

《专利法》第五十六条规定："一项取得专利权的发明或者实用新型比前已经取得专利权的发明或者实用新型具有显著经济意义的重大技术进步，其实施又有赖于前一发明或者实用新型的实施的，国务院专利行政部门根据后一专利权人的申请，可以给予实施前一发明或者实用新型的强制许可。

"在依照前款规定给予实施强制许可的情形下，国务院专利行政部门根据前一专利权人的申请，也可以给予实施后一发明或根据该条规定给予的强制许可称为从属专利强制许可。

从属专利强制许可的条件如下。

第一，两项发明专利或者实用新型专利之间存在相互依存的关系，而且后一项取得专利权的发明或者实用新型的实施又有赖于前一项发明或者实用新型的实施，且后一项发明或者实用新型比前一项已经取得专利权的发明或者实用新型具有显著经济意义的重大技术进步，即在技术上有较突出的贡献，并且能够产生巨大的经济意义。

第二，必须是后一项取得专利权的发明或者实用新型的专利权人申请强制许可，并且获得强制许可实施后，国务院专利行政部门根据前一专利权人的申请，才可以给予实施后一发明或者实用新型的强制许可。

换句话说，如果后一项取得专利权的发明或者实用新型的专利权人没有申请要求实施前一项发明或者实用新型的强制许可，或者申请强制许可未被批准，则前一项取得专利权的发明或者实用新型的专利权人不能获得后一项专利的强制许可。

法律如此规定，有利于充分保证在技术上更为先进的专利权人的合法权益，以促进科学技术进步和经济社会发展。

第三，在国务院专利行政部门根据后一专利权人的申请，给予实施前一发明或者实用新型的强制许可的情形下，国务院专利行政部门根据前一专利权人的申请，也可以给予实施后一发明或者实用新型的强制许可。这一规定体现了公平的原则。

（5）涉及半导体技术的强制许可

《专利法》第五十七条规定："强制许可涉及的发明创造为半导体技术的，其实施限于公共利益的目的和本法第五十三条第（二）项规定的情形。"

按照该条的规定，强制许可涉及的发明创造是半导体技术的，其实施限于以下两种情形。

一是为了公共利益的目的。不能以专利权人未在规定期限内实施或者充分实施其专利为理由给予强制许可，对涉及半导体技术的专利，给予实施强制许可必须是为了公共利益的目的的非商业性使用。

二是《专利法》第五十三条第（二）项规定的情形，即专利权人行使专利权的行为被依法认定为垄断行为，为消除或者减少该行为对竞争产生的不利影响。

### 5. 强制许可的性质

（1）强制许可是非独占性的

《专利法》第六十一条规定："取得实施强制许可的单位或者个人不享有独占实施权，并且无权允许他人实施。"

根据上述规定，强制许可是非独占性的。在授予强制许可的情况下，被许可人仅获得实施发明或者实用新型专利的普通使用权，且不得许可他人实施该专利，即不得进行分许可，而专利权人仍然可以实施其专利和许可他人实施其专利。

（2）强制许可是有偿的

《专利法》第六十二条规定："取得实施强制许可的单位或者个人应当付给专利权人合理的使用费，或者依照中华人民共和国参加的有关国际条约的规定处理使用费问题。付给使用费的，其数额由双方协商；双方不能达成协议的，由国务院专利行政部门裁决。"

《专利法》第六十三条规定："专利权人对国务院专利行政部门关于实施强制许可的决定不服的，专利权人和取得实施强制许可的单位或者个人对国务院专利行政部门关于实施强制许可的使用费的裁决不服的，可以自收到通知之日起三个月内向人民法院起诉。"

### 6. 强制许可的目的

《专利法》第五十八条规定："除依照本法第五十三条第（二）项、第五十五条规定给予的强制许可外，强制许可的实施应当主要为了供应国内市场。"

根据该条规定，"强制许可的实施应当主要是供应国内市场"，但这个限制性要求有两种例外情形：一是《专利法》第五十三条第（二）项的规定，即专利权人行使专利权的行为被依法认定为垄断行为，为消除或者减少该行为对竞争产生的不利影响而给予强制许可的。二是《专利法》第五十五条的规定，即为了公共健康目的给予制造并出口专利药品的强制许可。除上述两种情形外，强制许可的目的主要是供应国内市场。

### 7. 申请强制许可的证据

《专利法》第五十九条规定："依照本法第五十三条第（一）项、第五十六条规定申请强制许可的单位或者个人应当提供证据，证明其以合理的条件请求专利权人许可其实施专利，但未能在合理的时间内获得许可。"

所谓"合理的条件"，是指申请人提出实施专利的条件，包括实施范围的合理、许可使用费的合理等，对是否构成合理的条件，应由国务院专利行政部门根据不同专利的具体情况作出判断。一般来讲，应与通常情况下专利权人将其专利许可他人实施时所能满足的条件相同或相类似。❶

所谓"合理长的时间"，《专利法》未作出具体规定，也应由国务院专利行政部门根据不同专利的具体情况加以判定。一般来讲，也是指专利权人自专利权被授予之日起满3年，且自提出专利申请之日起满4年，无正当理未实施或者未充分实施其专利的。

### 8. 强制许可的给予

专利实施的强制许可只能由国务院专利行政部门作出，其他任何单位或者个人无权给予强制许可。

强制许可相关问题如图11-10所示。

---

❶ 第二部分释义，第六章专利实施的强制许可［EB/OL］．（2001-08-01）［2024-11-13］．http://www.npc.gov.cn/zgrdw/npc/flsyywd/minshang/2001-08/01/content_140428.htm．

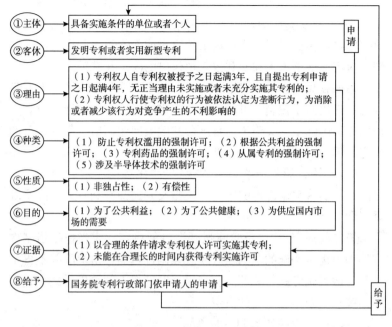

图 11 – 10　强制许可相关问题

### 9. 强制许可的申请程序

（1）申请人申请

《专利法实施细则》第九十条第一款规定："请求给予强制许可的，应当向国务院专利行政部门提交强制许可请求书，说明理由并附具有关证明文件。"所说的理由和证明文件主要指申请实施强制许可的单位或者个人未能以合理条件与专利权人签订实施许可合同的证明。

（2）专利权人陈述意见

《专利法实施细则》第九十条第二款规定："国务院专利行政部门应当将强制许可请求书的副本送交专利权人，专利权人应当在国务院专利行政部门指定的期限内陈述意见；期满未答复的，不影响国务院专利行政部门作出决定。"

（3）国家知识产权局审查与给予强制许可的决定和公告

《专利法实施细则》第九十条第三款规定："国务院专利行政部门在作出驳回强制许可请求的决定或者给予强制许可的决定前，应当通知请求人和专利权人拟作出的决定及其理由。"

第四款规定："国务院专利行政部门依照专利法第五十五条的规定作出给予强制许可的决定，应当同时符合中国缔结或者参加的有关国际条约关于为了解决公共健康问题而给予强制许可的规定，但中国作出保留的除外。"

《专利法》第六十条第一款规定："国务院专利行政部门作出的给予实施强制许可的决定，应当及时通知专利权人，并予以登记和公告。"

第二款规定："给予实施强制许可的决定，应当根据强制许可的理由规定实施的范围和时间。强制许可的理由消除并不再发生时，国务院专利行政部门应当根据专利权人的请求，经审查后作出终止实施强制许可的决定。"

强制许可程序如图 11-11 所示。

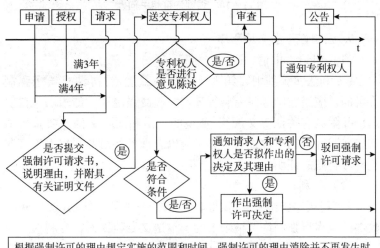

**图 11-11　强制许可程序**

# 第五节 专利权质押融资

## 一、专利权质押融资的概念

《专利法实施细则》第十五条第三款规定："以专利权出质的，由出质人和质权人共同向国务院专利行政部门办理出质登记。"

出质，也就是质押，分动产质押和权利质押，就是把自己所有的物品或权利交付出去作为抵押。出质在质押行为中，是指债务人或第三人（出质人）将其动产或权利移交给债权人的民事法律行为。❶

专利权出质，也就是专利权质押，是指为担保债权的实现，由债务人或第三人将其拥有的专利权中的财产权设定质权，在债务人不履行债务时，债权人有权依法就该出质专利权中的财产权折价或拍卖、变卖的变价款优先受偿的担保方式。❷ 专利权质押作为专利权运用的方式之一，是专利权人基于专利权中的财产权，实现资金融通的有效手段，❸ 如图 11-12 所示。

例如，甲方有一项专利权（估计值 20 万元），甲方要开办一家公司将专利实施，为筹集资金，分别从乙方和丙方处借钱（乙方债权 25 万元，丙方债权 20 万元），其中丙方与甲方没有任何担保合同，乙方与甲方有该专利权的质权合同，并且已经登记生效，那么甲方是"出质人"，乙方是"质权人"。

如果甲方经营失败，无力偿还欠款，这时候乙方和丙方起诉甲方并请求法院采取"财产保全"，保全财产中包括了甲方的专利权（也许还包括了设备之类的）。

---

❶ 质押和出质的区别［EB/OL］.［2024-12-13］. https：//lvlin. baidu. com/question/821922061579128972. html.

❷ 参见：国家知识产权局公益讲座之"专利权质押登记实务"（武云征）。

❸ 专利质押登记与许可备案简介［EB/OL］.（2020-06-05）［2024-12-13］. https：//www. cnipa. gov. cn/art/2020/6/5/art_1553_99781. html.

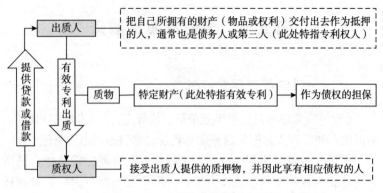

**图 11 -12  专利权出质的基本概念**

在判决甲方还款时，由于乙方与甲方有生效的专利权质权合同，乙方有权优先于丙方获得拍卖专利权的价款，即"优先受偿"，例如已拍卖专利权实际获得 18 万元，乙方有债权 25 万元，则丙方只能就甲方的其他财产获得受偿，这时乙方未清偿的 7 万元与丙方的债权是同顺位受偿。由此体现了有担保合同和无担保合同的区别。

## 二、专利权质押登记

在《担保法》（现已废止）自 1995 年 10 月 1 日起施行后，为规范专利权质押登记，作为负责专利权质押登记工作的中国专利局于 1996 年 9 月 19 日发布第八号令，公布了《专利权质押合同登记管理暂行办法》（现已废止），该办法于 1996 年 10 月 1 日起施行。为了进一步促进专利权运用和资金融通，保障相关权利人合法权益，规范专利权质押登记，国家知识产权局又于 2021年 11 月 15 日发布了修改完善后的《专利权质押登记办法》（国家知识产权局公告第 461 号）。

作为 5 种担保方式之一，专利权质押对促进专利权的运用和资金融通，保障债权的实现，发展社会主义市场经济起到越来越重要的作用。但是在专利权质押活动的起步阶段，尤其是在专利权质押合同的签订、登记等实际操作中，将会遇到很多具体问题。这里将《专利权质押登记办法》（以下简称《办法》）中几个基本概念解释一下。

**1. 专利权质押登记的管理部门**

《办法》第二条规定："国家知识产权局负责专利权质押登记工作。"据此，国家知识产权局是专利权质押登记的管理部门。在具体操作中，由国家知识产权局专利局和经专利局授权开展质押登记业务的代办处受理当事人的申请，统一由国家知识产权局在专利登记簿上予以登记，并向当事人发送《专利权质押登记通知书》。

**2. 专利权质押合同与专利权质权的性质**

根据《专利法实施细则》第十五条第三款的规定，以专利权出质的，由出质人和质权人共同向国务院专利行政部门办理出质登记。

这里有以下两点需要明确。

第一，专利权质权的设立。专利权质押合同生效不等同于专利质权的当然设立，需要经过国家知识产权局登记这一关键性法律程序，以国家知识产权局准予登记为生效条件，而不像动产质押以质物移交于质权人占有为条件，也不同于其他的权利质押的生效条件。因此，《办法》第三条规定："以专利权出质的，出质人与质权人应当订立书面合同。……出质人和质权人应共同向国家知识产权局办理专利权质押登记，专利权质权自国家知识产权局登记时设立。"不登记，质权不成立，质权人就专利权中财产的变价款优先受偿的权利就不能得到法律的保证。❶

第二，质押合同与一般的专利权转让合同、专利实施许可合同的区别。《办法》第三条第二款规定："质押合同可以是单独订立的合同，也可以是主合同中的担保条款。"作为一种担保行

---

❶ 参见：国家知识产权局公益讲座之"专利权质押登记实务"（武云征）。

为，质押一般不发生权利转移，只是对专利权中的财产权的处置进行限制，使得质权人有可能采取最有效的途径来保障债权的实现。

### 3. 专利权出质人应具备的条件

根据《办法》第十一条的规定，出质人必须是申请质押登记时专利登记簿记载的专利权人。以共有的专利权出质的，除全体共有人另有约定的以外，应当取得全体共有人的同意。出质人不是申请质押登记时专利登记簿记载的专利权人的或者以共有专利权出质但未取得全体共有人同意且无特别约定的不予登记。

### 4. 作为质物的专利权应具备的条件

专利权具有时间性，而为了保障债权实现，在质押期限内，必须保证作为质物的专利权是无可争议的有效且稳定的专利。根据《办法》第十一条的规定，对于以下情况不予登记：专利权已终止或者已被宣告无效的；专利申请尚未被授予专利权的；专利权没有按照规定缴纳年费的；因专利权的归属发生纠纷已请求国家知识产权局中止有关程序，或者人民法院裁定对专利权采取保全措施，专利权的质押手续被暂停办理的；债务人履行债务的期限超过专利权有效期的；质押合同不符合该办法第八条规定的；专利权已被申请质押登记且处于质押期间的；以及当事人提交的专利权质押合同不符合规定的。《办法》第十一条还规定另外两种不予登记的情形：请求办理质押登记的同一申请人的实用新型有同样的发明创造已于同日申请发明专利的，但当事人被告知该情况后仍声明同意继续办理专利权质押登记的除外；专利权已被启动无效宣告程序的，但当事人被告知该情况后仍声明同意继续办理专利权质押登记的除外。

### 5. 专利权质押合同登记的办理程序

办理专利权质押手续的程序如图 11 – 13 所示。

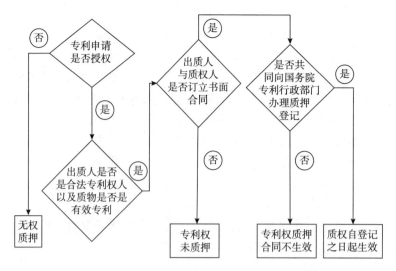

**图 11-13　专利权质押手续**

第一，当事人（出质人和质权人）签订专利权质押合同。

第二，向国家知识产权局申请办理专利权质押登记。当事人应当向国家知识产权局提交下列文件：①出质人和质权人共同签字或盖章的专利权质押登记申请表；②专利权质押合同；③双方当事人的身份证明，以及当事人签署的相关承诺书；④委托代理的，注明委托权限的授权委托书；⑤其他需要提供的材料。

一般情况下，当事人办理专利权质押登记手续，提交以上四类文件即可。但是，在实际业务办理过程中，当事人可能因种种情况，需要补充提交其他相关文件或材料：例如，专利权质押登记申请表中注明出质专利有评估报告的，应当提交专利权评估报告；同一申请人的实用新型于同日申请发明专利的，当事人被告知该情况仍声明同意继续办理专利权质押登记的，需提交相关声明办理登记；专利权已被启动无效宣告程序的，当事人被告知该情况后仍声明同意继续办理专利权质押登记的，需提交相关声明办理登记。

第三，国家知识产权局收到当事人提交的质押登记申请文件，应当予以受理，并自受理日起5个工作日内进行审查，决定是否予以登记。通过互联网在线方式提交的，国家知识产权局在2个工作日内进行审查并决定是否予以登记。

专利权质押登记申请经审查合格的，国家知识产权局在专利登记簿上予以登记，并向当事人发送《专利权质押登记通知书》。经审查不合格或逾期不补正的，国家知识产权局作出不予登记的决定，并向当事人发送《专利权质押不予登记通知书》。

第四，事中事后监管。专利权质押期间，国家知识产权局发现质押登记存在《办法》第十一条所列情形并且尚未消除的，或者发现其他应当撤销专利权质押登记的情形的，应当撤销专利权质押登记，并向当事人发出《专利权质押登记撤销通知书》。专利权质押登记被撤销的，质押登记的效力自始无效。

### 三、专利权质押合同内容

专利权质押合同包括以下内容：

① 出质人、质权人以及代理人或联系人的姓名（名称）、通信地址。

② 被担保债权的种类和数额（作为质物的是专利权中可转让的财产权，即因取得专利权而产生的具有经济内容的权利，指独占权和由此派生的许可权、转让权、标记权等。注意，专利申请权虽然是获得专利权的前提，依法可以转让，但其明显的法律上的不确定性使之不能作为一种具有法律效力的财产权，因而不能将专利申请权作为质物进行质押）。

③ 债务人履行债务的期限（该期限应当明确债务终止日，当事人应当在债务履行期限终止前办理专利权质押登记手续）。

④ 专利件数、权项数以及每件专利的名称、专利号、申请日、授权公告日，当事人在申请表中所填的质押专利号应当以合同中写明的为准。

⑤ 质押担保的范围。

⑥ 质押的金额与支付方式。

⑦ 对质押期间进行专利权转让或实施许可的约定。

⑧ 质押期间维持专利权有效的约定。

⑨ 出现专利权纠纷时出质人的责任。

⑩ 质押期间专利权被撤销或被宣告无效时的处理。

⑪ 违约及索赔。

⑫ 争议的解决办法。

⑬ 质押期满债务的清偿方式。

⑭ 当事人认为需要约定的其他事项。

⑮ 合同签订日期，签名盖章。

# 第十二讲　专利权的保护与专利管理

## 第一节　专利权的效力

### 一、专利权不同阶段的保护形式

专利权是国家赋予专利权人在一定时间内禁止他人未经许可为生产经营目的实施其专利的权利，可以概括为对专利实施行为的控制能力。这种权利在整个专利权期限内可以分为保密保护、临时保护和授权保护3个阶段。不同阶段具有不同的内涵，表现为不同的保护形式。

#### 1. 保密保护阶段

发明专利申请，自申请日起至申请公布日，实用新型专利申请和外观设计专利申请自申请日起至授权公告日为保密保护阶段。在保密保护阶段，专利申请人仅仅是提出了专利申请，该申请并没有被公布或者公告，最终是否能够获得专利权，还须经过国家知识产权局审查才能确定。因此，在被授予专利权之前，专利申请人尚不具有专利权，还没有产生专利权的效力，无权禁止他人实施其发明创造，也无权对他人的行为提出侵权诉讼。

在保密保护阶段，发明创造的内容处于不为公众所知晓的状态，所谓保护在性质上也不属于专利保护，靠相关人员的保密工作进行保护。下面几种人员都应当做好保密工作。

一是专利申请人应加强保密工作，如有必要，应与相关人员签订保密合同，以作为日后解决可能产生的纠纷的法律依据。

二是专利代理机构负有保密责任。《专利法》第十八条第三款规定："专利代理机构应当遵守法律、行政法规，按照被代理人的委托办理专利申请或者其他专利事务；对被代理人发明创造的内容，除专利申请已经公布或者公告的以外，负有保密责任。"

三是国务院专利行政部门的工作人员及有关人员负有保密责任。《专利法》第二十一条第三款规定："在专利申请公布或者公告前，国务院专利行政部门的工作人员及有关人员对其内容负有保密责任。"

### 2. 临时保护阶段

《专利法》第十三条规定："发明专利申请公布后，申请人可以要求实施其发明的单位或者个人支付适当的费用。"

临时保护，也可以叫"有条件的保护"。所谓"有条件的保护"，即它依赖于发明专利申请后来被批准，只有发明专利申请被授予专利权，在临时保护期间的保护才是有效的。因此，临时保护是指对专利申请的一种非正式的保护，❶ 是为了克服发明专利申请公布后至授权公告日期间法律保护上的空白而制定的特殊制度。

由于临时保护阶段发明专利申请还没有获得专利权，没有真正产生专利权的效力，因此在临时保护期内收取使用费不是发明专利申请人的一项绝对权利，支付使用费也不是实施人的绝对义务。该阶段规定申请人可以要求实施其发明的单位或者个人支付适当的费用。当实施人拒绝支付其使用费时，发明专利申请人可将实施人的有关实施证据保留或申请公证机关进行证据保全公证，等到发明专利申请被授予专利权后，再要求实施人支付临时保护期使用费。因为一旦发明专利申请被授予专利权，要求实施人支付临时保护期的使用费和授权后的专利使用费就成为发明专利申请人（后来成为专利权人）的绝对权利，所以在临时保护期间的保护也被追溯为有效，专利权人可以就此提出临时保护

❶ 邹瑜. 法学大辞典［M］. 北京：中国政法大学出版社，1991：12.

诉讼。

### 3. 授权保护阶段

授权保护阶段指专利权被授予后直到专利权期限届满的阶段。在授权保护阶段，专利申请被授权，专利申请人成为专利权人，他可以完整地行使专利法赋予专利权人禁止他人未经其许可为生产经营目的实施其专利的权利，如图 12 - 1 所示。

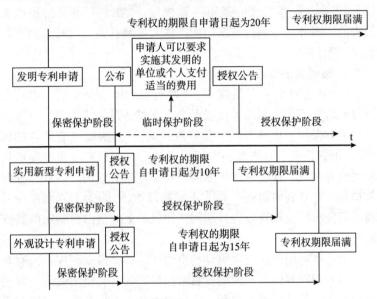

**图 12 - 1　专利权期限内不同阶段的保护形式**

## 二、专利权的内容

《专利法》第十一条第一款规定："发明和实用新型专利权被授予后，除本法另有规定的以外，任何单位或者个人未经专利权人许可，都不得实施其专利，即不得为生产经营目的制造、使用、许诺销售、销售、进口其专利产品，或者使用其专利方法以及使用、许诺销售、销售、进口依照该专利方法直接获得的产品。"第二款规定："外观设计专利权被授予后，任何单位或者个人未经专利权人许可，都不得实施其专利，即不得为生产经营目的制造、许诺销售、销售、进口其外观设计专利产品。"

**1. 专利权效力的产生**

"专利权被授予后"的意思是，专利权的效力产生在被授予专利权之后，如图 12 - 2 所示。

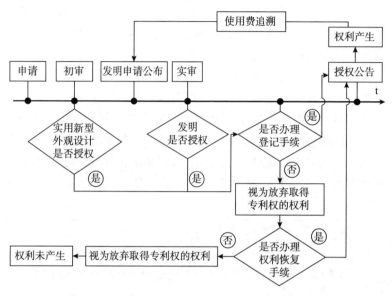

**图 12 - 2  专利权效力的产生及其追溯力**

**2. 专利权效力的例外**

"除本法另有规定的以外"，意思为专利权的效力也有例外，专利权的效力例外的情况，《专利法》有另外的规定。在《专利法》有明文规定的情况下，他人可以不经过专利权人的许可而在经过特别许可后实施发明或者实用新型专利。这些情况包括指定许可、开放许可和强制许可以及不视为侵犯专利权的情况。

**3. 专利产品**

专利产品是指获得专利保护的产品，具体指得到说明书支持的权利要求书中所描述的产品。至于这种产品用什么方法制造，制造了多少数量，在国内什么地方制造等，都在专利的保护范围以内。不在专利保护范围以内的产品不能称为专利产品。

（1）发明或实用新型专利产品

《专利法》第六十四条第一款规定："发明或者实用新型专利权的保护范围以其权利要求的内容为准，说明书及附图可以用于解释权利要求的内容。"

对于发明或者实用新型专利而言，专利产品就是指已经获得专利权并继续维持专利权，从而受《专利法》保护的包含了权利要求所记载的全部技术特征的产品。

应当注意的是，权利要求所记载的全部技术特征应当以说明书为依据，在权利要求使用上位概念限定技术特征的时候，说明书应当有足够的下位概念的具体实施方式支持权利要求，否则，只能用说明书和附图公开的技术方案解释权利要求的内容，不然的话，权利要求特别是实用新型的权利要求在没有经过实质审查的情况下会变得无限大，那样会影响公众的利益，如图 12 - 3 所示。

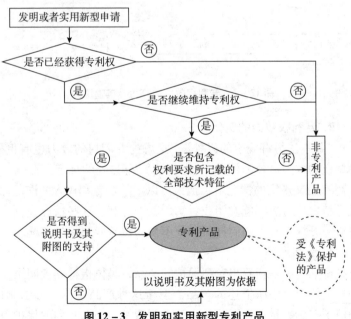

图 12 - 3　发明和实用新型专利产品

（2）外观设计专利产品

《专利法》第六十四条第二款规定："外观设计专利权的保护范围以表示在图片或者照片中的该产品的外观设计为准，简要说明可以用于解释图片或者照片所表示的该产品的外观设计。"

对于外观设计而言，专利产品就是指已经获得专利权，受专利法保护的表示在图片或照片中的该产品的外观设计。应当注意，判断某种产品是否属于外观设计专利产品，不仅要看该产品的外观设计是否是表示在图片或照片中的该产品的外观设计，而且要看该产品与获得专利的外观设计在授权时指定的产品的类别是否相同或者相类似，如图 12 - 4 所示。

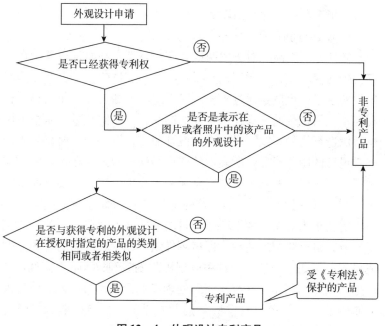

图 12 - 4　外观设计专利产品

### 4. 实施专利

"实施专利"，是《专利法》中一个重要的概念。

对发明专利而言，"实施专利"，是指为生产经营目的制造、使用、许若销售、销售、进口其专利产品，或者使用其专利方法以及使用、许若销售、销售、进口依照该专利方法直接获得的产品10种行为。

对实用新型专利而言，"实施专利"，是指为生产经营目的制造、使用、许若销售、销售、进口其专利产品5种行为。

对外观设计专利而言，"实施专利"，是指为生产经营目的制造、许诺销售、销售、进口其外观设计专利产品4种行为。

值得注意的是：外观设计专利权的内容并不包括使用权。

### 三、实施专利的行为

实施专利的行为包括以下七项具体内容。

#### 1. 制造专利产品

制造专利产品，对于发明或者实用新型专利而言，是指在授权公告的权利要求中所记载并得到说明书支持的技术方案在实践中被实现了，也就是通过机械或者手工方式加工、制作出具有权利要求中所记载的全部技术特征的产品，产品的数量、质量不影响对制造行为的认定。对于外观设计而言，则是指在授权公告的外观设计的图片或照片所表示的该产品的外观设计在实践中被实现了。至于用哪种方法来制造是无关紧要的，因为只要产品取得了专利，原则上该专利产品各种的制造方式也都随之受到保护。❶

需要指出的是，为生产经营目的委托他人制造专利产品的主要部分，自行装配后使用，即将部件组装成专利产品的行为亦构成侵权。例如，李某是"蚊香成型机"的专利权人。李某许可A厂生产该专利产品，并授权该厂处理专利侵权事宜。B厂委托他人制造了一台"多模蚊香机"的基本结构，并自行购置模子等部件装配调试好后，使用该机器进行蚊香的生产，并投放市场。李某得知后，曾告知蚊香成型机系专利产品，不得擅自使用，但B厂并未停止使用。A厂请求某省知识产权局予以处理。该省知

---

❶ 沈尧曾，王静安. 工业产权浅论［M］. 北京：专利文献出版社，1986：8.

识产权局在对比分析 B 厂使用的"多模蚊香机"与专利产品"蚊香成型机"的技术特征之后作出 B 厂侵权的处理决定。该决定书送达当事人后，B 厂不服，向人民法院提起行政诉讼。法院审理后认为专利管理机关的处理决定事实清楚，证据充分，适用法律正确，判决维持处理决定，如图 12-5 所示。

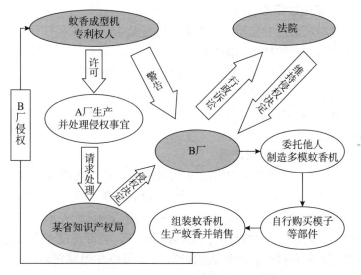

**图 12-5　组装与使用专利产品侵权案例**

　　对于制造专利产品的行为，从制造者的主观心理状态上看，有以下三种情况。

　　一是明知其制造的产品是他人获得专利而且是一项有效专利的产品而进行制造，这是故意侵权行为。

　　二是对自己行为的后果应当预警而未作预警，轻信其不会侵权，这是过失侵权行为。

　　三是知道或应当知道他人享有一项专利权，但经过自己的分析，认为自己的行为不在专利保护的范围之内，从而进行制造，但客观上属于专利保护的范围。

　　总之，只要未经专利权人的许可，无论制造者是否知道专利权的存在，或其主观上是否认为其行为会侵犯专利权，只要在客观上为生产经营目的制造出了专利产品，都构成对专利权的侵犯，需要承担停止侵害、赔偿损失等全部民事责任。从这个意义上讲，专利法对专利产品的制造提供了"绝对保护"。其原因在于：制造专利产品是使用和销售专利产品的前提，要使专利权得到有效保护，必须从源头上提供充分保护。❶

### 2. 使用发明或者实用新型专利产品

使用发明或者实用新型专利产品，是指权利要求书所记载的产品技术方案的技术功能得到了应用，该应用不局限于专利说明书中指明的产品用途，除非权利要求中已明确记载该用途。

例如，一种受保护的定时器，不论是用在洗衣机的生产还是用在电风扇的生产，按照《专利法》规定，未经专利权人的许可就不得擅自使用。❷

### 3. 许诺销售专利产品

《最高人民法院关于审理专利纠纷案件适用法律问题的若干规定》中将"许诺销售"定义为："以做广告、在商店橱窗中陈列或者在展销会上展出等方式作出销售商品的意思表示。"因此，所谓许诺销售，是在销售行为实际发生前，被诉侵权人作出销售侵害他人专利权产品意思表示的行为（可以称为销售前序），并以是否达成销售协议为分界线，如果已经达成销售协议，即使尚未履行，也认为是销售。反之，如未达成销售协议，则认为是许诺销售，如图 12 - 6 所示。

根据《专利法》的一般原理，除《专利法》另有规定的以外，未经专利权人许可为生产经营目的制造专利产品、销售专利产品、使用专利产品和使用专利方法都构成侵权。这样，专利法将专利产品从制造到销售，再到使用，都纳入专利权人的权利范围，以期充分保护专利权人的合法权益。然而，专利权人对销售行为的控制本来就很困难，如果一定要等到销售行为完成才采取措施，可能侵权产品早已扩散，要查明侵权产品的流向、控制侵

❶ 汤宗舜. 专利法解说 [M]. 北京：专利文献出版社，1994：8.
❷ 沈尧曾，王静安. 工业产权浅论 [M]. 北京：专利文献出版社，1986：8.

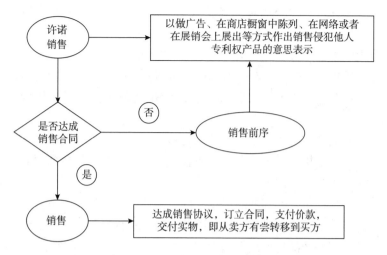

**图 12 - 6　许诺销售与销售的界线**

权产品的流通，就将更加困难。而且，销售侵犯他人专利产品的人可能在完成销售行为后迅速撤离，专利权人又不知制造者为谁，使其制止侵权的努力两头落空。如果在销售行为未及实施，销售侵犯他人专利产品行为尚在准备阶段即采取措施，控制侵权行为的膨胀和蔓延，就将大大提高专利权人禁止侵权的效率，降低制止侵权的成本，从而更有效地维护专利权人的权利。

赋予专利权人的许诺销售权，实际上增加了专利权人禁止他人发生侵权行为的机会，其目的在于在商业交易的早期阶段及时制止侵权行为，将侵权行为扼杀在"侵权可能"或"即发侵权"的阶段，防止将来专利侵权产品的传播，从而减少专利权人的损失。同时，许诺销售权还是对其他专利独占实施权的补充。专利权人可以截住专利侵权人向合理使用人出售侵权产品的渠道，避免了专利权人因使用人的豁免而得不到应有的救济，从而从另一角度保护了专利权人的利益。

**4. 销售专利产品**

销售专利产品，是指把具有权利要求所述技术特征的产品的所有权或者依照专利方法直接获得的产品的所有权，或者将含有外观设计专利的产品的所有权从一方当事人（卖方）有偿转移另一方（买方）当事人的行为。在《专利法》上，销售并不区分批发或者零售，只要满足前述定义即构成销售。

销售不仅包括现金交易，而且包括赊购以及以物易物等销售形式。对裸装专利产品添加外包装后出售的，仍属于销售专利产品。

专利产品的所有权实际并未转移，但有关销售合同已经依法成立的，也构成销售行为，除非合同明确约定在专利权期限届满后才能实际交付该产品。

为他人销售专利产品提供仓储等条件的，视为参与销售。

特别要注意的是，专利权授予后他人自行研制并销售与专利产品相同的产品仍构成专利侵权。

**5. 进口专利产品**

进口专利产品，是指将落入产品专利权利要求保护范围的产品、依照专利方法直接获得的产品或者含有外观设计专利的产品在空间上从境外越过边界运入境内的行为。

**6. 使用专利方法**

使用专利方法，是指权利要求记载的专利方法技术方案的每一个步骤均被实现，使用该方法的结果不影响对是否构成侵犯专利权的认定。

**7. 使用、许诺销售、销售、进口依照专利方法直接获得的产品**

方法专利具有延及产品的效力，但仅仅延及依照该专利方法直接获得的产品。

依照专利方法直接获得的产品，是指：①将原材料、物品按照方法专利权利要求记载的全部技术特征进行处理加工，使得原材料、物品在结构上或物理化学性能上产生实质性变化后所获得的原始产品，即应用该方法的第一步到最后一步所得到的产品。②将上述原始产品进一步加工、处理而获得的后续产品，即以该原始产品作为中间部件或原材料，加工、处理成为其他的后续产品。

但是，如果对该得到的后续产品进一步进行加工、处理，使之发生变化而获得的产品就不属于依照该专利方法所直接获得的产品。例如，某专利方法是制造一种耐磨性很好、主要用于制造轮胎的橡胶的方法，用该专利方法生产的橡胶属于依照该方法直接获得的产品，但用该橡胶制造的轮胎就不属于依照该方法直接获得的产品，如图 12 - 7 所示。

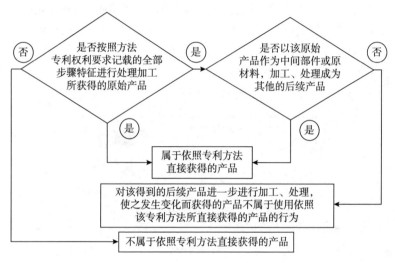

**图 12 - 7　是否属于依照专利方法直接获得的产品的判断**

应当注意的是，尽管方法专利的保护延及依照专利方法直接获得的产品，但并不意味着方法专利对新发明的保护强度与产品专利相同。因为方法专利的保护是相对的，即只有被告采用了同样的方法制造相同的产品，才构成侵权。如果被告未经许可制造了相同产品，但却采用了不同的方法，则不构成对方法专利的侵犯。而产品专利的保护则是绝对的，即只要产品相同，无论用任何方法制造，都属于专利权的效力范围，都应当获得专利权人的许可。因此，在某项发明获得的新产品符合授予专利权条件的情况下，应当申请产品专利，或者同时申请产品专利与方法专利，而不是只申请方法专利，否则，难以获得充分和有效的保护。如1990年，甲的一件名称为"肠炎灵胶囊剂的制备方法"获得了发明专利权，其制备方法是：由口服基质 A 与吐温 - 80B 混合加热熔化后，加入利福平 C 和次硝酸铋 D 搅拌均匀，浇模冷却，开模后取出锥形 A + B + C + D 绛紫色软状固体装入胶囊即得。乙的产品为"肠炎灵胶囊"，配方与甲相同，但制备方法不同。乙的制备方法是：首先将口服基质 A 与吐温 - 80B 和利福平 C 混合加热熔化后搅拌均匀，浇模冷却，开模后取出锥形白色软状固体 A + B + C；其次将口服基质 A 与吐温 - 80B 和次硝酸铋 D 混合加热熔化后搅拌均匀，浇模冷却，开模后取出锥形红色软状固体 A + B + D；最后在 A + B + C 与 A + B + D 接触面上涂上一层口服基质 A 装入胶囊，如图 12 - 8 所示。乙的产品侵权吗？

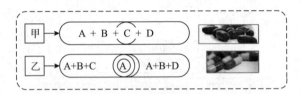

**图 12 - 8　肠炎灵胶囊剂的制备方法**

　　分析一下可知，该产品有 4 种成分：A：口服基质；B：吐温 - 80；C：利福平；D：次硝酸铋。甲采取的是 A + B + C + D 几种配方在一起搅拌均匀、浇模、冷却、成栓、装入胶囊的方法。乙采取的方法是 A + B + C 与 A + B + D 分别搅拌均匀、浇模、冷却、成栓、装入胶囊的方法。虽然乙的肠炎灵胶囊剂与甲的肠炎灵胶囊剂的制备方法的配方相同，但制备方法不同，所以产品的性状也不同。乙的制备方法避免了药品存放期间利福平和次硝酸铋直接接触容易产生氧化的问题，有效提高了药物的稳定性，显著延长了药物有效储存期。因此，乙的产品采用了不同的制备方法，不是使用甲的专利方法获得的产品，不构成对甲的方法专利侵权。如果甲申请的是产品专利，对产品配方要求保护，则乙难逃其对产品专利的侵权责任。这场纠纷后，甲对其"肠炎灵胶囊剂的制备方法"工艺进行了改进。可见，专利制度对促进科技进步是有积极意义的。但是在这之后甲再去申请专利要求对配方予以保护或对工艺进行改进后去申请专利都是不可能获得专利权了，因为其已经不再具备新颖性和创造性了。

在专利权的效力上，各种行为都是各自独立的，不能因其中一种行为合法，而认为其他行为也是合法的。例如，购买行为本身原则上是不违法的，但是 A 制造专利产品的行为是违法的，即未经过专利权人的许可而制造了专利产品，不管是否将该专利产品销售，该行为即是侵权行为；B 向 A 购买该专利产品，并以使用该专利产品为业，则 B 也构成了侵权行为，因为 B 为生产经营目的使用该专利产品并未得到专利权人的许可，如图 12 – 9 所示。

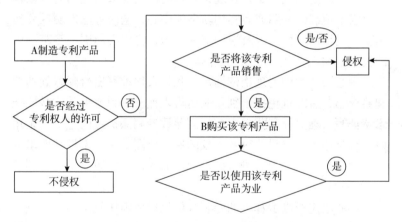

**图 12 – 9　构成侵权的购买行为**

# 第二节　专利权保护范围的认定原则

专利权的保护范围，是指专利权的法律效力所及的范围，或者说是某项具体专利权在法律上受保护的界限。国家授予专利申请人专利权，专利申请人必须以新的技术方案或新的设计的公开为对价，这些内容记载在发明或者实用新型的专利说明书及其附图或者外观设计的图片或者照片及其简要说明中。其专利权保护的范围记载在发明或者实用新型的权利要求中或者外观设计的图片或者照片及其简要说明中。

对于发明和实用新型专利来说，各国法律普遍认为，限定专利权保护范围的依据是权利要求，即专利权保护范围是通过权利要求来实现的。因此，权利要求的内容是判断是否侵犯发明和实用新型专利权的标准。但对权利要求如何解释，存在以下3种不同的理论。

## 一、中心限定原则

中心限定原则，是指在理解和解释权利要求的范围时，以权利要求书记载的发明或者实用新型为中心，全面考虑发明或者实用新型的目的、性质以及说明书和附图，将中心周围一定范围内的技术也纳入专利权的保护范围。

中心限定原则的理论依据是专利权人很难写出恰到好处的权利要求书，有时难免把个别不应当写入独立权利要求的非必要技术特征写入独立权利要求中，从而导致专利保护范围过窄。采用中心限定原则的结果使得专利权的保护范围不局限于权利要求的字面含义，对专利权人可以提供较多的保护，实质上是对专利权人的宽恕政策。

中心限定原则解释下的专利权的保护范围比较宽，按照这一原则，确定专利权的保护范围可以扩大到所属领域专业技术人员通过仔细阅读说明书和附图后认为可以包括的范围，实际上将没有记载在权利要求书中的有关技术也包括在权利要求的保护范围之中。这种过宽的解释，使专利保护的边界处于模糊状态，公众在阅读了权利要求书之后，仍不能准确地判断该专利的保护范围。因此，对社会公众而言有时是不公平的。随着立法本位的转移和法律理论的发展，很多国家逐步放弃了中心限定原则的理论。

## 二、周边限定原则

所谓周边限定原则，是指专利权的保护范围完全根据权利要求书的文字进行解释，被控侵权行为必须重复再现了权利要求中记载的全部技术特征，才被认为落入专利权保护范围之内。也就是说，权利要求书所记载的范围是发明专利或者实用新型专利权保护的最大范围。

周边限定原则的理论基础是指，专利权是国家用以换取技术公开的对价，作为对价的权利范围应当是确定的和清晰的，社会公众可以通过权利要求清楚地了解专利权的保护范围，不必作随意性的推测。

采用周边限定原则虽然对公众有利，但对专利权的保护有时是不利的。因为在社会实践中，完全仿制他人的专利产品或者完全照搬他人的专利方法的侵权行为并不多见，而常见的是对他人专利的权利要求中的某一或某些技术特征加以简单的替换或变换，从而达到只有实施他人专利才能达到的目的。如果专利权的保护范围完全由权利要求书的文字内容确定，专利权难以得到充分的保护。

## 三、折中原则

中心限定原则对社会公众有失公平，而周边限定原则又严重损害专利权人的利益。为了弥补上述两种方式的不足，世界上很多国家，包括曾采用中心限定制的德国和曾采用周边限定制的美国，已转向折中原则。

所谓折中原则，即对"中心限定原则"和"周边限定原则"的折中。具体说，在解释权利要求时，应当以权利要求记载的技术内容为准，根据说明书及附图、现有技术、专利对现有技术所做的贡献等因素合理确定专利权的保护范围。既不能将专利权的保护范围拘泥于权利要求书的字面含义，又不能对其作扩大解释，以至于将专利权的保护范围扩展到本领域普通技术人员在专利申请日前通过阅读说明书及附图后需要经过创造性劳动才能联想到的内容。❶ 根据折中原则，专利权的保护范围应根据权利要求所记载的技术内容确定，权利要求中所表示的技术特征有疑义时，说明书和附图可以用来解释权利要求。

采用折中原则顺应民法的立法本位，体现了民法上的公平原则，是在专利权人和社会公众之间寻求利益平衡点的较好方法，它把对专利权人的合法权益的保护与公众追求的法律稳定性及其合理利益较好地结合起来了。专利权保护范围的认定原则如图 12 - 10 所示。

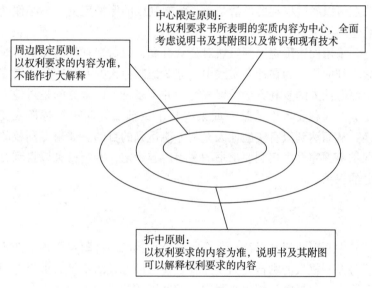

周边限定原则：
以权利要求的内容为准，不能作扩大解释

中心限定原则：
以权利要求书所表明的实质内容为中心，全面考虑说明书及其附图以及常识和现有技术

折中原则：
以权利要求的内容为准，说明书及其附图可以解释权利要求的内容

**图 12 - 10　专利权保护范围认定原则示意**

我国专利立法采用了折中原则。《专利法》第六十四条第一款规定："发明或者实用新型专利权的保护范围以其权利要求的内容为准，说明书及附图可以用于解释权利要求的内容。"

---

❶ 北京市高级人民法院知识产权审判庭. 北京市高级人民法院《专利侵权判定指南（2017）》理解与适用［M］. 北京：知识产权出版社，2020：6.

## 四、以权利要求的内容为准

"以权利要求的内容为准"，是指发明或者实用新型专利权的保护范围的确定应当根据权利要求的内容来确定，即以由权利要求中所有的必要技术特征所构成的发明或者实用新型内容为准来确定，其中"为准"二字清楚表明不允许背离权利要求的内容。

在具体应用"以权利要求的内容为准"的规定时，应当注意以下3点。

第一，以国务院专利行政部门公告授权的专利文本或者已经发生法律效力的专利复审请求审查决定、无效宣告请求审查决定所确定的权利要求为准。权利要求存在多个文本的，以最终有效的文本为准。仅在说明书或者附图中描述，但未记载在权利要求中的技术方案，不得纳入专利权保护范围，即不能单以说明书及附图为依据，确定专利权的保护范围。

第二，在权利要求书中有几项权利要求的，一般是根据独立权利要求来确定发明或者实用新型专利权的保护范围。因为独立权利要求是用最少的并且是全部必要的技术特征从整体上反映发明或者实用新型的技术内容，所以限定了该发明或者实用新型的最大保护范围。如果他人实施的技术方案中重现了一项独立权利要求记载的全部必要技术特征，就表明该技术方案落入了该独立权利要求的保护范围。即使某一技术方案除了包含某项独立权利要求的全部技术特征以外，还包括一个或者多个该独立权利要求没有记载的技术特征，该技术方案仍然落入了该独立权利要求保护范围。相反，如果他人实施的技术方案仅包含独立权利要求记载的部分必要技术特征，则一般认为该技术方案没有落入独立权利要求的保护范围。这就是通常所说的多特征侵权，少特征不侵权。

第三，在判断是否构成侵权时，只要认定被控侵权行为的客体落入了任何一项权利要求（包括从属权利要求）的保护范围之内，就可以认定构成对专利权的侵犯。侵犯一项从属权利要求，必然会侵犯独立权利要求。反之则不然，侵犯独立权利要求，不一定侵犯从属权利要求。

## 五、等同原则

"等同原则"即"专利等同侵权的判定原则"，被诉侵权技术方案有一个或者一个以上技术特征与权利要求中的相应技术特征从字面上看不相同，但是属于等同特征，在此基础上，被诉侵权技术方案被认定落入专利权保护范围的，属于等同侵权。

等同特征，是指与权利要求所记载的技术特征以基本相同的手段，实现基本相同的功能，达到基本相同的效果，并且本领域普通技术人员在被诉侵权行为发生时无须经过创造性劳动就能够联想到的技术特征，❶ 如图 12-11 所示。

"基本相同的手段"，是指被诉侵权技术方案中的技术特征与权利要求对应技术特征在技术内容上并无实质性差异。

"基本相同的功能"，是指被诉侵权技术方案中的技术特征与权利要求对应技术特征在各自技术方案中所起的作用基本相同。被诉侵权技术方案中的技术特征与权利要求对应技术特征相比还有其他作用的，不予考虑。

"基本相同的效果"，是指被诉侵权技术方案中的技术特征与权利要求对应技术特征在各自技术方案中所达到的技术效果基本相当。被诉侵权技术方案中的技术特征与权利要求对应技术特征相比还有其他技术效果的，不予考虑。

## 六、禁止反悔原则

禁止反悔原则是指在专利授权或者无效程序中，专利申请人

---

❶ 北京市高级人民法院知识产权审判庭. 北京市高级人民法院《专利侵权判定指南（2017）》理解与适用 [M]. 北京：知识产权出版社，2020：6.

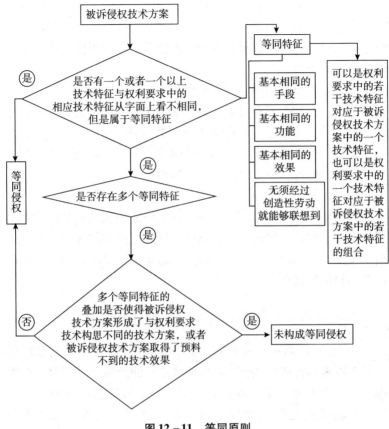

**图 12-11 等同原则**

或专利权人通过对权利要求、说明书的限缩性修改或者意见陈述的方式放弃的保护范围，在侵犯专利权诉讼中确定是否构成等同侵权时，禁止权利人将已放弃的内容重新纳入专利权的保护范围。

专利申请人或专利权人限制或者部分放弃的保护范围，应当是基于克服缺乏新颖性或创造性、缺少必要技术特征和权利要求得不到说明书的支持以及说明书未充分公开等不能获得授权的实质性缺陷的需要。

当等同原则与禁止反悔原则在适用上发生冲突时，即原告主张适用等同原则判定被告侵犯其专利权，而被告主张适用禁止反悔原则判定自己不构成侵犯专利权的情况下，应当优先适用禁止反悔原则。

适用禁止反悔原则应当符合以下三个条件。

第一，专利权人对有关技术特征所作的限制承诺或者放弃必须是明示的，而且已经被记录在专利文档中。

第二，限制承诺或者放弃保护的技术内容，必须对专利权的授予或者维持专利权有效产生了实质性作用。

第三，禁止反悔原则的适用应当以被告提出请求为前提，并由被告提供原告反悔的相应证据。在人民法院依法取得记载有专利权人反悔的证据的情况下，可以根据业已查明的事实，通过适用禁止反悔原则对权利要求的保护范围予以必要的限制，合理确定专利权保护范围。

## 七、以表示在图片或者照片中的设计为准

《专利法》第六十四条第二款规定："外观设计专利权的保护范围以表示在图片或者照片中的该产品的外观设计为准，简要说明可以用于解释图片或者照片所表示的该产品的外观设计。"这个规定是确定外观设计专利权保护范围的基本依据和解释原则。

确定外观设计专利权的保护范围注意事项包括以下四点。

第一，外观设计专利权人在侵权诉讼中应当提交其外观设计的"设计要点图"，说明其外观设计专利权保护的独创部位及内容。专利权人在申请外观设计专利时已向国家知识产权局提交"设计要点图"的，专利档案可以作为认定外观设计要点的证据。

第二，外观设计专利权请求保护色彩的，权利人应当出具由国家知识产权局认可的相关证据，用以确定外观设计专利权的保护范围。

第三，外观设计专利权的保护范围不得延及该外观设计专利申请日或者优先权日之前已有的公知设计内容。

第四，外观设计专利权的保护范围应当排除仅仅起功能、效果作用，而消费者在正常使用中看不见或者不对产品产生美感作用的设计内容。

# 第三节　侵犯专利权行为

侵犯专利权行为，简称"侵权行为"，是指在专利权有效期限内，行为人未经专利权人许可，也无法律依据，为生产经营目的实施他人专利的行为。

## 一、侵犯专利权行为的构成要件

根据《专利法》的规定，构成侵犯专利权行为必须同时具备以下4个条件，如图12－12所示。

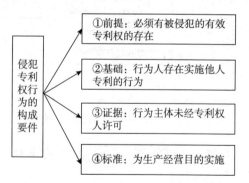

图 12－12　侵犯专利权行为的构成要件

**1. 必须有被侵犯的有效专利权的存在——以有效的专利权的存在为前提**

发明创造在其被授予专利权后并在维持有效的期间内才受到法律保护，在该保护期内第三人实施该项有效专利才构成侵权行为。因此，构成侵犯专利权的行为以有效的专利权的存在为前提。如果实施行为发生在专利授权之前，且在专利授权后停止的，不构成专利侵权。对于发明专利，如果实施行为发生在发明专利申请公布后，但在专利授权前结束的，也不构成专利侵权。而对于专利权期限届满的专利、被宣告无效的专利，以及专利权已经终止的专利，第三人的实施行为并不构成侵权行为，如图12-13所示。

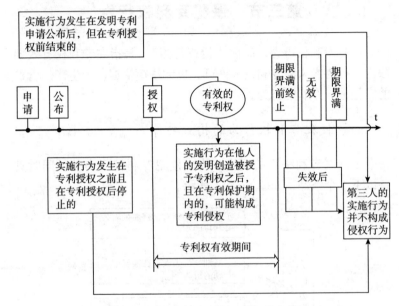

**图12-13 以有效的专利权的存在为前提**

《专利法》第四十四条第一款规定："有下列情形之一的，专利权在期限届满前终止：

"（一）没有按照规定缴纳年费的；

"（二）专利权人以书面声明放弃其专利权的。"

根据第（一）项规定，缴纳专利年费是专利权人的义务，若专利权人不履行此项义务，即没有按照规定缴纳年费，专利权自应当缴纳年费的期限届满之日起终止。

根据第（二）项规定，专利权人以书面声明放弃其专利权的，专利权在期限届满前终止。

《专利法》第四十四条第二款规定："专利权在期限届满前终止的，由国务院专利行政部门登记和公告。"

## 2. 行为人实施了他人专利——以行为人实施了他人专利为基础

专利侵权行为，首先应当是一种没有合法依据实施他人专利的行为，没有实施他人专利的行为，就不构成专利侵权行为；有合法依据实施他人专利的行为也不构成专利侵权行为。因此，构成侵犯专利权的行为以行为人没有合法依据实施了他人专利为基础。❶ 所谓"实施了他人专利"，是指实施了他人在权利要求书中记载的技术方案或者在图片或者照片中记载的设计，而不是产品或方法本身，这一点专利权人或者利害关系人是一定要注意的。

## 3. 未经专利权人许可——以未经过专利权人许可为证据

所谓未经专利权人许可，是指没有得到专利权人的授权，既未签订契约性专利实施许可合同，也未取得指定许可或强制许可。未经许可而擅自进行专利实施行为，就构成侵权。因此，构成侵犯专利权的行为以未经过专利权人许可为证据。凡经过专利权人许可的实施行为，例如签订了专利实施许可合同且遵守合同约定的行为不构成专利侵权。对于指定许可或强制许可情况下的实施行为，尽管没有获得专利权人的许可，但在法律上视为获得了许可。

## 4. 为生产经营目的——以为生产经营目的实施为标准

未经专利权人许可而实施其专利，并不一定就构成侵权，行为人如果是为了特定目的，例如为个人消费、科学研究目的制造、使用、进口有关专利产品，不属于实施专利的行为，无需获得专利权人的许可。这是知识产权与有形财产权的一个重要区别。❷ 比如某人按照专利说明书中描述的内容做出一对新的脚

❶ 刘春田. 知识产权法学［M］. 北京：高等教育出版社，2019：8.

❷ 姜丹明. 知识产权法精要与依据指引［M］. 北京：人民出版社，2005：1.

蹬，用在私人的自行车上，应该是允许的。因此，构成侵犯专利权的行为以为生产经营目的实施为标准。行为人实施他人专利只要为生产经营目的，不管是否盈利（如许诺销售）都构成侵权，不是为生产经营目的的实施不构成侵权。

值得注意的是，侵权人一般会进行一些改动，以逃避侵权：或者增加一个以上必要的组成部分，或者将一种方法的几个步骤的顺序加以改变（但结果一样），或者用等同特征代替原来的必要特征，所有上述这些都是不能逃避侵权的行为，❶ 如图 12 - 14 所示。

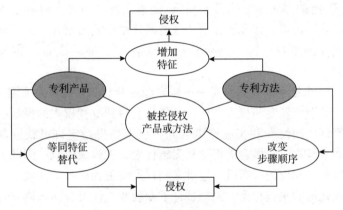

图 12 - 14　不能逃避侵权的改动

简言之，侵权的产品或者侵权的方法包含了一项权利要求的所有必要特征、增加一个以上特征或者用等同特征替代或者改变方法的步骤顺序都不能逃避侵权。但被诉侵权技术方案的技术特征与权利要求记载的全部技术特征相比，缺少权利要求记载的一个以上的技术特征，应当认定其没有落入涉案专利权的保护范围，即缺少权利要求中一个以上的技术特征则避开了侵权。这里应当提醒申请人在申请专利时候，一定要认真分析必要技术特征、非必要技术特征和附加特征，不要将非必要技术特征或者附

---

❶　汤宗舜. 专利法解说［M］. 北京：专利文献出版社，1994：8.

加特征写到独立权利要求中去。

## 二、专利侵权行为的法律责任

### 1. 专利侵权责任构成要件

专利侵权责任的构成要件与前面所说的专利侵权行为的构成要件不同，要注意它们之间的区别。

具体讲，专利侵权责任的构成包括以下三个要件。

（1）必须有实施专利侵权行为存在——以侵权行为存在为前提

承担专利侵权责任必须有专利侵权行为，这一要件与普通的民事侵权责任的构成必须有侵权行为的要件相同。任何人未经专利权人许可，实施其专利的行为都是侵权行为，都应当承担侵权责任。但是，并非所有未经专利权人许可而实施其专利的行为都是侵权行为。在某些情况下，他人不经专利权人许可而实施其专利的行为被法律所允许，例如先用权人和特别许可的被许可人等。

（2）专利侵权行为造成了损害后果——以侵权行为造成损害为条件

按照一般的民法理论，民事侵权责任的构成必须要有损害存在，如果侵权行为没有造成损害，就不承担侵权责任。专利侵权责任也是如此，要求侵权行为对专利权人造成了损害才构成侵权责任。如果专利侵权行为尚未给专利权人造成损害，则行为人只承担停止侵害的责任，不承担侵权责任。

（3）侵权行为与损害结果具有因果关系——以侵权行为与损害因果关系为标准

因果关系是指行为与结果之间决定与被决定、引起与被引起之间的关系。❶ 侵权的因果关系，是指违法行为和损害事实之间

---

❶　王海蓉. 侵权责任中的因果关系［EB/OL］.［2024 - 11 - 23］. https：//www. chinacourt. org/article/detail/2003/09/id/79986. shtml.

的因果关系，即若不存在这种违法行为，损害就不会发生，则该行为是损害结果发生的原因；反之，即使不存在该行为，损害也会发生，则该行为就不是损害发生的原因❶。由于侵犯专利权的行为可以由若干主体同时实施，所以在判断侵权行为对专利权造成的损害时，很难判断专利权人哪些损失是由哪个侵权者的行为带来的，一般应当通过侵权者制造侵权产品的多少或者已获利益的大小来确定其承担相应的责任，而不能由侵权者平均分担。

**2. 专利侵权行为民事责任的类型**

（1）停止侵权

停止侵权是指责令侵害专利权的行为人立即停止正在实施的侵权行为。这种责任方式的目的在于防止侵权人继续进行侵权活动，避免给权利人造成更大的损失。❷

但是，停止侵权这种责任形式应当是法院或者专利行政部门在作出处理时，已确定被告的行为构成专利侵权以后，才能适用。在实践中，往往专利权人在起诉或者请求专利行政部门处理侵权纠纷时，就要求法院或者专利行政部门责令被告停止侵权，法院或者专利行政部门应当要求专利权人提供担保，才能决定责令被告停止侵权，否则，一旦最后专利权被宣告无效或者查明被告的行为不构成侵权，就会对被告的利益造成巨大损失，如图 12 - 15 所示。

（2）赔偿损失

赔偿损失是指侵权人在造成专利权人经济损失后，责令其赔偿的一种方式。❸

专利侵权赔偿数额计算方法归纳有以下 3 种，如图 12 - 16 所示。

---

❶　孔繁灵. 侵权行为因果关系的分析与认定［EB/OL］.［2024 - 11 - 23］. https://www.chinacourt.org/article/detail/2014/08/id/1358979.shtml.

❷❸　刘春田. 知识产权法学［M］. 北京：高等教育出版社，2019：8.

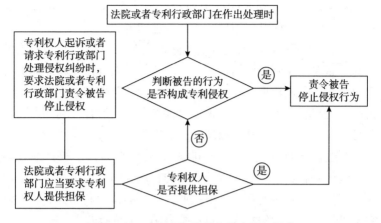

图 12 –15  专利侵权责任之停止侵权行为

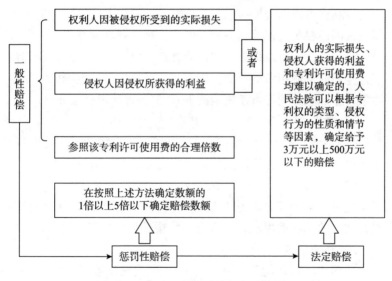

图 12 –16  专利侵权赔偿数额计算方法

1）一般性赔偿

《专利法》第七十一条第一款规定："侵犯专利权的赔偿数额按照权利人因被侵权所受到的实际损失或者侵权人因侵权所获

得的利益确定；权利人的损失或者侵权人获得的利益难以确定的，参照该专利许可使用费的倍数合理确定。"

"权利人因被侵权所受到的实际损失"可以根据专利权人的专利产品因侵权所造成销售量减少的总数乘以每件专利产品的合理利润所得之积计算。权利人销售量减少的总数难以确定的，侵权产品在市场上销售的总数乘以每件专利产品的合理利润所得之积可以视为权利人因被侵权所受到的损失。

"侵权人因侵权所获得的利益"，可以根据该侵权产品在市场上销售的总数乘以每件侵权产品的合理利润所得之积计算。侵权人因侵权所获得的利益一般按照侵权人的营业利润计算，对于完全以侵权为业的侵权人，可以按照销售利润计算。

"参照该专利许可使用费的倍数合理确定"，即以不低于合理的专利许可使用费作为损失赔偿额。被侵权人的实际损失或者侵权人因侵权所获得的利益难以确定，有专利许可使用费可以参照的，人民法院可以根据专利权的类别，侵权人侵权的性质和情节，专利许可使用费的数额，该专利许可的性质、范围、时间等因素，参照该专利许可使用费的1～3倍合理确定赔偿数额。

2）惩罚性赔偿

《专利法》第七十一条第一款还规定："对故意侵犯专利权，情节严重的，可以在按照上述方法确定数额的一倍以上五倍以下确定赔偿数额。"

这是一种惩罚性赔偿，是《民法典》关于知识产权侵权惩罚性赔偿的总括性规定在《专利法》中的具体规定。

3）法定赔偿

所谓"法定赔偿"，即由人民法院确定赔偿数额。《专利法》第七十一条第二款规定："权利人的损失、侵权人获得的利益和专利许可使用费均难以确定的，人民法院可以根据专利权的类型、侵权行为的性质和情节等因素，确定给予三万元以上五百万元以下的赔偿。"该条款提高了法定赔偿额，从1万～100万元提高到3万～500万元，不但与经济发展相适应，而且大大提高了专利侵权成本，加大了赔偿力度。

《专利法》第七十一条第三款对赔偿额范围还具体规定："赔偿数额还应当包括权利人为制止侵权行为所支付的合理开支。"

另外，在专利侵权诉讼实践中，很多权利人面临无法进入侵权产品所在地取证、无法掌握侵权产品销量和销售额等证据的困境，在遵循"谁主张，谁举证"原则情况下，权利人往往举证艰难，力有不逮。为了破解该难题，《专利法》第七十一条第四款规定了完善证据规则："人民法院为确定赔偿数额，在权利人已经尽力举证，而与侵权行为相关的账簿、资料主要由侵权人掌握的情况下，可以责令侵权人提供与侵权行为相关的账簿、资料；侵权人不提供或者提供虚假的账簿、资料的，人民法院可以参考权利人的主张和提供的证据判定赔偿数额。"这一规则减轻了专利权人的举证负担，有利于解决专利维权"举证难"的问题，也有利于督促权利人和被诉侵权人积极举证，有效解决了因侵权人不配合举证而导致赔偿数额难以确定的问题。

（3）消除影响

专利权人除了要求侵权人赔偿经济损失之外，还可以要求恢复专利权人的业务信誉，以消除侵权人的破坏性影响。例如侵权人在报纸上刊登道歉广告等。

**3. 现有技术抗辩规则**

《专利法》第六十七条规定："在专利侵权纠纷中，被控侵权人有证据证明其实施的技术或者设计属于现有技术或者现有设计的，不构成侵犯专利权。"这一条被称为现有技术抗辩规则。

现有技术抗辩，是指被诉落入专利权保护范围的全部技术特征，与一项现有技术方案中的相应技术特征相同或者等同，或者所属技术领域的普通技术人员认为被诉侵权技术方案是一项现有技术与所属领域公知常识的简单组合的，应当认定被诉侵权人实施的技术属于现有技术，被诉侵权人的行为不构成侵犯专利权。

现有设计抗辩，是指被诉侵权外观设计与一项现有设计相同或者相近似，或者被诉侵权产品的外观设计是一项现有外观设计与该产品的惯常设计的简单组合，则被诉侵权外观设计构成现有设计，被诉侵权人的行为不构成侵犯外观设计专利权。

将现有技术抗辩规则写入《专利法》，将大幅度增强被控侵权但实质不侵权人的反击能力，对专利权人滥用专利权也是一种遏制。

但是应当注意，现有技术抗辩的适用规则是：被控实施的技术或者设计与现有技术或者现有设计的比对，而不是与权利要求记载的技术方案或者要求保护的产品的外观设计的图片或者照片进行比对。因此，现有技术抗辩规则只能是个案，具有被动性和依据唯一性。被动性是指只有别人告你，你才可以抗辩。依据唯一性是指只能以现有技术为抗辩依据，如图 12 – 17 所示。

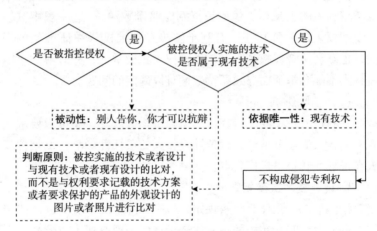

**图 12 – 17    现有技术抗辩规则**

## 三、专利权被侵犯的解决途径

对于专利侵权行为的处理，《专利法》第六十五条规定："未经专利权人许可，实施其专利，即侵犯其专利权，引起纠纷的，由当事人协商解决；不愿协商或者协商不成的，专利权人或者利害关系人可以向人民法院起诉，也可以请求管理专利工作的部门处理。管理专利工作的部门处理时，认定侵权行为成立的，可以责令侵权人立即停止侵权行为，当事人不服的，可以自收到处理通知之日起十五日内依照《中华人民共和国行政诉讼法》向人民法院起诉；侵权人期满不起诉又不停止侵权行为的，管理专利工作的部门可以申请人民法院强制执行。进行处理的管理专利工作的部门应当事人的请求，可以就侵犯专利权的赔偿数额进行调解；调解不成的，当事人可以依照《中华人民共和国民事诉讼法》向人民法院起诉。"

根据上述规定，专利权被侵犯的解决途径如下。

### 1. 由当事人协商解决

协商解决，是指发生侵权案件以后，双方当事人直接进行磋商，以达成解决争议办法的处理方式。

### 2. 向法院提起民事诉讼

发生侵权案件以后，当事人不愿协商或者协商不成的，专利权人或者利害关系人可以向人民法院起诉。

### 3. 请求专利管理机关处理

发生侵权案件以后，当事人不愿协商或者协商不成的，专利权人或者利害关系人也可以请求有管辖权的地方人民政府管理专利工作的部门处理。管理专利工作的部门处理时，认定侵权行为成立的，可以责令侵权人立即停止侵权行为，当事人不服的，可以自收到处理通知之日起 15 日内依照《中华人民共和国行政诉讼法》向人民法院起诉。侵权人期满不起诉又不停止侵权行为的，管理专利工作的部门可以申请人民法院强制执行。

上述侵权纠纷的解决途径如图 12 - 18 所示。

### 四、药品专利纠纷早期解决机制

药品专利纠纷早期解决机制是指将相关药品上市审批程序与相关药品专利纠纷解决程序相衔接的制度。❶

---

❶ 《药品专利纠纷早期解决机制实施办法（试行）》政策解读［EB/OL］.（2021 - 07 - 09）［2024 - 11 - 23］. https：//yjj. henan. gov. cn/2021/07 - 09/2180201. html.

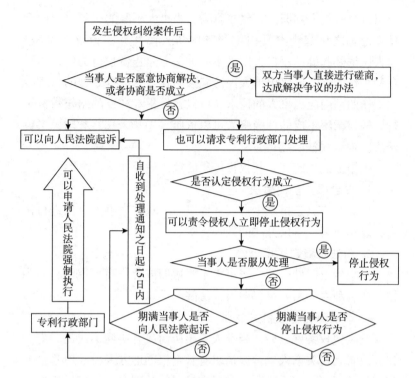

**图 12 - 18  侵权纠纷的解决途径**

《专利法》第七十六条第一款规定："药品上市审评审批过程中，药品上市许可申请人与有关专利权人或者利害关系人，因申请注册的药品相关的专利权产生纠纷的，相关当事人可以向人民法院起诉，请求就申请注册的药品相关技术方案是否落入他人药品专利权保护范围作出判决。国务院药品监督管理部门在规定的期限内，可以根据人民法院生效裁判作出是否暂停批准相关药品上市的决定。"第二款规定："药品上市许可申请人与有关专利权人或者利害关系人也可以就申请注册的药品相关的专利权纠纷，向国务院专利行政部门请求行政裁决。"第三款规定："国务院药品监督管理部门会同国务院专利行政部门制定药品上市许可审批与药品上市许可申请阶段专利权纠纷解决的具体衔接办法，报国务院同意后实施。"

上述条款规定了药品专利纠纷早期解决机制，确立了"事前解决"药品专利纠纷的法律依据，让原研药专利权人和仿制药上市申请人在仿制药上市前解决专利侵权纠纷有法可依。药品专利纠纷早期解决机制需要注意以下五点。

一是专属管辖，"人民法院"专指北京知识产权法院。❶

二是严格限定起诉权利依据范围，"相关的专利权"仅指中国上市药品专利信息登记平台登记的在中国境内注册上市的被仿制药品的相关专利，而且当事人在提起该项诉讼时需要明确具体的权利要求。如果提起该项诉讼依据的专利不属于已登记范围，法院不会受理。

三是明确起诉主体范围，"利害关系人"不仅指已登记的药品专利的被许可人，还包括已经登记的药品上市许可持有人，他们都有权向法院提起涉药品上市审批专利纠纷诉讼。

四是判决结论具有一定特殊性，法院会在裁判主文中分别认定申请注册的药品相关技术方案部分落入、部分未落入相关专利权保护范围，认定更加清晰明确。

五是根据《专利法》第七十六条第二款规定："药品上市许可申请人与有关专利权人或者利害关系人也可以就申请注册的药品相关的专利权纠纷，向国务院专利行政部门请求行政裁决。"也就是说，专利法在规定人民法院受理此类案件外，还同时赋予了国家知识产权局对此类案件进行行政裁决的权力。

药品专利纠纷早期解决制度的规定如图 12 - 19 所示。

## 五、侵权诉讼时效

《专利法》第七十四条第一款规定："侵犯专利权的诉讼时效为三年，自专利权人或者利害关系人知道或者应当知道侵权行

---

❶ 邱明东. 药品专利纠纷"早期解决机制条款"解读［EB/OL］. ［2024 - 11 - 23］. https：//m. thepaper. cn/baijiahao_10352456.

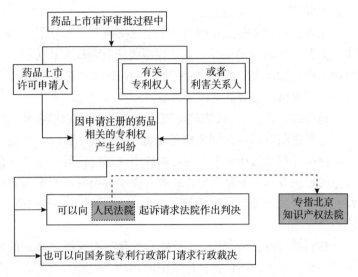

图 12-19  药品专利纠纷早期解决制度

为以及侵权人之日起计算。"第二款规定："发明专利申请公布后至专利权授予前使用该发明未支付适当使用费的，专利权人要求支付使用费的诉讼时效为三年，自专利权人知道或者应当知道他人使用其发明之日起计算，但是，专利权人于专利权授予之日前即已知道或者应当知道的，自专利权授予之日起计算。"如图 12-20 所示。

"知道或者应当知道"这 8 个字是法律中一个常用的表述，它表示某种事实或情况是权利人应该知道或者已经知道；或者说，有证据表明权利人已经知道，或者根据一般规律推定权利人应当知道。

"知道"，是指专利权人或其利害关系人确实知道侵权行为已经发生，包括已知侵权行为人和侵权行为，如专利权人自己发现并有证据，或经他人明确告知，或接到专利管理机关的正式通知等，这些都可以证明专利权人或其利害关系人已经知道侵权行为发生。

"应当知道"，是指按照具体情况，权利人作为一个正常理

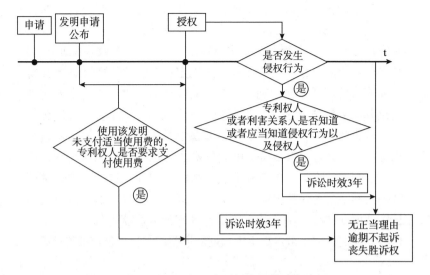

**图 12 – 20　侵犯专利权的诉讼时效**

性之人应当知道侵权行为存在。应当知道是一种法律推定，要以一定的事实为基础。依据该事实，当一个普通公民已能够从各种信息中判断出有侵权行为和侵权行为人时，专利权人也完全应该判断出侵权行为及侵权行为人，不论他知道与否，都可以推定权利人应当知道，也就是说，有理由相信权利人已经知道侵权行为已经发生并判断出侵权行为人。例如，产品销售广告的大量印发、产品的公开展销和使用，都可作为判断权利人"应当知道"的依据。再如，一种侵权产品在展览会上展出，权利人也应邀参加了该展览会，就应当认定权利人"应当知道"该侵权行为。

## 六、举证责任的转移

举证责任的一般原则是"谁主张，谁举证"。但是，当专利侵权纠纷涉及一项产品的制造方法时，即在方法专利的侵权诉讼中，由于制造方法只有在产品的制造过程中使用，被告所使用的方法不会直接出现在市场上，原告很难找到直接的侵权证据，而企业的生产方法一般又属于该企业的技术秘密，主张侵权的原告在客观上难以或无法到被告企业中去找寻并提供侵权证据，这样对方法专利的专利权人来说是不利的。为了更有效地保护专利权，《专利法》第六十六条第一款规定："专利侵权纠纷涉及新产品制造方法的发明专利的，制造同样产品的单位或者个人应当提供其产品制造方法不同于专利方法的证明。"这就是说，在专利侵权诉讼中，涉及新产品制造方法的发明专利时，不是原告拿出证据证明被告侵权，而是由被告提供证据证明自己未侵权，即其产品制造方法不同于专利方法，因此未侵权。这种由被告举证的做法即举证责任的转移，或称举证责任的倒置。如果被告能够证明他的新产品是用专利方法以外的其他方法获得的，他就没有侵权；反之，如果被告提不出相反的证明的，就可推定被告侵权。

## 七、专利权评价报告

### 1. 专利权评价报告的定义

专利权评价报告，是根据《专利法》第六十六条第二款规定定义的，是实用新型和外观设计专利权人的特别举证责任。

### 2. 专利权评价报告的作用

《专利法》第六十六条第二款规定："专利侵权纠纷涉及实用新型专利或者外观设计专利的，人民法院或者管理专利工作的部门可以要求专利权人或者利害关系人出具由国务院专利行政部门对相关实用新型或者外观设计进行检索、分析和评价后作出的专利权评价报告，作为审理、处理专利侵权纠纷的证据；专利权人、利害关系人或者被控侵权人也可以主动出具专利权评价报告。"

如果评价报告的结论是未发现不符合法定授权条件的情形，即未发现导致实用新型或者外观设计专利权无效的事由的，则可以作为实用新型或外观设计专利权权利稳定性的证据，以帮助专利权人有效行使权利。

如果实用新型或外观设计专利的权利人、利害关系人需要维权，或者被控侵权人需要抗辩，也需要知悉实用新型或外观设计专利是否符合授权条件，所以"专利权人、利害关系人或者被控侵权人也可以主动出具专利权评价报告"。

### 3. 专利权评价报告请求的客体与主体

《专利法实施细则》第六十二条第一款规定："授予实用新型或者外观设计专利权的决定公告后，专利法第六十六条规定的专利权人、利害关系人、被控侵权人可以请求国务院专利行政部门作出专利权评价报告。申请人可以在办理专利权登记手续时请求国务院专利行政部门作出专利权评价报告。"

根据上述规定，专利权评价报告请求的客体为授予专利权的实用新型专利或外观设计专利，包括已经终止或者放弃的实用新型专利或者外观设计专利，但不包括已被宣告全部无效的实用新型专利或者外观设计专利。

专利权评价报告请求的主体为任何单位或者个人，包括专利权人、利害关系人、被控侵权人。其中，专利权人，可以是部分专利权人；利害关系人，是指有权根据专利法的规定就专利侵权纠纷向人民法院起诉或者请求管理专利工作的部门处理的人。

### 4. 专利权评价报告的手续办理要求

《专利法实施细则》第六十二条第二款规定："请求作出专利权评价报告的，应当提交专利权评价报告请求书，写明专利申请号或者专利号。每项请求应当限于一项专利申请或者专利权。"具体而言，不同的请求主体专利权评价报告的手续办理要求如下：

第一，专利权评价报告的请求人是专利权人的，应当提交专利权评价报告请求书，写明专利申请号（在办理专利权登记手续时）或者专利号（在授予专利权的决定公告后）。

第二，专利权评价报告的请求人是利害关系人的，应当提交专利权评价报告请求书和相关证明文件。例如，请求人是专利实施独占许可合同的被许可人的，应当提交与专利权人订立的专利实施独占许可合同或其复印件。请求人是专利权人授予起诉权的专利实施普通许可合同的被许可人的，应当提交与专利权人订立的专利实施普通许可合同或其复印件，以及专利权人授予起诉权的证明文件。

第三，专利权评价报告的请求人是被控侵权人的，应当提交专利权评价报告请求书和关于被控侵权人的证明文件。

《专利法实施细则》第六十二条第三款规定："专利权评价报告请求书不符合规定的，国务院专利行政部门应当通知请求人在指定期限内补正；请求人期满未补正的，视为未提出请求。"

**5. 专利权评价报告的审查程序**

《专利法实施细则》第六十三条第一款规定："国务院专利行政部门应当自收到专利权评价报告请求书后2个月内作出专利权评价报告，但申请人在办理专利权登记手续时请求作出专利权评价报告的，国务院专利行政部门应当自公告授予专利权之日起2个月内作出专利权评价报告。"如图12-21所示。

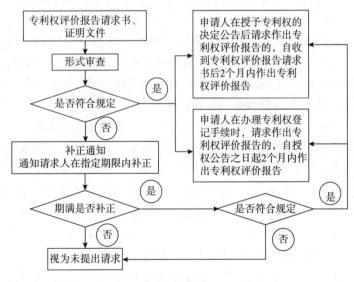

**图12-21  专利权评价报告的审查程序**

**6. 专利权评价报告的查阅或者复制**

为了保证专利权评价报告的权威性和确保公众利益，《专利法实施细则》第六十三条第二款规定："对同一项实用新型或者外观设计专利权，有多个请求人请求作出专利权评价报告的，国务院专利行政部门仅作出一份专利权评价报告。任何单位或者个人可以查阅或者复制该专利权评价报告。"

**7. 专利权评价报告的性质**

出具专利权评价报告这个要求的原因在于我国《专利法》对实用新型专利申请或者外观设计专利申请仅进行初步审查，而不进行实质性审查，因而其专利权具有很大的不确定性或者说不稳定性。要求提起侵犯实用新型或者外观设计专利权诉讼的原告，应当在起诉时出具由国务院专利行政部门作出的专利权评价报告，主要针对在专利侵权诉讼中因被告提出宣告专利权无效导致中止诉讼问题而采取的措施。因此，专利权评价报告只是一种证明文件或者证据形式，并非出具专利权评价报告是原告提起实用新型专利或者外观设计专利侵权诉讼的条件。

专利权评价报告也不是行政决定，因此专利权人或者利害关系人也不能就此提起行政复议和行政诉讼。

专利权评价报告的相关问题如图 12 – 22 所示。

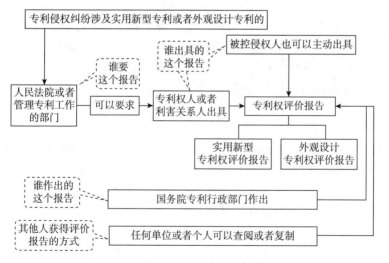

**图 12 – 22　专利权评价报告——特别举证责任**

## 八、专利侵权诉前临时措施

### 1. 专利侵权临时措施的内容及申请的主体

《专利法》第七十二条规定："专利权人或者利害关系人有证据证明他人正在实施或者即将实施侵犯专利权、妨碍其实现权利的行为，如不及时制止将会使其合法权益受到难以弥补的损害的，可以在起诉前依法向人民法院申请采取财产保全、责令作出一定行为或者禁止作出一定行为的措施。"根据该条款的规定，专利侵权诉前临时措施的内容包括采取财产保全、责令作出一定行为或者禁止作出一定行为；专利侵权诉前临时措施申请的主体只能是专利权人或者利害关系人。所谓利害关系人，包括专利实施许可合同的被许可人、专利财产权利的合法继承人等。如独占实施许可合同的被许可人可以单独向人民法院提出申请。排他实施许可合同的被许可人在专利权人不申请的情况下，也可以提出申请。

### 2. 专利侵权诉前临时措施的证据

《专利法》第七十三条规定："为了制止专利侵权行为，在证据可能灭失或者以后难以取得的情况下，专利权人或者利害关系人可以在起诉前依法向人民法院申请保全证据。"

专利侵权诉前临时措施的证据包括以下三点。

第一，专利权人应当提交证明其专利权真实有效的文件，包括专利证书、权利要求书、说明书、专利年费缴纳凭证。提出的申请涉及实用新型或者外观设计专利的，申请人应当提交国务院专利行政部门出具的专利权评价报告。

第二，利害关系人应当提供有关专利实施许可合同及其在国务院专利行政部门备案的证明材料。

第三，提交证明被申请人正在实施或者即将实施侵犯其专利权的行为的证据，包括被控侵权产品以及专利技术与被控侵权产品技术特征对比材料等。

### 3. 专利侵权诉前临时措施的申请理由

申请人在提出临时措施请求时，应当说明他人正在实施或者即将实施侵犯专利权的行为，如果不及时制止会使申请人合法权益受到难以弥补损失的理由。所谓难以弥补的损害，是指权利人在侵权行为实际发生后，将难以获得相当的赔偿。

### 4. 专利侵权诉前临时措施的申请

专利侵权诉前临时措施的申请人应当向有管辖权的人民法院提出采取责令停止侵权行为临时措施请求。专利权人或者利害关系人向人民法院提出申请，应当递交书面申请状。申请状应当载明当事人及其基本情况、申请的具体内容、范围和理由等事项。

### 5. 专利侵权诉讼的诉前证据保全

为了制止专利侵权行为，在证据可能灭失或者以后难以取得的情况下，专利权人或者利害关系人可以在起诉前向人民法院申请保全证据。

专利侵权证据保全措施相关问题如图 12-23 所示。

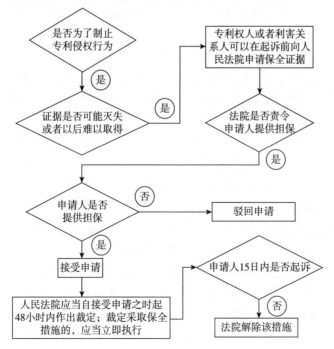

**图 12-23　专利侵权证据保全措施**

# 第四节 侵权例外——不视为侵犯专利权的行为

《专利法》第七十五条规定："有下列情形之一的，不视为侵犯专利权：

"（一）专利产品或者依照专利方法直接获得的产品，由专利权人或者经其许可的单位、个人售出后，使用、许诺销售、销售、进口该产品的；

"（二）在专利申请日前已经制造相同产品、使用相同方法或者已经作好制造、使用的必要准备，并且仅在原有范围内继续制造、使用的；

"（三）临时通过中国领陆、领水、领空的外国运输工具，依照其所属国同中国签订的协议或者共同参加的国际条约，或者依照互惠原则，为运输工具自身需要而在其装置和设备中使用有关专利的；

"（四）专为科学研究和实验而使用有关专利的；

"（五）为提供行政审批所需要的信息，制造、使用、进口专利药品或者专利医疗器械的，以及专门为其制造、进口专利药品或者专利医疗器械的。"

应当注意，在《专利法》的条款中，对划定《专利法》所禁止的行为范畴起直接作用的有两条，即第十一条和第七十五条。第十一条从正面规定了一项专利权所禁止的各种行为；第七十五条则是对第十一条的补充，是在第十一条划定的专利权所禁止的各种行为的总范围中，举出5种情况作为侵权例外对待。因此，第七十五条应在第十一条的前提范围内运用。在确认是属于第十一条划定范围的前提下，才看该行为是否属于第七十五条排除的5种例外情况，而不是直接用第七十五条来认定是否属于侵权例外。正是由于上述两条的这种关系，在第七十五条才用了"不视为侵犯专利权行为"的提法，而没有采用正面否定的"不侵犯专利权"的提法。也就是说，如果某一行为属于第十一条专利权所禁止的范畴，就构成了侵犯专利权行为，但是如果属于第七十五条侵权例外的情况，就"不视为侵犯专利权"，如图 12 – 24 所示。

《专利法》第十一条专利权所禁止的各种侵权的总范围

《专利法》第七十五条侵权例外的情况

**图 12 –24　《专利法》第十一条和第七十五条的关系**

## 一、权利用尽与平行进口

《专利法》第七十五条第（一）项规定，"专利产品或者依照专利方法直接获得的产品，由专利权人或者经其许可的单位、个人售出后，使用、许诺销售、销售、进口该产品的"，不视为侵犯专利权。这被称为权利用尽条款，其中含有"权利用尽"和"平行进口"两个方面内容。

### 1. 权利用尽

"权利用尽"也被称为"专利权穷竭"。就一件产品而言，"制造"的行为只能发生一次，而使用、许诺销售、销售、进口这些行为则可发生多次。从理论上说使用、许诺销售、销售、进口这类行为可以被不同的人一次又一次地无限地进行。如果每一次都必须经过专利权人的许可，那就失去了让专利产品为公众服务的意义。根据《专利法》第七十五条第（一）项规定，专利产品或者依照专利方法直接获得的产品，由专利权人或者经其许可的单位、个人售出后，使用、许诺销售、销售、进口该产品的,不视为侵犯专利权。也就是说,专利权人对其专利产品的销售就具体的每一件产品而言,只能控制一次,一旦出售,专利权人的权利就已经"用尽",公众便可自由地使用、许诺销售、销售、进口该产品了,不需要得到专利权人的许可或者授权,且不构成对专利权的侵犯。

规定专利权权利用尽原则可以防止专利权人滥用专利权妨碍专利产品的合法分销与使用,有利于商品的自由流通。但实践中必须注意,专利权权利用尽只限于专利权人或其许可的人出售专利产品以后他人的使用、许诺销售、销售、进口行为,不包括售出后他人的制造行为,如图 12-25 所示。

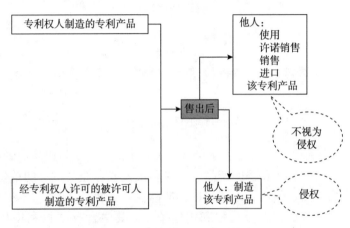

**图 12-25  专利权权利用尽的含义**

### 2. 平行进口

所谓"平行进口"问题,就是当专利权人制造或者经专利权人许可而制造的专利产品或者依照专利方法所直接获得的产品是在国外售出时(不论专利权在该国或者该地区是否享有专利权),是否允许其购买者将其进口到我国国内。

根据《专利法》第七十五条第(一)项的规定,对专利产品或者依照专利方法直接获得的产品的"售出"行为,不仅包括专利权人或者经其许可的单位或者个人在我国境内的销售行为，而且包括专利权人或者经其许可的单位或者个人在我国境外的销售行为，即此处的所述"售出"行为的范围不限于我国而覆盖全球范围。这是与《专利法》其他条款规定的不同之处。换言之，我国《专利法》对于专利领域中的平行进口行为表示允许，即专利产品或者依照专利方法直接获得的产品，由专利权人或者经其许可的单位、个人（既可以是中国单位或者个人，也可以是外国单位或者个人）售出后（不仅包括专利权人或者经其许可的单位或者个人在我国境内的销售行为，而且包括专利权人或者经其许可的单位或者个人在我国境外的销售行为），使用、许诺销售、销售、进口该产品的，不视为侵犯专利权。从而确立了专利产品平行进口的合法地位，如图 12－26 所示。

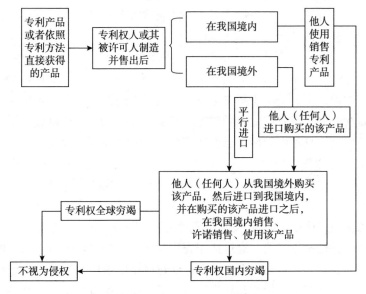

**图 12－26　平行进口示意**

由此可以定义，平行进口，是指一国的进口商未经在该国享有知识产权的权利人的授权，将由权利人自己或经权利人同意在其他国家或地区已合法投放至市场的产品，进口至该国的行为。应当注意的是，平行进口的对象是知识产权产品，而非知识产权本身。

## 二、先用权

《专利法》第七十五条第（二）项规定："在专利申请日前已经制造相同产品、使用相同方法或者已经作好制造、使用的必要准备，并且仅在原有范围内继续制造、使用的，不视为侵犯专利权。"该条款被称为先用权条款，也就是通常所说的先用权。

也就是说，如果某项发明创造在他人（例如乙）提出专利申请（不含申请日）以前，任何单位或者个人（例如甲）已经制造相同产品、使用相同方法或者已经做好制造、使用的必要准备，在该发明创造被授予专利权后，仍有权继续在原有的范围内制造或者使用该项发明创造，即使后来申请专利的人获得了专利权，具有先用权的单位或者个人的制造或者使用行为也不视为侵犯专利权，如图 12-27 所示。

注意在《专利法》中创设"先用权原则"并不是保护发明在先的人，而是为了消除"先申请原则"带来的某些不利因素。具体讲，主要是基于两点考虑：一是对先用权人公平。先用权人是在先完成或者与他人同时完成发明创造的人，甚至也提出了专利申请，只是由于他人已在先提出专利申请而徒劳无益。《专利法》的"先申请原则"对先用权人本就不公平。先用权原则的实质是以申请日为时间界限，对申请专利在先的人和已经实施或者准备实施的单位或个人之间利益进行调整，以使他们得到公平的保护，所以，先用权适当考虑先用权人的利益，体现公平原则。二是避免浪费。通过适用先用权原则，先用权人已经投入的人力、物力、财力不至于浪费。通过严格的条件限制，即"已经制造相同产品、使用相同方法或者已经做好制造、使用的必要准备，并且仅在原有范围内继续制造、使用的"，不视为侵犯专利权，先用权原则既公平对待了先用权人，又避免了浪费，还不至于对专利法的先申请原则产生过大的冲击。❶

---

❶ 刘春田. 知识产权法学 ［M］. 北京：高等教育出版社，2019：8.

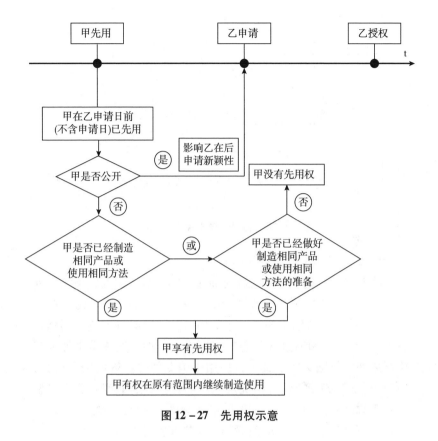

**图 12 – 27 先用权示意**

## 三、临时过境

《专利法》第七十五条第（三）项规定："临时通过中国领陆、领水、领空的外国运输工具，依照其所属国同中国签订的协议或者共同参加的国际条约，或者依照互惠原则，为运输工具自身需要而在其装置和设备中使用有关专利的，不视为侵犯专利权"。此为临时过境条款。适用外国交通工具临时过境应当符合如下条件，如图 12 – 28 所示。

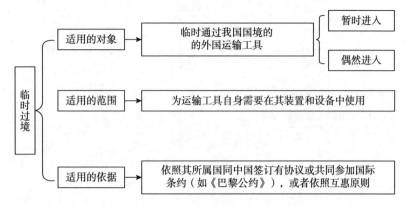

图 12 - 28 临时过境不视为侵权条件

### 1. 临时过境条款适用的对象

临时过境规则只适用于临时通过我国领陆、领水、领空的外国运输工具，不能适用于长期滞留在我国境内的外国运输工具。

"临时"在《巴黎公约》中的用语是"暂时进入或者偶然地进入"，其中"暂时进入"包括定期进入，如定期往返于外国与中国之间的外国交通工具上，使用中国专利并不构成侵权行为；"偶然进入"指由于特殊情况进入中国包括因迷航或者船舶失事所致等意外原因而入境，如船舶进港避风、飞机因气象条件迫降等，而在这种情况下，即使船舶或飞机非暂时停留在中国，也不侵犯专利权。❶

### 2. 临时过境条款适用的范围

规定临时过境规则的目的在于维护国家间运输的自由，因此，对有关专利的使用仅限于运输工具本身的需要，即为构成运输工具本身的功能所必要的。但是应注意，为运输工具自身需要是指在船体、各种船用机械、设备或船舶的其他附件中，以及在飞机或陆上车辆的各种装置及其附件中，为了专门的操作需要而使用的，不包括在运输工具上制造、销售专利产品，或按专利方

---

❶ 刘春田. 知识产权法学 [M]. 北京：高等教育出版社，2019：8.

法制造产品，因为这些不是为运输工具自身需要；也不包括用交通运输工具对专利产品的"转运"，即从一个交通运输工具转到另一个交通运输工具上的行为。

**3. 临时过境条款适用的依据**

临时过境规则仅适用于与中国签订有协议或者共同参加的国际条约（只要运输工具的所属国是《巴黎公约》成员国，均可享受临时过境规则）或者具有互惠关系的国家的运输工具，其他国家的运输工具不适用该规则。我国的交通工具也不适用该规则。❶

### 四、专为科研和实验使用

《专利法》第七十五条第（四）项规定，"专为科学研究和实验而使用有关专利的"，不视为侵犯专利权。此为专为科研和实验使用条款。专为科学研究和实验而使用有关专利，不视为侵犯专利权，其目的是促进科学研究和实验，促进创新。

专为科学研究和实验的目的而使用有关专利，与为生产经营目的不同，它不是以生产经营为目的，而是促进科技进步与创新。因此，这里的使用，只能理解为制造与使用专利产品，不应理解为销售专利产品。换句话说，由于制造与使用两种行为可以是专为科研目的而进行的，但销售专利产品就与商业目的分不开了，因此未经专利权人的许可是不允许为以生产经营为目的销售的，哪怕是把专利产品销售给科研机关、教学单位或实验室，也不能摆脱侵权之嫌，如图 12-29 所示。

### 五、为提供行政审批所需要的信息

《专利法》第七十五条第（五）项规定，"为提供行政审批所需要的信息，制造、使用、进口专利药品或者专利医疗器械的，以及专门为其制造、进口专利药品或者专利医疗器械的"，不视为侵犯专利权。此为"Bolar 例外"条款。

❶ 刘春田. 知识产权法学 [M]. 北京：高等教育出版社，2019：8.

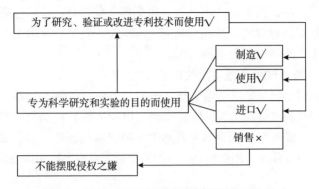

**图 12 - 29　专为科学研究和实验而使用的含义**

"Bolar 例外"条款源于 1984 年的美国，因美国联邦巡回上诉法院的 Roche 诉 Bolar 案而得名。继美国之后，加拿大、英国、澳大利亚等国均在其专利法中明确规定了 Bolar 例外，而且这一制度也被 WTO 的争端解决机构在对有关纠纷的裁决中所认可，认为采用 Bolar 例外没有违背 TRIPS 的规定。因此，Bolar 例外在很多国家和地区通过立法或判例被广泛认可。

我国 2008 年第三次修改的《专利法》采纳并明确了"Bolar 例外"，规定为提供行政审批所需要的信息，制造、使用、进口专利药品或者专利医疗器械的，以及专门为其制造、进口专利药品或者专利医疗器械的，不视为侵犯专利权，如图 12 - 30 所示。

作为公共健康问题较为突出的人口大国，我国在《专利法》中增加有关"Bolar 例外"的规定，可使公众在药品和医疗器械专利权保护期限届满之后及时获得价格较为低廉的仿制药品和医疗器械，这不仅对医药行业发展具有重要影响，而且对我国解决公共健康问题具有重要意义。根据上述规定，不仅药品生产者或者研发机构为提供行政审批所需要的信息而制造、使用、进口专利药品或者专利医疗器械的，不视为侵犯专利权，而且他人专门为药品生产者或研发机构提供行政审批所需要的信息而制造、进口专利药品或者专利医疗器械并将其提供给药品生产者或者研发机构的行为也不视为侵犯专利权。

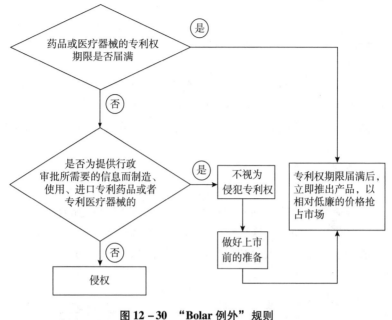

图 12 - 30 "Bolar 例外"规则

## 六、善意第三人的免责规定

《专利法》第七十七条规定:"为生产经营目的使用、许诺销售或者销售不知道是未经专利权人许可而制造并售出的专利侵权产品,能证明该产品合法来源的,不承担赔偿责任。"

应当明确,"为生产经营目的使用、许诺销售或者销售不知道是未经专利权人许可而制造并售出的专利侵权产品"本身属于侵权行为,但是如果不知道是未经专利权人许可而制造并售出的专利侵权产品,能证明其产品合法来源的,不承担赔偿责任。这样可以使任何人在已知或有充分理由应知某商品是侵权产品时不得继续从事任何经营行为,从而强化了专利权的保护力度。

在理解善意第三人的免责规定时应当注意以下两个问题。

第一,善意第三人的免责规定适用范围仅限于为生产经营目的使用、许诺销售或者销售专利产品的行为,不包括制造和进口专利产品的行为，制造者、进口者不能以不知道其制造、进口的专利侵权产品是他人受保护的专利产品为理由，请求免除其赔偿责任。

第二，只有行为人在不可能知道或者应当知道而实际并不知道并能证明其产品合法来源的情况下，才可以免除其赔偿责任。但应当承担除赔偿之外的其他侵权责任，尤其是停止继续使用或者销售行为，否则就构成了故意侵权，应当依法承担侵犯他人专利权的责任。

特别应当注意的是，善意即非故意侵权也是侵权，法律上只是因为善意行为而免于承担赔偿责任。当知道是未经专利权人许可而制造并售出的专利侵权产品，即便能证明该产品合法来源，此时也应当立即停止这种侵权行为，否则就构成了故意侵权，应当依法承担侵犯他人专利权的责任，如图 12 – 31 所示。

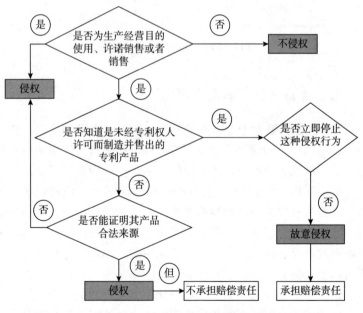

**图 12 – 31　善意第三人的免责规定**

"合法来源"，是指使用者、许诺销售者或者销售者通过合法的销售渠道、通常的买卖合同和正常商业方式取得产品。对于合法来源，使用者、许诺销售者或者销售者应当提供符合交易习惯的相关证据。

# 第五节　专利标识标注权与假冒专利

## 一、专利标识标注权

《专利法》第十六条第二款规定："专利权人有权在其专利产品或者该产品的包装上标明专利标识。"根据这一规定，专利标识标注权是专利权人在自己的专利产品或该产品的包装上标明专利标记和专利号的权利。

### 1. 专利标识的概念

"专利标识"是指与专利权有关的文字、数字或者图形等表明专利身份的标记，如专利号、专利权类别、与专利权有关的宣传用语等。进一步讲，专利标识是指标明有关产品是有专利保护的字样，一般是专利权人在其专利产品或者该产品的包装上标明该产品是专利产品的标志，如标注专利号，其作用在于指明该产品涉及哪件专利，便于第三人确认该专利是否真实有效，并查询该专利的相关文献。专利权被授予前，有关专利申请的文字、数字、图形等标记统一称为专利申请标记。

### 2. 专利标识标注的概念

专利标识标注，是指在专利产品、产品包装、产品说明书等载体上标注专利标识的行为。也就是说，专利权人有权在其专利产品本身、专利产品的包装、专利产品的说明书、专利产品的宣传性资料等载体上至少一种或全部标注专利标识。

"有权"的意思是可以行使权利，也可以不行使权利。也就是说，我国《专利法》把在其专利产品或者该产品的包装上标明专利标识和专利号规定为专利权人的一项权利，而不是专利权人的一项义务。专利权人或者经专利权人同意享有专利标识标注权的许可人未在其产品或者包装上标明专利标识和专利号的，并不意味着专利权人放弃专利保护，其他人未经专利权人许可为生产经营目的制造、使用、许诺销售、销售、进口该专利产品，一样要承担侵权责任。侵权人也不能以产品上没有专利标识和专利号不知道是专利产品为由要求免除侵权赔偿责任，如图 12 – 32 所示。

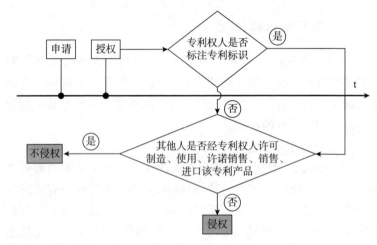

**图 12 – 32　专利标识权**

### 3. 专利标识的作用

专利权人行使专利标识标注权，在自己的专利产品或者产品的包装上标明专利标识和专利号，可以起到以下三个方面作用。

第一，广告宣传的作用，通过标注专利标识或是专利号表明该产品是获得专利权的产品，从而增加消费者对该产品的信赖度，以增强该产品的竞争能力，进而扩大产品的市场占有份额。

第二，警示作用，表明该产品是专利产品，享有专利权，是受到专利法保护的，警示他人未经许可不得为生产经营目的擅自仿制。一旦发现他人未经许可为生产经营目的擅自仿制，专利权人可依法要求仿制者停止侵权，并要求赔偿损失。

第三，区别作用，通过标注专利标识将自己的专利产品与其他企业的同类产品区别开来，以免消费者混淆，有利于专利行政部门和司法机构处理专利侵权纠纷。

### 4. 专利标识的标注方式

《专利法实施细则》第九十九条第一款规定："专利权人依照专利法第十六条的规定，在其专利产品或者该产品的包装上标明专利标识的，应当按照国务院专利行政部门规定的方式予以标明。"

《专利标识标注办法》（国家知识产权局令第六十三号）第五条规定："标注专利标识的，应当标明下述内容：（一）采用中文标明专利权的类别，例如中国发明专利、中国实用新型专利、中国外观设计专利；（二）国家知识产权局授予专利权的专利号。除上述内容之外，可以附加其他文字、图形标记，但附加的文字、图形标记及其标注方式不得误导公众。"

《专利法实施细则》第九十九条第二款规定："专利标识不符合前款规定的，由县级以上负责专利执法的部门责令改正。"

### 5. 标注专利标识的期限

在产品或者在该产品的包装上标注专利标识是专利权人的一项权利，同时也属于一种广告行为。如果企业已经获得专利授权，那么可以在其专利产品或者该产品包装上标注专利标识，并同时标明专利号和专利种类。但是应当注意标注专利标识的期限。

《专利标识标注办法》（国家知识产权局令第六十三号）第四条规定，"在授予专利权之后的专利权有效期内"可以标注。因此，可以标注专利标识的只能是授予专利权后的有效专利。如果专利还在申请当中，或者还在审查当中，还没有授予专利权，应当采用中文标明中国专利申请的类别、专利申请号，并标明"专利申请，尚未授权"字样，而不能直接标注中国专利，或者专利权已经失效（终止、无效或者期限届满）也不允许在产品或者在该产品的包装上标注专利标识。专利权终止前依法在专利产品、依照专利方法直接获得的产品或者其包装上标注专利标识，在专利权终止后许诺销售、销售该产品的，不属于假冒专利行为。然而，专利权被宣告无效后，该专利权自始视为不存在，因此，无论是生产环节还是销售环节，都不可以在产品或者其包装上标注专利标识，已经标注的应立即采取措施消除或覆盖，否则会因专利标识标注不当，构成假冒专利行为受到管理专利工作的部门的处罚，如图 12 –33 所示。

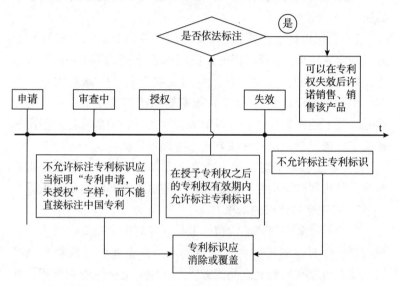

图 12 –33　允许标注专利标识及其使用的期限

## 二、假冒专利

### 1. 假冒专利的行为

《专利法实施细则》第一百零一条第一款规定："下列行为属于专利法第六十八条规定的假冒专利的行为：

"（一）在未被授予专利权的产品或者其包装上标注专利标识，专利权被宣告无效后或者终止后继续在产品或者其包装上标注专利标识，或者未经许可在产品或者产品包装上标注他人的专利号；

"（二）销售第（一）项所述产品；

"（三）在产品说明书等材料中将未被授予专利权的技术或者设计称为专利技术或者专利设计，将专利申请称为专利，或者未经许可使用他人的专利号，使公众将所涉及的技术或者设计误认为是专利技术或者专利设计；

"（四）伪造或者变造专利证书、专利文件或者专利申请文件；

"（五）其他使公众混淆，将未被授予专利权的技术或者设计误认为是专利技术或者专利设计的行为。"

第二款规定："专利权终止前依法在专利产品、依照专利方法直接获得的产品或者其包装上标注专利标识，在专利权终止后许诺销售、销售该产品的，不属于假冒专利行为。"第三款规定："销售不知道是假冒专利的产品，并且能够证明该产品合法来源的，由县级以上负责专利执法的部门责令停止销售。"

**2. 假冒专利行为的法律责任**

假冒专利行为所产生的不良后果，一是侵犯了专利权人的合法权益，二是欺骗了广大的消费者，三是扰乱了国家正常的专利管理秩序，所以假冒专利是一种违法行为，应当依法追究其法律责任。《专利法》第六十八条对此作出了明确规定："假冒专利的，除依法承担民事责任外，由负责专利执法的部门责令改正并予公告，没收违法所得，可以并处违法所得五倍以下的罚款；没有违法所得或者违法所得在五万元以下的，可以处二十五万元以下的罚款；构成犯罪的，依法追究刑事责任。"

根据《专利法》的这一条规定，假冒专利行为的法律责任，包括民事责任、行政责任和刑事责任，如图 12-34 所示。

（1）假冒专利行为的民事责任

假冒专利行为构成对他人专利权的侵犯，首先是一种民事侵权行为，应依法承担民事责任。

未经许可在产品上标注专利标识和专利号，直接侵害了专利

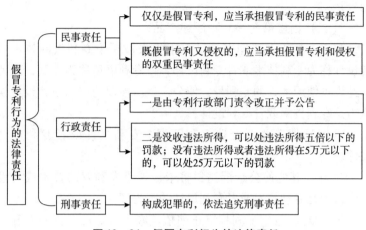

图 12–34　假冒专利行为的法律责任

权人拥有的专利权中的标识权。即使在假冒产品实际上并没有使用他人的专利技术，不具备专利产品应有的功能的情况下，这样的产品在市场上出售，也必然会败坏专利产品的声誉，损害专利权人通过制造、销售专利产品获益的权利。因此，假冒专利行为构成对专利权人标识权的侵犯，是一种民事侵权行为，专利权人或者利害关系人也可以要求假冒其专利的侵权人承担民事责任。

如果假冒专利的行为人同时还使用了权利人的专利技术，则侵害了专利权人的专利权，应当承担《专利法》第六十条所规定的民事责任。

应当指出，假冒专利的行为不以侵犯他人专利权为要件。也就是说，假冒专利的行为可能仅仅是用了他人的标识，但没有使用他人的专利技术或者外观设计专利。因此，假冒专利的行为可以分为单纯的假冒行为和既假冒又侵权的行为。未经许可在产品上标注专利标识和专利号构成对专利权人标识权的侵犯，应当承担民事责任。如果假冒专利的行为人同时还使用了专利权人的专利技术，则构成了既假冒又侵权的行为，应当承担假冒专利和侵权的双重民事责任。

需要指出的是，假冒专利行为还包括专利申请人在未被授予专利权的产品或者其包装上标注专利标识，以及专利权人的专利权被宣告无效后或者终止后继续在产品或者其包装上标注专利标识，所以，即便是专利申请人或者专利权人也要注意是否在假冒专利。如果假冒，也要承担相应的责任。这就是要注意前面讲到的允许标注专利标识的期限和条件。

（2）假冒专利行为的行政责任

假冒专利还是一种行政违法行为，应当承担行政责任。一方面，假冒专利的行为以假乱真，欺骗消费者，损害了广大消费者的利益；另一方面，假冒专利的行为损害了专利产品的形象，削弱了公众对专利制度的信心，破坏了专利行政管理秩序，因此应当承担行政责任：一是责令假冒者改正并予公告；二是没收违法所得，处以罚款。

（3）假冒专利行为的刑事责任

假冒专利的行为，不但侵犯了专利权人的利益，而且侵犯了公众利益，破坏了社会经济秩序，具有社会危害性，如果情节严重，如假冒产品质量低劣，给消费者的生命造成危害，或者造成消费者重大财产损失，就构成犯罪，其行为人应当承担刑事责任。根据《刑法》第二百一十六条的规定，"假冒他人专利，情节严重的，处3年以下有期徒刑或者拘役，并处或者单处罚金"。

《专利法》第六十九条第一款规定："负责专利执法的部门根据已经取得的证据，对涉嫌假冒专利行为进行查处时，有权采取下列措施：

"（一）询问有关当事人，调查与涉嫌违法行为有关的情况；

"（二）对当事人涉嫌违法行为的场所实施现场检查；

"（三）查阅、复制与涉嫌违法行为有关的合同、发票、账簿以及其他有关资料；

"（四）检查与涉嫌违法行为有关的产品；

"（五）对有证据证明是假冒专利的产品，可以查封或者扣押。"

第二款规定："管理专利工作的部门应专利权人或者利害关

系人的请求处理专利侵权纠纷时，可以采取前款第（一）项、第（二）项、第（四）项所列措施。"

第三款规定："负责专利执法的部门、管理专利工作的部门依法行使前两款规定的职权时，当事人应当予以协助、配合，不得拒绝、阻挠。"

# 第六节　专利管理

专利管理包括两方面的含义：一是专利行政管理，二是企事业专利管理。在《专利法》及其实施细则中仅规定了专利行政管理，企事业专利管理另有专门的管理办法。

## 一、专利行政管理

专利行政管理，是指政府部门根据国家经济和社会发展总方针，依法对社会主义市场经济中涉及的专利活动和行为进行规划、指导、协调、监督和检查，调节、平衡国家、组织和个人的关系，规范市场行为，保护专利权人合法权益，维护国家和社会公共利益，从而达到切实有效地贯彻执行《专利法》及相关法规，发挥专利制度在促进经济社会发展中的作用。因此，专利行政管理是国家的组织活动，具有授权、制定规章、指导、监督、检查和行政执法六大职能，如图 12 - 35 所示。

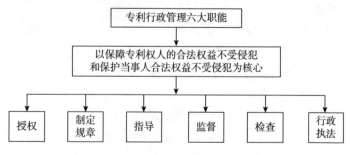

图 12 - 35　专利行政管理及其六大职能

## 二、专利行政管理部门及其职责

### 1. 国务院专利行政部门及其职责

《专利法》第三条第一款规定："国务院专利行政部门负责管理全国的专利工作；统一受理和审查专利申请，依法授予专利权。"

（1）国务院专利行政部门

《专利法》所称的"国务院专利行政部门"，是指中华人民共和国国家知识产权局。国家知识产权局是国务院直属机构，依法享有部门规章制定权。

（2）国务院专利行政部门的职责

国务院专利行政部门的职责除《专利法》第三条第一款规定外，还有以下规定。

①《专利法》第二十一条第二款规定："国务院专利行政部门应当加强专利信息公共服务体系建设，完整、准确、及时发布专利信息，提供专利基础数据，定期出版专利公报，促进专利信息传播与利用。"

②《专利法》第四十八条规定："国务院专利行政部门、地方人民政府管理专利工作的部门应当会同同级相关部门采取措施，加强专利公共服务，促进专利实施和运用。"

③《专利法》第七十条第一款规定："国务院专利行政部门可以应专利权人或者利害关系人的请求处理在全国有重大影响的专利侵权纠纷。"

④《专利法实施细则》第十六条规定："专利工作应当贯彻党和国家知识产权战略部署，提升我国专利创造、运用、保护、管理和服务水平，支持全面创新，促进创新型国家建设。

"国务院专利行政部门应当提升专利信息公共服务能力，完整、准确、及时发布专利信息，提供专利基础数据，促进专利相关数据资源的开放共享、互联互通。"

⑤《专利法实施细则》第一百零八条规定："国务院专利行

政部门应当提供专利公报、发明专利申请单行本以及发明专利、实用新型专利、外观设计专利单行本，供公众免费查阅。"

⑥《专利法实施细则》第一百零九条规定："国务院专利行政部门负责按照互惠原则与其他国家、地区的专利机关或者区域性专利组织交换专利文献。"

⑦《专利法实施细则》第九十六条规定："有下列情形之一的，属于专利法第七十条所称的在全国有重大影响的专利侵权纠纷：（一）涉及重大公共利益的；（二）对行业发展有重大影响的；（三）跨省、自治区、直辖市区域的重大案件；（四）国务院专利行政部门认为可能有重大影响的其他情形。

"专利权人或者利害关系人请求国务院专利行政部门处理专利侵权纠纷，相关案件不属于在全国有重大影响的专利侵权纠纷的，国务院专利行政部门可以指定有管辖权的地方人民政府管理专利工作的部门处理。"

综上所述，国务院专利行政部门（国家知识产权局）涉及专利方面的职责归纳如图 12－36 所示。

**2. 地方专利行政部门的职责**

《专利法》第三条第二款规定："省、自治区、直辖市人民政府管理专利工作的部门负责本行政区域内的专利管理工作。"

（1）管理专利工作的部门

《专利法实施细则》第九十五条规定："省、自治区、直辖市人民政府管理专利工作的部门以及专利管理工作量大又有实际处理能力的地级市、自治州、盟、地区和直辖市的区人民政府管理专利工作的部门，可以处理和调解专利纠纷。"

地方专利管理工作是全国专利管理工作的重要组成部分，是做好我国知识产权工作的基础，也是促进地方科技进步与创新和经济发展的有效手段。加强地方专利管理工作，既是增强我国技术创新能力，发展社会主义市场经济的迫切要求，也是应对知识产权国际竞争的必然选择。

**图 12 - 36  国务院专利行政部门的职责**

（2）管理专利工作的部门的职责

根据《专利法》第四十八条、第六十六条第二款、第六十八条和第六十九条的规定，管理专利工作部门至少包括三项工作：一是以依法开展专利行政执法，处理专利侵权纠纷、查处假冒专利行为为主要内容的执法职能；二是以地方专利政策制定、专利工作发展规划编制和专利工作体系建设为主要内容的专利行政管理职能；三是会同同级相关部门采取措施，加强专利公共服务，促进专利实施和运用的专利公共服务职能，如图 12 - 37所示。

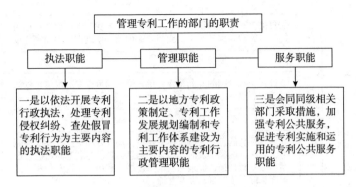

**图 12 - 37　管理专利工作的部门职责**

### 3. 管理专利工作的部门的职权

《专利法实施细则》第一百零二条第一款规定："除专利法第六十五条规定的外，管理专利工作的部门应当事人请求，可以对下列专利纠纷进行调解：

"（一）专利申请权和专利权归属纠纷；

"（二）发明人、设计人资格纠纷；

"（三）职务发明创造的发明人、设计人的奖励和报酬纠纷；

"（四）在发明专利申请公布后专利权授予前使用发明而未支付适当费用的纠纷；

"（五）其他专利纠纷。"

第二款规定："对于前款第（四）项所列的纠纷，当事人请求管理专利工作的部门调解的，应当在专利权被授予之后提出。"

### 4. 管理专利工作的部门的管辖权

《专利法》第七十条第二款规定："地方人民政府管理专利工作的部门应专利权人或者利害关系人请求处理专利侵权纠纷，对在本行政区域内侵犯其同一专利权的案件可以合并处理；对跨区域侵犯其同一专利权的案件可以请求上级地方人民政府管理专利工作的部门处理。"该条款赋予了地方专利管理部门处理专利侵权纠纷时更多的灵活性和管辖方面的依据，如图 12 - 38 所示。

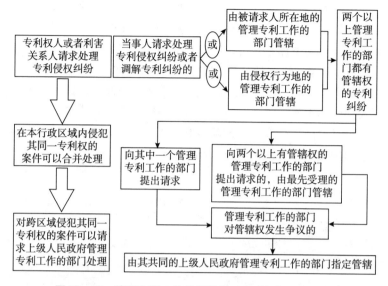

图12-38 管理专利工作的部门处理专利侵权纠纷或者
调解专利纠纷的管辖权

关于处理专利侵权纠纷或者调解专利纠纷的管辖问题，《专利法实施细则》第九十七条第一款规定："当事人请求处理专利侵权纠纷或者调解专利纠纷的，由被请求人所在地或者侵权行为地的管理专利工作的部门管辖。"第二款规定："两个以上管理专利工作的部门都有管辖权的专利纠纷，当事人可以向其中一个管理专利工作的部门提出请求；当事人向两个以上有管辖权的管理专利工作的部门提出请求的，由最先受理的管理专利工作的部门管辖。"第三款规定："管理专利工作的部门对管辖权发生争议的，由其共同的上级人民政府管理专利工作的部门指定管辖；无共同上级人民政府管理专利工作的部门的，由国务院专利行政部门指定管辖。"

## 三、专利管理工作人员的行为准则

### 1. 国务院专利行政部门处理专利申请的基本准则

《专利法》第二十一条第一款规定："国务院专利行政部门

应当按照客观、公正、准确、及时的要求，依法处理有关专利的申请和请求。"第二款规定："国务院专利行政部门应当加强专利信息公共服务体系建设，完整、准确、及时发布专利信息，提供专利基础数据，定期出版专利公报，促进专利信息传播与利用。"第三款规定："在专利申请公布或者公告前，国务院专利行政部门的工作人员及有关人员对其内容负有保密责任。"

这是对国务院专利行政部门有关工作人员处理专利申请的基本准则的规定，如图12-39所示。

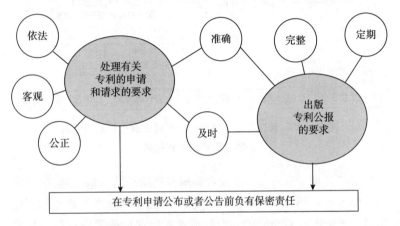

**图12-39 处理专利申请的基本准则**

所谓客观，是指国务院专利行政部门的工作人员应当以事实为依据，而不能从自己的主观意志出发处理专利申请和有关请求。

所谓公正，是指国务院专利行政部门的工作人员应当不偏不倚地处理专利申请和有关请求，在同样的情况下应当作出同样的处理，不能偏袒任何一方当事人，更不能有徇私舞弊行为。

所谓准确，是指国务院专利行政部门的工作人员应当严格按照《专利法》及其实施细则的规定处理专利申请和有关请求，工作严谨，不能随心所欲地进行处理。

所谓及时，是指国务院专利行政部门的工作人员应当在其规定的时限内尽快地处理专利申请和有关请求，不能随意拖延。

上述 4 项准则应当贯穿国务院专利行政部门专利审批工作的始终。

国务院专利行政部门的工作人员及有关人员除了遵守上述基本准则外，还应当遵守在专利申请公布或者公告前对专利申请的内容予以保密，即不得利用该发明创造，不得告知无权得知该发明创造的人，更不得以书面形式或者口头方式向公众公开。这就是所说的保密责任。

"专利申请公布"是指发明专利申请经初审合格，满 18 个月后的公布；也包括根据申请人的请求早日公布其发明专利申请。

"专利申请公告"，是指实用新型和外观设计的专利申请经初审合格后的授权公告。

"国务院专利行政部门的工作人员"包括全体在编的和临时聘用的工作人员，特别是担任专利申请的受理、分类、初步审查、实质审查和复审和无效审理的人员。

"处理专利申请的有关人员"，泛指所有能接触到专利申请的有关人员，特别是专利代理机构的专利代理师和国家知识产权局的工作人员，例如打字员、校对员、文档传送员等。

### 2. 管理专利工作部门的工作纪律

《专利法》第七十九条第一款规定："管理专利工作的部门不得参与向社会推荐专利产品等经营活动。"第二款规定："管理专利工作的部门违反前款规定的，由其上级机关或者监察机关责令改正，消除影响，有违法收入的予以没收；情节严重的，对直接负责的主管人员和其他直接责任人员依法给予行政处分。"这是对管理专利工作的部门纪律的规定，如图 12 - 40 所示。

参与向社会推荐专利产品等经营活动有两个含义：一是指向社会推荐专利产品，即为了自身的利益，利用社会对政府行政机关的信任，向社会介绍专利产品，鼓励公众购买、使用专利产品。二是指参与专利产品的经营活动，即以获取经济利益为目的，参与专利产品的生产、销售活动。

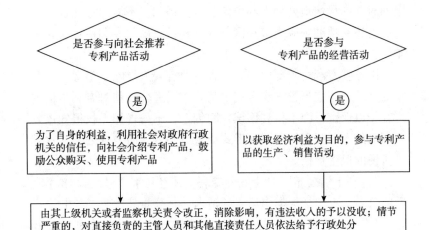

**图12-40　管理专利工作部门纪律的规定**

管理专利工作的部门作为依法对专利工作实施行政管理的国家机关，应当依法公正地履行对专利工作的行政管理职责，依法查处违反专利法的行为，保护专利权人的合法权益和社会公共利益。专利产品的好坏，应当由市场和消费者来判断，而不应当由某个国家机关来确定、推荐，否则可能有碍市场上的公平竞争。至于管理专利工作的部门以其他方式参与专利产品的经营活动，更与管理专利工作的部门的性质不符，有损国家机关的形象，影响管理专利工作的客观、公正性，还可能产生腐败行为。因此，专利法规定，禁止管理专利工作的部门参与向社会推荐专利产品等经营活动。对违反者，将追究相应的法律责任。

参与向社会推荐专利产品等经营活动将承担的法律责任包括以下两点。

第一，由其上级机关或者监察机关责令改正，消除影响，有违法收入的予以没收。

第二，情节严重的，对直接负责的主管人员和其他直接责任人员依法给予行政处分。

情节严重，指违法行为造成较大影响的，包括违法所得金额较大，或者推荐产品情况不真实，给公众造成较大损失等。

直接负责的主管人员，指作出推荐专利产品或参与专利产品经营活动的决定的人员；其他直接责任人员，指直接参加推荐专利产品或参与专利产品经营活动，具体执行任务的人员。

**3. 国家机关工作人员渎职行为的法律责任**

《专利法》第八十条规定："从事专利管理工作的国家机关工作人员以及其他有关国家机关工作人员玩忽职守、滥用职权、徇私舞弊，构成犯罪的，依法追究刑事责任；尚不构成犯罪的，依法给予处分。"这是对从事专利管理工作的国家机关工作人员以及其他有关国家机关工作人员渎职行为法律责任的规定，如图 12 – 41 所示。

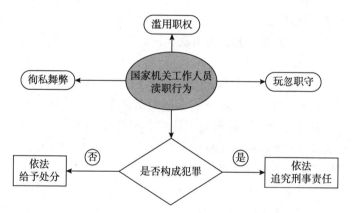

**图 12 – 41　国家机关工作人员渎职行为的法律责任**

忠于职守、严格依法办事是从事专利管理工作的国家机关工作人员的基本要求。从事专利管理工作的国家机关工作人员代表国家行使监督管理权，其行使职权时必须依照专利法和有关法律、法规进行，对玩忽职守、滥用职权、徇私舞弊的渎职行为，应依法给予处分；构成犯罪的，应依法追究刑事责任。

玩忽职守，是指从事专利管理工作的国家机关工作人员以及其他有关国家机关工作人员在专利管理工作中严重不负责任，不依法履行或者不正确履行其法定职责，一般表现为放弃、懈怠职责，在工作中马虎，敷衍塞责，致使公共财产、国家和人民的利益遭受重大损失的行为。

滥用职权，是指从事专利管理工作的国家机关工作人员以及其他有关国家机关工作人员在专利管理工作中违反法律、法规的规定，或者超越法定的权限行使职权的行为，或者违背法律授权的宗旨、违反职权行使程序行使职权。一般表现为擅自处理其无权处理的事项，或者自以为是，蛮横无理，随心所欲地作出处理决定。例如，国家知识产权局工作人员对明知不符合条件的申请批准授予专利，对明知符合条件的专利申请予以驳回等。

徇私舞弊，是指从事专利管理工作的国家机关工作人员以及其他有关国家机关工作人员在专利管理工作中利用职务上的便利，以欺骗、隐瞒、掩饰等方法，进行违背职责的非法活动，为个人或者亲友谋取私利。

专利工作人员渎职行为的法律责任有以下两种情况。

（1）专利工作人员渎职行为的刑事责任

根据《专利法》的规定，从事专利管理工作的国家机关工作人员以及其他有关国家机关工作人员玩忽职守、滥用职权、徇私舞弊，构成犯罪的，依法追究刑事责任。

对于国家机关工作人员的渎职行为，《刑法》第三百九十七条规定："国家机关工作人员滥用职权或者玩忽职守，致使公共财产、国家和人民利益遭受重大损失的，处三年以下有期徒刑或者拘役；情节特别严重的，处三年以上七年以下有期徒刑。本法另有规定的，依照规定。国家机关工作人员徇私舞弊，犯前款罪的，处五年以下有期徒刑或者拘役；情节特别严重的，处五年以上十年以下有期徒刑。本法另有规定的，依照规定。"

（2）专利工作人员渎职行为的行政处分

根据《专利法》的规定，从事专利管理工作的国家机关工作人员以及其他有关国家机关工作人员玩忽职守、滥用职权、徇私舞弊，尚不构成犯罪的，依法给予行政处分。行政处分是指对国家机关工作人员以及有关国家机关工作人员的行政违法行为，由所在单位或者上级主管机关或者其他法定机关所给予的一种制裁性处理。行政处分分为警告、记过、记大过、降级、撤职、开除等6种。

## 四、科技成果转化过程中申请专利的机会

### 1. 科技成果与专利的比较

（1）科技成果与专利的一致性

科技成果与专利都是人类的智力劳动成果，科技成果中的应用技术研究成果与专利都是人们利用自然规律认识自然、改造自然的技术创新成果，科技成果转化或专利技术实施后都能带来技术的进步、生产力的发展，从而改善人们的生产、生活条件，有利于人类物质文明和精神文明的进步。

（2）科技成果与专利的联系性

在应用技术申请并获得专利的情况下，专利在保护应用技术研究成果的同时，可以启迪人们创造新的应用技术研究成果，新的应用技术研究成果又可以申请新专利，新专利又保护新的应用技术研究成果，这样就形成了在保护知识产权过程中创新，在创新过程中保护知识产权的良性循环。在这个循环过程中，科技成果（应用技术研究成果）是专利申请的重要基础，而专利则是科技成果商品化、产业化的法律保障，如图 12-42 所示。

（3）科技成果与专利的差异性

科技成果与专利还是有很大区别的，如 12-43 所示。

从技术领域上比较，科技成果的客体比专利要宽得多，根据《促进科技成果转化法》第二条的规定，"科技成果是指通过科学研究与技术开发所产生的具有实用价值的成果"。科技成果的客体包括基础研究成果、应用研究成果和技术开发和产业化成果三类，专利客体只是科技成果的客体中的一部分。

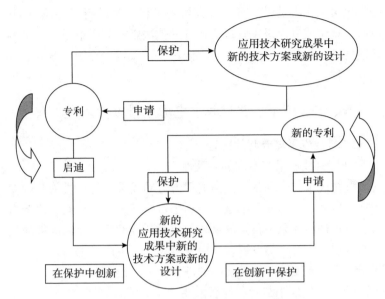

图 12 – 42　科技成果与专利的联系性

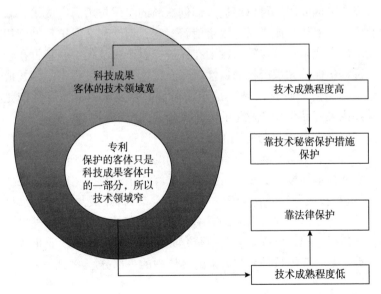

图 12 – 43　科技成果与专利的差异性

从技术成熟程度上比较，科技成果的技术成熟程度比专利要高，尤其是应用研究成果，以行业用户和社会评价为主，不涉及军工、国防等敏感领域的技术开发和产业化成果，以用户评价、市场检验和第三方评价为主，把技术交易合同金额、市场估值、市场占有率、重大工程或重点企业应用情况等作为主要评价指标。与科技成果评价对科技成果要求的评价指标相比，在申请专利时对技术成熟程度没有要求，但要求是一个完成的、具有创造性的、能够制造、能够使用、能够产生有益效果的新的技术方案或者新的设计，相比之下，专利申请的要求比科技成果鉴定的要求要高。

从技术的法律保护上比较，专利的技术法律保护比科技成果程度要高得多，强度要大得多。专利是权利的象征，同时还是国际认可的权利化和资本化的技术。而科技成果在国际上就没有这种作用。正因为如此，专利成为企业核心竞争力的主要要素之一，是企业经营的法律靠山和重要的财产资源。专利权人通过独占市场，不仅可以收回技术创新投资，而且可以获得合理的经济回报，为继续新一轮的技术创新创造条件。有了这种保障，才能激发和调动起人们发明创造的积极性，使技术创新活动走向良性循环。

### 2. 科技成果转化过程中申请专利的三次机会

第一次专利申请机会是在成果目标阶段。专利保护的就是新的技术方案，只要形成了新的技术方案，就可以申请专利了。这个时候，不要先发表论文，因为先发表论文就会使发明创造内容为公众所知，错过专利申请时机。先发表论文再申请专利，就会使自己在先公开发表的内容成为现有技术，从而破坏自己后来专利申请的新颖性，即便申请专利，也会造成专利不保护的局面。

第二次专利申请机会是在成果产生阶段，即小试阶段，是重大技术突破及实用技术产生的时候，这个时候不要先进行科技成果评价，因为先进行科技成果评价也容易使发明创造内容为公众所知，错过专利申请时机。

第三次专利申请机会是在成果转移阶段，即中试阶段，伴随发明、实用新型、外观设计的完成，是申请专利的最佳时机，这个时候不要先进行新产品鉴定，与先进行科技成果评价一样，也容易使发明创造内容成为现有技术，为公众所知，错过专利申请时机。

由此可见，凡企业在技术创新过程中做出的发明创造，具备专利申请条件的，应及时申请，以取得法律保护。基本原则是：产品未到，专利先行。

需要指出的是，专利只是一个蓝图（新的技术方案或新的设计），它离最终的工业化和产业化还有很长的路程。而当企业产品进入工业化或者产业化阶段，产品进入工业化生产或工艺在生产中应用，产品或者工艺进入了市场销售和推广应用阶段，就错过了专利申请时机。这时，只有通过商业秘密保护手段保护技术秘密了，如图 12－44 所示。

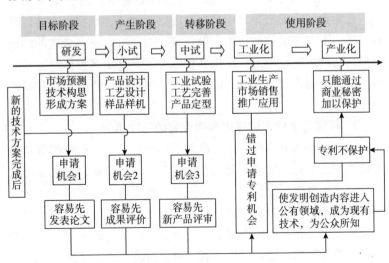

**图12－44　科技成果转化过程中申请专利的三次机会**